LA STORIA DELL'ARTE
E.H. Gombrich

Indice

Phaidon Press Limited
Regent's Wharf
All Saints Street
Londra N1 9PA

Phaidon Press Inc
65 Bleecker Street
New York, NY 10012

phaidon.com

Prima edizione inglese 1950
Seconda edizione 1950
Terza edizione 1951
Quarta edizione 1952
Quinta edizione 1953
Sesta edizione 1954
Settima edizione 1955
Ottava edizione 1956
Nona edizione 1958
Decima edizione 1960
Undicesima edizione 1966
Dodicesima edizione 1972
Tredicesima edizione 1978
Quattordicesima edizione 1984
Quindicesima edizione 1989
Sedicesima edizione 1995

Prima edizione italiana 1951
Seconda edizione 1964
Terza edizione 1971
Quarta edizione 1993
Quinta edizione 1994
Sesta edizione 1995
Ristampa 1997, 1998, 1999, 2000, 2002, 2003, 2006
Questa edizione, Phaidon 2009
Ristampa 2011 (due ristampe), 2012, 2013, 2014, 2015,
2016, 2017
© 1995 Phaidon Press Limited
Testi © 1995 the estate of E.H. Gombrich

ISBN 978 0 7148 5722 0 (brossura)
ISBN 978 0 7148 5732 9 (cartonato)

Traduzione dall'inglese di Maria Luisa Spaziani
Stampato in Cina

PREFAZIONE

Questo libro è rivolto a tutti coloro che sentono la necessità di un primo orientamento nel mondo singolare e affascinante dell'arte. Vuole mostrare al principiante il panorama generale senza confonderlo con i particolari; spera di metterlo in grado di far fronte senza smarrirsi alla gran messe di nomi, periodi e stili che affollano le pagine delle opere più ambiziose, dandogli in tal modo la possibilità di consultare libri più specializzati. I lettori che ho avuto soprattutto presenti sono stati i ragazzi e le ragazze al disotto dei vent'anni, quelli che hanno appena scoperto il mondo dell'arte. Ma credo necessario che i libri per la gioventù debbano essere diversi dai libri per adulti solo perché in essi bisogna fare i conti con la più esigente categoria di critici che esista, critici lesti a scoprire ogni traccia di gergo pretenzioso o di sentimento spurio e ad adombrarsene. So per esperienza che sono questi i difetti passibili di mettere in sospetto per tutto il resto della vita nei riguardi di qualsiasi scritto sull'arte. Mi sono sinceramente sforzato di evitare tali trabocchetti e ho usato un linguaggio semplice, affrontando il rischio di sembrare sciatto o troppo elementare. D'altro canto, non ho evitato le difficoltà concettuali, e perciò spero che nessun lettore vorrà attribuire la mia decisione di servirmi di quel minimo di termini convenzionali propri dello storico d'arte al desiderio da parte mia di "parlargli dall'alto in basso". Non sono piuttosto quelli che abusano del linguaggio "scientifico", non per illuminare ma per impressionare il lettore, a "parlare dall'alto in basso", dalle nuvole?

Oltre alla decisione di limitare il numero dei termini tecnici, scrivendo questo libro ho tentato di seguire un certo numero di regole particolari che mi sono imposto, regole che, se come autore mi hanno reso la vita più difficile, potranno peraltro renderla un po' più facile al lettore. La prima di queste regole è stata quella di non parlare di opere che non potessi mostrare nelle illustrazioni; non volevo che il testo degenerasse in elenchi di nomi più o meno oscuri a quanti non conoscessero le opere in questione, e superflui per chi invece ne fosse a conoscenza. Tale regola ha automaticamente limitato allo spazio disponibile per le illustrazioni il numero degli artisti e delle opere da discutere, obbligandomi a una ferrea severità nella scelta di ciò che doveva venire accolto ed escluso. Ed eccomi alla seconda regola, che è stata quella di limitarmi ad autentiche opere d'arte, eliminando tutto quanto fosse solo interessante come esempio di gusto o di moda. La decisione ha implicato un notevole sacrificio di effetti letterari, perché la lode è molto più noiosa della critica e l'inclusione di qualche divertente mostruosità avrebbe potuto alleggerire l'insieme. Ma a ragione il lettore mi avrebbe allora domandato come mai un'opera a mio giudizio discutibile venisse ammessa in un libro dedicato all'arte e non alla non arte, tanto più se ciò avesse implicato l'esclusione di un capolavoro. Cosicché, pur senza pretendere che tutte le opere illustrate tocchino il massimo livello di perfezione, mi sono sforzato di non includere nulla che considerassi privo di un particolare pregio.

La terza regola richiedeva anch'essa un piccolo sacrificio. Mi sono impegnato a respingere ogni tentazione di originalità nella mia scelta, affinché capolavori conosciutissimi non fossero esclusi per far posto alle mie predilezioni personali. Questo libro, dopotutto, non mira a essere soltanto un'antologia di cose belle: è indirizzato a coloro che cercano orientamenti in un campo nuovo, e per i quali l'aspetto familiare di esempi apparentemente "dozzinali" può ben servire come utile punto di riferimento. Inoltre, le opere più famose sono veramente e per molteplici ragioni le migliori; e se aiuterà i lettori a vederle con occhi nuovi, questo libro potrà risultare più utile che se le avesse trascurate a favore di capolavori meno noti.

Anche così, il numero di opere di maestri famosi che ho dovuto escludere è piuttosto cospicuo. Tanto vale che confessi di non aver trovato posto per l'arte indù o etrusca, o per maestri del valore di Jacopo della Quercia, Signorelli o Carpaccio, di Peter Vischer, Brouwer, Terborch, Canaletto, Corot, e uno stuolo di altri che pure mi interessano profondamente. Per includerli avrei dovuto raddoppiare o triplicare la mole del libro, riducendo con ciò, credo, il suo valore di scritto propedeutico all'arte. Una regola ancora ho seguito in questo spinoso compito selettivo. Nel dubbio, ho preferito sempre discutere un'opera vista nell'originale piuttosto di quella che mi era nota solo attraverso fotografie. Mi sarebbe piaciuto farne una regola assoluta, ma non volevo che il lettore risentisse delle difficoltà dovute alla limitazione dei viaggi, che talvolta è stata la croce dell'amatore d'arte. La mia ultima regola è stata, inoltre, quella di non attenermi ad alcuna norma assoluta, ma di derogare a volte da quelle che mi ero proposto, lasciando al lettore il divertimento di scoprirmi in contraddizione.

Ecco, dunque, quali sono state le regole negative da me adottate. Gli intenti positivi dovrebbero balzare evidenti dal libro stesso. Esso mira a raccontare ancora una volta la vecchia storia dell'arte in linguaggio semplice, permettendo al lettore di scoprirne le connessioni. Dovrebbe guidarlo nei suoi giudizi, non tanto valendosi di descrizioni entusiastiche quanto piuttosto fornendogli le indicazioni atte a chiarire i probabili intenti dell'artista. Con questo metodo dovrebbero almeno ridursi le cause più frequenti di equivoco, evitando quel genere di critica che perde del tutto di vista la vera essenza dell'opera d'arte. Il libro ha, inoltre, un fine un poco più ambizioso. Esso vuole situare nella loro prospettiva storica le opere discusse, portando così alla comprensione degli intenti artistici del maestro.

Ogni generazione è a un certo momento in rivolta contro i canoni dei predecessori; ogni opera d'arte deriva il suo fascino nei confronti dei contemporanei non solo da ciò che fa ma anche da ciò che lascia da fare. Arrivando a Parigi, il giovane Mozart notò − come scrisse al padre − che tutte le sinfonie alla moda chiudevano con un finale affrettato; così pensò di sorprendere l'uditorio con una lenta introduzione all'ultimo movimento. È un esempio banale, ma mostra la direttiva che deve informare un giudizio storico dell'arte. L'esigenza di essere diverso può non essere l'elemento più alto o più profondo del bagaglio dell'artista, ma è raro che manchi del tutto. E cogliere questa differenza intenzionale schiude spesso la via più facile alla comprensione dell'arte del passato. Ho tentato di fare di questo continuo mutamento di intenti il fulcro della mia narrazione, mostrando come ogni opera sia in rapporto di imitazione o di contraddizione con ciò che prima era in voga. Anche a rischio di essere noioso mi sono riferito, a scopo comparativo, a opere che indicano la distanza posta dagli artisti tra sé e i loro predecessori. C'è, in un simile metodo di esporre, un trabocchetto che spero di aver evitato, ma che non deve passare sotto silenzio. Si tratta dell'ingenua, errata credenza che il costante mutamento nell'arte rappresenti un progresso continuo. È pur vero che ogni artista sente di aver superato la generazione precedente ed è vero che, dal suo punto di vista, ha realizzato un progresso rispetto a tutto quanto era prima conosciuto. Non possiamo sperare di comprendere un'opera d'arte se non siamo in grado di immedesimarci in quel sentimento di liberazione e di trionfo che l'artista deve aver provato di fronte all'opera compiuta. Ricordiamo, però, che ogni guadagno o progresso in una direzione implica una perdita in un'altra, e che, nonostante la sua importanza, a questo progresso soggettivo non corrisponde un incremento oggettivo dei valori artistici. Tutto ciò può forse disorientare quando viene espresso in forma astratta. Ma il libro, spero, lo chiarirà.

Ancora una parola sullo spazio dedicato alle varie arti. Ad alcuni sembrerà che la pittura sia stata indebitamente favorita in confronto alla scultura e all'architettura. Una delle ragioni di tale preferenza sta nel fatto che si perde meno nell'illustrazione di una pittura che in quella di una scultura a tutto tondo, per non dire di una costruzione monumentale. Non ho avuto l'intenzione, comunque, di competere con le molte e ottime storie che trattano gli stili architettonici. D'altro lato la storia dell'arte, così come è qui concepita, non potrebbe sussistere senza un riferimento all'architettura. Dovendomi limitare a discutere lo stile di uno o due edifici per periodo, ho tentato di ristabilire l'equilibrio a favore dell'architettura dando in ogni capitolo a tali esempi la posizione di maggior rilievo. Ciò può aiutare il lettore a coordinare in modo organico la propria conoscenza di ciascun periodo e a vederlo nel suo insieme.

Come appendice ai singoli capitoli ho scelto una rappresentazione atta a caratterizzare la vita e il mondo dell'artista nel periodo esaminato. Tali immagini formano una piccola serie a sé che illustra il mutare della posizione sociale dell'artista e del suo pubblico. Anche quando il loro merito artistico non è molto alto, questi documenti pittorici possono aiutarci a ricostruire nella nostra mente un quadro concreto dell'ambiente in cui nacque l'arte del passato.

Questo libro non sarebbe mai stato scritto senza l'incoraggiamento cordiale di Elizabeth Senior, la cui morte prematura durante un'incursione aerea su Londra fu una grave perdita per quanti l'avevano conosciuta. Sono anche riconoscente al dottor Leopold Ettlinger, alla dottoressa Edith Hoffmann, al dottor Otto Kurz, alla signora Olive Renier, alla signora Edna Sweetmann, a mia moglie e a mio figlio Richard per l'aiuto e i consigli preziosi, e alla Phaidon Press per la parte avuta nella presentazione di quest'opera.

Prefazione alla dodicesima edizione

Questo libro era stato ideato inizialmente per raccontare la storia dell'arte con parole e con immagini, in modo da consentire il più possibile al lettore di avere sotto gli occhi l'illustrazione analizzata nel testo senza dover voltare la pagina. Ricordo ancora come Bela Horovitz e Ludwig Goldscheider, i fondatori della Phaidon Press, in maniera non convenzionale e piena di risorse hanno raggiunto lo scopo nel 1949, facendomi scrivere un altro paragrafo qua o aggiungere un'illustrazione là. Il risultato ottenuto in quelle settimane di intensa collaborazione dimostra la validità di tale procedimento, ma l'equilibrio raggiunto era talmente sottile che non si poteva prevedere nessuna correzione importante finché si manteneva l'impaginazione originale. Solamente gli ultimi capitoli vennero leggermente modificati per l'undicesima edizione (1966), alla quale fu aggiunto un poscritto, ma il grosso del volume rimase tale e quale. Pertanto la decisione degli editori di presentare il libro in una veste nuova, più consona ai metodi di produzione moderni, offriva nuove possibilità ma poneva anche problemi nuovi. Le pagine della *Storia dell'arte*, nel suo lungo percorso, erano diventate familiari a molta più gente di quanta io avessi mai creduto possibile. Anche le dodici edizioni in lingua straniera avevano, per la maggior parte, seguito l'impaginazione originale. In questa situazione mi sembrava sbagliato abolire passi o figure che i lettori avrebbero potuto cercare. Non vi è niente di più irritante che scoprire, quando ci si aspetta di trovare qualcosa in un libro, che è stato tralasciato proprio nell'edizione che si ha sottomano. Pertanto, pur approfittando della possibilità di mostrare in figure di più ampie dimensioni alcune delle opere esaminate e di aggiungere un certo numero di tavole a colori, non ho eliminato niente e ho solo cambiato alcuni esempi per ragioni tecniche o di forza maggiore. D'altra parte, poter aumentare il numero delle opere da analizzare e illustrare era insieme un'occasione da cogliere e una tentazione cui resistere. Evidentemente il trasformare questo libro in un pesante volumone ne avrebbe sciupato il carattere e distrutto lo scopo. In conclusione decisi di aggiungere quattordici esempi che mi sembravano non solo interessanti in sé

– quale opera d'arte non lo è? – ma tali da costituire un certo numero di punti di riferimento che arricchissero la struttura del discorso. Dopotutto è il discorso che fa di questo libro una storia anziché un'antologia. Se lo si potrà leggere ancora, apprezzandolo, senza essere distratti dalla ricerca delle immagini, lo si deve all'aiuto datomi in vari modi da Elwyn Blacker, I. Grafe e Keith Roberts.

E.H.G.

novembre 1971

Prefazione alla tredicesima edizione

L'aggiunta di altre illustrazioni e l'introduzione delle tavole cronologiche rappresentano le novità più rilevanti della presente edizione: il testo, con l'eccezione della bibliografia, è rimasto invariato. L'osservazione dei punti di riferimento indicati nel vasto panorama della storia aiuterà il lettore a contrapporsi alla prospettiva illusoria che dà preminenza maggiore agli sviluppi recenti a scapito di un più lontano passato. Le tavole cronologiche dunque, in queste appassionanti riflessioni sulla suddivisione in periodi della storia dell'arte, assolveranno lo stesso compito per il quale fu progettato questo volume circa trent'anni fa. Rimando quindi il lettore alle parole che aprono la prefazione.

E.H.G.

luglio 1977

Prefazione alla quattordicesima edizione

"I libri hanno una vita propria". Il poeta latino che scrisse questo verso non avrebbe potuto immaginare che le sue parole sarebbero state tramandate per secoli e che quasi duemila anni più tardi avremmo potuto trovarle sugli scaffali delle nostre biblioteche. Seguendo questo metro possiamo dire che questo libro è un giovinetto, e comunque mentre lo scrivevo non ho fantasticato sulla sua vita futura che, per quanto concerne le varie edizioni inglesi, è testimoniata dalle pagine stampate. Nelle prefazioni alla dodicesima e alla tredicesima edizione parlo dei cambiamenti che il volume ha subìto.

Le variazioni apportate sono state mantenute, ma il capitolo dedicato ai libri d'arte è stato ulteriormente aggiornato. Per mantenermi al passo con l'evoluzione tecnologica e con le mutate esigenze del pubblico ho sostituito numerose illustrazioni in bianco e nero con la corrispondente versione a colori. Ho inoltre aggiunto un'appendice sulle *Nuove scoperte* che, fornendo un breve sguardo retrospettivo sui ritrovamenti archeologici, ricorda al lettore che la storia passata è sempre in qualche misura sottoposta a revisione ed è quindi passibile di insospettati arricchimenti.

E.H.G.

marzo 1984

Prefazione alla quindicesima edizione

I pessimisti sostengono che in quest'epoca di programmi televisivi e videoregistrazioni si sia persa l'abitudine alla lettura, e che gli studenti in particolare manchino della pazienza necessaria a trarre piacere dal leggere un libro dalla prima all'ultima pagina. Come tutti gli autori, posso solo sperare che i pessimisti siano in errore. Mi rallegra vedere questa edizione arricchita con nuove illustrazioni a colori, indice e bibliografia aggiornati, migliori tavole cronologiche e persino due carte geografiche; tuttavia sento di dover sottolineare ancora una volta che scopo del libro è essere letto e apprezzato come una storia. È ben vero che il percorso storico si estende ora oltre il punto in cui si chiudeva la prima edizione, ma anche gli episodi aggiunti in seguito possono essere pienamente compresi solo alla luce di quanto è avvenuto nel passato, e spero vivamente che esistano ancora lettori ansiosi di conoscere l'intera vicenda fin dalle sue lontane origini.

E.H.G.
marzo 1989

Prefazione alla sedicesima edizione

Scrivendo la prefazione a questa nuova edizione, avverto un senso di stupore e di gratitudine: stupore perché ricordo assai bene le mie modestissime aspettative nel corso della stesura del libro, e gratitudine verso generazioni di lettori, oserei dire nel mondo intero, che l'hanno considerato un'utile introduzione al nostro patrimonio artistico, tanto da raccomandarla a un numero sempre più elevato di persone. Sono inoltre grato ai miei editori, che hanno saputo far fronte alle crescenti richieste mantenendosi al passo con i tempi e dedicando grande cura a ogni successiva edizione.

In particolare, quest'ultima ha visto la luce grazie all'attuale proprietario della Phaidon Press, Richard Schlagman, che ha deciso la disposizione delle illustrazioni secondo la regola originale, in modo che siano visibili durante la lettura del testo, migliorandone inoltre la qualità e le proporzioni.

Si è anche cercato di inserirne un numero più elevato, ma a quest'ultimo intento si sono dovuti porre limiti severi affinché il libro non tradisse il suo scopo raggiungendo dimensioni eccessive per un'introduzione.

A ogni modo, spero che i lettori apprezzeranno le aggiunte e in particolar modo gli inserti pieghevoli, uno dei quali mi ha consentito di illustrare e discutere in modo completo il *Polittico di Gand* [155, 156]. In altri casi si è cercato di porre rimedio a importanti omissioni delle edizioni precedenti, come nel caso di immagini descritte nel testo ma non illustrate: tra queste, la rappresentazione delle divinità egizie nel *Libro dei morti* [38], il ritratto di famiglia del sovrano Amenofi IV (Ekhnaton) [40], il medaglione su cui è inciso il progetto originale della basilica di San Pietro a Roma [186], l'affresco del Correggio nella cupola della cattedrale di Parma [217], e uno dei ritratti di miliziani realizzati da Frans Hals [269].

Alcune figure sono state inserite per rendere più chiaro lo scenario o il contesto delle opere prese in esame: la figura intera dell'auriga di Delfi [53], la cattedrale di Durham [114], il portale del transetto settentrionale della cattedrale di Chartres [126] e il portale del transetto meridionale della cattedrale di Strasburgo [128]. Inutile approfondire qui le ragioni puramente tecniche dello spostamento di alcune illustrazioni, o i motivi che mi hanno portato a inserire particolari di opere ingranditi: tuttavia mi sembra opportuno chiarire la decisione di includere altri otto artisti, nonostante mi fossi ripromesso di limitarne il numero. Nella prima edizione di quest'opera manifestai la mia grande ammirazione per Corot, ma non ebbi la possibilità di parlarne più ampiamente: questa omissione mi ha sempre tormentato, e alla fine ho fatto ammenda, con la speranza che ciò porti vantaggio anche alla discussione di alcune istanze artistiche.

Per il resto ho limitato l'inserimento di nuovi artisti ai capitoli concernenti il XX secolo, riportando dall'edizione pubblicata in Germania i passi riguardanti due maestri dell'espressionismo tedesco: Käthe Kollwitz, che ha esercitato grande influenza sul "realismo socialista" dell'Europa orientale, ed Emil Nolde, creatore di un nuovo, possente linguaggio grafico [368, 369]. Brancusi e Nicholson [380, 382], servono a dare nuovo impulso alla discussione sull'astrattismo, de Chirico e Magritte a quella sul surrealismo [388, 389], mentre Morandi è a mio parere esempio di un artista del XX secolo nel quale la grandezza si accompagna a un'assoluta refrattarietà alle etichette di stile [399].

Scopo di queste aggiunte è rendere lo svolgersi della storia meno discontinuo di quanto potesse apparire nelle precedenti edizioni, e quindi più intelligibile. D'altro canto, si tratta del compito più importante del mio libro: se esso ha trovato estimatori fra gli amatori e gli studiosi d'arte, lo si deve certamente al fatto che ha mostrato loro il filo conduttore che attraversa la storia dell'arte. Memorizzare una lista di nomi e di date è difficile e noioso; ricordare una storia richiede uno sforzo limitato, quando si è compreso il ruolo che i vari attori svolgono in essa e il modo in cui le date evidenziano il trascorrere del tempo fra le generazioni e gli episodi della narrazione.

Ho sottolineato più di una volta nel mio libro che nel mondo dell'arte ogni progresso in una direzione può condurre a una perdita sotto altri aspetti: ciò vale indubbiamente anche per questa edizione, benché mi auguri vivamente che i vantaggi siano nettamente superiori agli svantaggi.

Infine, non mi resta che ringraziare il mio scrupoloso editor Bernard Dod per la dedizione con cui ha vegliato su questa nuova edizione.

E.H.G.
dicembre 1994

INTRODUZIONE
L'arte e gli artisti

Non esiste in realtà una cosa chiamata arte. Esistono solo gli artisti: uomini che un tempo con terra colorata tracciavano alla meglio le forme del bisonte sulla parete di una caverna e oggi comprano i colori e disegnano gli affissi pubblicitari, e nel corso dei secoli fecero parecchie altre cose. Non c'è alcun male a definire arte tutte codeste attività, purché si tenga presente che questa parola può significare cose assai diverse a seconda del tempo e del luogo, e ci si renda conto che non esiste l'Arte con l'A maiuscola, quell'Arte con l'A maiuscola che è oggi diventata una specie di spauracchio o di feticcio. Si può rovinare un artista sostenendo che la sua opera è ottima a modo suo, ma non è Arte, e si può confondere chiunque abbia trovato bello un quadro dicendogli che non si trattava di Arte ma di qualcos'altro.

Io non credo veramente che esistano modi sbagliati di godere un quadro o una statua. A uno piacerà un paesaggio perché gli ricorda la sua casa, a un altro un ritratto perché gli ricorda un amico: in questo non c'è alcun male. Tutti noi, vedendo un quadro, siamo indotti a ricordare mille cose capaci di influire sulle nostre reazioni. Fin tanto che tali reminiscenze ci aiutano a godere ciò che vediamo, non c'è da preoccuparsi. Ma quando qualche reminiscenza di scarso valore diventa un pregiudizio, quando istintivamente ci scostiamo da un mirabile quadro di soggetto alpino solo perché non apprezziamo l'alpinismo, allora abbiamo il dovere di frugare nella nostra mente per scoprire la ragione di un'avversione capace di neutralizzare un piacere che altrimenti avremmo avuto. Ci sono ragioni sbagliate per non godere un'opera d'arte.

Molti desiderano vedere nei quadri ciò che amano nella realtà: è una preferenza naturalissima. A noi tutti piace la bellezza della natura, e siamo grati a quegli artisti che nelle loro opere ce l'hanno conservata e che certo non ci avrebbero rimproverato i nostri gusti. Quando il grande pittore fiammingo Rubens fece un disegno del suo bambino [1], era orgoglioso della sua bellezza e voleva che anche noi l'ammirassimo. Ma questa predilezione per i soggetti piacevoli e suggestivi può essere dannosa se ci induce a respingere opere che rappresentano soggetti che non risultano immediatamente attraenti. Il grande pittore tedesco Albrecht Dürer disegnò sua madre [2],

1. Peter Paul Rubens, *Ritratto del figlio Nicola*, 1620 ca, gessetto nero e rosso su carta, cm 25 × 20. Vienna, Albertina.

2. Albrecht Dürer,
Ritratto della madre,
1514, gessetto
nero su carta,
cm 42 × 30. Berlino,
Kupferstichkabinett,
Staatliche Museen.

con un amore senza dubbio pari a quello di Rubens per il paffuto figlio-
letto. Il suo studio fedele della vecchiaia e dello sfacelo può forse colpire e
respingere, ma, se vinciamo questo primo moto di ripugnanza, ne saremo
ampiamente compensati, poiché, nella sua spietata sincerità, il disegno di
Dürer è un'opera grandiosa: la bellezza di un quadro, come vedremo, non
sta nella bellezza del soggetto. Non so se i monelli che lo spagnolo Murillo

3. Bartolomé
Estebán Murillo,
Monelli, 1670–1675 ca,
olio su tela,
cm 146 × 108.
Monaco, Alte
Pinakothek.

4. Pieter de Hooch,
*Interno con donna che
sbuccia mele*, 1663,
olio su tela,
cm 70 × 54. Londra,
Wallace Collection.

amava dipingere [3], fossero davvero belli ma indubbiamente egli li ha sa-
puti rendere affascinanti. D'altro lato molti giudicherebbero insignificante
la bambina del mirabile interno olandese di Pieter de Hooch [4], mentre si
tratta pur sempre di un quadro di notevole interesse.
La difficoltà sta nella gamma così estesa dei gusti e dei canoni che deter-
minano la bellezza. I quadri delle figure 5 e 6 vennero entrambi dipinti

5. Melozzo da Forlì, *Angelo*, 1480 ca, particolare di un affresco. Roma, Pinacoteca Vaticana.

nel Quattrocento, ed entrambi rappresentano angeli che suonano il liuto. Molti, per la grazia seducente e il fascino, preferiranno l'opera italiana di Melozzo da Forlì [5], a quella del suo contemporaneo nordico Hans Memling [6]. A me piacciono entrambe. Può richiedere maggior tempo scoprire la bellezza intrinseca dell'angelo di Memling, ma quando quella sua lieve goffaggine non ci disturberà più lo troveremo delizioso.

Ciò che vale per la bellezza vale anche per l'espressione, e infatti sovente è proprio l'espressione di una figura a farci amare o detestare il quadro. Ad

6. Hans Memling, *Angelo*, 1490 ca, particolare di un'anta d'organo, olio su legno. Anversa, Koninklijk Museum voor Schone Kunsten.

7. Guido Reni,
Cristo con corona di
spine, 1639-1640 ca,
olio su tela,
cm 62 × 48.
Parigi, Louvre.

8. Maestro toscano,
Volto di Cristo,
1175-1225 ca,
particolare di un
crocifisso, tempera su
legno. Firenze, Uffizi.

alcuni piace un'espressione facilmente comprensibile, in grado quindi di commuovere profondamente. Quando Guido Reni, pittore del Seicento, dipinse il volto del suo Cristo in croce [7], indubbiamente voleva che lo spettatore ravvisasse in quel volto tutto il tormento e tutta la gloria della Passione. Molti, nei secoli successivi, hanno tratto forza e conforto da questa rappresentazione del Salvatore: il sentimento che in essa si esprime è così potente ed esplicito che copie di quest'opera si possono trovare in semplici cappelle e in fattorie isolate tra gente del tutto profana in fatto di Arte. Ma anche se questa intensa espressione di sentimenti ci attrae, non dobbiamo per tale motivo trascurare opere il cui intimo significato è forse meno facilmente accessibile. Il pittore italiano medievale che dipinse il crocifisso della figura 8 sentiva certo il tema della Passione con la stessa sincerità di Reni: per comprendere i suoi sentimenti, però, dobbiamo prima renderci conto dei suoi metodi di disegno. Una volta compresi questi diversi linguaggi, possiamo anche preferire opere in cui l'espressione

9. Albrecht Dürer, *Lepre*, 1502, acquerello e guazzo su carta, cm 25 × 22. Vienna, Albertina.

sia meno ovvia che in Reni. Proprio come si può preferire gente parca di parole e di gesti, che lascia qualcosa all'immaginazione, così ci si può appassionare a quadri e a sculture in cui sussista un margine per le congetture e per le riflessioni. Nei periodi più "primitivi", quando gli artisti erano meno abili di adesso nella rappresentazione dei volti e dei gesti umani, è tanto più commovente vedere come tentassero, comunque, di esprimere il sentimento che li urgeva.

Ma a questo punto spesso chi si avvicina per la prima volta all'arte si arresta di fronte a un'altra difficoltà. Vuole ammirare l'abilità dell'artista nella rappresentazione delle cose così come sono. Preferisce le pitture che paiono "vere". Non nego che questa sia una considerazione importante: la pazienza e la bravura volte a rendere con fedeltà il mondo visibile sono senz'altro da ammirare. Grandi artisti del passato hanno dedicato molte fatiche a opere nelle quali è accuratamente riprodotto ogni minimo particolare. La lepre ritratta ad acquerello da Dürer [9], è uno degli esempi più famosi di questa amorevole pazienza. Ma chi potrebbe affermare che il disegno di un elefante di Rembrandt [10], è necessariamente meno buono perché mostra un minor numero di particolari? In realtà Rembrandt era un mago tale da farci sentire la pelle grinzosa dell'elefante con pochi tratti di carboncino.

Ma non è soltanto il disegno sommario a urtare coloro che vogliono i quadri "veri". Essi biasimano ancor più le opere che giudicano scorrette quando esse appartengono a un periodo moderno, a un periodo in cui l'artista avrebbe dovuto "essere capace di far meglio". In realtà non c'è alcun mistero in queste deformazioni della natura che tante proteste sollevano nelle discussioni sull'arte moderna. Chiunque abbia presente le produzioni di Walt Disney o i fumetti sa già che, a volte, c'è una buona ragione se le cose vengono disegnate diverse da come sono, mutate o deformate in un senso o nell'altro. Topolino non sembra un topo vero, eppure nessuno scrive ai giornali lettere indignate sulla lunghezza della sua coda. Chi entra nell'incantato mondo di Disney non si preoccupa dell'Arte con L'A maiuscola. Non guarda i suoi film con gli stessi pregiudizi che si compiace di ostentare a una mostra di arte moderna. Ma se un artista moderno disegna a modo suo, lo si considererà un abborracciatore che non sa fare di meglio. Si può pensare ciò che si vuole degli artisti moderni, ma si deve accordare loro tanta fiducia da presumerli capaci almeno di disegnare "correttamente". Se così non fanno, le loro ragioni possono essere assai simili a quelle di Walt Disney. La figura 11 mostra un'incisione dell'*Histoire naturelle* di Buffon

10. Rembrandt van Rijn, *Elefante*, 1637, gessetto nero su carta, cm 23 × 34. Vienna, Albertina.

11. Pablo Picasso, *Chioccia con i pulcini*, 1941-1942, acquaforte, cm 36 × 28. Illustrazione per l'edizione dell'*Histoire naturelle* di Georges-Louis de Buffon.

illustrata dal più famoso esponente dell'arte moderna, Picasso. Certo nessuno potrebbe riscontrar pecche in questa incantevole rappresentazione di una chioccia in mezzo ai suoi lanuginosi pulcini. Però, nel disegnare un gallo [12], Picasso non si accontentò di renderne semplicemente l'aspetto: volle esprimerne l'aggressività, la boria e la stupidaggine. In altre parole, ricorse alla caricatura. Ma che caricatura persuasiva ne ha ricavato!

Quando ci pare che un quadro pecchi nell'esattezza del particolare, dobbiamo sempre domandarci in primo luogo se l'artista non abbia avuto le sue ragioni per modificare l'aspetto di ciò che ha visto, e sono ragioni che approfondiremo sempre più man mano che la storia dell'arte verrà svol-

12. Pablo Picasso, *Galletto*, 1938, carboncino su carta, cm 76 × 55. Collezione privata.

gendosi sotto i nostri occhi. In secondo luogo, non dobbiamo mai condannare un'opera per il fatto di essere scorrettamente disegnata, a meno che non vi sia la certezza di avere noi ragione e il pittore torto. Siamo tutti proclivi a trinciare lì per lì il giudizio "le cose non hanno questo aspetto", e abbiamo la strana abitudine di credere che la natura appaia sempre come nei quadri tradizionali. Una sorprendente scoperta, che risale a pochi anni fa, può facilmente dimostrare l'infondatezza di questa teoria. Per secoli e secoli migliaia di persone hanno guardato cavalli galoppare, hanno assistito a corse ippiche e a cacce, hanno posseduto pitture e stampe sportive con cavalli lanciati alla carica nelle battaglie o in corsa dietro ai segugi. Nessuno

fra tanti sembra aver mai notato come "effettivamente appaia" un cavallo in corsa. Pittori e incisori li hanno sempre rappresentati con le zampe protese, quasi librati in alto nell'impeto della corsa, così come li dipinse il celebre pittore francese del XIX secolo Théodore Géricault in una famosa rappresentazione delle corse di Epsom [13]. Cinquant'anni dopo, quando la macchina fotografica fu abbastanza perfezionata da consentire istantanee di cavalli in rapido movimento, fu dimostrato che pittori e pubblico avevano avuto torto: nessun cavallo lanciato al galoppo si è mai mosso nel modo che a noi pare "naturale". Esso ripiega alternativamente le zampe via via che si staccano dal suolo [14], e se riflettiamo per un momento ci rendiamo conto che non potrebbe fare diversamente. Eppure quando i pittori cominciarono a valersi di questa nuova scoperta dipingendo i cavalli in movimento esattamente come sono in realtà, tutti criticarono i quadri perché sembravano sbagliati.

Questo, indubbiamente, è un esempio estremo, ma errori simili non sono poi tanto rari come a prima vista parrebbe. Siamo tutti propensi ad accettare come i soli esatti i colori e le forme convenzionali. I bambini, a volte credono che le stelle debbano essere a forma di stella, per quanto in realtà non lo siano affatto. La gente che insiste perché in un quadro il cielo sia azzurro e l'erba verde non differisce molto da quei bambini. Essa si indigna vedendo altri colori in un quadro, ma se fosse possibile dimenticare una

13. Jean-Louis-Théodore Géricault, *Le corse a Epsom*, 1821, olio su tela, cm 92 × 122. Parigi, Louvre.

14. Eadweard
Muybridge,
*Cavallo al
galoppo*, 1872,
cromofotografia.
Kingston-upon-
Thames Museum.

buona volta tutto ciò che abbiamo udito del cielo azzurro e dei verdi prati e
guardare il mondo come se, appena giunti da un altro pianeta in un viaggio
di scoperta, lo vedessimo per la prima volta, ecco che gli oggetti ci appari-
rebbero suscettibili delle coloriture più varie e sorprendenti. Ora, i pittori a
volte si sentono come in un viaggio di scoperta. Essi vogliono una visione
fresca del mondo, fuori di ogni nozione scontata, di ogni pregiudizio sulla
carne rosea, sulle mele gialle o rosse. Non è facile affrancarsi da queste idee
preconcette, ma gli artisti che meglio ci riescono creano spesso le opere
più interessanti. Sono loro che ci insegnano a vedere nella natura bellezze
nuove che mai avremmo sognate. Se li seguiamo e impariamo da loro, perfino guardare dalla finestra potrà diventare un'avventura emozionante.
Non c'è peggior ostacolo al godimento delle grandi opere d'arte della nostra riluttanza a superare abitudini e pregiudizi. Una pittura che rappresenti
in un modo insolito un soggetto familiare viene spesso condannata adducendo il futile pretesto che essa non sembra "esatta". Quanto più sovente
vediamo rappresentata in arte una vicenda, tanto più saldamente ci persua-
diamo che debba sempre essere rappresentata su tale falsariga. A proposito
dei soggetti biblici, poi, è particolarmente facile sollevare vespai: benché le
Scritture – come è noto – non ci dicano nulla dell'aspetto fisico di Gesù,
benché Dio stesso non possa essere immaginato in forma umana e benché
si sappia che gli artisti del passato furono i primi a creare le immagini alle

15. Caravaggio, *San Matteo*, 1602, pala d'altare, olio su tela, cm 223 × 183. Distrutto; già a Berlino, Kaiser-Friedrich Museum.

16. Caravaggio, *San Matteo*, 1602, pala d'altare, olio su tela, cm 296 × 195. Roma, San Luigi dei Francesi.

quali ci siamo venuti abituando, molti credono ancora che discostarsi da queste forme tradizionali sia una bestemmia.

In realtà, furono in genere gli artisti immersi nelle Sacre Scritture con la massima devozione e attenzione a tentare di crearsi una visione interamente nuova degli episodi della storia sacra. Cercarono di dimenticare tutti i quadri visti, di immaginare il momento in cui il Bambino Gesù fu posto nella mangiatoia e i pastori vennero ad adorarlo o quando un pescatore cominciò a predicare il Vangelo. Questo sforzo di leggere l'antico testo con sguardo del tutto vergine ha scandalizzato e offeso più volte la gente

poco riflessiva. Un tipico "scandalo" di questo genere divampò attorno al Caravaggio, un artista rivoluzionario e di grande ardimento, che operò intorno al 1600. Gli era stato ordinato un quadro di san Matteo per l'altare di una chiesa romana: il santo doveva essere rappresentato nell'atto di scrivere il Vangelo, e per mostrare che i Vangeli erano la parola divina doveva essergli posto vicino l'angelo ispiratore. Il Caravaggio, un giovane artista altamente creativo e intransigente, cercò di raffigurarsi la scena di un vecchio e povero operaio, un semplice pubblicano improvvisamente alle prese con un libro da scrivere. Così dipinse san Matteo [15], calvo, con i piedi nudi e polverosi, che afferra goffamente il grosso volume e aggrotta ansiosamente la fronte nell'insolito sforzo della scrittura. Al suo fianco dipinse un angelo adolescente, che sembra appena giunto dall'alto e che dolcemente gli guida la mano come può fare un maestro con il bambino. Quando il Caravaggio consegnò il quadro alla chiesa sul cui altare doveva essere appeso, suscitò scandalo per questa presunta mancanza di rispetto. Il dipinto non fu accettato e il Caravaggio dovette ricominciare da capo. Non volendo però correre ulteriori rischi, si attenne rigorosamente alle idee più convenzionali circa l'aspetto di un angelo o di un santo [16]. Ne risultò certo un buon quadro, perché il Caravaggio si era sforzato di farlo sembrare vivace e interessante, ma lo sentiamo meno spontaneo e coerente del primo.

Questo episodio esemplifica il danno che possono fare coloro che respingono e criticano le opere d'arte in base a ragioni sbagliate. E, ciò che più importa, ci dimostra che quanto siamo soliti definire "opera d'arte" non è il risultato di un'attività misteriosa, bensì un oggetto fatto dall'uomo per l'uomo. Un quadro sembra così lontano quando è appeso con cornice e vetro alla parete. E nei nostri musei è vietato, a ragione, toccare gli oggetti esposti. Ma originariamente essi furono creati per essere toccati, maneggiati e contrattati, per essere oggetto di litigi e di preoccupazioni. Ricordiamo ancora che ogni tratto è il risultato d'una decisione dell'artista; che egli dovette meditarlo e trasformarlo più volte; che forse si domandò se doveva lasciar così quell'albero nello sfondo oppure ridipingerlo, che forse si compiacque di una felice pennellata capace di dare uno splendore improvviso e inatteso a una nube incendiata dal sole, e che solo controvoglia vi aggiunse le figure per le insistenze dell'acquirente. Infatti, la maggior parte dei quadri che ora sono allineati sulle pareti dei musei e delle statue che si trovano nelle gallerie non era affatto destinata a essere esposta come opera d'arte: fu creata per una circostanza ben determinata e con un fine preciso che l'artista aveva in mente al momento di mettersi all'opera.

D'altronde, i concetti di bellezza e di espressività di cui si preoccupano i profani raramente vengono menzionati dagli artisti. Non sempre fu così, ma fu così per molti secoli in passato ed è così ancora oggi. La ragione sta in parte nel fatto che gli artisti sono spesso uomini timidi che troverebbero imbarazzante l'uso di parole impegnative come "bellezza". Si sentirebbero alquanto presuntuosi se parlassero di "esprimere le loro emozioni" o usassero altre formule del genere. Sono cose sottintese di cui trovano superfluo discutere. Ecco una ragione e, mi sembra, una buona ragione. Ce n'è un'altra, però. Nelle preoccupazioni quotidiane degli artisti, idee di questo genere contano molto meno di quanto i profani non siano inclini a credere. Ciò che l'artista pensa quando progetta il quadro e traccia uno schizzo o si domanda quando ha finito di dipingere la tela è assai più difficile tradurlo in parole. Forse egli direbbe che si domanda se tutto è "a posto". Ora, soltanto comprendendo che cosa egli intende con queste parole capiremo i suoi veri fini.

Possiamo sperare di intenderlo, credo, solo valendoci della nostra esperienza. Certo noi non siamo artisti, non abbiamo mai dipinto un quadro e, forse, non ci verrà mai l'idea di farlo. Ma questo non significa necessariamente che non ci troveremo mai di fronte a problemi simili a quelli di cui è intessuta la vita di un artista. Non esiste quasi nessuno – e vorrei dimostrarlo – che non abbia mai avuto almeno sentore di questo tipo di problemi. Chiunque abbia provato a disporre un mazzo di fiori mescolando e spostando le tinte, aggiungendo di qua e togliendo di là, ha sperimentato lo strano piacere di equilibrare colori e forme senza sapere dire esattamente che specie di armonia volesse trarne. Sente soltanto che una macchia di rosso qui può avere una grande importanza o che questo azzurro sta bene da solo e non "va" con gli altri; all'improvviso un rametto di foglie verdi farà apparire tutto "a posto". "Non tocchiamolo più", esclama. "Adesso è perfetto". Non tutti, lo ammetto, hanno la medesima cura nella disposizione dei fiori, ma a quasi tutti preme di mettere "a posto" qualcosa. Può essere soltanto questione di trovare la giusta cintura da accordare con un certo vestito, o addirittura la preoccupazione della porzione giusta di pietanza e contorno sul piatto. In ogni caso, per banale che sia, sentiamo che un'inezia in più o in meno può turbare l'equilibrio, e che un'unica sistemazione è come deve essere.

Possiamo trovare pignola una persona che si preoccupi così tanto dei fiori, dei vestiti o del cibo, perché, secondo noi, queste cose non meritano tanta attenzione. Ma ciò che può essere una cattiva abitudine nella vita reale e che, di conseguenza, viene per lo più soffocato o nascosto, ha la sua ragion d'essere nel mondo dell'arte. Quando si tratta di combinare forme o accordare colori, un artista deve essere sempre "pignolo", o meglio "incontentabile" all'estremo. Nei colori e negli orditi potrà scorgere sfumature che noi quasi non noteremo. Inoltre, il suo compito è infinitamente più complesso di qualunque altro possa venir affrontato nella vita comune. Egli non deve soltanto armonizzare due o tre colori, forme o gusti ma destreggiarsi tra innumerevoli elementi. Ha sulla tela, letteralmente, centinaia di tinte e di forme che deve accordare finché non siano "a posto". Una macchia verde potrà all'improvviso apparire troppo gialla, perché è troppo vicina a un turchino; gli capiterà di sentire che tutto è compromesso, che nel quadro c'è una nota stridente e che bisogna ricominciare da capo. Forse si tormenterà su questo problema, forse vi mediterà per notti e notti; starà davanti al quadro tutto il giorno, tentando di aggiungere un tocco di colore qua o là, per poi di nuovo toglierlo, anche se io o un altro non avremmo mai notato la differenza. Ma quando è finalmente riuscito, sentiamo tutti che egli ha prodotto qualcosa cui nulla potrebbe essere aggiunto, qualcosa che è "a posto": un esempio di perfezione nel nostro imperfettissimo mondo.

Si prenda, per esempio, una delle famose Madonne di Raffaello: *La Madonna del prato* [17]. È senza dubbio bellissima e affascinante; le figure sono mirabilmente disegnate e l'espressione della Vergine che guarda i due fanciulli è indimenticabile. Ma se osserviamo i primi abbozzi che ne fece Raffaello [18], cominciamo a capire che non furono queste le cose di cui si preoccupò principalmente, giacché erano

17. Raffaello,
*La Madonna del
prato*, 1505-1506,
olio su legno,
cm 113 × 88. Vienna,
Kunsthistorisches
Museum.

implicite. Ciò che tentò e ritentò di ottenere fu il giusto equilibrio delle
figure, il rapporto esatto che avrebbe determinato la massima armonia
d'insieme. Nel sommario schizzo a sinistra, egli pensò di rappresentare il
Bambino Gesù nell'atto di allontanarsi dalla madre, con lo sguardo volto
all'indietro verso di lei, e provò a mettere in diverse posizioni la testa della
Vergine per adattarla al movimento del bambino. Poi decise di rappresentare il bambino di scorcio con lo sguardo levato verso la madre. Tentò ancora
un'altra strada, introducendo il piccolo san Giovanni, ma con il Bambino
Gesù che invece di volgersi a lui guarda un punto fuori del quadro. E poi

18. Raffaello,
Quattro studi per la
"Madonna del prato",
1505-1506, foglio
da un album, penna
e inchiostro su carta,
cm 36 × 24.
Vienna, Albertina.

cercò ancora un'altra soluzione, ma sembrò alla fine spazientirsi dopo aver provato a girare la testa in tante direzioni. Nel suo album di schizzi c'erano parecchi di questi fogli in cui tentò e ritentò di equilibrare nel modo migliore le tre figure. Ma se guardiamo di nuovo la stesura definitiva, constatiamo che infine riuscì nel suo intento: tutto appare ora nella sua giusta posizione, e l'equilibrio e l'armonia che Raffaello raggiunse a prezzo di così dura fatica sono tanto naturali e spontanei da passar quasi inosservati. Eppure proprio questa armonia rende ancor più bella la Madonna e deliziosi i bambini.

È affascinante seguire l'artista nel suo sforzo di raggiungere l'equilibrio perfetto, eppure, se gli domandassimo perché ha fatto questo o ha cambiato quello, forse non ce lo saprebbe spiegare. Egli non segue regole prestabilite. Sente così, e basta. È vero che in certi periodi artisti e critici hanno cercato di formulare le leggi della loro arte; ma il risultato fu sempre che artisti scadenti non ottennero nulla tentando di applicare queste leggi, mentre i grandi maestri potevano infrangerle e raggiungere, ciononostante, un'armonia impensata. Quando il celebre pittore inglese Sir Joshua Reynolds spiegò agli studenti della Royal Academy che l'azzurro non deve apparire nel primo piano dei quadri, ma deve essere riservato agli sfondi lontani e ai colli che sfumano all'orizzonte, il suo rivale Gainsborough, a quanto si dice, volendo dimostrare che queste regole accademiche sono per lo più prive di senso, dipinse il famoso *Ragazzo in azzurro*, il cui vestito al centro e in primo piano si staglia splendidamente sul bruno caldo dello sfondo.

La verità è che riesce impossibile stabilire regole del genere, perché non si può mai conoscere in precedenza l'effetto che l'artista vuole raggiungere. Forse si varrà anche di una nota stridente e discorde, se gli accadrà di trovarla "a posto". Non essendoci regole per stabilire quando una statua o un quadro è "a posto", è in genere impossibile spiegare a parole il motivo esatto per cui ci sentiamo in presenza di una grande opera d'arte. Ma ciò non significa che un'opera valga l'altra o che non ci possano essere divergenze di gusto. Divergenze e discussioni, se non altro, ci inducono a guardare i quadri; e più li guardiamo, più scopriamo particolari che ci erano sfuggiti. Cominciamo a sviluppare in noi la capacità di cogliere questo senso dell'armonia che ogni generazione di artisti si è sforzata di raggiungere. Più sentiremo queste armonie, più ne godremo; è questo, dopotutto, ciò che importa. Il vecchio proverbio che i gusti non si discutono potrà essere vero: ciò non toglie che il gusto si possa sviluppare. È un'esperienza comune che chiunque può fare in un ambito modesto. Per chi non è abituato a bere il tè, una qualità equivale esattamente all'altra. Ma se la stessa persona avesse agio, volontà e occasione di studiarne le possibili varianti, potrebbe diventare un intenditore capace di distinguere con esattezza il tipo e la miscela preferiti, e la sua accresciuta conoscenza favorirebbe molto il godimento delle qualità predilette.

Il gusto artistico è senz'altro qualcosa di assai più complesso del gusto per i cibi e le bevande. Non si tratta di scoprire sapori vari e sottili, ma qualcosa di più serio e di più importante. I grandi maestri hanno dato il meglio di sé in queste opere, ne hanno sofferto, hanno sudato sangue per crearle: il meno che possano chiederci è di cercare di comprendere i loro intenti.

Non si finisce mai di imparare, in arte. Ci sono sempre cose nuove da scoprire. Ogni volta che ci poniamo dinanzi a esse, le grandi opere appaiono diverse. Sembrano inesauribili e imprevedibili come veri e propri esseri umani. Formano un emozionante mondo a sé, con le sue strane leggi e con i suoi eventi. Nessuno deve presumere di saperne tutto, perché nessuno lo potrà mai. Nulla, forse, è più importante di una mente fresca per godere queste opere, per poterne cogliere ogni allusione e avvertirne ogni nascosta armonia; una mente, soprattutto, non stipata di paroloni altisonanti e di frasi fatte. È infinitamente meglio non sapere nulla dell'arte che avere quella pseudocultura che origina lo snobismo. È un pericolo ben reale: c'è gente, per esempio, che avendo inteso le elementari ragioni che ho tentato di stabilire in questo capitolo, e avendo compreso come possano esistere grandi opere d'arte scevre degli ovvi requisiti di bellezza, di espressività o di esattezza di disegno, s'inorgoglisce tanto da pretendere di gustare solo opere non belle, dal disegno scorretto. È gente sempre assillata dal timore di essere considerata incolta se confessa di gustare un'opera troppo ovviamente bella o patetica. Così nasce lo snobismo, che fa smarrire la pura capacità di godere l'arte e fa definire "molto interessante" ciò che in realtà si trova repellente. Non vorrei causare un equivoco del genere, e piuttosto che essere interpretato in un modo così acritico preferirei non essere creduto.

Nei capitoli seguenti tratterò la storia dell'arte, cioè dell'architettura, della pittura e della scultura. Credo che una conoscenza di questa storia aiuti a capire perché gli artisti abbiano lavorato in un certo senso o perché abbiano mirato a determinati effetti. Soprattutto è un modo eccellente di allenare l'occhio a cogliere tutte le caratteristiche dell'opera d'arte e di affinare quindi la sensibilità alle più sottili sfumature. Forse è l'unico modo per poter godere le opere nel loro autonomo valore. Ma non c'è strada senza pericoli. Talvolta si vedono persone percorrere le gallerie con il catalogo alla mano, alla ricerca ansiosa del numero di ogni quadro. Appena trovato il numero, passano oltre: tanto valeva che fossero rimaste a casa dal momento che, tutte immerse nel catalogo, il quadro l'hanno guardato appena. È una specie di corto circuito mentale che non ha nulla a che vedere con il piacere estetico.

Chi ha acquisito una certa conoscenza della storia dell'arte corre talvolta il pericolo di cadere in una trappola del genere. Vedendo un'opera d'arte non si abbandona a essa, ma preferisce cercare nella mente l'etichetta appropriata. Forse ha sentito dire che Rembrandt è famoso per il suo chiaroscuro e allora, vedendo un Rembrandt, fa un cenno saputo, e mormorando: "Che meraviglioso chiaroscuro!" passa al quadro successivo. Desidero esprimermi con franchezza su questo pericoloso snobismo e su questa pseudocultura, poiché siamo tutti suscettibili di cadere in simili tentazioni, che un libro come questo potrebbe favorire. Vorrei che il mio libro aprisse gli occhi piuttosto che sciogliere le lingue. Parlare con intelligenza dell'arte non è difficile, perché le parole proprie dei critici sono state impiegate in accezioni così diverse da perdere ogni precisione. Ma vedere un quadro con sguardo vergine e avventurarsi in esso in un viaggio di scoperta è un'impresa ben più ardua, ma anche ben più ricca di soddisfazioni. Nessuno può prevedere con che cosa, da un simile viaggio, farà ritorno a casa.

I

STRANI INIZI
Popoli preistorici e primitivi. L'America antica

Non sappiamo come sia nata l'arte, più di quanto sappiamo come sia sorto il linguaggio. Se intendiamo per arte certe attività come la costruzione di templi e di case, la creazione di pitture e sculture o la tessitura delle stoffe, non c'è al mondo popolo che non sia artista. Se, d'altra parte, intendiamo per arte qualcosa di raro e squisito di cui godere nei musei e nelle mostre o da impiegare in belle decorazioni nei salotti più raffinati, dobbiamo riconoscere che questa particolare accezione della parola è stata introdotta solo di recente, e che molti dei maggiori costruttori, pittori o scultori del passato non ne ebbero il più lontano sospetto. Possiamo meglio cogliere questa differenza se pensiamo all'architettura. Tutti sappiamo che esistono costruzioni bellissime, alcune delle quali sono vere e proprie opere d'arte. Ma non c'è pressoché alcun edificio al mondo che non sia stato eretto in vista di uno scopo particolare. Coloro che si servono di questi edifici come luoghi di culto, di svago o di abitazione li giudicano soprattutto in base a criteri utilitari. Ma a parte ciò, possono trovare più o meno di loro gusto la linea o le proporzioni dell'edificio, e apprezzare gli sforzi del bravo architetto che non solo l'ha saputo rendere pratico ma anche esteticamente "a posto". Sovente nel passato l'atteggiamento verso dipinti e sculture non era diverso; essi non venivano considerati pure opere d'arte, bensì oggetti con una determinata funzione. Sarebbe un pessimo giudice di architettura chi ignorasse in base a quali esigenze certi edifici furono innalzati. Non diversamente, è difficile da parte nostra comprendere l'arte del passato se siamo del tutto ignari degli scopi cui doveva servire. Quanto più risaliamo il corso della storia, tanto più chiari, ma insieme strani, ci appaiono i fini che si pensava dovesse assolvere l'arte. Lo stesso avviene se, abbandonando le nostre città, ci mescoliamo ai contadini o, meglio ancora, se ci stacchiamo dai nostri Paesi civilizzati e viaggiamo tra popoli le cui condizioni di vita sono ancora molto simili a quelle dei nostri remoti progenitori. Noi chiamiamo "primitivi" questi popoli non perché siano più semplici di noi – i loro processi mentali sono sovente più complicati dei nostri – ma perché essi sono più vicini allo stato dal quale l'umanità tutta è emersa. Dal punto di vista dell'utilità, per questi primitivi non c'è differenza tra la costruzione di una capanna e la produzione di un'immagine. Le capanne servono a proteggerli dalla pioggia, dal vento, dal sole e dagli spiriti che li generano; le immagini a difenderli contro altri poteri non meno reali, per loro, delle forze della natura. Pitture e sculture, in altre parole, sono usate in funzione magica.

Non possiamo sperare di capire questi strani inizi dell'arte senza tentare di penetrare nella mente dei popoli primitivi, senza scoprire che genere di esperienza li spinga a considerare le immagini non come qualcosa di bello da guardare ma come oggetti da usare, ricchi di potenza. Non credo sia poi tanto difficile immedesimarsi in questo sentimento. Solo, è necessario saper essere assolutamente sinceri con noi stessi e vedere se, per caso, non sopravviva ancora in noi qualcosa del "primitivo". Invece di cominciare dall'era glaciale, incominciamo da noi. Immaginiamo di ritagliare dal giornale di oggi la fotografia della nostra diva o del nostro giocatore preferiti. Ci farebbe piacere prendere un ago e trapassar loro gli occhi? Sarebbe per noi altrettanto indifferente che bucare un qualunque altro punto del giornale? Credo di no. Benché a mente lucida mi renda benissimo conto che un simile gesto contro il ritratto non può fare il minimo male al mio amico o al mio eroe, tuttavia, all'idea di compierlo, avverto una vaga riluttanza. Sopravvive, chissà dove, l'assurda sensazione che ciò che viene fatto al ritratto viene fatto alla persona che esso rappresenta. Ora, se a questo punto non mi sbaglio e se questa bizzarra e irrazionale impressione sopravvive perfino tra noi, in piena era atomica, è forse meno sorprendente che essa sia esistita quasi ovunque tra i cosiddetti popoli primitivi. In ogni parte del mondo guaritori o streghe hanno tentato di praticare la magia press'a poco così: fatto un rozzo fantoccio a somiglianza del nemico, nella speranza che il danno ricadesse su di lui, gli trapassavano il cuore o lo bruciavano. Anche il fantoccio che si brucia in Inghilterra nel giorno di Guy Fawkes (1570-1606, ordì la Congiura delle polveri contro Giacomo I, fu scoperto e giustiziato. Ogni anno, il 5 novembre gli anglicani commemorano l'evento bruciando l'effigie del congiurato, *NdT*) è una sopravvivenza di tale superstizione. I primitivi sono ancora più esitanti quando devono distinguere tra l'oggetto vero e la sua raffigurazione. Una volta, a un artista europeo che aveva fatto uno schizzo del loro gregge, gli indigeni di un villaggio africano domandarono con angoscia: "Se ti porti via le bestie, di che cosa vivremo?".

Tutte queste bizzarre convinzioni sono importanti perché possono aiutarci a comprendere le pitture più antiche che ci sono pervenute, antiche come nessun'altra superstite traccia dell'abilità umana. Eppure quando furono scoperte per la prima volta sulle pareti delle grotte in Spagna [19], e nella Francia meridionale [20], nel XIX secolo, gli archeologi dapprima non volevano credere che raffigurazioni così vive e naturalistiche di animali potessero essere state disegnate da uomini dell'era glaciale. A poco a poco il ritrovamento in queste regioni di rozzi strumenti di pietra e di osso rese sempre più certo il fatto che queste figure di bisonte, mammut o cervo erano state veramente graffite o dipinte da chi cacciava questa selvaggina e per tanto la conosceva in maniera così particolareggiata. È un'esperienza straordinaria addentrarsi in queste grotte,

19. *Bisonte*, 15.000-10.000 a.C. ca, pittura rupestre in una caverna. Altamira, Spagna.

20. *Cavallo*, 15.000-10.000 a.C. ca, pittura rupestre in una caverna. Lascaux, Francia.

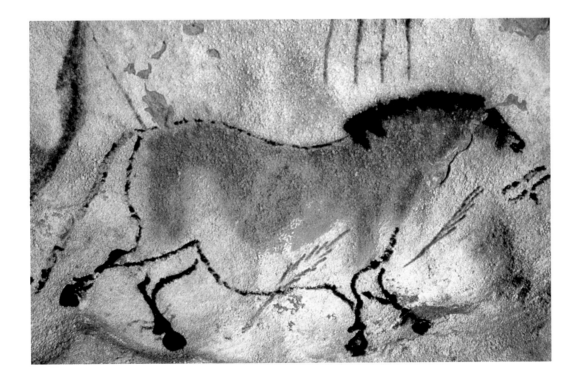

21. *La grotta di Lascaux in Francia*, 15.000-10.000 a.C. ca.

talvolta lungo corridoi bassi e stretti, giù nel cuore della montagna e improvvisamente vedere illuminati dalla torcia elettrica della guida la raffigurazione di un toro. Una cosa è sicura: nessuno si sarebbe spinto così lontano, nella misteriosa profondità della terra, solo per decorare un luogo tanto inaccessibile. Inoltre, poche di queste pitture sono disposte con chiarezza sul soffitto o sulle pareti della grotta, tranne alcune nella grotta di Lascaux [21]. Al contrario, sono talvolta graffite o dipinte l'una sull'altra, in apparenza senza alcun ordine. È molto più verosimile che queste pitture siano i più antichi relitti dell'universale credenza nell'influenza delle immagini. Questi cacciatori primitivi, in altre parole, pensavano che, una volta fissata l'immagine della preda – cosa che forse ottenevano servendosi delle lance e delle scuri di pietra –, l'animale stesso sarebbe dovuto soccombere al loro potere.

Certo questa è un'ipotesi; ipotesi tuttavia ben fondata sulla funzione cui adempie l'arte tra quei popoli primitivi che ancora oggi conservano i loro antichi costumi. Certamente, che io sappia, in nessun luogo sarebbe ora possibile trovare chi tenti di praticare questo stesso tipo di magia; ma per i primitivi l'arte è perlopiù connessa a convinzioni analoghe sul potere delle immagini. Esistono ancora certe popolazioni che usano solo strumenti di pietra, e che, per scopi magici, incidono sulle rocce figure di animali. I membri di altre tribù celebrano feste periodiche in cui, camuffati da animali, con bestiali movenze eseguono danze sacre. Anch'essi ritengono, così facendo, di acquistare in qualche modo potere sulla preda. Non di rado sono anche convinti di essere imparentati per chissà quale sortilegio con certi animali, e che l'intera tribù non sia che una tribù di lupi, di corvi o di rane. Sono credenze piuttosto bizzarre, ma non dobbiamo dimenticare che neppure esse sono tanto remote dal nostro tempo come potrebbe sembrare. I romani pensavano che Romolo e Remo fossero stati allattati da una lupa, di cui conservavano l'effigie di bronzo sul Campidoglio, e fino a non molto tempo fa tenevano una lupa in una gabbia presso la scalinata d'accesso al Campidoglio. In Trafalgar Square non ci sono leoni vivi, ma il leone britannico continua tenacemente a campeggiare nelle pagine del "Punch". Naturalmente c'è una gran differenza tra questo tipo di simbolismo araldico o da vignetta e la profonda serietà con cui i membri di una tribù considerano i loro rapporti con il totem, come chiamano l'animale con cui si sentono legati. Essi sembrano talora vivere in una specie di mondo chimerico in cui si può essere allo stesso tempo uomini e animali. Molte tribù hanno maschere che rappresentano questi animali, e quando le usano, nel corso di speciali cerimonie, credono di sentirsi trasformati, di essere divenuti corvi od orsi. Sono come bambini che giocano ai pirati o ai poliziotti; a un certo punto non sanno più dove finisce il gioco e comincia la realtà. Ma intorno ai bambini c'è sempre il mondo degli adulti, gente che dice: "Fate meno chiasso" o "È quasi ora di andare a letto". Per i primitivi non esiste un simile mondo capace di distruggere l'illusione, giacché ogni membro della tribù partecipa alle danze rituali in una fantastica gara di simulazioni. Tutti, da generazioni e generazioni, hanno appreso il significato di questi riti e ne sono così compenetrati da non avere ormai la minima probabilità di liberarsene e di giungere a considerare con occhio critico il loro comportamento. Tutti noi abbiamo credenze che accettiamo supinamente tanto quanto i primitivi le loro; e questo avviene, in genere, fino al momento in cui ce ne rendiamo conto perché è arrivato qualcuno a metterle in dubbio.

Può sembrare che tutte queste credenze abbiano ben poco a che fare con l'arte, ma, di fatto, esse la condizionano in vari modi. Il significato di molte opere d'arte sta nel sostenere una parte in queste bizzarre consuetudini, e quindi ciò che importa non è la bellezza della scultura o della pittura giudicata secondo i nostri criteri ma la sua "influenza", ossia la sua possibilità di avere il desiderato effetto magico. Inoltre gli artisti lavorano per la gente della loro tribù, che conosce esattamente il significato di ogni forma e di ogni colore e non chiede affatto novità, bensì solo di dedicarsi all'esecuzione dell'opera con tutta l'abilità e la competenza possibili.

Non dobbiamo andare troppo lontano per trovare corrispondenze. La caratteristica di una bandiera nazionale non è di essere un bel pezzo di stoffa colorata che ogni fabbricante può variare a suo piacimento; un anello nuziale non è un ornamento che può essere portato o sostituito come si vuole. Rimane, tuttavia, anche all'interno delle consuetudini e dei riti codificati della nostra esistenza, un certo margine di libertà e di scelta che si affida al gusto e all'intelligenza. Pensiamo all'albero di Natale. Le sue principali caratteristiche ci sono tramandate dal costume, ma ogni famiglia ha le proprie tradizioni e predilezioni, senza le quali l'albero non sarebbe ciò che è. Quando giunge il grande momento in

cui l'abete deve essere ornato, quante cose restano da decidere! Bisogna mettere una candela su questo ramo? Bastano le decorazioni sulla cima? Non è troppo pesante questa stella, troppo carico questo lato? Forse a un estraneo tutto quel rito può sembrare bizzarro. Può pensare che gli alberi sono molto più graziosi senza ornamenti. Ma per noi che ne conosciamo il significato, è importantissimo che l'albero sia decorato secondo la nostra fantasia.

L'arte primitiva segue questo solco prestabilito, eppure lascia agio all'artista di mostrare il suo estro. La maestria tecnica di certi artigiani tribali è davvero sorprendente. Non si deve mai dimenticare, parlando dell'arte primitiva, che l'aggettivo non vuole alludere a una conoscenza primitiva che gli artisti avrebbero del loro compito. Tutt'altro: molte tribù antichissime hanno raggiunto un'abilità sbalorditiva nello scolpire, nell'intrecciare canestri, nel conciare il cuoio o nel lavorare metalli. Se pensiamo con quali rozzi strumenti ciò viene eseguito, non possiamo non meravigliarci della pazienza e della sicurezza di tocco acquistata da questi artigiani in secoli e secoli di specializzazione. I maori della Nuova Zelanda, per esempio, sono giunti a compiere autentici prodigi nelle loro sculture in legno [22]. Senza dubbio, una cosa fatta con grande difficoltà non sarà per questo stesso motivo un'opera d'arte. Se così fosse, i costruttori dei modellini di veliero in bottiglia sarebbero da annoverare tra gli artisti di maggior valore. Ma queste testimonianze di arte indigena non devono indurci a credere che simili opere siano bizzarre solo perché gli artisti non sanno fare di meglio. Non il loro livello artistico, bensì la loro mentalità differisce dalla nostra. È importante rendersi conto di ciò fin dall'inizio perché l'intera storia dell'arte non è la storia del progressivo perfezionamento tecnico, bensì del mutamento dei criteri e delle esigenze. Abbiamo sempre più la prova che, in certe condizioni, gli artisti tribali possono creare un'opera altrettanto esatta dal punto di vista naturalistico quanto i migliori lavori di un maestro dell'Occidente. Solo da poco si è scoperto in Nigeria un gruppo di teste di bronzo straordinariamente espressive [23]. Sembra che risalgano a vari secoli fa, e non c'è motivo di credere che gli artisti del luogo abbiano appreso questa loro tecnica da qualche straniero.

22. *Architrave dall'abitazione di un capo maori*, inizio XIX sec., legno scolpito, cm 32 × 28. Londra, British Museum.

23. *Testa di bronzo*
probabilmente
raffigurante un sovrano
(Oni), rinvenuta a Ife in
Nigeria, XII–XIV sec.,
bronzo, altezza
cm 36. Londra,
British Museum.

Quale può essere allora la ragione del carattere estremamente bizzarro di tanta parte dell'arte tribale? Dobbiamo
di nuovo rifarci a noi stessi e a esperimenti accessibili a
tutti. Prendiamo un pezzo di carta e scarabocchiamoci
sopra qualche faccia. Un cerchio per la testa, un tratto di
penna per il naso, un altro per la bocca. Guardiamo quello
scarabocchio senz'occhi. È terribilmente triste! Il poveretto non vede. Sentiamo di dovergli "dare la luce": e
che sollievo quando, fatti due punti, finalmente ci può
guardare! Tutto questo per noi è un gioco, ma non così
per il primitivo. Un semplice palo con questi pochi tratti
essenziali diventa per lui una cosa nuova e diversa: l'impressione che il palo gli comunica viene interpretata come
un segno del suo potere magico. Non è più necessario
dargli una maggiore somiglianza con l'uomo, dal momento che ha gli occhi per vedere. La figura 24 riproduce
un dio della guerra polinesiano chiamato Oro. I poline-
siani sono scultori eccellenti, ma, evidentemente, non
reputavano indispensabile che la scultura riproducesse
con esattezza il corpo umano. Tutto ciò che noi vediamo
è un pezzo di legno ricoperto di un tessuto di fibra. Solo
gli occhi e le braccia sono rozzamente indicati da una
treccia della stessa fibra, però basta averli osservati una
sola volta perché da quel feticcio si sprigioni per noi un
senso di misteriosa potenza. Non siamo ancora del tutto
nel regno dell'arte, ma l'esperimento dello scarabocchio
può ancora insegnarci qualcosa. Variamo in ogni modo
possibile la forma della faccia che abbiamo sommariamente
tracciato. Mutiamo la forma degli occhi da punti in cro-
cette, o in qualsiasi altro segno che non ricordi minima-
mente occhi reali. Tracciamo un cerchio al posto del naso
e uno svolazzo al posto della bocca. Poco importerà se le
rispettive posizioni resteranno press'a poco invariate.
Probabilmente per l'artista primitivo questa scoperta ebbe
gran significato: gli insegnò a creare le sue figure o i suoi visi senza ricorrere
alle forme preferite, quelle più rispondenti alla sua particolare abilità. Il risultato
poteva anche non somigliare granché ai volti reali, ma era improntato a una
unità e a un'armonia di tratto che, probabilmente, mancavano al nostro scarabocchio. La figura 25 ci presenta una maschera della Nuova Guinea. Può darsi
che non sia una bellezza (e non voleva esserlo): era destinata a una cerimonia
durante la quale i giovani del villaggio la usavano fingendosi demoni per spaventare donne e bambini. Per quanto grottesco o spiacevole possa sembrarci

24. *Il dio della guerra
Oro, proveniente da
Tahiti*, XVIII sec.,
legno coperto con
paglia, lunghezza
cm 66. Londra,
British Museum.

25. *Maschera rituale, proveniente dalla regione del golfo di Papua, in Nuova Guinea,* 1880 ca, legno, corteccia e fibre vegetali, altezza cm 152. Londra, British Museum.

questo "demone", c'è però qualcosa di convincente nel modo con cui l'artista ha costruito la sua faccia valendosi di forme geometriche.

In alcune parti del mondo, certi artisti primitivi hanno svolto elaborate tecniche per rappresentare in fogge ornamentali le varie figure e i vari totem dei loro miti. Tra i pellirosse del Nordamerica per esempio, vi sono artisti che a un acutissimo potere di osservazione della natura uniscono un completo disinteresse per quello che noi chiamiamo l'aspetto effettivo delle cose. Cacciatori, essi conoscono la forma esatta del rostro dell'aquila o delle orecchie del castoro assai meglio di noi. Ma basta loro uno solo di tali tratti caratteristici: una maschera munita di un rostro di aquila è un'aquila. Ecco alla figura 26 un modello di abitazione di un capo pellerossa della tribù Haida nel nord-ovest, recante sulla facciata tre cosiddetti totem ricavati da un palo. Noi non riusciamo a scorgere che un accavallarsi di orribili maschere, ma l'indigeno ci vede illustrata un'antica leggenda della tribù. La leggenda di per sé a noi suona strana e incoerente come la sua raffigurazione, ma non dobbiamo ormai più stupirci se la mentalità primitiva è diversa dalla nostra. Sentite:

C'era una volta nella città di Gwais Kun un giovane che amava starsene a letto tutto il giorno in ozio. La suocera lo rimproverò. Egli ne ebbe vergogna, si allontanò da casa e decise di uccidere un mostro che viveva in un lago e si nutriva di uomini e di balene. Con l'aiuto di un uccello fatato costruì una trappola di tronchi d'albero e vi appese come esca due bambini. Il mostro fu catturato, il giovane si vestì della sua pelle e si mise a pescare pesci che poi lasciava regolarmente sulla soglia della suocera che era stata così aspra con lui. La donna fu tanto lusingata da queste inattese offerte che si ritenne una potente maga. Quando infine il giovane le svelò la verità, la donna se ne vergognò tanto da morirne.

Sul palo centrale sono raffigurati tutti i protagonisti della tragedia. La maschera sotto l'ingresso è una delle balene che il mostro mangiava. Quella grande, sull'ingresso, è il mostro; subito sopra, la figura dell'infelice suocera. Più in alto, la maschera con il becco è l'uccello che aiutò l'eroe, l'eroe stesso appare poi vestito della pelle del mostro, con i pesci che ha catturato. Le figure in cima sono i bambini usati come esca.

Si sarebbe tentati di considerare quest'opera il frutto di un bizzarro capriccio, ma per coloro che la fecero si trattò di un'impresa solenne. L'incisione di quegli enormi pali con gli strumenti primitivi di cui gli indigeni potevano disporre durava anni e anni, e talvolta l'intera popolazione maschile del villaggio collaborava all'impresa per rendere omaggio all'abitazione di un capo potente e distinguerla dalle altre.

Senza spiegazione, forse, non riusciremmo a scoprire il significato di queste sculture create con tanto amore e tanta fatica. Sovente avviene così per i

26. *Modello di abitazione del XIX secolo di un capo pellerossa Haida, della costa nordoccidentale.* New York, American Museum of Natural History.

prodotti dell'arte primitiva. Una maschera come quella della figura 28 forse ci colpisce per l'espressione spiritosa, invece ha un significato tutt'altro che buffo. Rappresenta un demone della montagna, antropofago, con la faccia macchiata di sangue. Tuttavia, pur non riuscendo a capirla, possiamo apprezzare l'armonia con cui le forme naturali vengono coerentemente trasformate. Per molte grandi opere di questo genere, infatti, che risalgono alle strane origini dell'arte, si è quasi sicuramente persa per sempre l'esatta interpretazione: eppure la nostra ammirazione sopravvive. Tutto ciò che resta delle grandi civiltà dell'antica America è la loro "arte". Ho messo la parola tra virgolette non perché queste misteriose costruzioni e immagini manchino di bellezza (alcune sono veramente stupende), ma perché non dobbiamo accostarci a esse pensando che il loro scopo fosse il diletto o la "decorazione". Il terribile teschio scolpito proveniente da un altare delle rovine di Copan nell'attuale Honduras [27], ci ricorda i macabri sacrifici umani imposti dalle religioni di quei popoli. Benché poco si possa sapere dell'esatto significato di quelle sculture, le avvincenti indagini degli studiosi che le hanno scoperte, tentando di penetrarne il segreto, ci hanno insegnato quanto basta per poterle paragonare ad altre opere delle civiltà primitive. Senza dubbio questi popoli non erano primitivi nel senso comune della parola. Quando nel XVI secolo arrivarono i conquistatori spagnoli e portoghesi, gli aztechi nel Messico e gli incas nel Perù dominavano immensi imperi. Sappiamo pure che nei secoli precedenti, i maya dell'America Centrale avevano costruito grandi città ed elaborato un sistema di scrittura e di misurazione del tempo tutt'altro che primitivo; come i neri della Nigeria, gli abitanti dell'America precolombiana erano capacissimi di rappresentare un viso umano in modo quanto mai somigliante. Agli antichi peruviani piaceva dare al vasellame la foggia di teste umane: ed erano teste straordinariamente fedeli al vero [29]. Se la maggior parte delle opere di questa civiltà ci appare distante e innaturale, la ragione sta probabilmente nei significati che esse avevano il compito di esprimere.

27. *Testa del dio della morte, da un altare di pietra maya rinvenuto a Copan*, Honduras, VI-VII sec. d.C. ca, cm 37 × 104. Londra, British Museum.

28. *Maschera rituale inuit proveniente dall'Alaska*, 1880 ca, legno dipinto, cm 37 × 25. Berlino, Museum für Völkerkünde, Staatliche Museen.

29. *Vaso a forma di testa d'uomo monocolo, rinvenuto nella valle Chicanná, in Perú,* 250-550 d.C. ca, argilla, altezza cm 29. Chicago, Art Institute.

30. *Tlaloc, il dio della pioggia azteco,* XIV–XV sec., pietra, altezza cm 40. Berlino, Museum für Völkerkünde, Staatliche Museen.

La figura 30 rappresenta una statua messicana che si crede risalga al periodo azteco, l'ultimo prima della conquista. Gli studiosi pensano che si tratti del dio della pioggia, il cui nome era Tlaloc. In queste zone tropicali la pioggia è sovente questione di vita o di morte, perché, senza pioggia, il raccolto può inaridirsi riducendo la popolazione alla fame. Nessuna meraviglia quindi che il dio della pioggia e delle tempeste assuma nella mente degli indigeni l'aspetto di un demone di spaventosa potenza. Il lampo nel cielo appare alla loro immaginazione simile a un enorme serpente, e per questo molti popoli americani considerano il serpente a sonagli creatura sacra e potente. Se osserviamo più attentamente la figura di Tlaloc vediamo, infatti, che la sua bocca è formata dalle teste di due serpenti a sonagli che si fronteggiano con i grandi denti velenosi sporgenti fuori delle fauci, e che anche il naso sembra formato dai corpi attorcigliati dei rettili. Forse anche i suoi occhi possono essere visti come serpenti acciambellati. Possiamo constatare come voler "costruire" una faccia fuori dei soliti schemi possa portare lontano dalla nostra concezione di una scultura naturalistica. E cogliamo così anche un barlume delle ragioni che possono talvolta aver condotto a questo metodo. All'immagine del dio della pioggia certo si addicevano i corpi dei serpenti sacri che incarnavano il potere della folgore. Se cerchiamo di penetrare la strana mentalità che generò questi fantastici idoli, possiamo cominciare a capire come in queste civiltà primitive la creazione artistica non fosse soltanto connessa alla magia e alla religione ma costituisse altresì la prima forma di scrittura. Nell'arte dell'antico Messico il rettile sacro non era solo la riproduzione di un serpente a sonagli ma poteva anche trasformarsi in un segno indicante il lampo, e così pure in un vero e proprio carattere tramite il quale si potesse alludere alla tempesta, o magari scongiurarla. Di queste misteriose origini ben poco si sa. Volendo però capire a fondo la storia dell'arte, faremo bene a ricordarci di tanto in tanto la consanguineità esistente fra letteratura e pittura.

Un aborigeno australiano disegna un opossum totemico sulla roccia.

2

L'ARTE CHE SFIDA IL TEMPO
Egitto, Mesopotamia, Creta

Qualche forma d'arte esiste in ogni parte del globo, ma la storia dell'arte in quanto sforzo continuato non comincia nelle caverne della Francia meridionale o tra gli indiani del Nordamerica. Non c'è una tradizione diretta che unisca queste remote origini ai nostri giorni, ma c'è una tradizione diretta, tramandata dal maestro all'allievo e dall'allievo all'ammiratore o al copista, che ricollega l'arte dei nostri giorni, qualsiasi casa o cartellone pubblicitario dei nostri tempi, all'arte fiorita nella valle del Nilo circa cinquemila anni fa. Vedremo infatti che i maestri greci andarono alla scuola degli egizi, e noi tutti siamo allievi dei greci. Per questo l'arte egizia assume per noi un'importanza incalcolabile.

Tutti sanno che l'Egitto è il Paese delle piramidi, [31], quelle montagne di pietra che flagellate dalle intemperie si ergono come pietre miliari sul lontano orizzonte della storia. Per quanto remote e misteriose possano sembrare, esse ci dicono moltissimo. Ci parlano di un Paese così perfettamente organizzato da rendere possibile l'erezione di quelle gigantesche masse nel lasso di tempo della vita di un re, e ci parlano di re così ricchi e potenti da poter costringere migliaia e migliaia di operai e di schiavi a lavorare duramente per anni a estrarre pietre, a trasportarle sul luogo della costruzione, a spostarle con i mezzi più primitivi finché la tomba fosse pronta per ricevere il re. Nessun re e nessun popolo si sarebbero sobbarcati tante spese e tanta fatica soltanto per creare un monumento. Sappiamo infatti che agli occhi dei re e dei loro sudditi le piramidi avevano una funzione pratica. Il re era considerato un essere divino che spadroneggiava sui sudditi, e che, staccandosi da questa terra, sarebbe risalito tra le divinità da cui proveniva. Le piramidi, innalzandosi verso il cielo, lo avrebbero probabilmente agevolato nella sua ascesa. In ogni caso avrebbero preservato il suo sacro corpo dalla corruzione, giacché gli egizi credevano che il corpo dovesse essere conservato affinché l'anima continuasse a vivere nell'aldilà. Per questo, mediante un complicato metodo di imbalsamazione e avvolgendolo in bende, evitavano che si corrompesse. È per la mummia del re che la piramide veniva innalzata, e il suo cadavere veniva deposto proprio al centro dell'enorme montagna di pietra, in una bara anch'essa di pietra. Tutt'intorno alle pareti della camera mortuaria si tracciavano formule magiche e propiziatorie per agevolare il sovrano nel suo viaggio ultraterreno.

31. *La piramide di Giza,* 2613-2563 a.C. ca.

Ma queste remote vestigia dell'architettura umana non sono le sole a parlarci del ruolo sostenuto dalle antiche credenze nella storia dell'arte. Per gli egizi non era sufficiente la conservazione del corpo. Anche le sembianze esteriori del re dovevano venir conservate, e allora sarebbe stato doppiamente certo che la sua esistenza sarebbe durata in eterno. Così ordinavano agli scultori di cesellare il ritratto del re in un duro granito incorruttibile, e lo ponevano nella tomba dove nessuno poteva vederlo affinché operasse il suo incanto, aiutando l'anima a continuare a vivere nell'immagine e grazie a essa. Sinonimo della parola scultore era allora "colui che mantiene in vita".

Dapprima simili riti erano riservati ai re, ma ben presto i nobili della corte ebbero le loro tombe, più piccole, elegantemente disposte tutt'intorno alla piramide reale; e, a poco a poco, ogni persona di una certa importanza dovette prendere le sue misure per l'aldilà e ordinare una sontuosa tomba in cui l'anima potesse soggiornare, ricevere i cibi e le bevande offerti ai morti, e in cui fossero accolte la sua mummia e le sue fattezze. Alcuni di questi antichi ritratti dell'epoca delle piramidi, la quarta "dinastia" dell'"Antico Regno", sono annoverati tra le più splendide opere dell'arte egizia [32]. C'è in essi una solennità e una semplicità che non si dimenticano facilmente. Si vede che lo scultore non tentava di adulare il modello, o di fissare un'espressione fuggevole. Soltanto l'essenziale lo interessava, e ogni particolare secondario veniva tralasciato. E forse, è proprio per questa intensa capacità di concentrarsi sugli aspetti fondamentali della testa umana che simili ritratti colpiscono tanto vivamente. Giacché, nonostante la loro rigidezza quasi geometrica, non sono primitivi come le maschere indigene di cui si è parlato nel capitolo precedente [25, 28], né si preoccupano della verosimiglianza come i ritratti naturalistici degli artisti della Nigeria [23]. Osservazione della natura ed euritmia si equilibrano in modo così perfetto che il loro realismo ci colpisce quanto il loro carattere remoto ed eterno.

Questa fusione di geometrica euritmia e di acuta osservazione della natura è caratteristica di tutta l'arte egizia. I rilievi e le pitture che adornano le pareti delle tombe sono per noi un ottimo campo di indagine. Il verbo "adornare", veramente, poco si addice a un'arte che non doveva essere vista da nessuno se non dall'anima del morto, e difatti queste opere non erano concepite per essere ammirate. Anch'esse avevano lo scopo di "mantenere in vita". Un tempo, in un lontano, feroce passato, quando un uomo potente moriva c'era l'usanza di farlo accompagnare nella tomba dai suoi famigli e dai suoi schiavi, uccisi perché, arrivando nell'aldilà, egli avesse una scorta appropriata. Più tardi, queste consuetudini vennero ritenute o troppo crudeli o troppo costose, e si ricorse all'arte. Invece di veri servi il corteggio dei grandi della terra era costituito da pitture ed effigi varie, il cui scopo era quello di fornire alle anime compagni capaci di aiutarle nell'altro mondo: una credenza riscontrata in molte altre culture antiche.

32. *Ritratto di testa rinvenuta in una tomba di Giza,* 2551-2528 a.C. ca, calcare, altezza cm 28. Vienna, Kunsthistorisches Museum.

Questi bassorilievi e queste pitture murali ci danno un'immagine straordinariamente vivida dell'esistenza che si conduceva in Egitto migliaia di anni fa. Tuttavia può capitare, guardandole per la prima volta, di trovarle un po' sconcertanti. La ragione sta nel fatto che i pittori egizi avevano un modo molto diverso dal nostro di rappresentare la vita reale, probabilmente connesso alla diversa finalità della loro arte. La cosa più importante non era la leggiadria, ma la precisione. Compito dell'artista era di conservare ogni cosa nel modo più chiaro e durevole. Così, non si mettevano a copiare la natura da un angolo visivo scelto a caso, ma attingevano alla memoria, secondo quei rigidi canoni per cui tutto ciò che si voleva dipingere doveva trovare la sua espressione di chiarezza assoluta. Essi ricordano, infatti, più lo stile di un disegnatore di carte geografiche che quello di un pittore. Lo dimostra

33. *Il giardino di Nebamun*, 1400 a.C. ca, frammento di pittura murale proveniente da una tomba di Tebe, cm 64 × 74. Londra, British Museum.

con un semplice esempio la figura 33, che rappresenta un giardino con uno stagno. Se dovessimo disegnare un soggetto simile, ci domanderemmo da che angolo visivo affrontarlo. La forma e le caratteristiche degli alberi potrebbero essere colte bene solo dai lati, mentre i contorni dello stagno sarebbero visibili solo dall'alto. Gli egizi non si preoccupavano troppo del problema. Disegnavano semplicemente lo stagno visto dall'alto e gli alberi visti di lato. Pesci e uccelli, d'altra parte, sarebbero stati difficilmente riconoscibili visti dall'alto, e allora erano ritratti di profilo.

In un genere di pittura così elementare è facile capire la tecnica dell'artista, che è quella press'a poco adottata nella maggior parte dei disegni infantili. Applicandola, però, gli egizi erano molto più coerenti di quanto non lo siano i bambini. Tutto doveva essere presentato dal punto di vista più caratteristico. La figura 34 mostra l'applicazione di questo metodo alla figura umana. Poiché la testa si vede meglio di profilo, la disegnavano da un lato. Ma l'occhio umano lo si immagina di fronte. Ed ecco allora inserito, sul viso di profilo, un occhio piano. La parte superiore del corpo, spalle e petto, è meglio coglierla di fronte perché in tal modo si vede come le braccia sono attaccate al corpo. Ma il movimento delle braccia e delle gambe a sua volta è molto più evidente se visto da un lato. Sono queste le ragioni per cui in queste figure gli egizi appaiono così piatti e contorti. Inoltre, gli artisti egizi trovano difficile rappresentare i piedi visti dall'esterno. Preferivano disegnarli decisamente di profilo dall'alluce in su. Così, ambedue i piedi sono visti dall'interno, e l'uomo del rilievo sembra avere due piedi sinistri. Non bisogna credere che secondo gli artisti egizi gli esseri umani fossero proprio così. Essi non facevano che seguire una regola, grazie alla quale poteva essere incluso tutto quanto ritenevano importante della figura umana. Forse, a questa rigida fedeltà alla regola non era del tutto estranea una preoccupazione d'ordine magico. Come avrebbe infatti potuto portare o ricevere le offerte d'uso per il defunto un uomo con il braccio scorciato dalla prospettiva o addirittura con "un braccio solo"?

Il fatto è che l'arte egizia non si basava su ciò che l'artista poteva vedere in un dato momento, quanto piuttosto su ciò che egli sapeva apparte-

34. *Ritratto di Hesire*, 2778-2723 a.C. ca, particolare di una porta lignea della tomba di Hesire, altezza cm 115. Il Cairo, Museo Egizio.

nere a una determinata persona o a un determinato luogo. Egli ricavava le sue figure dai modelli che gli erano stati insegnati e che conosceva, più o meno come l'artista primitivo costruiva le sue figure con le forme di cui aveva padronanza. Ma, mentre esprime nel quadro la sua bravura formale, l'artista tiene anche presente il significato del soggetto. Noi diciamo talvolta che un uomo è un "pezzo grosso". L'egizio lo disegnava più grosso dei servi o di sua moglie.

Una volta accolte queste regole e queste convenzioni, si comprende il linguaggio dei dipinti, che sono la cronaca della vita egizia. La figura 35 ci dà un'idea esauriente di come, perlopiù, fossero sistemate le pareti nella tomba di un alto dignitario egizio del cosiddetto "Regno Medio", qualcosa come 1900 anni prima della nostra era. I geroglifici ci dicono esattamente chi era e quali titoli e onori avesse raccolto in vita. Il suo nome, leggiamo, era Chnemhotep, amministratore del deserto orientale, principe di Menat Chufu, amico intimo del re, legato alla corte, sovrintendente al culto, sacerdote di Horus, sacerdote di Anubi, capo di tutti i divini segreti e – ciò che più colpisce – Maestro di tutte le tuniche. Lo vediamo, sul lato sinistro, a caccia di selvaggina, armato di una specie di boomerang e accompagnato dalla moglie Cheti, dalla concubina Jat e da uno dei figli, il quale, benché sia minuscolo

35. *Pittura murale dalla tomba di Chnemhotep rinvenuta a Beni Hassan,* 1900 a.C. ca, da un disegno dell'originale pubblicato da Karl Lepsius, Denkmäler, 1842.

36. Particolare
di figura 35.

nella pittura, deteneva il titolo di sovrintendente alle frontiere. Più in basso,
nel fregio, vediamo alcuni pescatori sotto il loro sovrintendente Mentuhotep,
che trascinano una grossa preda. In alto, sopra la porta, ecco di nuovo
Chnemhotep intento, questa volta, a catturare con una rete uccelli acquatici.
Conoscendo i metodi usati dall'artista egizio, possiamo facilmente vedere
come funzionava questa trappola. L'uccellatore sedeva al riparo di un canneto
tenendo una corda collegata alla rete aperta (vista dall'alto). Una volta posatisi
gli uccelli sull'esca, egli tirava a sé la corda e la rete si chiudeva imprigionan-
doli. Dietro Chnemhotep vediamo il suo primogenito Nacht e il sovrintendente al tesoro, responsabile altresì della disposizione della tomba. Sul lato
destro Chnemhotep, chiamato "grande pescatore, ricco di selvaggina, devoto
alla dea della caccia", è colto mentre arpiona i pesci [36]. Ancora una volta
possiamo osservare le convenzioni seguite dall'artista egizio, che fa salire
l'acqua tra le canne per mostrarci la radura con i pesci. L'iscrizione dice:
"Percorrendo in canoa letti di papiri, stagni di selvaggina, paludi e ruscelli,
con l'arpione bidente trafigge trenta pesci; com'è appassionante il giorno
della caccia all'ippopotamo". In basso c'è un divertente episodio: uno degli
uomini è caduto in acqua e i compagni lo ripescano. L'iscrizione intorno
alla porta ricorda i giorni in cui devono essere recate offerte ai defunti, e
include preghiere per gli dèi.
Abituato l'occhio a queste pitture egizie, mi pare che la loro innaturalezza
non debba lasciarci più perplessi dell'assenza di colore in una fotografia.

Incominciamo perfino a renderci conto dei grandi vantaggi del metodo egizio. Niente in queste pitture dà l'impressione di essere casuale, niente potrebbe essere diverso da com'è. Vale la pena di prendere una matita e provare a copiare uno di questi "primitivi" disegni egizi. I nostri tentativi risulteranno sempre goffi, squilibrati e deformi. O, almeno, è così per i miei. È talmente assoluto, infatti, il senso d'ordine che regge ogni particolare delle pitture egizie, che ogni minima variazione sembra sovvertire tutto l'insieme. L'artista egizio cominciava il suo lavoro disegnando sul muro una rete di linee diritte lungo le quali distribuiva con gran cura le figure. Tutto questo geometrico senso d'ordine non gli impediva tuttavia di osservare i particolari della natura con sorprendente esattezza. Ogni uccello o pesce è disegnato con una tale fedeltà che gli zoologi possono ancora riconoscerne la specie. Un simile particolare, tratto dalla figura 35, lo mostra la figura 37: sono gli uccelli sull'albero accanto alla rete di Chnemhotep. Qui non è stata soltanto una grande perizia a guidare l'artista ma anche un occhio eccezionalmente sensibile al colore e alla linea.

37. *Uccelli su un albero di acacia* (particolare di figura 35), da un disegno dell'originale di Nina Macpherson Davies.

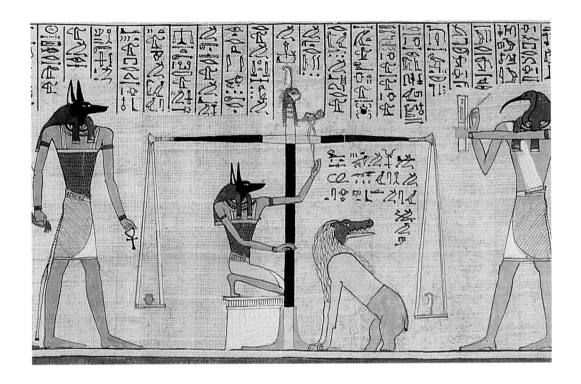

38. *Il dio dei morti Anubi con la testa di sciacallo sovrintende la pesata di un cuore umano, mentre il dio-messaggero Thoth con la testa d'ibis ne registra il risultato,* 1285 a.C. ca, scena dal *Libro dei morti* egizio, rotolo di papiro disegnato posto in una tomba, altezza cm 40. Londra, British Museum.

Uno dei massimi pregi dell'arte egizia è che ogni statua, ogni pittura o forma architettonica sembra inserirsi nello spazio come al richiamo di un'unica legge. Tale legge, alla quale sembrano obbedire tutte le creazioni di un popolo, noi la chiamiamo "stile". È molto difficile spiegare a parole che cosa costituisca uno stile, ma è molto meno difficile scoprirlo con l'occhio. Le regole che governano tutta l'arte egizia conferiscono a ogni opera individuale un effetto di equilibrio e di austera armonia.

Lo stile egizio era un complesso di rigorosissime leggi che ogni artista doveva apprendere fin dall'adolescenza. Le statue sedute dovevano appoggiare le mani sulle ginocchia; gli uomini dovevano essere dipinti con la pelle più scura delle donne. L'aspetto di ogni dio egizio era rigidamente prestabilito: Horus, il dio del sole, doveva essere rappresentato come un falco o con la testa di falco; Anubi, il dio dei morti, come uno sciacallo o con la testa di sciacallo [38]. Ogni artista doveva anche imparare l'arte della scrittura ideografica e doveva saper incidere nella pietra le immagini e i simboli geroglifici con chiarezza e precisione. Una volta imparate tutte queste regole, egli aveva però finito il suo noviziato. Nessuno desiderava qualcosa di diverso, nessuno gli avrebbe chiesto di essere "originale". Al contrario, veniva probabilmente considerato ottimo artista colui che con maggiore approssimazione si fosse

40. *Amenofi IV e la moglie Nefertiti con i figli*, 1345 a.C. ca, rilievo in calcare di un altare, cm 32,5 × 39. Berlino, Ägyptisches Museum, Staatliche Museen.

39. *Amenofi IV (Ekhnaton)*, 1360 a.C. ca, rilievo in calcare, altezza cm 14. Berlino, Ägyptisches Museum, Staatliche Museen.

avvicinato agli ammirati monumenti del passato. Fu così che nello spazio di tremila o più anni l'arte egizia mutò pochissimo. Tutto quanto era considerato buono e bello al tempo delle piramidi venne ugualmente ritenuto ottimo un migliaio di anni più tardi. È vero che nuove mode si fecero strada e che agli artisti si richiesero nuovi soggetti, ma il modo in cui l'uomo e la natura venivano rappresentati restò essenzialmente il medesimo.

Soltanto un uomo riuscì a eludere i rigidi schemi dello stile egizio. Fu un re della diciottesima dinastia, conosciuta anche come "Nuovo Regno", sorta dopo una catastrofica invasione dell'Egitto. Questo re, Amenofi IV, era un eretico. Eliminò molte consuetudini consacrate da un'antica tradizione, e non volle rendere omaggio alle numerose divinità del suo popolo, così bizzarramente raffigurate. Per lui, soltanto un dio era sommo, Aton, e lo adorò e lo fece rappresentare in forma di sole che fa spiovere i suoi raggi, ognuno terminante con una mano. Dal nome del dio volle chiamarsi Ekhnaton e trasferì la corte, per sottrarla all'influenza dei sacerdoti degli altri dèi, nell'odierna Tell el-Amarna.

I dipinti che egli ordinò devono aver colpito i suoi contemporanei per la loro novità. In essi non sopravviveva nulla della solenne e rigida dignità dei precedenti faraoni. Si era fatto raffigurare con sua moglie Nefertiti [40], nell'atto di accarezzare i figli sotto un benefico sole. Alcuni ritratti ce lo mostrano brutto [39]: forse voleva che gli artisti lo riproducessero in tutta la sua umana fragilità oppure era così convinto della sua eccezionale importanza come profeta che riteneva essenziale attenersi alla somiglianza. Il successore di Ekhnaton fu Tutankhamon, la cui tomba con tutti i suoi tesori fu scoperta nel 1922. Alcune delle opere in essa contenute sono ancora improntate al moderno stile della religione di Aton, particolarmente la spalliera del trono reale [42], che mostra il re e la regina in atteggiamento familiare e affettuoso. Il re è seduto sul suo seggio in una posa che deve aver scandalizzato il rigido conservatorismo egizio, che l'avrà giudicato addirittura scomposto nel suo abbandono. Sua moglie non è più piccola di lui, e gli appoggia graziosamente la mano sulla spalla mentre il dio del sole, rappresentato come un globo d'oro, stende propizio le mani dall'alto.

Non è affatto impossibile che questa riforma dell'arte avvenuta durante la diciottesima dinastia sia stata facilitata al re dalla possibilità di richiamarsi ad alcune opere straniere molto meno austere e rigide di quelle egizie. In un'isola d'oltremare, Creta, c'era una popolazione intelligente i cui artisti si dilettavano nel riprodurre la rapidità del movimento. Quando alla fine dell'Ottocento venne in luce il palazzo del re a Cnosso, sembrò impossibile che uno stile così libero e armonioso potesse essersi sviluppato nel secondo millennio a.C. Opere del medesimo stile furono anche trovate nel retroterra greco; un pugnale miceneo [41], denota un senso del movimento e una scioltezza di linea che devono aver influito su ogni artista egizio al quale si fosse permesso di eludere i consacrati canoni stilistici.

Ma quest'apertura dell'arte egizia non durò a lungo. Già durante il regno di Tutankhamon le vecchie credenze furono restaurate, e la finestra che si era spalancata sul mondo esterno fu di nuovo chiusa. Com'era esistito per più di mille anni prima di allora, lo stile egizio continuò a esistere per altri mille anni e più, e senza dubbio secondo gli egizi sarebbe durato eternamente. Molte delle opere egizie ospitate nei nostri musei risalgono a questo periodo più tardo, e così pure quasi tutte le costruzioni egizie, templi e palazzi. Temi nuovi furono introdotti e nuove iniziative furono attuate, ma nulla di veramente rivoluzionario si verificò nel campo artistico.

Certamente l'Egitto era solo uno di quei grandi e potenti imperi che esistettero nel Vicino Oriente per parecchie migliaia di anni. Tutti noi sappiamo

42. *Tutankhamon con la moglie*, 1330 a.C. ca, particolare del trono ligneo dorato e dipinto rinvenuto nella tomba di Tutankhamon. Il Cairo, Museo Egizio.

41. *Pugnale rinvenuto a Micene*, 1600 a.C. ca, bronzo intarsiato con oro, argento e niello, lunghezza cm 24. Atene, Museo Archeologico Nazionale.

dalla Bibbia che la piccola Palestina giaceva tra il regno egizio del Nilo e gli imperi di Assiria e di Babilonia, sorti nella vallata dei due fiumi, il Tigri e l'Eufrate. L'arte della Mesopotamia (così era chiamata in greco la vallata tra i due fiumi) la conosciamo meno bene dell'arte egizia, e ciò, almeno in parte, per un caso. In quelle vallate non c'erano cave di pietra, e le costruzioni erano prevalentemente in mattone cotto, il quale, col passar del tempo, cedette alle intemperie e andò in polvere. Anche la scultura in pietra era, in proporzione, rara. Ma non è questa l'unica spiegazione del fatto che relativamente poche di queste antiche opere siano giunte fino a noi. La ragione principale è probabilmente un'altra: questi popoli non condividevano le credenze religiose degli egizi, secondo le quali il corpo umano e le sue fattezze dovevano venir conservati affinché l'anima sopravvivesse. Nei primissimi tempi, quando il popolo dei sumeri aveva il dominio sulla città di Ur, i re venivano ancora seppelliti con l'intera famiglia, schiavi e averi, in modo che nell'aldilà

non dovessero trovarsi privi di seguito. Alcune tombe di questo periodo sono state scoperte, e così possiamo ora ammirare al British Museum alcune suppellettili domestiche di questi antichi re barbari e vedere quanta raffinatezza e quanta perizia artistica potessero sussistere accanto alla crudeltà e alla più rozza superstizione. In una tomba vi era, per esempio, un'arpa decorata con animali favolosi [43], piuttosto simili ai nostri animali araldici, non solo nell'aspetto generico ma anche nella disposizione, giacché i sumeri avevano il senso della simmetria e della precisione. Non sappiamo che cosa esattamente questi favolosi animali volessero significare, ma quasi certamente sono figure mitologiche di quegli antichi tempi, ricche di un significato profondamente serio e solenne anche se a noi ricordano le pagine dei libri per bambini. Benché in Mesopotamia gli artisti non fossero chiamati a decorare le pareti delle tombe, anch'essi, in diverso modo, dovevano far sì che l'immagine aiutasse a conservare vivi i potenti. Fin dai tempi più remoti, i re della Mesopotamia per celebrare le loro vittorie belliche usavano ordinare monumenti, testimoni delle tribù sconfitte e del bottino conquistato. La figura 44 mostra un rilievo con il re vittorioso che calpesta il corpo dell'avversario ucciso, mentre gli altri nemici implorano pietà. Forse l'idea ispiratrice non era solo l'intento di conservare viva la memoria delle vittorie. Nei primi tempi, almeno, l'antica fede nel potere delle immagini doveva forse ancora

44. *Monumento al re Naramsin rinvenuto a Susa*, 2270 a.C. ca, pietra, altezza cm 200. Parigi, Louvre.

influenzare chi le ordinava, probabilmente convinto che fin quando fosse esistita l'immagine del re con un piede sul collo del nemico abbattuto, la tribù soggiogata non sarebbe potuta risorgere.

Successivamente tali monumenti si svilupparono fino a diventare una completa cronaca figurata della campagna militare del re. La meglio conservata di queste cronache (oggi al British Museum) risale a un periodo relativamente tardo, al regno di Assurnazirpal II d'Assiria, che visse nel IX secolo prima di Cristo, poco dopo il biblico regno di Salomone. In essa sfilano tutti gli episodi di una organizzatissima campagna; vediamo gli accampamenti, l'esercito che attraversa fiumi e assale fortezze [45]; assistiamo ai pasti dei soldati. Il modo in cui queste scene sono rappresentate ricorda un po' il procedimento egizio, ma forse meno ordinato e stilizzato. Sembra di assistere alla proiezione di un documentario cinematografico di duemila anni fa, tanto esse sono reali e convincenti. Ma se guardiamo più attentamente, scopriamo un fatto curioso: in quelle guerre spaventose molti sono i morti e i feriti, però nemmeno uno

45. *Esercito assiro all'assedio di una fortezza*, 883-859 a.C. ca, particolare di un rilievo d'alabastro proveniente dal palazzo di Assurnazirpal a Nimrud. Londra, British Museum.

è assiro. L'arte della millanteria e della propaganda era ben sviluppata in quei lontani tempi! Ma possiamo essere meno severi con questi assiri: forse erano ancora dominati dall'antica superstizione, cui tanto spesso abbiamo accennato, che cioè in una pittura c'è più di una semplice pittura. Forse avevano qualche loro strana ragione per non rappresentare assiri feriti. In ogni caso, la tradizione che cominciava allora ebbe lunghissima vita. In tutti questi monumenti che esaltano i guerrieri del passato, la guerra non è poi un grosso guaio: basta apparire e il nemico viene spazzato via come una pagliuzza dal vento.

Un artista egizio lavora a una sfinge dorata, 1380 a.C. ca (pittura murale proveniente da una tomba di Tebe).

3

IL GRANDE RISVEGLIO
La Grecia (VII-V secolo a.C.)

Fu nel grande Paese delle oasi, dove il sole arde implacabile e solo la terra lambita dai fiumi è feconda, che sotto il governo di despoti orientali nacquero i primi stili dell'arte, durando pressoché invariati per migliaia di anni. Molto diverse erano le condizioni di vita nei più dolci climi del mare che circondava questi imperi, sulle molte isole, grandi e piccole, del Mediterraneo orientale e sulle coste frastagliate delle penisole della Grecia e dell'Asia Minore. Queste regioni non erano soggette a un solo padrone. Erano il rifugio di avventurosi uomini di mare, di re-pirati che viaggiavano in lungo e in largo accumulando enormi ricchezze nei loro castelli e nelle città portuali, grazie al commercio e alle scorrerie. Il principale centro di questa zona era in origine l'isola di Creta, i cui re erano a volte tanto ricchi e potenti da inviare ambascerie in Egitto, e le cui espressioni artistiche, come si è detto, giunsero perfino a influenzare quelle egizie.

Nessuno sa esattamente quale fu il popolo che dominò in Creta, la cui arte fu copiata nel continente greco, particolarmente a Micene. Recenti scoperte inducono a supporre che vi si parlasse una specie di greco arcaico. Successivamente, intorno al 1000 a.C., tribù guerriere provenienti dall'Europa penetrarono nell'accidentata penisola greca e nelle coste dell'Asia Minore, combattendo e debellandone gli abitanti. Qualcosa dello splendore e della bellezza di quell'arte, distrutta nel protrarsi delle guerre, sopravvive soltanto nei canti che ci narrano queste battaglie, ovvero nei poemi omerici, giacché tra i nuovi arrivati vi erano le tribù greche a noi storicamente note.

Nei primi secoli del loro dominio sulla Grecia, l'arte di queste tribù fu piuttosto rozza e primitiva: non c'è nulla, in essa, del gaio dinamismo proprio dello stile cretese; piuttosto, sembra che superi per rigidezza gli egizi. Il vasellame era decorato con semplici motivi geometrici, e ogni scena rappresentata faceva parte di questo disegno rigoroso. La figura 46 riproduce, per esempio, un corteo funebre. Il morto giace nella bara, mentre alcuni personaggi, a destra e a sinistra, alzano le mani al capo nel rituale gesto di lamento comune a quasi tutte le società primitive.

Qualcosa di questo amore per la semplicità e la disposizione ordinata sembra essere penetrato nello stile architettonico introdotto dai greci in quei lontani tempi e che, strano a dirsi, sopravvive tuttora nelle nostre città e nei paesi.

La figura 50 mostra un tempio greco dell'antico stile che ha preso il nome dalla tribù dei dori. Era la tribù alla quale appartenevano gli spartani, noti per la loro austerità. Nei loro edifici non c'è, infatti, niente di superfluo, niente, almeno, di cui non si scorga o non si creda di scorgere lo scopo. Probabilmente i primi templi del genere erano costruiti in legno, e consistevano in poco più di un minuscolo cubicolo chiuso da ogni lato, destinato a contenere l'immagine del dio; tutt'intorno una solida cintura di puntelli atti a sostenere il peso del tetto. Verso il 600 a.C. i greci cominciarono a riprodurre in pietra queste semplici strutture. Ai puntelli in legno sostituirono colonne atte a reggere le massicce travi trasversali di pietra. Sono queste gli architravi, e l'intero apparato poggiante sulle colonne va sotto il nome di trabeazione. Possiamo scorgere tracce delle antiche costruzioni in legno nella parte superiore, dove sembra che ancora si profilino le testate delle travi. Esse erano generalmente segnate da tre scanalature, denominate con parola greca "triglifi", cioè, appunto "tre scanalature". I triglifi sono intercalati da riquadri, detti metope. La cosa che più colpisce in questi antichi templi, che tanto chiaramente imitano le costruzioni in legno, è la semplicità, l'armonia dell'insieme. Se i costruttori avessero usato semplici pilastri quadrati, o colonne cilindriche l'edificio sarebbe potuto sembrare pesante e goffo. Invece, essi ebbero cura di ingrossare leggermente le colonne a metà e di affusolarle verso la cima, cosicché si direbbero quasi elastiche, come se il peso del tetto le premesse lievemente senza schiacciarle né comprometterne la linea. Sembrano quasi esseri viventi intenti a reggere senza sforzo il loro carico. Sebbene molti di questi templi siano vasti e maestosi, non tendono al colossale come le costruzioni egizie. Si sente che furono edificati da creature umane per creature umane. Non c'era infatti tra i greci un despota divino che potesse o volesse costringere un intero popolo a farsi schiavo per lui. Le tribù greche si erano sistemate in numerose cittadine e porticcioli. Fra le piccole comunità esistevano molte rivalità e molti contrasti, ma nessuna riuscì a prevalere sulle altre.

Di queste città-Stato della Grecia, Atene nell'Attica divenne di gran lunga la più famosa e la più importante nella storia dell'arte. Fu in essa, soprattutto, che si svolse la più grande e la più sbalorditiva rivoluzione di tutta la storia dell'arte. Difficile è dire quando e dove la rivoluzione cominciò: forse a un dipresso nello stesso periodo in cui venivano costruiti in Grecia i primi templi di pietra, nel VI secolo a.C. Sappiamo che in precedenza gli artisti degli antichi imperi orientali si erano sforzati di raggiungere un particolare genere di perfezione, tentando di emulare l'arte dei loro progenitori nel modo più fedele possibile e osservandone scrupolosamente i canoni consacrati. Cominciando a scolpire statue di pietra, gli artisti greci presero le mosse da quello che per gli egizi e gli assiri era stato un punto di arrivo. La figura 47 dimostra che studiarono e imitarono i modelli egizi e che appresero

46. *Lamento funebre*, 700 a.C. ca, vaso greco in "stile geometrico", altezza cm 155. Atene, Museo Archeologico Nazionale.

da questi a costruire la figura di un uomo in piedi, a distribuire le varie parti del corpo e i muscoli che le connettono. Ma mostra anche che l'autore di queste statue non si accontentava di seguire le formule, sia pur buone, e che cominciò a fare prove per conto proprio. Era evidentemente interessato a scoprire quale fosse il vero aspetto delle ginocchia. Forse non ci riuscì del tutto; forse le ginocchia delle sue statue sono ancora meno convincenti di quelle delle statue egizie, ma ciò che conta è la sua decisione di guardare con i propri occhi, anziché seguire gli antichi precetti. Non si trattava più, per rappresentare il corpo umano, di apprendere una formula già pronta. Ogni scultore greco voleva sapere come egli stesso avrebbe rappresentato un dato corpo. Gli egizi avevano basato la loro arte su ciò che si sapeva. I greci incominciarono a servirsi dei loro occhi. Una volta iniziata una simile rivoluzione, non fu più possibile fermarla. Nei loro studi gli scultori escogitarono nuove tecniche, nuovi modi di rappresentare la figura umana, e ogni innovazione veniva appassionatamente adottata da altri che la arricchivano delle proprie scoperte. Uno trovava il modo di incidere il legno, un altro si accorgeva che una statua può acquistare maggior vita se i piedi non poggiano troppo solidamente sulla base. Un altro ancora trovava che avrebbe potuto dare un'espressione animata a un volto piegando semplicemente all'insù gli angoli della bocca, cosicché sembrasse sorridere. Certo, il metodo egizio era per molti aspetti più sicuro, e non di rado gli esperimenti degli artisti greci fallirono lo scopo. Il sorriso poteva diventare una goffa smorfia, e la posizione meno rigida poteva sembrare una affettazione. Ma gli artisti greci non si lasciarono spaventare da queste difficoltà. Si erano messi per una strada dalla quale non era possibile tornare indietro.

I pittori seguirono la via ormai tracciata. Delle loro opere sappiamo quel poco che ci dicono gli scrittori greci, ma è importante ricordare come molti pittori greci fossero al loro tempo anche più famosi degli scultori. L'unico mezzo per farci un'idea sia pur vaga della prima pittura greca ce lo forniscono le pitture vascolari. Queste stoviglie dipinte sono generalmente chiamate vasi, benché il loro scopo fosse più quello di contenere il vino o l'olio che non fiori. La pittura di questi vasi divenne ad Atene un'importante industria e gli umili artigiani che operavano nelle botteghe si appassionarono tanto quanto gli altri artisti a introdurre le più recenti scoperte negli oggetti di loro produzione. Nei vasi più antichi, dipinti nel VI secolo a.C., si scorgono ancora tracce di stile egizio [48]: i due eroi omerici Achille e Aiace giocano ai dadi nella loro tenda. Le figure sono ancora rigidamente rappresentate di profilo, gli occhi continuano a essere visti di fronte. I corpi però non sono più resi alla maniera egizia, né le braccia e le mani spiccano con troppo marcata rigidità. È evidente che il pittore ha tentato di immaginare come realmente sarebbero apparse due persone poste così l'una di fronte all'altra. E non si dava pensiero che della mano sinistra di Achille si vedesse solo una

47. Polimede di Argo, *I fratelli Cleobi e Bitone*, 615-590 a.C. ca, marmo, altezza cm 218 e 216. Delfi. Museo Archeologico.

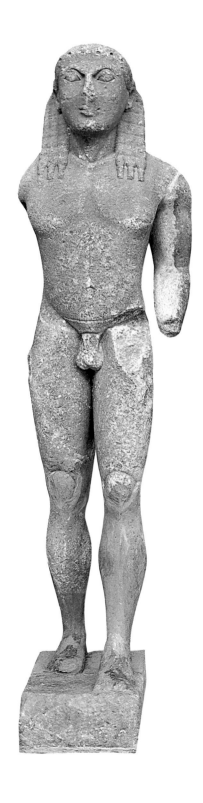

48. Exechia,
*Achille e Aiace che
giocano a dadi*,
540 a.C. ca, vaso
greco "a figure
nere", altezza
cm 61. Vaticano,
Museo Etrusco.

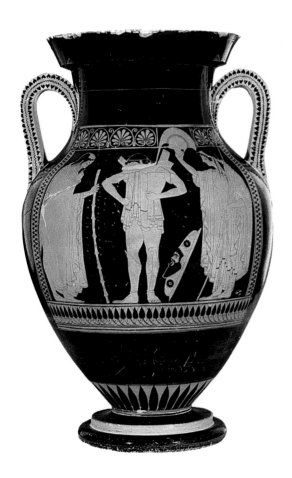

49. Eutimide,
*La partenza
del guerriero*,
510-500 a.C. ca,
vaso greco "a figure
rosse", altezza
cm 60. Monaco,
Antikensammlungen
und Glyptothek.

piccola parte, essendo il resto coperto dalla spalla. Né più pensava di dover mostrare tutto quanto sapeva essere incluso nella scena. Una volta rotta l'antica schiavitù, una volta affidatosi l'artista a ciò che vedeva, una vera e propria frana si mise in movimento. I pittori fecero la più grande di tutte le conquiste: lo scorcio. Fu un momento drammatico nella storia dell'arte quando, poco prima del 500 a.C., gli artisti osarono dipingere, per la prima volta nella storia, un piede visto di fronte. Nelle migliaia di opere egizie e assire giunte fino a noi niente del genere era mai avvenuto. Un vaso greco [49], mostra con quale orgoglio la scoperta fu accolta. Vediamo un giovane guerriero che indossa l'armatura per la battaglia. Ai lati i genitori, che lo assistono e probabilmente gli danno qualche utile consiglio, sono ancora rigidamente rappresentati di profilo. La testa del giovane, al centro, è pure rappresentata di profilo e possiamo constatare come l'impresa di accordare questa testa con il corpo visto di fronte non fosse troppo facile per il pittore. Anche il piede destro è dipinto nella maniera "sicura", ma il sinistro è di scorcio, e le cinque dita son diventate cinque piccoli cerchi messi in fila. Può sembrare esagerato simile indugio su un piccolo particolare, ma esso significa che realmente l'antica arte era ormai morta e sepolta. Significa che l'artista non voleva più includere tutto nella sua opera e nel modo più chiaro e visibile, ma teneva conto dell'angolo da cui vedeva l'oggetto. E subito, lì accanto al piede, il segno di ciò che egli intendeva: lo scudo del giovane non rotondo come potremmo vederlo nella nostra immaginazione ma di taglio, appoggiato al muro.

Se confrontiamo questo dipinto col precedente, vediamo che le lezioni dell'arte egizia non sono state semplicemente trascurate e respinte. Gli artisti greci cercavano pur sempre di dare alle loro figure la sagoma più chiara e di includervi tutto quanto della loro conoscenza del corpo umano poteva entrare nel quadro, senza far violenza alla composizione. Essi amavano ancora la precisione dei contorni e l'armonia del disegno. Erano lontani dal copiare ogni casuale segno della natura quale la scorgevano. La vecchia formula, l'immagine umana quale si era sviluppata in tutti i secoli precedenti, era ancora il loro punto di partenza, che però non consideravano più assolutamente intangibile.

La grande rivoluzione dell'arte greca, la scoperta delle forme naturali e dello scorcio, avvenne in un'epoca che è stata certamente la più sorprendente della storia umana. È l'epoca in cui il popolo greco incomincia a contestare le antiche tradizioni e leggende sugli dèi e spregiudicatamente indaga sulla natura delle cose. È l'epoca in cui sorsero e si svilupparono la scienza, nel senso che oggi si attribuisce a questo termine, e la filosofia, e in cui dalle feste dionisiache fiorì il teatro. Non dobbiamo immaginare tuttavia che gli artisti appartenessero già in quei tempi al ceto intellettuale urbano. I greci ricchi, che amministravano gli affari della loro città e trascorrevano il loro tempo sulla piazza in interminabili discussioni, e forse financo i poeti e i filosofi, consideravano il più delle volte gli scultori e i pittori come persone inferiori. Gli artisti lavoravano con le mani per guadagnarsi da vivere. Sedevano nelle botteghe, coperti di sudore e di sudiciume, faticavano come comuni manovali e non erano perciò considerati membri di diritto della buona società greca. Ciononostante la parte che sostenevano nella vita della città era infinitamente superiore a quella di un artigiano egizio o assiro; questo perché la maggior parte dei centri greci, e Atene in particolare, erano democrazie alle cui vicende e al cui governo questi umili lavoratori, spregiati dagli snob benestanti, avevano comunque il diritto, entro certi limiti, di partecipare.

L'arte greca toccò il culmine del suo sviluppo nell'epoca di maggior fioritura della democrazia ateniese. Dopo aver ricacciato l'invasione persiana, il popolo ateniese cominciò a ricostruire, sotto la guida di Pericle, ciò che i persiani avevano distrutto. Nel 480 a.C., i templi sull'altura sacra di Atene, l'Acropoli, erano stati incendiati e saccheggiati dai persiani e dovevano essere ricostruiti in marmo, con uno splendore e una maestosità senza precedenti [50]. Pericle non era uno snob. A quanto narrano gli scrittori antichi, egli trattava gli artisti del tempo come suoi pari. L'uomo al quale affidò il progetto dei templi era l'architetto Iktinos e lo scultore che ebbe il compito di foggiare le immagini degli dei e sovrintendere alla decorazione dei templi era Fidia.

La fama di Fidia è basata su opere che non ci sono pervenute. Ma è importante cercare di immaginare come fossero, perché troppo facilmente dimentichiamo a quali fini l'arte servisse ancora a quell'epoca. Leggiamo nella Bibbia che i profeti inveivano contro l'idolatria, ma di solito non diamo un senso concreto a queste parole. Sono frequenti in Geremia passi come questo (10, 3-51) (la traduzione dei passi citati dell'Antico e del Nuovo Testamento è stata condotta secondo la *Bibbia*, a cura di G. Ricciotti, Firenze 1949, *NdR*):

50. Iktinos,
*Il Partenone
sull'Acropoli
di Atene*, 450 a.C.
ca, tempio dorico.

Perché i riti dei popoli sono vani; a un pezzo di legno, che è stato tagliato dal bosco per opera della mano d'un artefice coll'ascia, questi ha messo fregi d'oro e d'argento, coi chiodi e col martello l'ha rifermo perché non si scompagini. Sono foggiati a guisa d'una palma e non parlano; per trasportarli bisogna sorreggerli, perché non possono camminare. Non vogliate dunque temere di cose tali che non possono fare del male, ma neppure del bene.

Geremia alludeva agli idoli della Mesopotamia, fatti di legno e metalli preziosi. Ma le sue parole potevano adattarsi quasi alla perfezione anche alle opere di Fidia, create a soli pochi secoli di distanza dall'epoca del profeta. Quando guardiamo nei grandi musei la sfilata di statue di marmo bianco dell'antichità classica, troppo sovente dimentichiamo che tra esse vi sono gli idoli di cui parla la Bibbia: davanti a quelle statue si pregava, a esse venivano offerti sacrifici fra strani incantesimi, e migliaia e decine di migliaia di fedeli vi si avvicinavano temendo e sperando, chiedendosi, come dice il profeta, se non fossero realmente gli dèi in persona. Infatti, il motivo principale per cui quasi tutte le famose sculture del mondo antico sono scomparse è che, dopo la vittoria del cristianesimo, si considerava un pio dovere distruggere ogni statua pagana. La maggior parte delle sculture dei nostri musei è costituita da copie di seconda mano eseguite ai tempi di Roma, ricordi per viaggiatori e collezionisti e ornamenti per giardini o terme pubbliche. Dobbiamo essere grati a queste copie che ci danno una pallida immagine dei celebri capolavori dell'arte greca: senza l'ausilio della fantasia, però, tali deboli imitazioni possono confonderci pericolosamente le idee. Sono esse le responsabili dell'opinione tanto diffusa che l'arte greca fosse priva di vita, fredda e insipida, e che le statue greche avessero quell'aspetto gessoso e quello sguardo assente che ci ricordano le vecchie scuole di disegno. La copia romana della grande Pallade Atena, per esempio, che Fidia scolpì per il suo tempio sul Partenone [51] non è certo tale da colpirci particolarmente. Per cercare di immaginare come fosse, dobbiamo ricorrere alle vecchie descrizioni; una gigantesca statua in legno, alta circa undici metri, l'altezza di un albero, completamente ricoperta di materiale prezioso: l'armatura e gli abiti in oro, la pelle d'avorio. Abbondavano i colori vivaci e splendenti sullo scudo e in altre parti dell'armatura, mentre gli occhi erano fatti di gemme scintillanti. Alcuni grifi si levavano sull'elmo d'oro della dea, e gli occhi di un enorme serpe arrotolato nell'interno dello scudo erano indubbiamente anch'essi di vivide pietre. Colui che, entrando nel tempio, si trovava improvvisamente di fronte questa statua gigantesca doveva provare un arcano timore. Non c'è dubbio che vi fosse qualcosa di quasi primitivo e selvaggio in certi tratti, qualcosa che collegava ancora quest'immagine agli antichi oggetti di superstizione avversati dal profeta Geremia. Ma queste primitive credenze per cui gli dei erano demoni formidabili annidati nelle

51. *Atena Parthènos*, 447-432 a.C. ca, copia romana in marmo dell'originale in legno, oro e avorio di Fidia, altezza cm 104. Atene, Museo Archeologico Nazionale.

statue, avevano già esaurito la loro importanza. Pallade Atena, quale Fidia vide e foggiò nella statua, era più di un semplice idolo e di un demone. Tutte le testimonianze parlano della sua maestosità, che ispirava ai fedeli un'idea del tutto diversa del carattere e del significato degli dei. L'Atena di Fidia era un essere umano sublimato: la sua potenza non derivava dagli incantesimi, ma dalla bellezza. Il popolo greco si rendeva conto che l'arte di Fidia gli aveva ispirato una nuova concezione del divino.

Le due grandi opere di Fidia, l'Atena e la famosa statua di Zeus a Olimpia, sono andate irrimediabilmente perdute, ma i templi che le contenevano esistono ancora, e con essi alcuni fregi dell'epoca di Fidia. Il tempio di Olimpia è il più antico, iniziato forse attorno al 470 a.C. e ultimato prima del 457? Nei riquadri (metope) sopra l'architrave erano raffigurate le fatiche di Ercole. La figura 52 è la storia di Ercole mandato a prendere i pomi delle Esperidi. Egli non può o non vuole assolvere il compito e prega Atlante, che regge la volta celeste sulle spalle, di farlo in sua vece. Atlante accetta, ma a condizione che Ercole si carichi della sua soma. Nel bassorilievo qui riprodotto si vede Atlante che, con i pomi d'oro, ritorna da Ercole, rigido sotto l'enorme peso, mentre Atena, che accortamente lo aiuta in tutte le sue fatiche, e tiene nella destra una lancia di metallo, gli ha posto un cuscino sulle spalle per rendergli meno dura l'impresa. È una storia narrata con semplicità e chiarezza meravigliose. Sentiamo che l'artista preferiva ancora mostrare una figura in atteggiamento ben definito di faccia o di fianco. Atena ci sta di fronte, con solo il capo volto da un lato verso Ercole. Non è difficile avvertire in queste figure la persistente influenza dei canoni che vigevano nell'arte egizia. Ma sentiamo che la grandezza, la calma maestosa e la forza di queste statue sono dovute anche a questo rispetto dei canoni antichi, perché questi non costituiscono più un ostacolo, non frenano più la libertà dell'artista. L'antica convinzione che fosse importante mostrare la struttura del corpo (le articolazioni principali, così com'erano, ci aiutano a comprendere come il tutto sia connesso) stimolava l'artista a studiare l'anatomia delle ossa e dei muscoli, e a costruire una figura umana convincente, visibile anche sotto il drappeggio. Il modo stesso con cui gli artisti greci impiegavano il drappeggio per sottolineare le principali partizioni del corpo umano mostra quale importanza annettessero alla conoscenza della forma. Questo equilibrio tra fedeltà ai canoni e libertà ha valso all'arte greca tanta ammirazione nei secoli posteriori: per questo gli artisti in cerca di suggerimenti e ispirazione sono sempre ricorsi ai capolavori dell'arte greca.

Il genere di lavoro che veniva perlopiù richiesto agli artisti greci può averli aiutati a perfezionare la conoscenza del corpo umano in movimento. Un tempio come quello di Olimpia era circondato da statue di atleti vittoriosi dedicate agli dei. A noi ciò può sembrare strano poiché, quale che sia la popolarità dei nostri campioni, non concepiamo l'idea che, in ringraziamento

52. *Ercole che regge il cielo*, 470-460 a.C. ca, frammento in marmo dal tempio di Zeus a Olimpia. Olimpia, Museo Archeologico.

53. *Auriga*, rinvenuto a Delfi, 475 a.C. ca, bronzo, altezza cm 180. Delfi, Museo Archeologico.

54. Particolare
di figura 53.

della vittoria riportata nell'ultima partita, i loro ritratti possano venire offerti a una chiesa. Ma i grandi raduni sportivi greci, di cui i giochi olimpici erano naturalmente i più celebri, differivano fondamentalmente dalle nostre competizioni moderne per la loro stretta connessione con le credenze e i riti religiosi del popolo. Coloro che vi partecipavano non erano sportivi – né professionisti né dilettanti – bensì membri delle più elette famiglie greche, e il vincitore di questi giochi veniva considerato con rispettoso timore, come uomo cui gli dei avevano elargito il dono dell'invincibilità. Scopo dei giochi era, in origine, stabilire a chi avrebbe arriso la vittoria, e i vincitori si facevano scolpire la statua dagli artisti più rinomati del tempo per commemorare e forse per perpetuare questi segni della grazia divina.

Gli scavi di Olimpia hanno riportato alla luce molti piedistalli di statue del genere, ma le statue stesse sono scomparse. Erano perlopiù di bronzo e, probabilmente, vennero fuse quando, nel medioevo, il metallo si fece raro. Soltanto a Delfi se n'è trovata una raffigurante un auriga [53]. La sua testa, riprodotta in dettaglio nella figura 54, differisce completamente dalla generica immagine che ci si può formare dell'arte greca, vista solo attraverso le copie. Gli occhi, che nelle statue marmoree sembrano sovente così privi di espressione o nelle teste di bronzo sono cavi, sono qui segnati con pietre colorate, come sempre a quel tempo. I capelli, gli occhi e le labbra sono lievemente dorati, e questo conferisce un'espressione di vivacità e di calore a tutto il viso.

Tuttavia una testa simile non era mai vistosa né volgare. L'artista certo non si propose di imitare un viso realmente esistente, con tutte le sue imperfezioni, ma ne attinse uno dalla sua conoscenza della forma umana. Non sappiamo se l'auriga somigliasse davvero al suo modello (probabilmente non gli rassomigliava affatto nel senso che oggi attribuiamo a questa parola), ma è l'immagine persuasiva di un essere umano, mirabile per semplicità e bellezza.

Opere come questa, nemmeno menzionata dagli scrittori greci classici, permettono di valutare la perdita che abbiamo subito con la distruzione delle statue degli atleti, come per esempio il Discobolo dello scultore ateniese

Mirone, probabilmente della stessa generazione di Fidia. Ne sono state ritrovate varie copie che ci permettono di farci un'idea, sia pure vaga, di come fosse [55].

Il giovane atleta è ritratto nel momento in cui sta lanciando il pesante disco. È curvo e protende il braccio all'indietro per imprimere al lancio maggior energia: subito dopo girerà su sé stesso e scaglierà il disco, accompagnando il gesto con tutto il corpo. L'atteggiamento è così perfettamente aderente allo scopo che l'atleta si propone, che gli sportivi moderni l'hanno preso a modello, cercando di imitarne esattamente lo stile. Impresa però meno facile di quanto avessero sperato, perché la statua di Mirone non è una sequenza di fotogrammi ma un'opera d'arte greca. Infatti, se la osserviamo attentamente, vediamo che lo scultore ha ottenuto quello straordinario effetto di movimento soprattutto elaborando in modo nuovo metodi artistici molto antichi. Se ci si pone di fronte alla statua, e se ne considera solo la linea, ci si accorge d'un tratto della sua affinità con la tradizione dell'arte egizia. Come gli egizi, Mirone ha rappresentato il tronco frontalmente, le gambe e le braccia di lato, e come loro ha costruito una figura virile riunendone gli aspetti e i particolari più caratteristici. Nelle sue mani, però, la formula vecchia e logora è diventata tutt'altra cosa. Anziché sommare gli elementi caratteristici (ne sarebbe risultata una posa rigida e assai poco convincente), egli fece assumere un atteggiamento consimile a un modello reale, modificandolo fino a fargli esprimere nel modo più efficace l'idea del movimento. E poco importa che questo sia il vero e proprio movimento del lancio del disco. L'essenziale è che a Mirone riuscì di conquistare il moto proprio come i pittori del suo tempo avevano conquistato lo spazio.

Di tutti gli originali greci che sono giunti fino a noi, forse le sculture del Partenone riflettono questa nuova libertà nel modo più mirabile. Il Partenone [50] fu terminato una ventina d'anni dopo il tempio di Olimpia, e in quel breve lasso di tempo gli artisti avevano acquistato una disinvoltura e una facilità anche maggiori nel risolvere i problemi connessi alla rappresentazione di una realtà viva. Non sappiamo quali scultori abbiano decorato il tempio, ma poiché la statua del sacello era di Fidia, sembra essere molto probabile che sia stata la sua stessa bottega a fornire anche le altre sculture.

Le figure 56, 57 riproducono frammenti del lungo fregio che cingeva il sacello sotto la volta, raffigurante la solenne processione annuale in onore della dea. Durante quelle feste avevano sempre luogo giochi e manifestazioni sportive, una delle quali consisteva in una pericolosa prova di destrezza: guidare un carro, saltandone fuori e dentro con i quattro cavalli lanciati al galoppo. È il tema della figura 56. A prima vista questo frammento principale può sembrare di difficile decifrazione, dato il suo cattivo stato di conservazione. Infatti non solo manca una parte del rilievo, ma è scomparso completamente il colore che certo faceva meglio risaltare le figure sull'intensità

55. *Il discobolo*, 450 a.C. ca, copia romana in marmo dell'originale in bronzo di Mirone, altezza cm 155. Roma, Museo Nazionale Romano.

56. *Auriga,*
440 a.C. ca,
particolare del
fregio marmoreo del
Partenone. Londra,
British Museum.

57. *Cavallo e
cavaliere,* 440 a.C.
ca, particolare del
fregio marmoreo del
Partenone. Londra,
British Museum.

dello sfondo. Per noi la patina e la grana del marmo pregiato sembrano così mirabili che non sentiremmo mai il bisogno di colorarli, mentre i greci coloravano a tinte forti e contrastanti come il rosso e l'azzurro persino i loro templi. Comunque, per poco che si sia conservato dell'opera originale, scaturisce sempre un genuino godimento di ciò che è rimasto. La prima cosa che vediamo nel nostro frammento sono i quattro cavalli in fila. Teste e zampe sono abbastanza conservate in modo da darci un'idea della maestria dell'artista nel mettere in risalto la struttura delle ossa e dei muscoli senza che l'insieme appaia rigido e freddo. Altrettanto vale per le figure umane. Dai frammenti rimasti possiamo immaginare con quale libertà si muovessero e con quale evidenza spiccassero i muscoli dei corpi.

Lo scorcio non rappresentava ormai più un grave problema. Il braccio che regge lo scudo è disegnato con perfetta disinvoltura, e lo stesso può dirsi del cimiero agitato dal vento e del manto rigonfio e mosso. Ma l'artista non è esclusivamente assorbito da tutte queste nuove scoperte: per quanto potesse compiacersi della conquista dello spazio e del movimento, non abbiamo

l'impressione che fosse soltanto ansioso di ostentare la sua perizia. Benché vivaci e animati, questi gruppi s'inquadrano bene nella composizione del solenne corteo che si snoda lungo le pareti dell'edificio. L'autore ha conservato qualcosa della sapienza compositiva che l'arte greca aveva ereditato dagli egizi e dallo studio dei modelli geometrici anteriore al "grande risveglio". È questa sicurezza di tocco che rende il fregio del Partenone così armonioso e "a posto" in ogni particolare.

Tutte le opere greche di quel periodo recano tracce di questa perizia nel distribuire le figure, ma ciò che i greci dell'epoca apprezzavano anche di più era un'altra cosa: la recente libertà di rappresentare il corpo umano in qualsiasi posizione o movimento atto a rispecchiare la vita interiore delle figure.

Dalla testimonianza di uno dei suoi discepoli sappiamo che Socrate (il quale aveva personalmente esercitato l'arte della scultura) esortava gli artisti proprio in questo senso. Dovevano rappresentare "i travagli dell'anima" osservando con cura in qual modo "i sentimenti influenzino il corpo in azione". Ancora una volta gli artigiani che dipingevano vasi cercarono di tenersi al passo con queste scoperte dei grandi maestri le cui opere sono andate perdute.

La figura 58 rappresenta il commovente episodio di Ulisse che, giunto a casa dopo diciannove anni di lontananza, vestito da mendicante con la gruccia, il fagotto e la scodella, è riconosciuto dalla vecchia nutrice perché essa, mentre gli lava i piedi, nota sulla gamba la cicatrice che le era familiare. L'artista deve avere illustrato una versione leggermente diversa da quella che si legge in Omero (dove la nutrice ha un nome differente da quello scritto sul vaso e il porcaro Eumeo non è presente); forse egli aveva visto un dramma con questa scena, perché, si ricordi, questo fu anche il secolo in cui i drammaturghi greci diedero vita all'arte teatrale. Ma non occorre il testo esatto per intuire che sta succedendo qualcosa di drammatico e commovente, giacché lo sguardo che si scambiano la nutrice e l'eroe è più eloquente di quanto si potrebbe dire a parole. Gli artisti greci erano veramente maestri nell'esprimere i sentimenti taciti che si instaurano tra le persone.

Questa capacità di rappresentare "i travagli dell'anima" nella postura del corpo è capace di trasformare una semplice stele funeraria come quella della figura 59 in un capolavoro. Il rilievo riproduce Egèso, sepolta dove sorgeva la stele, così com'era in vita. Una giovane ancella è in piedi davanti a lei e le porge un cofanetto dal quale pare che ella scelga un monile. È una scena serena che possiamo paragonare alla raffigurazione egizia di Tutankhamon sul trono con la moglie accanto [42]. L'opera egizia è anch'essa mirabilmente delineata, ma, benché risalga a un periodo eccezionale dell'arte egizia, è piuttosto rigida e poco spontanea. Il rilievo greco ha superato invece le goffe limitazioni, pur conservando la lucidità e la bellezza della composi-

58. *Ulisse riconosciuto dalla sua vecchia nutrice,* V sec. a.C., vaso greco "a figure rosse", altezza cm 20,5. Chiusi, Museo Archeologico Nazionale.

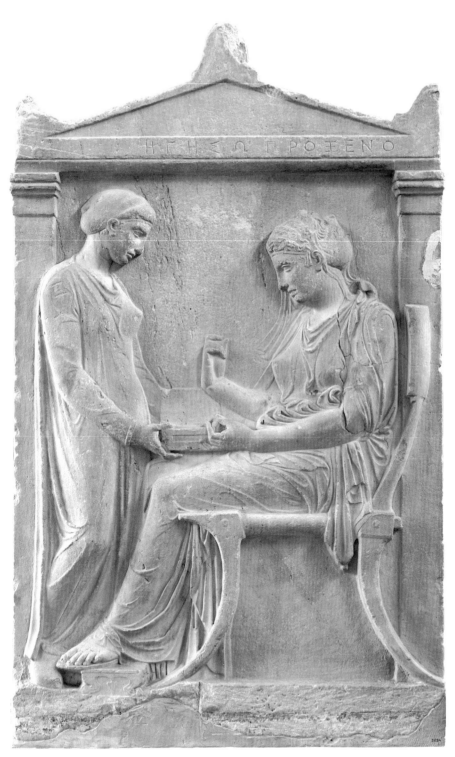

59. *Stele funeraria di Egèso*, 400 a.C. ca, marmo, altezza cm 147. Atene, Museo Archeologico Nazionale.

zione, non più geometrica e angolosa ma libera e sciolta. Il modo con cui la parte superiore del corpo si inquadra nella curva delle braccia delle due donne, e il modo con cui a queste linee rispondono le curve del seggio, la semplicità con cui la bella mano di Egèso diviene il centro dell'attenzione, il drappeggio fluente che avvolge il corpo, tutto ciò concorre a creare quella sobria armonia che nacque solo nel V secolo, con l'arte greca.

La bottega di uno scultore greco, 480 a.C. ca (scena sulla parte inferiore di una coppa "a figure rosse"; *a sinistra,* fonderia di bronzo con schizzi alla parete; *a destra,* uomo al lavoro su una statua la cui testa giace a terra).

4

IL REGNO DELLA BELLEZZA
La Grecia e il mondo greco (IV secolo a.C. - I secolo d.C.)

Il grande risveglio dell'arte alla libertà si svolse nei cento anni che vanno, press'a poco, dal 520 al 420 a.C. Verso la fine del V secolo gli artisti erano ormai pienamente consci del loro potere e della loro abilità, e lo era anche il pubblico. Benché gli artisti fossero ancora considerati artigiani e venissero ancora spregiati dagli snob, un numero crescente di persone prese a interessarsi al loro lavoro per il suo valore intrinseco e non soltanto per i suoi significati religiosi o politici. Si discutevano i meriti delle varie "scuole" d'arte, cioè dei diversi stili, delle tecniche e delle tradizioni che distinguevano i maestri delle varie città. Indubbiamente il raffronto e l'emulazione fra le scuole deve aver stimolato gli artisti a imprese sempre maggiori, contribuendo a creare la varietà che si ammira nell'arte greca. In architettura cominciarono a essere adottati contemporaneamente vari stili. Il Partenone era stato costruito in stile dorico [50], ma negli ultimi edifici dell'Acropoli furono introdotte le forme del cosiddetto stile ionico. Il principio su cui si basano questi templi è il medesimo dei templi dorici, ma l'aspetto e il carattere differiscono assai. L'esempio perfetto è il tempio di Nettuno, chiamato Eretteo [60]. Le colonne del tempio ionico sono molto meno robuste e forti. Sembrano esili steli, e il capitello non è più un semplice cuscino disadorno, ma è riccamente decorato con volute laterali che paiono esprimere di nuovo la funzione di sostegno della trave su cui poggia il tetto. L'impressione complessiva di questi edifici, con i loro particolari finemente lavorati, è di un'infinita e disinvolta grazia. Le stesse caratteristiche di disinvoltura e di grazia distinguono le statue e i dipinti di questo periodo, che comincia con la generazione successiva a Fidia. In quel tempo Atene si era trovata coinvolta in una terribile guerra contro Sparta, che aveva messo termine alla prosperità sua e della Grecia. Nel 408 a.C., durante una breve tregua, fu aggiunta una balaustrata scolpita al piccolo tempio della dea della Vittoria sull'Acropoli, e le sculture e gli ornamenti che lo abbellirono recano il segno di quel mutamento del gusto, volto alla delicatezza e alla raffinatezza, che si riflette anche nello stile ionico. I rilievi, purtroppo, sono stati mutilati; tuttavia vorrei indicarne uno [61], per mostrare quanto sia bella questa figura, anche così rovinata e priva di testa e di mani. Rappresenta una fanciulla, una delle dee della Vittoria, ferma nell'atto di allacciarsi un sandalo che si è sciolto mentre camminava.

60. *L'Eretteo sull'Acropoli di Atene*, 420-405 a.C. ca, tempio ionico.

61. *Dea della Vittoria*, 408 a.C., particolare della balaustra del Tempio della Vittoria ad Atene, marmo, altezza cm 106. Atene, Museo dell'Acropoli.

Con che grazia è ritratto questo improvviso arresto, e con che morbidezza e ricchezza il sottile drappeggio cade sul bel corpo! Da questi lavori vediamo come l'artista poteva ormai ottenere gli effetti che voleva. Nessuna difficoltà gli impediva di esprimere il movimento o lo scorcio. Questa stessa facilità e questo stesso virtuosismo resero la sua arte forse un po' meno spontanea. L'autore del fregio del Partenone [56, 57], non pare invece aver riflettuto molto sul valore della propria arte o su ciò che faceva. Sapeva di dover rappresentare una processione e si sforzò di renderla nel modo più chiaro ed efficace possibile. Egli ignorava di essere un grande maestro di cui artisti vecchi e giovani avrebbero parlato migliaia di anni dopo. Il fregio del Tempio della Vittoria mostra invece i prodromi di un atteggiamento diverso. Qui l'artista era orgoglioso delle sue immense possibilità, e poteva esserlo. Così, gradualmente, durante il IV secolo la concezione dell'arte mutò. Le statue di Fidia erano state famose in tutta la Grecia in quanto raffigurazioni degli dèi. Le grandi statue dei templi del IV secolo, invece, dovettero piuttosto la loro fama alla intrinseca bellezza artistica. Si discuteva, allora, di pitture e statue come di poemi e di drammi: se ne elogiava la bellezza o se ne criticava la forma e lo stile.

62. Prassitele,
*Ermete con Dioniso
fanciullo*, 340 a.C. ca,
marmo, altezza
cm 213. Olimpia,
Museo Archeologico.

Il grande scultore di quel secolo, Prassitele, fu soprattutto famoso per la grazia del suo tocco e per il carattere dolce e sottilmente fascinoso delle sue creazioni. L'opera più celebre, le cui lodi furono cantate in molti poemi, rappresentava la dea Venere, la giovane Afrodite, che si prepara al bagno. Ma l'opera è scomparsa, e una soltanto delle statue originali di Prassitele ci è forse pervenuta, una statua trovata a Olimpia nel XIX secolo [62, 63]. Ma non siamo certi della sua autenticità: potrebbe trattarsi soltanto di una fedele riproduzione in marmo di una scultura bronzea. È il dio Ermete intento a giocare con Dioniso fanciullo che tiene in collo. Se riguardiamo la figura 47, possiamo constatare quale enorme cammino l'arte greca abbia percorso in duecento anni. Nell'opera di Prassitele è scomparsa ogni traccia di rigidezza.

63. Particolare di figura 62.

Il dio sta davanti a noi in una posa di abbandono che non ne compromette la dignità. Ma, riflettendo sul modo con cui Prassitele ha conseguito questo risultato, cominciamo a comprendere che neppure allora le lezioni dell'arte antica erano state dimenticate. Anche Prassitele si preoccupa di mostrarci le articolazioni del corpo, di farcene capire il meccanismo il più chiaramente possibile, ma ora riesce nell'intento senza che la sua statua si irrigidisca e perda vita. Sa mostrare come i muscoli e le ossa si tendono e si muovono sotto la morbidezza della pelle, e sa rendere il corpo umano in tutta la sua grazia e la sua bellezza. Dobbiamo però renderci conto che questa bellezza Prassitele e gli altri artisti greci la raggiunsero attraverso la conoscenza. Non esiste un corpo simmetrico, ben costruito e bello come una statua greca. Molti sono coloro i quali credono che l'artista non abbia fatto altro che osservare un gran numero di modelli e poi scegliere via via gli elementi che preferiva; che, cioè, abbia cominciato col copiare le sembianze di un uomo reale per poi abbellirle tralasciando le irregolarità o i tratti non corrispondenti alla sua idea di un corpo perfetto. Per questo la gente dice che i greci "idealizzarono" la natura e li pone, quindi, sul piano di un fotografo intento a ritoccare un ritratto e a cancellarne i piccoli difetti. Ma una fotografia ritoccata e una statua idealizzata generalmente mancano di carattere e di vigore. Tanto si è

64. *Apollo del Belvedere*, 350 a.C. ca, copia romana in marmo dell'originale greco, altezza cm 224. Vaticano, Museo Pio Clementino.

tralasciato e cancellato che ben poco rimane del modello tranne una pallida e insulsa larva. In realtà, il modo di procedere dei greci era precisamente l'opposto. Durante tutti questi secoli, gli artisti di cui si è qui parlato si erano sforzati di infondere sempre maggior vita negli antichi schemi. La loro tecnica diede i frutti più maturi al tempo di Prassitele. I vecchi modelli cominciavano a muoversi e a respirare al tocco dell'abile scultore, e ora ci stanno davanti agli occhi come veri e propri esseri umani, pur provenienti da un mondo diverso e migliore. Sono, in verità, esseri di un mondo diverso

65. *Venere di Milo*, 200 a.C. ca, marmo, altezza cm 202. Parigi, Louvre.

non perché i greci fossero più sani o più belli degli altri uomini (non vi è ragione di pensarlo), ma perché l'arte raggiungeva allora il momento in cui il tipico e l'individuale trovavano un nuovo e più delicato equilibrio.

Molte delle più famose opere dell'arte classica, ammirate in tempi successivi come rappresentazioni di tipi umani perfetti, sono copie o varianti di statue create in questo periodo, a metà del IV secolo a.C. L'*Apollo del Belvedere* [64], è il modello ideale del corpo maschile. Ritto dinanzi a noi in quella sua straordinaria posa, reggendo l'arco con il braccio teso, il capo volto da un lato come se fosse intento a seguire con gli occhi la freccia, in esso possiamo ritrovare la tenue eco dell'antico schema, secondo il quale ogni parte del corpo doveva venir colta dal suo più caratteristico angolo di visuale. Tra le famose statue classiche di Venere, la *Venere di Milo* (chiamata così perché rinvenuta nell'isola omonima) è forse la più nota [65]. Probabilmente faceva parte di un gruppo di Venere e Cupido che, pur scolpito in un periodo un po' più tardo, si valeva dell'esperienza e dei metodi di Prassitele. Anch'essa doveva essere vista di lato (Venere stendeva le braccia verso Cupido) e possiamo di nuovo ammirare la chiarezza e la semplicità con cui l'artista ha modellato il bellissimo corpo, e il modo con cui ne ha segnato le varie parti senza mai peccare di durezza e di imprecisione.

Ovviamente questo modo di creare la bellezza, rendendo sempre più verosimile una figura generica e schematica finché il marmo sembra prender vita e respirare, ha il suo lato negativo: se era possibile creare tipi umani convincenti, lo era ugualmente anche per gli esseri umani colti nella loro reale individualità? Per strano che ci possa parere, l'idea di un ritratto come lo intendiamo noi non venne ai greci che nel IV secolo già molto inoltrato. È vero che abbiamo notizia di ritratti eseguiti in tempi anteriori [54], ma non si trattava probabilmente di statue molto somiglianti. Il ritratto di un generale era poco più della raffigurazione di un qualsiasi bel guerriero con elmo e insegne di comando. L'artista non riproduceva mai la forma del naso, le rughe della fronte o l'espressione particolare del modello. È un fatto strano, di cui non abbiamo ancora parlato, che gli artisti greci abbiano evitato di dare ai volti un'espressione particolare. È più sorprendente di quanto non sembri a prima vista: a noi riesce difficile scarabocchiare una qualsiasi faccia su un pezzo di carta senza conferirle una determinata espressione, perlopiù comica. Le statue greche, naturalmente, non sono prive di espressione perché scialbe o vacue, però i loro volti non tradiscono mai un sentimento ben definito. Questi maestri si valsero del corpo e dei suoi movimenti per esprimere quelli che Socrate aveva chiamati "i travagli dell'anima" [58], perché avevano capito che il gioco dei lineamenti avrebbe sciupato e distrutto la regolarità lineare della testa.

Gli artisti della generazione successiva a quella di Prassitele, verso la fine del IV secolo a.C., a poco a poco si liberarono da questa costrizione e trovarono il modo di animare i tratti del volto senza distruggerne la bellezza. Inoltre impararono a cogliere i moti dell'anima del singolo, il carattere particolare di una fisionomia, e fecero ritratti nel senso moderno del termine. Al tempo di Alessandro si cominciò a discutere di questa nuova arte del ritratto. Uno scrittore di quel periodo, satireggiando i modi irritanti di adulatori e piaggiatori, sostiene che essi prorompono sempre in alte lodi dell'impressionante rassomiglianza del ritratto del loro patrono. Alessandro stesso si fece ritrarre dal suo scultore di corte Lisippo, l'artista più celebre del momento, la cui fedeltà alla natura meravigliava i contemporanei. Il ritratto di Alessandro pare ci sia giunto solo in copia [66], e ne possiamo dedurre quanto l'arte fosse mutata dai tempi dell'auriga di Delfi o anche dai tempi di Prassitele, che pure precedette Lisippo di una sola generazione. S'intende che la difficoltà nel giudicare i ritratti antichi consiste nel fatto che non possiamo pronunciarci sulla loro somiglianza; molto meno, infatti, di quanto lo potesse l'adulatore dell'aneddoto. Forse, se ci fosse dato di vedere un'istantanea di Alessandro, la troveremmo del tutto diversa. Potremmo forse dire che la statua di Lisippo rassomiglia a un dio ben più che al vero conquistatore dell'Asia. Ma ci è anche lecito supporre che un uomo come Alessandro, spirito inquieto e geniale, benché alquanto corrotto dal successo, abbia potuto rassomigliare a questo busto dalla fronte solcata e dall'espressione intensa.

66. *Testa di Alessandro Magno*, 325-300 a.C. ca, copia in marmo dell'originale di Lisippo, altezza cm 41. Istanbul, Museo Archeologico.

La fondazione di un impero per opera di Alessandro fu avvenimento d'importanza capitale per l'arte greca che, da centro di interesse di alcune piccole città, divenne il linguaggio figurativo di quasi metà del mondo allora conosciuto. Questo mutamento doveva fatalmente influire sul suo carattere. Generalmente ci si riferisce all'arte del periodo successivo parlando non di arte greca ma di arte ellenistica, poiché questo fu il nome comunemente dato agli imperi fondati dai successori di Alessandro in Oriente. Le ricche capitali di questi imperi, Alessandria d'Egitto, Antiochia nella Siria e Pergamo nell'Asia Minore, avevano esigenze diverse da quelle greche.

67. *Capitello corinzio,* 300 a.C. ca, Epidauro, Museo Archeologico.

68. *L'altare di Zeus a Pergamo,* 164-156 a.C. ca, marmo, Berlino, Staatliche Museen, Museo di Pergamo.

Perfino in architettura, le forme forti e sobrie dello stile dorico e la disinvolta grazia dello stile ionico non bastarono più: si preferì una nuova forma di colonna, inventata ai primi del IV secolo, che prese nome dalla ricca città mercantile di Corinto [67]. Lo stile corinzio aggiunse fogliame alle volute a spirale ioniche che decoravano il capitello e in generale profuse ornamenti più abbondanti e più ricchi su tutto l'edificio. Questo sfarzo si adattava assai bene ai monumenti sontuosi costruiti su vasta scala nelle città orientali di nuova fondazione. Pochi sono stati conservati fino all'epoca nostra, ma quel che sopravvive dei periodi più tardi lascia un'impressione di grande magnificenza e splendore. Gli stili e le invenzioni dell'arte greca furono adattati alle tradizioni e alle dimensioni consuete dell'arte degli imperi orientali.

L'arte greca, si è detto, doveva subire un mutamento nel periodo ellenistico: di tale mutamento troviamo tracce nelle opere più famose dell'epoca. Una di queste è un altare della città di Pergamo, eretto intorno al 160 a.C. [68]. La scultura rappresenta la lotta tra gli dèi e i titani. È un'opera magnifica, ma vi cercheremmo invano l'armonia e la raffinatezza della scultura greca precedente. È evidente che l'artista si proponeva di raggiungere forti effetti drammatici. La battaglia infuria terribile e violenta. I goffi titani vengono sopraffatti dagli dèi trionfanti, e il loro sguardo esprime tutto il tormento dell'agonia. La scena è movimentatissima e svolazzante di drappeggi. E perché l'effetto fosse più intenso non si tratta più di un bassorilievo di scarso aggetto sulla parete, ma di un altorilievo con figure quasi a tutto tondo che nella loro lotta paiono invadere i gradini dell'altare, quasi incuranti del luogo che le ospita. L'arte ellenistica amava le opere violente e veementi: voleva impressionare, e ci riusciva.

Alcune opere, divenute molto famose in tempi posteriori, nacquero nel periodo ellenistico. Quando il gruppo del Laocoonte [69], venne alla luce nel 1506, gli artisti e gli amatori d'arte ne furono letteralmente sconcertati. Vi è raffigurata la drammatica scena descritta anche nell'*Eneide*: il sacerdote troiano Laocoonte ha ammonito i suoi compatrioti di non accogliere il cavallo di legno in cui si nascondono soldati greci; gli dèi, che vedono ostacolati i loro progetti di distruggere Troia, mandano dal mare due giganteschi serpenti che stringono nelle loro spire il sacerdote e i suoi sventurati figli soffocandoli.

È il racconto di una delle crudeltà insensate perpetrate dagli dèi contro poveri mortali, tanto frequenti nella mitologia greca e latina. Ci piacerebbe conoscere che effetto facesse la storia all'artista greco che concepì questo gruppo impressionante. Voleva forse farci sentire l'orrore di una scena nella quale una vittima innocente viene straziata per aver detto la verità? O intendeva mostrarci soprattutto la propria capacità di raffigurare una lotta straordinaria e terrificante tra l'uomo e la bestia? Aveva ben ragione di inorgoglirsi della sua perizia. Il modo con cui i muscoli del tronco e delle braccia rendono lo sforzo e la sofferenza della lotta disperata, l'espressione di strazio nel volto del sacerdote, le contorsioni impotenti dei due fanciulli e la maniera nella quale tutto questo tumulto e questo movimento si cristallizzano in un gruppo statico hanno sempre riscosso l'universale ammirazione. Ma mi viene il dubbio, talvolta, che si trattasse di un'arte rivolta a un pubblico appassionato anche all'orribile spettacolo delle lotte fra gladiatori. Forse sarebbe un errore farne colpa all'artista. Il fatto è che probabilmente nel periodo ellenistico l'arte aveva perduto ormai in larga misura il suo antico vincolo con la magia e la religione. Gli artisti si interessavano dei problemi della tecnica in quanto tale, e il problema di rappresentare un tema così drammatico con tutto il suo movimento e la sua espressività e tensione era proprio una difficoltà atta a saggiare la tempra dell'artista. Se il destino di Laocoonte fosse giusto o meno, lo scultore non se lo domandava neppure.

In quell'epoca e in quell'atmosfera i ricchi presero a raccogliere opere d'arte, a far copiare le più celebri se non potevano avere gli originali e a pagare prezzi favolosi per quelle che riuscivano a trovare. Gli scrittori cominciarono a prendere interesse all'arte e narrarono la vita degli artisti, raccogliendo aneddoti sulle loro stravaganze, e composero guide a uso dei viaggiatori. Molti fra i maestri più famosi dell'antichità erano pittori anziché scultori, e non sappiamo nulla delle loro opere se non quanto è detto nei passi dei libri d'arte classica a noi pervenuti. Sappiamo che anche questi pittori si interessavano ai problemi tecnici piuttosto che alle finalità religiose dell'arte. E abbiamo notizia di certi maestri specializzati nei temi di vita quotidiana che dipingevano botteghe di barbiere o scene di teatro, ma queste opere sono andate perdute. Possiamo farci un'idea del carattere della pittura antica solo osservando le pitture murali decorative e i mosaici venuti alla luce a Pompei e altrove. Pompei era un prospero centro

69. Agesandro, Atenodoro e Polidoro di Rodi, *Laocoonte con i figli*, 175-150 a.C. ca, marmo, altezza cm 242. Vaticano, Museo Pio Clementino.

di provincia rimasto sepolto sotto la lava del Vesuvio quando eruttò nel 79 d.C. Quasi ogni casa, quasi ogni villa di quella città possedeva pitture murali, raffiguranti colonne e scorci architettonici, quadri incorniciati e palcoscenici. Certo non tutte queste pitture erano capolavori, per quanto sorprenda il numero di buone opere che si trovavano in una cittadina piuttosto piccola e di scarsa importanza come questa. Difficilmente noi faremmo una figura altrettanto bella se una delle nostre stazioni balneari fosse un giorno riportata alla luce. Va da sé che pittori e decoratori di Pompei e delle vicine Ercolano e Stabia attingevano liberamente al patrimonio di immagini costituito dai grandi artisti ellenistici. Tra molte cose ordinarie talvolta scopriamo una figura di squisita bellezza e grazia, come quella della figura 70 rappresentante una delle Ore che in un movimento quasi di danza coglie fiori. O troviamo particolari come la testa di fauno, tratta da un'altra pittura [71], che ci dà un'idea della maestria e della libertà acquisite da questi artisti nel trattare l'espressione fisionomica.

Negli affreschi pompeiani si può trovare quasi ogni cosa raffigurabile in pittura. Belle nature morte, per esempio, come due limoni accanto a un bicchiere d'acqua, pitture di animali e perfino paesaggi. Fu forse questa la maggior novità del periodo ellenistico. L'arte orientale antica non si interessava al paesaggio se non per ambientarvi scenette di vita comune o di guerra. Per l'arte greca del tempo di Fidia o di Prassitele, l'uomo era al centro dell'interesse. Nel periodo ellenistico, al tempo in cui poeti come Teocrito scoprivano l'incanto della vita pastorale, gli artisti tentarono di evocare i piaceri della campagna per i raffinati abitanti delle città. Questi dipinti non rappresentavano vere e proprie dimore rustiche e begli angoli di natura. Essi riuniscono, piuttosto, tutti gli elementi tipici di una scena idillica: pastori e armenti, sobri tempietti e, in lontananza, ville e montagne [72]. Tutto era graziosamente disposto in questi quadri, e tutti quegli elementi preordinati apparivano nel loro aspetto migliore e comunicavano veramente un senso di pace.

70. *Fanciulla che coglie fiori*, I sec. d.C., particolare di una pittura murale di Stabia. Napoli, Museo Archeologico Nazionale.

71. *Testa di fauno*, II sec. a.C., particolare di una pittura murale di Ercolano. Napoli, Museo Archeologico Nazionale.

Ciononostante anche queste opere sono molto meno realistiche di quanto sulle prime sembri. Basta fare qualche domanda imbarazzante e tentare di trarre, per esempio, una pianta della località raffigurata, ed ecco che ci accorgiamo di trovarci dinanzi a un'impresa impossibile. Non sappiamo quale possa essere la distanza tra il tempietto e la villa, né quanto fosse vicino o lontano il ponte dal tempietto. Il fatto è che neppure gli artisti ellenistici conoscevano quelle che noi chiamiamo leggi prospettiche. Il famoso viale di pioppi che retrocede fino al suo punto di fuga e che molti di noi hanno disegnato a scuola era allora cosa sconosciuta. È vero, gli artisti disegnavano piccoli gli oggetti distanti e grandi quelli vicini o importanti, ma la legge della regolare diminuzione degli oggetti a mano a mano che si allontanano, il principio immutabile su cui si basa la riproduzione di un paesaggio, non era nota all'antichità classica. Ci vollero mille anni e più prima che fosse scoperta. Ecco dunque che persino le ultime, più libere e più sicure opere dell'arte antica conservano almeno l'eco del principio che informava l'arte egizia. Anche qui la conoscenza della sagoma caratteristica dei singoli oggetti conta quanto l'impressione effettiva che ne ricaviamo con l'occhio. Si

72. *Paesaggio*, I sec. d.C., pittura murale. Roma, Villa Albani.

riconosce da tempo che questa particolarità non è un difetto da deplorare o spregiare nelle opere d'arte, e che, anzi, è possibile raggiungere la perfezione artistica valendosi di qualsiasi stile. I greci spezzarono i rigidi divieti dell'arte orientale primitiva e si inoltrarono in un viaggio di scoperta con l'intento di arricchire l'immagine tradizionale del mondo mediante un numero sempre maggiore di tratti desunti dalla viva osservazione. Ma le loro opere non sono mai specchi nei quali si rifletta ogni inconsueto angolo della natura: esse portano sempre il marchio dell'intelletto che le ha create.

Scultore greco al lavoro,
I sec. a. C.
(impronta di una
gemma ellenistica).

5

I CONQUISTATORI DEL MONDO
Romani, buddisti, ebrei e cristiani (I-IV secolo d.C.)

Abbiamo visto come Pompei, città romana, raccogliesse molti echi dell'arte ellenistica. Mentre i romani conquistavano il mondo e fondavano il loro impero sulle rovine delle monarchie ellenistiche, l'arte non aveva infatti compiuto grandi progressi. La maggior parte degli artisti che lavoravano a Roma erano greci, e i collezionisti romani perlopiù acquistavano opere, o copie, dei grandi maestri greci. Quando Roma divenne la dominatrice del mondo, l'arte tuttavia subì un certo cambiamento. Agli artisti furono affidati nuovi compiti, e in conseguenza la loro tecnica mutò. Forse i maggiori risultati i romani li ottennero nel campo dell'ingegneria civile. Tutti conosciamo le loro strade, i loro acquedotti, le loro terme. Perfino le rovine di queste costruzioni hanno ancora un aspetto imponente; e ci sentiamo simili a formiche camminando a Roma fra quelle enormi colonne. Furono proprio quelle rovine a mantenere vivo nei secoli il ricordo della "grandezza romana".

L'edificio più famoso è forse la vasta arena conosciuta con il nome di Colosseo [73], una caratteristica costruzione romana molto ammirata nei secoli successivi. Nel complesso è una struttura funzionale, a tre ordini di archi sovrapposti che reggono le gradinate all'interno del vasto anfiteatro. Ma su questi archi l'architetto romano ha steso, si direbbe, una cortina di forme classiche adottando tutti e tre gli stili dei templi greci. Il primo ordine è una variazione dello stile dorico (sussistono perfino le metope e i triglifi), il secondo ha mezze colonne ioniche, il terzo e il quarto corinzie. Questa combinazione di strutture romane e di forme od ordini greci esercitò un enorme influsso sugli architetti successivi. E di tale influsso possiamo facilmente trovare esempi perfino nelle nostre città: non abbiamo che da guardarci intorno.

Forse nessun'altra invenzione architettonica esercitò un'influenza più duratura dell'arco trionfale, che i romani eressero in tutto il loro impero: Italia, Francia [74], Africa settentrionale e Asia. L'architettura greca in genere era composta da elementi identici, e lo stesso si può dire anche del Colosseo; gli archi trionfali, invece, adoperano gli ordini per incorniciare e mettere in risalto il grande passaggio centrale affiancandogli aperture più strette. Era una disposizione atta a essere usata nella composizione architettonica quasi come si usa un accordo in musica.

73. *Il Colosseo a Roma*, 80 d.C. ca, anfiteatro romano.

74. *Arco trionfale di Tiberio a Orange*, Francia meridionale, 14-37 d.C. ca.

La novità più importante dell'architettura romana è l'impiego degli archi. Quest'invenzione aveva avuto una parte esigua o nulla nell'architettura greca, benché possa essere stata nota agli architetti. Costruire un arco con pietre a forma di cuneo è ardua impresa ingegneristica ma, una volta che il costruttore sia riuscito a impadronirsi di questa tecnica, se ne può valere per progetti sempre più arditi. Può gettare su pilastri un ponte o un acquedotto, può perfino servirsene per costruire una volta. Sfruttando i più vari accorgimenti tecnici, i romani divennero espertissimi nell'arte di costruire volte. La più mirabile di queste costruzioni è il Pantheon, o tempio di tutti

75. *Interno del
Pantheon a Roma,*
130 d.C. ca,
riprodotto
da Giovanni
Paolo Pannini.
Copenhagen, Statens
Museum for Kunst.

76. *L'imperatore Vespasiano*, 70 d.C. ca, marmo, altezza cm 135. Napoli, Museo Archeologico Nazionale.

gli dèi, il solo tempio dell'antichità classica tuttora adibito al culto: venne infatti trasformato in chiesa nei primi anni dell'èra cristiana e così si salvò dalla distruzione. Il suo interno [75], è costituito da una vasta sala rotonda con soffitto a volta e al centro un'apertura circolare attraverso la quale si scorge il cielo. Non c'è nessun'altra finestra, ma l'ambiente riceve luce sufficiente e uniforme dall'alto. Conosco poche costruzioni che comunichino un'impressione di così serena armonia. Non si avverte alcun senso di peso: l'enorme cupola pare librarsi libera come una seconda cupola celeste.

Fu tipico dei romani attingere all'architettura greca ciò che loro serviva e adattarlo poi alle varie necessità. Così avvenne anche in altri campi. Una delle loro esigenze principali erano i ritratti somiglianti, che avevano svolto una certa funzione nella primitiva religione romana quando nei cortei funebri, era consuetudine portare immagini in cera degli antenati. Indubbiamente tale abitudine era connessa all'antica credenza secondo cui la sopravvivenza dell'anima veniva assicurata dalla somiglianza, come nell'antico Egitto. Più tardi, quando Roma divenne un impero, il busto dell'imperatore era ancora considerato con religioso sgomento. Sappiamo che ogni romano doveva bruciare incenso dinanzi a quell'immagine, in segno di sudditanza e fedeltà, e che la persecuzione dei cristiani ebbe origine dal loro rifiuto di aderire a tale richiesta. È strano che, nonostante il significato solenne attribuito ai ritratti, i romani permettessero agli artisti di rappresentarli con maggiore verosimiglianza e con minori lusinghe di quanto si riscontri fra i greci. Forse talora si valsero di calchi ricavati sul volto del morto, acquistando così la loro straordinaria conoscenza della struttura e delle fattezze della testa umana. Comunque noi conosciamo Pompeo, Augusto, Nerone o Tito come se ne avessimo visto il volto in un telegiornale. Il busto di Vespasiano non ha certo intenti adulatori [76], non ha nulla che tenga a farne un dio. Potrebbe essere un qualsiasi ricco banchiere o armatore. Però questi ritratti romani non sono mai meschini. Gli artisti seppero essere verosimili senza cadere nella banalità. L'altro nuovo compito che l'artista si vide affidare dai romani faceva rivivere un'usanza propria che conosciamo dall'antico Oriente [45]. Anche i romani volevano ostentare le loro vittorie e narrare la storia delle campagne militari. Traiano, per esempio, fece erigere un'alta colonna per rievocare la cronaca

77. *Colonna Traiana*
a Roma, 114 d.C. ca.

78. Particolare di
figura 77: *in alto*,
la caduta di una
città; *al centro*, una
battaglia contro i
Daci; *in basso*, i soldati
mietono il grano
all'esterno di una
fortificazione.

figurata delle sue guerre e delle sue vittorie in Dacia (la moderna Romania).
Vi si vedono legionari romani combattere, conquistare e saccheggiare [78].
Tutta l'abilità e tutte le conquiste di secoli d'arte greca vennero messe a frutto
per narrare questi episodi di cronaca bellica. Ma l'importanza che i romani
attribuivano all'esatta riproduzione dei particolari, a una narrazione nitida,
capace di imprimere le gesta della campagna militare nella fantasia di chi era
rimasto a casa, modificò alquanto il carattere dell'arte. Il fine principale non
fu più l'armonia, la bellezza o l'espressione drammatica. I romani erano un

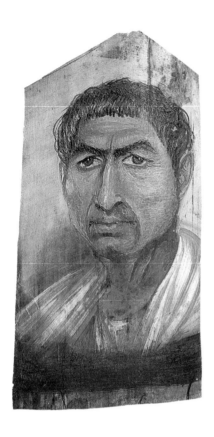

popolo pratico, senza gusto per le creazioni della fantasia. Eppure il loro modo pittorico di raccontare le imprese di un eroe si rivelò di grande efficacia nei confronti delle religioni con le quali venivano in contatto man mano che il loro vasto impero si estendeva.

Nei secoli dell'èra cristiana, l'arte ellenistica e l'arte romana sostituirono, nelle sue stesse roccheforti, l'arte degli imperi orientali. Gli egizi continuavano a mummificare i defunti, ma invece di ritrarne le sembianze in stile egizio le facevano dipingere da un artista che conoscesse i ritrovati della ritrattistica greca [79]. Questi ritratti, che furono certamente opera di umili artefici a buon mercato, ci stupiscono ancora per la loro forza e il loro realismo. Poche opere antiche appaiono altrettanto fresche e "moderne".

79. *Ritratto di un uomo, da una mummia rinvenuta a Hawara in Egitto,* 100 d.C. ca, pittura su cera calda, cm 33 × 17. Londra, British Museum.

80. *Partenza del Gautama (Budda)* rinvenuto a Loriyan Tagai, odierno Pakistan, antico Gandhara, II sec. d.C. ca, scisto nero, cm 48 × 54. Calcutta, Museo Indiano.

Gli egizi non furono i soli ad applicare a fini religiosi i nuovi metodi. Perfino nella remota India la maniera romana di narrare una storia e di glorificare un eroe venne adottata da un gruppo di artisti che volevano illustrare la storia di una conquista pacifica, la storia di Budda.

L'arte della scultura era fiorita in India assai prima che il Paese fosse toccato dall'influenza ellenistica, ma fu nella regione di frontiera del Gandhara che Budda venne per la prima volta effigiato in rilievi, diventati poi il modello della successiva arte buddista. La figura 80 rappresenta l'episodio della leggenda del Budda noto come *La grande rinuncia*.

Vediamo il giovane principe Gautama lasciare la casa dei genitori per ritirarsi in solitudine. Così parlò al suo destriero preferito Kanthaka: "Mio caro Kanthaka, te ne prego, portami ancora per questa notte soltanto. Quando sarò diventato Budda con il tuo aiuto salverò il mondo degli dèi e degli uomini". Se Kanthaka avesse solo nitrito o fatto rumore con gli zoccoli, tutta la città si sarebbe destata e la partenza del principe sarebbe stata scoperta. Ma gli dèi lo resero silenzioso e posero le mani sotto i suoi zoccoli dovunque esso passasse. L'arte greca e l'arte romana, che avevano insegnato all'uomo il modo di raffigurare mirabilmente dèi ed eroi, aiutarono anche gli indiani a creare un'immagine del loro salvatore. La magnifica testa di Budda, soffusa della

caratteristica espressione di profonda serenità, fu fatta anch'essa nella regione di frontiera del Gandhara [81].

Ma anche un'altra religione orientale imparò a rappresentare le storie sacre per ammaestrare i fedeli: l'ebraismo. La legge ebraica, temendo l'idolatria, vietava in effetti la fabbricazione di immagini. Tuttavia nelle città orientali le colonie giudaiche presero a decorare le pareti delle sinagoghe con gli episodi dell'Antico Testamento. Una di queste pitture fu scoperta piuttosto di recente, in una piccola guarnigione romana della Mesopotamia chiamata Dura-Euròpo. Non è una grande opera d'arte, comunque è un interessante documento del III secolo d.C. Il fatto stesso che la forma appaia goffa e che la scena sembri piuttosto piatta e primitiva non è senza interesse [82]. Rappresenta Mosè che fa scaturire l'acqua da una roccia, e non è tanto un'illustrazione del racconto biblico quanto una spiegazione figurata del suo significato per il popolo ebraico. Ecco perché, forse, Mosè è rappresentato come un'alta figura in piedi dinanzi al Santo Tabernacolo in cui possiamo ancora discernere il candelabro a sette bracci. Per significare che ogni tribù d'Israele ricevette la sua parte d'acqua miracolosa, l'artista ha raffigurato dodici ruscelletti che scorrono ciascuno verso una figurina ritta davanti a una tenda. L'artista non era certo molto abile e questo ci spiega la sua tecnica semplice. Ma forse non si preoccupava troppo di disegnare figure verosimili. Più erano verosimili, più sarebbero state in contrasto con il comandamento che interdiceva le immagini. Suo scopo essenziale era di ricordare allo spettatore le occasioni nelle quali Dio aveva manifestato la sua potenza. Il modesto affresco della sinagoga ci interessa perché considerazioni analoghe influenzavano l'arte

81. *Testa del Budda* rinvenuta a Hadda, odierno Afghanistan, antico Gandhara, IV-V sec. d.C. ca, gesso con tracce di colore, altezza cm 29. Londra, Victoria and Albert Museum.

82. *Mosè fa scaturire acqua da una roccia*, 245-256 d.C., pittura murale nella sinagoga a Dura-Euròpo, Siria.

man mano che la religione cristiana si propagava dall'Oriente e convertiva
anche quella ai suoi fini.

Gli artisti incaricati di raffigurare il Salvatore e i suoi apostoli ricorsero
ancora alle tradizioni dell'arte greca. La figura 83 mostra una delle prime
rappresentazioni di Cristo, risalente al IV secolo. Invece della figura barbuta
cui ci ha abituato l'iconografia posteriore, vediamo un Cristo di giovanile
bellezza, seduto sul trono tra san Pietro e san Paolo simili a dignitosi filosofi
greci. C'è un particolare che ricorda in modo speciale lo stretto rapporto fra
questa rappresentazione e i metodi dell'arte pagana ellenistica: per indicare
che Cristo troneggia nei cieli, lo scultore gli fa poggiare i piedi sulla grande
volta del firmamento sorretta dall'antico dio del cielo.

Le origini dell'arte cristiana sono ancora più remote, ma nei primi monumenti
non appare mai Cristo in persona. Gli ebrei di Dura avevano dipinto scene
dell'Antico Testamento nella loro sinagoga non tanto per decorarla quanto per
narrare in forma visiva la storia sacra. Gli artisti cui vennero ordinate le prime
immagini per cimiteri cristiani – le catacombe romane – si uniformarono allo
stesso spirito. Pitture come quella dei tre ebrei nella fornace ardente [84],
presumibilmente del III secolo d.C., dimostrano che questi artisti avevano

83. *Cristo fra san Pietro e san Paolo*, 359 d.C. ca, rilievo in marmo dal sarcofago di Giunio Basso. Roma, Cripta di San Pietro.

84. *Tre uomini nella fornace ardente*, III sec. d.C., pittura murale. Roma, Catacomba di Priscilla.

familiarità con la tecnica ellenistica delle pitture pompeiane: ed erano capaci di evocare una figura umana con poche pennellate elementari. Ma si sente pure che tali effetti ed espedienti non li interessavano granché. Il dipinto non esisteva come una cosa bella e autonoma: il suo scopo essenziale era di ricordare ai fedeli un esempio di pietà e di potenza divina. Leggiamo nella Bibbia (Daniele, 3) di tre alti funzionari ebrei che, sotto re Nabucodonosor, si rifiutarono di prosternarsi in adorazione quando una gigantesca e aurea immagine del re venne eretta nella pianura di Dura in provincia di Babilonia. Come tanti cristiani del tempo in cui furono eseguiti questi dipinti, dovettero essi pure pagare lo scotto del loro rifiuto: vennero gettati in una fornace ardente "coi loro calzoni, colle tiare, coi calzari e le vesti". Ma ecco che il fuoco non ha potere sui loro corpi "e nemmanco un capello della loro testa era stato strinato, né le loro tuniche avevano cangiato colore". Il Signore "inviò il suo angiolo e scampò i suoi servi".

Pensiamo solo che cosa avrebbe tratto da un simile soggetto il maestro del Laocoonte [69], e comprenderemo la diversa tendenza che andava informando l'arte. Il pittore delle catacombe non si preoccupava della drammatica scena in sé stessa. Per presentare questo esempio edificante e ispiratore di forza d'animo e di salvezza, bastava che i tre in costume persiano, le fiamme e la colomba – simbolo del divino aiuto – fossero riconoscibili. Tutto ciò che non fosse strettamente attinente era meglio lasciarlo da parte. Ancora una volta le idee di chiarezza e semplicità cominciavano ad avere maggior peso degli ideali di fedele imitazione. Eppure c'è qualcosa di commovente nello sforzo dell'artista teso a raccontare nel modo più semplice e chiaro la sua storia. Questi tre uomini visti di fronte, con lo sguardo volto allo spettatore

85. *Ritratto di funzionario*, proveniente da Afrodisia, 400 d.C. ca, marmo, altezza cm 176. Istanbul, Museo Archeologico.

e le mani sollevate in atto di preghiera, sembrano indicare che l'umanità comincia a interessarsi di altre cose, oltre che della bellezza terrena.

Non è solo nelle opere religiose del periodo della decadenza e della caduta dell'impero romano che si possono scoprire indizi di questo spostamento di interessi. Pochi artisti sembrano curarsi di quella raffinatezza e di quell'armonia che erano state il vanto dell'arte greca. Gli scultori non avevano più la pazienza di lavorare il marmo con lo scalpello e di trattarlo con quel gusto e quella delicatezza che erano stati motivo d'orgoglio per i greci. Come il pittore delle catacombe, essi impiegavano metodi più rozzi e immediati, quale per esempio il trapano meccanico per tracciare le principali linee di un volto o di un corpo. Si è spesso detto che l'arte classica decadde in quegli anni, ed è certo che molti segreti del periodo migliore andarono perduti nel tumulto delle guerre, delle rivoluzioni e delle invasioni. Ma abbiamo visto che la perduta abilità è solo una parte di ciò che avviene, perché gli artisti di quell'epoca — e questo è il punto — non sembravano più soddisfatti del mero virtuosismo del periodo ellenistico e tentavano di raggiungere effetti nuovi. Alcuni ritratti di questo periodo, e particolarmente del IV e V secolo, mostrano con la massima chiarezza che cosa gli artisti si proponessero [85]. Un greco del tempo di Prassitele avrebbe giudicato tali opere rozze e barbariche. Un romano, familiarizzato con la sorprendente somiglianza di ritratti come quello di Vespasiano[76], le avrebbe scartate come prodotti di mediocri mestieranti; eppure queste figure sono vive e animate da un'espressione quanto mai intensa dovuta alla fermezza del segno che delinea le fattezze e alla cura dedicata, per esempio, alle parti attorno agli occhi e ai solchi della fronte. Esse ci tramandano le sembianze degli uomini che assistettero al trionfo del cristianesimo e finirono con l'accoglierlo, segnando così la fine del mondo antico.

Pittore di "ritratti funebri" nella sua bottega, seduto dietro la sua scatola di colori e il suo cavalletto, 100 d.C. ca (particolare di un sarcofago dipinto rinvenuto in Crimea).

6

LA STRADA SI BIFORCA
Roma e Bisanzio (V-XIII secolo)

Quando, nell'anno 313 d.C., l'imperatore Costantino proclamò per il cristianesimo libertà di culto, la Chiesa si trovò ad affrontare problemi enormi. Durante le persecuzioni non c'era stato alcun bisogno, né del resto la possibilità, di costruire pubblici luoghi di culto. Le chiese e i luoghi di riunione, che pure esistevano, erano piccoli e poco appariscenti. Diventata la potenza più salda dell'impero, la Chiesa doveva ormai riprendere in esame tutto il suo atteggiamento verso l'arte. I luoghi di culto non potevano essere edificati sulla falsariga dei templi antichi: la loro funzione era completamente diversa. L'interno del tempio generalmente non consisteva che in un sacrario per la statua del dio: le processioni e i sacrifici si svolgevano all'esterno. In chiesa, invece, doveva trovar posto l'intera comunità radunata per l'ufficio divino, intorno al sacerdote che celebrava la messa sull'altare maggiore o predicava. Così le chiese non vennero costruite sul modello dei templi pagani, ma sullo schema di certe grandi sale note nel periodo classico con il nome di "basiliche", cioè, approssimativamente, "sale regie", e adibite a mercati coperti e tribunali. Erano perlopiù ampie sale oblunghe con scomparti più stretti e bassi ai due lati, divisi dalla sala centrale mediante file di colonne. Nel fondo si apriva lo spazio semicircolare dell'abside, dove colui che presiedeva al raduno, o il giudice, poteva sedere. La madre dell'imperatore Costantino fece edificare appunto una simile basilica per adibirla a chiesa, e da allora il termine si applicò a tutte le costruzioni del genere. Nella nicchia a semicerchio, o abside, si alzava l'altare maggiore, verso il quale si volgevano gli sguardi di tutti i fedeli. La parte dell'edificio riservata all'altare fu denominata "coro". La sala principale posta al centro, in cui si radunava la congregazione, venne in seguito detta "navata", mentre gli scomparti laterali più bassi, vennero chiamati navate laterali o "ali". Nella maggior parte delle basiliche la navata principale era ricoperta da un soffitto di legno e i travi della parte alta erano visibili, mentre le navate laterali erano generalmente a soffitto piatto. Le colonne che separavano la navata centrale dalle laterali erano spesso sontuosamente decorate. Nessuna delle prime basiliche si è conservata intatta, ma nonostante le modifiche e i rinnovamenti apportati nel corso dei millecinquecento anni trascorsi, possiamo ancora farci un'idea del primitivo aspetto di tali edifici [86].

La decorazione delle basiliche fu un problema assai più arduo e serio, perché si ripresentò, e fu allora causa di dispute violente, la questione delle immagini sacre. Su un argomento erano d'accordo quasi tutti i primi cristiani: nella casa di Dio non ci dovevano essere statue, troppo simili alle sculture e agli idoli pagani condannati dalla Bibbia. Era fuori discussione porre sull'altare maggiore un'immagine di Dio o di uno dei suoi santi: come avrebbero potuto i poveri pagani appena convertiti afferrare la differenza tra le vecchie credenze e il nuovo messaggio se vedevano simili statue nelle chiese? Avrebbero potuto facilmente pensare che tale statua "rappresentasse" Dio, come una statua di Fidia rappresentava Zeus. Avrebbero trovato ancor più difficile cogliere il messaggio di quel Dio che è uno, invisibile e onnipotente, e secondo la cui sembianza fummo creati. Ma benché tutti i cristiani devoti avversassero le grandi statue di proporzioni umane, le loro idee circa le pitture differivano alquanto, e vi erano alcuni che le ritenevano utili in quanto aiutavano la comunità a ricordare gli insegnamenti ricevuti e a mantenere desto il ricordo della storia sacra. Questo fu il punto di vista adottato nelle regioni occidentali, latine, dell'impero e questa fu la direttiva di papa Gregorio Magno, vissuto nella seconda metà del VI secolo. Ricordò a quanti avversavano ogni pittura che molti membri della Chiesa non sapevano leggere né scrivere, e che, per indottrinarli, i dipinti erano utili quanto ai fanciulli le immagini di un libro illustrato. "La pittura può servire all'analfabeta quanto la scrittura a chi sa leggere" affermò.

Che una tale autorità si fosse pronunciata in favore della pittura fu un avvenimento di immensa portata nella storia dell'arte. Le sue parole sarebbero state continuamente citate dovunque si fosse combattuto l'uso delle immagini sacre nelle chiese. Ma è evidente che il genere d'arte permesso era piuttosto limitato. Secondo gli intendimenti di Gregorio, il soggetto doveva essere rappresentato nel modo più chiaro e semplice possibile, escludendo tutto quanto potesse sviare l'attenzione dalle sue sacrosante finalità. In un primo tempo gli artisti continuarono a usare i metodi narrativi propri dell'arte romana, ma a poco a poco presero a concentrarsi sull'essenziale. La figura 87 mostra un'opera nella quale tali principi sono applicati con la massima coerenza. Proviene da una basilica di Ravenna, che intorno al 500 era un grande porto marittimo e città di primaria importanza sulle coste orientali d'Italia, e illustra il racconto evangelico di Cristo che sfama cinquemila persone con cinque pani e due pesci. Un artista ellenistico avrebbe potuto cogliere l'occasione per rappresentare una grande folla, una scena vivace e drammatica. Ma questo maestro agì diversamente. La sua opera non nasce da poche abili pennellate: è un mosaico, laboriosamente composto di cubetti di pietra o di vetro che ricoprono l'interno della chiesa sprigionando colori intensi e caldi, con un effetto di solenne splendore. Grazie al modo con cui è raccontato l'episodio, lo spettatore ha l'impressione che qualcosa di sacro

86. *Sant'Apollinare in Classe a Ravenna,* 530 ca, basilica paleocristiana.

e di miracoloso si stia svolgendo. Sullo sfondo, ricoperto di frammenti di vetro dorato, non appare una scena realistica. La figura ferma e tranquilla di Cristo occupa il centro del mosaico: ma non è il Cristo barbuto che noi conosciamo, bensì il giovane dai lunghi capelli che viveva nella fantasia dei primi cristiani. Indossa una veste purpurea, e in un gesto di benedizione tende le braccia verso i due apostoli ai lati che, con le mani coperte (come usavano a quel tempo i sudditi nel portare tributi ai sovrani), gli offrono il pane e i pesci perché compia il miracolo. La scena ha l'aspetto di una cerimonia solenne. Sentiamo che l'artista attribuiva un profondo significato alle cose che stava rappresentando. Per lui non si trattava soltanto di un singolare miracolo avvenuto in Palestina qualche secolo prima. Era il simbolo e la prova del potere perpetuo di Cristo impersonato nella Chiesa. Ecco perché Cristo guarda con tanta fissità lo spettatore: è lui che Cristo vuole sfamare. Sulle prime il mosaico sembra rigido, duro. Non v'è traccia di quella padronanza del movimento e dell'espressione che fu orgoglio dell'arte greca e durò fino all'epoca romana. La posizione rigorosamente frontale delle figure ci può perfino ricordare certi disegni infantili. Eppure l'artista doveva conoscere bene l'arte greca. Sapeva drappeggiare con esattezza un mantello attorno a un corpo, in modo che sotto le pieghe si delineassero le principali articolazioni. Sapeva mescolare pietre di diverse sfumature per rendere i colori della pelle o delle rocce. Proiettava le ombre sul terreno e non trovava difficile applicare la prospettiva. Se il mosaico può apparirci un po' primitivo, ciò è dovuto al desiderio di semplicità dell'artista. Le idee egizie sull'importanza della chiarezza espositiva ritornano a imporsi con autorità, grazie alla decisa predilezione per la chiarezza da parte della Chiesa. Ma le forme usate dagli artisti in questi nuovi esperimenti non furono le forme semplici dell'arte primitiva, bensì le forme elaborate della pittura greca. Così l'arte cristiana del medioevo divenne un curioso miscuglio di metodi primitivi e di tecniche raffinate. La capacità di osservazione della natura, che attorno al 500 a.C. vedemmo destarsi in Grecia, attorno al 500 d.C. si spense di nuovo. Gli artisti non misero più le loro *formulae* a confronto con la realtà. Non si proposero più di fare scoperte circa il modo di rappresentare un corpo, né di dare l'illusione della profondità. Le scoperte che erano state fatte non andarono però perdute. L'arte greca e quella romana fornivano un immenso repertorio di figure sedute, in piedi, curve o nell'atto di cadere: tutte potevano rivelarsi utili nella narrazione di un episodio, e quindi vennero assiduamente copiate e adattate a contesti sempre nuovi. Ma il fine cui venivano volte era ormai così radicalmente diverso che non dobbiamo stupirci se, esteriormente, i dipinti tradiscono così poco le loro origini classiche.

La questione del giusto impiego dell'arte nelle chiese si rivelò di enorme importanza per tutta la storia europea, e fu una delle ragioni principali per cui la parte orientale, di lingua greca, dell'impero romano, la cui capitale era

87. *Il miracolo della moltiplicazione dei pani e dei pesci*, 520 ca, mosaico nella basilica di Sant'Apollinare Nuovo a Ravenna.

Bisanzio (Costantinopoli), rifiutò di accettare la supremazia del papa latino. C'era un partito, detto degli iconoclasti, avverso a tutte le immagini sacre: quando, nel 754, esso prevalse, tutta l'arte sacra venne vietata nella Chiesa orientale. Ma gli avversari degli iconoclasti erano ancor meno d'accordo con le idee di papa Gregorio. Per loro le immagini non erano solo utili, ma sante. Gli argomenti con i quali difendevano questa loro tesi non erano meno sottili di quelli degli oppositori: "Se Dio nella Sua misericordia si volle manifestare all'occhio dei mortali nelle sembianze umane di Cristo," argomentavano, "perché non dovrebbe essere disposto a rivelarsi in immagini visibili? Noi non adoriamo le immagini in quanto tali, come facevano i pagani; attraverso e al di là delle immagini noi veneriamo Dio e i santi". Comunque si giudichi la sua coerenza logica, questa tesi ebbe un'importanza enorme nella storia dell'arte poiché, quando il partito degli iconoduli ebbe ripreso il potere dopo un secolo di repressioni, le pitture in una chiesa non poterono più considerarsi pure e semplici illustrazioni a uso degli analfabeti. Erano ormai ritenute misteriose emanazioni del mondo soprannaturale. La Chiesa orientale, perciò, non poteva più tollerare a lungo che l'artista sbrigliasse in simili opere la propria fantasia. Non poteva essere accettata come vera immagine sacra o "icona" della Madre di Dio una qualsiasi bella pittura di una madre con il bambino, bensì soltanto esemplari consacrati da una tradizione secolare.

Così, sull'osservanza della tradizione, i bizantini divennero intransigenti come gli egizi. Due furono le conseguenze. Chiedendo al pittore di immagini sacre di attenersi strettamente agli antichi modelli, la Chiesa bizantina aiutò a preservare i concetti e le conquiste dell'arte greca per quanto riguarda la tecnica del drappeggio, dei volti o dei gesti. Se guardiamo una pala d'altare bizantina rappresentante la Madonna (come quella della figura 88), essa potrà sembrarci molto remota dalle conquiste dell'arte greca. Eppure il modo in cui le pieghe drappeggiano il corpo irraggiandosi attorno ai gomiti e alle ginocchia, il modellato del viso e delle mani ottenuto mediante l'accentuazione delle ombre, e perfino la linea ricurva del trono della Madonna, sarebbero stati impossibili senza le conquiste della pittura ellenistica e romana. Nonostante una certa rigidezza, l'arte bizantina rimase quindi più vicina alla natura che non l'arte occidentale dei periodi successivi. D'altra parte l'importanza conferita alla tradizione e la necessità di attenersi ai soli moduli permessi nelle raffigurazioni di Cristo o della Vergine tarparono le ali all'originalità degli artisti bizantini. Ma questo conservatorismo si sviluppò solo gradatamente, e sarebbe errato immaginare che gli artisti del tempo non avessero alcun margine di libertà. Furono essi, anzi, a trasformare le semplici illustrazioni dell'arte paleocristiana in quei vasti cicli di grandi e solenni immagini che campeggiano negli interni delle chiese bizantine. Se guardiamo i mosaici lasciati da questi artisti greci nei Balcani o in Italia durante il medioevo, vediamo che l'impero di Bisanzio era riuscito a far rivivere qualcosa della grandiosità e della maestà dell'antica arte d'Oriente impiegandola a gloria di Cristo e della sua potenza.

La figura 89 ci dà un'idea dell'intensità suggestiva che quest'arte poté raggiungere. È l'abside della cattedrale di Monreale in Sicilia, decorata da artisti bizantini poco prima del 1190. La Sicilia apparteneva alla Chiesa occidentale o romana, e ciò spiega perché tra i santi disposti in fila sui due lati della finestra si trovi la prima rappresentazione di san Tommaso Becket, del cui assassinio si era diffusa la notizia in Europa una ventina d'anni prima. Ma a parte la scelta dei santi, gli artisti bizantini si attennero scrupolosamente alla loro tradizione d'origine. I fedeli radunati nella cattedrale si trovavano di fronte la maestosa figura del Cristo, rappresentato come sovrano dell'universo,

88. *Madonna con il Bambino sul trono, 1280 ca, dipinta probabilmente a Costantinopoli,* tempera su legno, cm 81 × 49. Washington, National Gallery of Art, Mellon Collection.

89. *Cristo sovrano dell'Universo, Madonna con il Bambino, e santi,* 1190 ca, mosaico. Cattedrale di Monreale.

la destra levata a benedire. Sotto, la Vergine, seduta in trono come un'imperatrice, attorniata da due arcangeli e da una schiera solenne di santi.

Immagini come queste, che dalle dorate, scintillanti pareti guardano verso di noi, si rivelano come simboli così perfetti della divina Verità che pareva non occorresse mai più abbandonarli. Così esse conservarono la loro influenza in tutti i Paesi retti dalla Chiesa orientale. Le immagini sacre o "icone" dei russi riflettono ancora oggi le grandi creazioni degli artisti bizantini.

Un iconoclasta bizantino cancella un'immagine di Cristo, 900 ca (miniatura bizantina del *Salterio Khludov*).

7

GUARDANDO VERSO ORIENTE
Islam, Cina (II-XIII secolo)

Prima di tornare a occuparci della storia dell'arte nell'Occidente europeo, dobbiamo dare almeno uno sguardo a ciò che accadde nelle altre parti del mondo durante quei secoli agitati. È interessante vedere come reagirono due altre grandi religioni di fronte al problema delle immagini che aveva tanto assillato l'Occidente. Ancora più rigorosa del cristianesimo nel proibire le immagini fu la religione del Medio Oriente, che nella sua avanzata del VII e dell'VIII secolo distrusse tutto ciò che trovava sul suo cammino, la religione dei conquistatori musulmani della Persia, della Mesopotamia, dell'Egitto, dell'Africa settentrionale e della Spagna. Le immagini furono proibite, ma l'arte non si può sopprimere tanto facilmente, e gli artisti orientali, ai quali non era permesso rappresentare esseri umani, sbrigliarono la loro fantasia giocando a intrecciare forme e motivi. Furono essi a creare l'arabesco, la più minuta trina decorativa che mai sia stata ideata. È un'esperienza indimenticabile passeggiare per i cortili e per i saloni dell'Alhambra [90], e ammirare l'inesauribile varietà di questi motivi decorativi. Anche al di fuori dei territori islamici tali fantasie divennero ben note in tutto il mondo attraverso i tappeti orientali [91]. In ultima analisi dobbiamo tutto ciò a Maometto, che stornò la mente dell'artista dal mondo reale, confinandolo in un mondo di sogno fatto di linee e colori. Più tardi, alcune sette maomettane diedero un'interpretazione meno rigoristica dell'ostracismo alle immagini, permettendo la rappresentazione pittorica di figure e di illustrazioni purché prive di riferimenti religiosi. Le illustrazioni di romanzi, di storie e di favole in Persia, dal XIV secolo in poi, e più tardi anche in India sotto il dominio dei musulmani (mongoli), mostrano quanto gli artisti di quelle terre avessero imparato grazie alla disciplina che li aveva costretti a disegnare solo motivi non figurativi. La scena in giardino, al chiaro di luna, figura [92, tratta da un romanzo persiano del XV secolo, è un esempio perfetto di questa stupenda abilità. Sembra un tappeto improvvisamente risvegliato alla vita in un mondo di favola. L'illusione veristica è oltremodo scarsa, forse più ancora che nell'arte bizantina. Manca lo scorcio, e non si tenta nessun effetto di chiaroscuro né di mostrare l'articolazione dei corpi. Le figure e le piante sembrano quasi ritagliate nella carta colorata e distribuite sulla pagina per creare una composizione perfetta. Ma proprio per questo l'illustrazione si adatta così bene al

90. *Corte dei leoni nell'Alhambra di Granada in Spagna*, 1377, un palazzo islamico.

91. *Tappeto persiano*, XVII sec. Londra, Victoria and Albert Museum.

92. *Incontro del principe persiano Humay con la principessa cinese Humayun nel suo giardino*, 1430–1440 ca, miniatura di un romanzo persiano. Parigi, Musée des Arts Décoratifs.

93. *Un ricevimento,* 150 ca, rilievo dalla tomba di Wu Liang-tse nella provincia di Shantung, Cina orientale.

libro: meglio che se l'artista si fosse proposto di ricreare una scena vera. Possiamo decifrarla, questa scena, quasi con la facilità con cui leggiamo un testo. Possiamo volgere lo sguardo dall'eroe a braccia conserte nell'angolo destro, all'eroina che gli si accosta, e senza mai stancarci possiamo lasciar vagare la nostra fantasia nel magico giardino rischiarato dai raggi lunari.

L'influsso della religione sull'arte fu ancora più forte in Cina. Sappiamo ben poco degli inizi dell'arte cinese, se non che i cinesi fin da una remota antichità erano esperti nel fondere il bronzo, e che alcuni recipienti di bronzo usati negli antichi templi risalgono al I millennio a.C. o, come alcuni sostengono, a un'epoca ancora precedente. Le prime testimonianze della pittura e della scultura cinesi non sono però così antiche. Nei secoli immediatamente anteriori e posteriori alla nascita di Cristo, i cinesi adottarono riti funebri che ricordano un poco quelli egizi, e nelle cripte tombali restano, come in quelle egizie, scene vivaci che riflettono la vita e le abitudini di quel tempo lontano [93]. Già allora fiorivano quei caratteri che consideriamo tipici dell'arte cinese. Gli artisti non propendevano come gli egizi per le forme rigide e angolose, ma preferivano la sinuosità delle curve. Un cavallo impennato rappresentato da un artista cinese lo si direbbe composto con un certo numero di forme rotonde. E lo stesso avviene nella scultura che, senza peraltro perdere in solidità e fermezza [94], sembra tutta fatta di contorcimenti e svolazzi.

Pare che alcuni grandi dotti cinesi abbiano avuto la stessa concezione dell'arte che fu di papa Gregorio Magno. Essi consideravano l'arte un mezzo per richiamare il popolo ai grandi esempi di virtù degli aurei tempi del passato. Uno dei più antichi testi illustrati a forma di rotolo che ci siano giunti è una serie di celebri esempi di virtù femminili, scritta nello spirito di Confucio. Si dice che risalga al pittore Ku K'ai-chi, vissuto nel IV secolo. La figura 95 raffigura un marito che accusa ingiustamente la moglie; l'illustrazione ha tutta la dignitosa grazia che siamo soliti associare all'arte cinese. È nitida nella raffigurazione dei gesti e nella disposizione, come ben si addice a un'opera che ha mire didascaliche, e mostra inoltre che il maestro cinese si era impadronito della difficile arte di rappresentare il movimento. Non c'è traccia di rigidità in questa antica opera cinese, perché la predilezione per le linee ondulate conferisce un senso di dinamismo a tutto il quadro.

Ma l'impulso maggiore fu dato all'arte cinese da un'altra influenza religiosa: quella buddista. I monaci e gli asceti della cerchia di Budda furono rappresentati in statue di straordinaria verosimiglianza [96]. Ecco di nuovo

94. *Animale alato,* 523 ca, presso la tomba del principe Xsiao Jing, vicino a Nanchino, nel Kiangsu, Cina.

95. *Marito che
rimprovera la moglie*,
400 ca, particolare
di un rotolo di seta,
forse una copia
dell'originale di Ku
K'ai-chi. Londra,
British Museum.

comparire la linea ricurva nella forma delle orecchie, delle labbra o delle guance, ma senza sformare la realtà, e con il solo compito di dare un'impronta unitaria all'immagine. Sentiamo che un'opera come questa non è casuale, ma che, anzi, ogni cosa in essa è al posto giusto e contribuisce all'effetto d'insieme. Il vecchio principio delle maschere primitive [28], è sempre valido quando si tratta di rappresentare efficacemente un viso.

Il buddismo influì sull'arte cinese non solo suggerendo nuovi temi agli artisti, ma introducendo un modo completamente nuovo di considerare i quadri: un rispetto reverenziale per le conquiste artistiche quale non conobbero né la Grecia antica né l'Europa fino al Rinascimento. I cinesi furono il primo popolo che non considerò la pittura un'opera servile, ponendo anzi il pittore sullo stesso piano del poeta ispirato. Le religioni dell'Oriente ritenevano che nulla avesse maggiore importanza del giusto modo di meditare. Meditare vuol dire pensare e ponderare per ore e ore una stessa sacra verità, fissare un'idea nella mente e considerarne tutti gli aspetti senza distrarsi mai. È una specie di esercizio mentale al quale gli orientali davano un'importanza ancora superiore a quella che noi diamo allo sport o all'esercizio fisico. Alcuni monaci meditavano su certe parole, volgendole e rivolgendole nella mente mentre, seduti immobili per giornate intere, ascoltavano il silenzio che precedeva e seguiva la sacra sillaba. Altri meditavano sulle cose della natura, come per esempio l'acqua, e su ciò che ci può insegnare: come sia umile, remissiva, eppure come sappia scavare la roccia, come sia chiara e fresca, e come lenisca e ravvivi il campo riarso; oppure sulle montagne: forti e altere, eppure tanto benevole da lasciar crescere sulle proprie pendici gli alberi. Questa forse è la ragione per cui l'arte religiosa in Cina venne meno applicata alla narrazione di leggende su Budda e altri maestri cinesi, meno all'insegnamento di una particolare dottrina – come l'arte cristiana del medioevo – che come stimolo alla pratica della meditazione. Gli artisti devoti cominciarono a dipingere l'acqua e le montagne con spirito reverente, non per impartire una particolare lezione, non per puro ornamento, ma per fornire materia di profondi pensieri. I loro dipinti su rotoli di seta erano racchiusi in scrigni preziosi e svolti solo in momenti tranquilli, per essere guardati e meditati come si può aprire un libro di poesie per leggere e rileggere un bel verso. Ecco l'intenzione racchiusa nei maggiori paesaggi cinesi del XII e del XIII secolo. Non è facile risalire a quello stato d'animo, per noi europei inquieti, di scarsa pazienza, tanto poco edotti nella tecnica della meditazione quanto i cinesi, credo, in quella dell'allenamento fisico. Ma se contempliamo a lungo e con attenzione un quadro come quello della figura 97, possiamo cominciare a sentire qualcosa dello spirito con cui fu dipinto e dell'alto fine cui si ispirava. Non dobbiamo naturalmente aspettarci paesaggi reali, cartoline di seducenti contrade. Gli artisti cinesi non uscivano all'aperto per sedersi dinanzi a un bel soggetto e trarne uno schizzo. Spesso imparavano la loro arte con uno

96. *Testa di un Lohan rinvenuta a I-Chou, in Cina*, 1000 ca, terracotta smaltata, approssimativamente di grandezza naturale. Già a Francoforte, Collezione Fuld.

97. Ma Yuan,
*Paesaggio al chiaro
di luna*, 1200 ca,
rotolo da parete,
inchiostro e colore
su seta, cm 150 × 78.
Taipei, Museo del
Palazzo Nazionale.

strano sistema di meditazione e di concentrazione, per cui prima si impratichivano "nel dipingere i pini", "nel dipingere le rocce", "nel dipingere le nuvole", studiando non la natura ma i maestri celebri. Solo quando erano diventati veramente padroni della tecnica, cominciavano a viaggiare per contemplare la bellezza della natura e cogliere le sfumature del paesaggio. Al ritorno, tentavano di richiamare alla memoria quelle sfumature mettendo insieme il ricordo dei pini, delle rocce e delle nuvole così come un poeta può collegare un certo numero di immagini raccolte durante una passeggiata. Era ambizione dei maestri cinesi acquistare una tale disinvoltura nell'uso del pennello e dell'inchiostro da poter trascrivere la loro visione mentre l'ispirazione era ancora fresca. Spesso scrivevano qualche verso e dipingevano poi la scena sullo stesso rotolo di seta. Perciò consideravano puerile ricercare nei dipinti i particolari per poi confrontarsi con la realtà: preferivano cogliervi il sentimento del pittore. Forse non ci riesce facile apprezzare le più ardite tra queste opere, come la figura 98, nella quale solo vagamente qualche cima di montagna emerge dalle nubi. Ma se tentiamo di metterci al posto dell'artista, e di provare un po' del suo sgomento dinanzi a queste vette maestose, eccoci in grado di cogliere un indizio di quella che, per i cinesi, è essenzialmente arte. Per noi è più facile ammirare questa abilità e questa concentrazione in soggetti più familiari. La pittura dei tre pesci nello stagno [99], ci dà un'idea della scioltezza e della maestria dell'artista, e della paziente osservazione che gli dovette costare lo studio di un soggetto così semplice. Constatiamo ancora una volta la predilezione degli artisti cinesi per le curve aggraziate, e la loro capacità di sfruttarne gli effetti per dare l'idea del movimento. Le forme non sembrano comporsi in uno schema simmetrico, non sono nemmeno distribuite come nella miniatura persiana. Eppure

98. Attribuito a Kao K'okung, *Paesaggio dopo la pioggia*, 1250-1300, rotolo da parete, inchiostro su carta, cm 122 × 81. Taipei, Museo del Palazzo Nazionale.

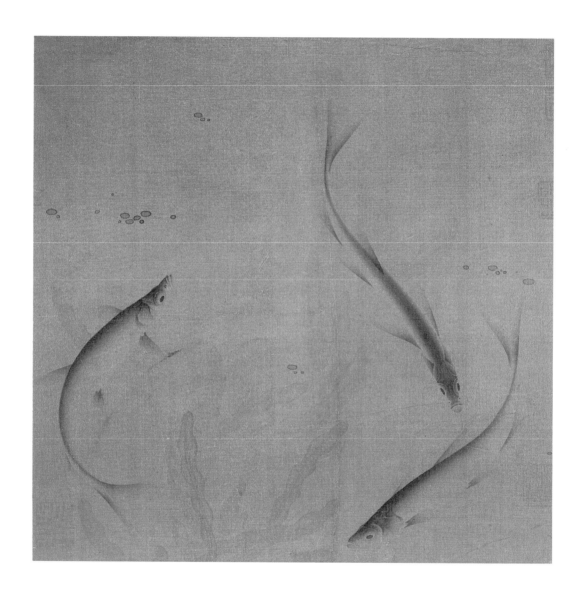

sentiamo che l'artista le ha equilibrate con sicurezza impeccabile. Si può guardare a lungo un tale dipinto senza provare noia. È un esperimento che vale la pena di fare.

È veramente meravigliosa questa discrezione dell'arte cinese, questo volontario rifugiarsi nei motivi più semplici della natura. Ma va da sé che questo atteggiamento pittorico non fu scevro di pericoli. Con l'andare del tempo ogni tipo di pennellata, o quasi, con cui si poteva dipingere una canna di bambù o una roccia scabra era prestabilito e codificato dalla tradizione, e tanto si ammiravano le opere del passato che gli artisti diffidavano sempre più della propria ispirazione. Il livello pittorico rimase molto elevato nei secoli successivi, tanto in Cina quanto in Giappone (che adottò le concezioni cinesi), ma l'arte somigliò sempre più a un gioco aggraziato e complesso, molto meno degno d'interesse dacché gran parte delle sue mosse era ormai nota. Fu solo nel XVIII secolo, dopo un nuovo contatto con le conquiste dell'arte occidentale, che gli artisti giapponesi osarono applicare i loro moduli orientali a nuovi temi. Vedremo in seguito come tali esperimenti risultassero fruttuosi anche per l'Occidente non appena vi furono conosciuti.

99. Attribuito a Liu Ts'ai, *Tre pesci*, 1068-1085 ca, foglio da un album, inchiostro e colore su seta cm 22 × 23. Filadelfia, Philadelphia Museum of Art.

Ragazzo giapponese che dipinge un ramo di bambù, inizio XIX sec.

8

L'ARTE OCCIDENTALE NEL CROGIOLO DI FUSIONE
Europa (VI-XI secolo)

Abbiamo parlato della storia dell'arte occidentale no al periodo di Costantino, e fino ai secoli in cui essa avrebbe dovuto adeguarsi al precetto di papa Gregorio Magno sull'utilità delle immagini per insegnare il sacro verbo ai profani. Il periodo che seguì a questa prima era cristiana, il periodo posteriore alla caduta dell'impero romano, è in genere conosciuto col nome poco lusinghiero di "età delle tenebre". Viene chiamato così in parte per indicare che la gente vissuta in quei secoli di migrazioni, guerre e agitazioni era immersa nelle tenebre e possedeva uno scarso sapere che li guidasse, ma anche per sottintendere che noi stessi conosciamo assai poco i secoli, disorientati e disorientanti, che seguirono alla decadenza del mondo antico e precedettero il sorgere delle nazioni europee più o meno nella loro odierna configurazione. Non ci sono, naturalmente, limiti rigidi per questo periodo, ma ai fini nostri si può dire che esso durò quasi cinquecento anni, a un dipresso dal 500 al 1000. Cinquecento anni sono un lungo arco di tempo, in cui può accadere molto, e in cui molto, per la verità, accadde. Ma più interessante per noi è il fatto che in questi anni non si assiste al sorgere di uno stile chiaro e uniforme, ma piuttosto al conflitto di un gran numero di stili diversi, che cominciò a risolversi solo verso la fine di quel periodo. Ciò non dovrà stupire chi conosce la storia dell'alto medioevo. Essa non fu soltanto un periodo oscuro, ma discontinuo, caratterizzato da tremende disparità tra i vari popoli e le varie classi.

In questi cinque secoli, particolarmente nei monasteri e nei conventi, vissero uomini e donne che amarono la cultura e l'arte e professarono una grande ammirazione per le opere del mondo antico che erano state poste in salvo in biblioteche e forzieri. A volte questi monaci o chierici, dotti e raffinati, detenevano posizioni elevate e influenti alle corti dei grandi, e tentavano di ridar vita alle arti che maggiormente ammiravano. Ma spesso a frustrare i loro sforzi sopravvenivano nuove guerre e invasori armati scesi dal Nord, le cui opinioni sull'arte erano in verità alquanto diverse. Le varie tribù teutoniche, i goti, i vandali, i sassoni, i danesi e i vichinghi, che attraversarono l'Europa compiendo scorrerie e saccheggi, erano considerate barbare da chi apprezzava le conquiste greche e romane nel campo letterario e artistico. In un certo senso essi furono davvero barbari, ma ciò non significa necessariamente che

101. *Testa di drago,*
820 ca, intaglio
ligneo rinvenuto a
Oseberg, in Norvegia,
altezza cm 51 Oslo,
Universitetets
Oldsaksamling.

100. *Chiesa di Tutti
i Santi a Earls Barton
nel Northamptonshire,
Inghilterra,* 1000 ca,
torre sassone a
imitazione di una
struttura in legno.

non avessero un sentimento della bellezza o un'arte loro propria. Avevano artigiani esperti nella raffinata lavorazione dei metalli, ed eccellenti scultori in legno, paragonabili ai maori neozelandesi [22]. Amavano schemi complicati che includevano corpi contorti di draghi o misteriosi intrichi di uccelli. Non conosciamo esattamente dove, nel VII secolo, nascessero questi schemi o che cosa di preciso significassero, ma non è improbabile che le tribù teutoniche avessero sull'arte opinioni simili a quelle lontane tribù primitive. Si ha motivo di credere che anch'esse considerassero le immagini come mezzi per operare magie ed esorcizzare gli spiriti maligni. Le figure di draghi intagliati che troviamo sulle slitte e sulle navi vichinghe offrono un'idea adeguata del carattere di quest'arte [101]. È facile immaginare che queste minacciose teste di mostri fossero qualcosa di più che pure e semplici decorazioni. Infatti sappiamo che tra i vichinghi norvegesi certe leggi ordinavano al capo di una nave di togliere quelle figure in vista della terra natia, "per non atterrire gli spiriti locali".

I monaci e i missionari dell'Irlanda celtica e dell'Inghilterra sassone tentarono di volgere ai fini dell'arte cristiana le tradizioni degli artigiani nordici. Costruirono chiese e campanili in pietra che imitavano le strutture in legno eseguite dagli artigiani locali [100], ma i monumenti che in modo più sorprendente testimoniano del loro successo sono alcuni manoscritti miniati in Inghilterra e in Irlanda durante il VII e VIII secolo. Alla figura 103, in una pagina tratta dal famoso *Evangeliario di Lindisfarne*, miniato nel regno di Northumbria e di poco anteriore al 700, vediamo la croce composta da una

102. *San Luca*, 750 ca, miniatura di un Vangelo. San Gallo, Stiftsbibliothek.

103. Pagina dell'*Evangeliario di Lindisfarne*, 698 ca, Londra, British Library.

trina incredibilmente ricca di draghi e serpenti allacciati, sullo sfondo di un disegno ancora più complicato. È impresa quanto mai piacevole aprirsi una strada in questo sconcertante dedalo di forme contorte, e seguire le spire dei corpi intrecciati. E ancora più sconcertante è vedere come non vi sia la benché minima confusione e come, anzi, i vari schemi corrispondano esattamente l'uno all'altro formando un'armonia complessa di disegno e colore. È difficile immaginare come sia potuta nascere l'idea di una simile trama e come l'autore abbia avuto la pazienza e la perseveranza di portarla a termine. È una prova, se di prova avessimo bisogno, che gli artisti eredi della tradizione indigena non mancarono certamente di abilità o di tecnica. Tanto più sorprendente è vedere come questi artisti trattarono la figura umana nei manoscritti inglesi e irlandesi. Non sembrano veramente figure, ma piuttosto bizzarre trame fatte di forme umane [102]. L'autore evidentemente si valse di qualche esemplare trovato in un'antica Bibbia, adattandolo al proprio gusto. Mutò le pieghe dell'abito in una specie di intrico di nastri, i riccioli della chioma e perfino le orecchie in volute, mutando il volto in una maschera impassibile. Le figure degli evangelisti e dei santi sono rigide e grottesche quanto gli idoli primitivi, e dimostrano come fosse ancora difficile per gli artisti cresciuti a contatto della tradizione indigena adeguarsi alle nuove esigenze dei testi cristiani. Eppure sarebbe ingiusto considerare soltanto puerili queste iconografie. L'allenamento della mano e dell'occhio,

che permetteva loro di tracciare meravigliose trame sulla pagina, aiutò gli artisti a immettere un nuovo elemento nell'arte occidentale. Senza questa influenza, l'arte occidentale avrebbe potuto svilupparsi sulla stessa falsariga dell'arte di Bisanzio. Grazie al conflitto delle due tradizioni, la classica e l'indigena, nacque nell'Europa occidentale qualcosa di completamente nuovo.

La conoscenza di quanto aveva raggiunto l'arte classica non andò del tutto smarrita. Alla corte di Carlo Magno, che si considerava successore degli imperatori romani, la tradizione dell'artigianato romano fu validamente ripristinata. La chiesa che Carlo Magno fece costruire, attorno all'anno 800, nella sua residenza di Aquisgrana [104], è una copia abbastanza fedele di una chiesa famosa costruita a Ravenna trecento anni prima.

Abbiamo già visto che il concetto moderno, secondo il quale un artista deve essere "originale", era del tutto estraneo alla maggior parte dei popoli antichi. Un maestro egizio, cinese o bizantino sarebbe rimasto assai imbarazzato davanti a una simile richiesta. Né un artista medievale dell'Europa occidentale avrebbe compreso la necessità di inventare nuove formule per progettare una chiesa, per disegnare un calice o per rappresentare la storia sacra, dato che gli schemi vecchi servivano tanto bene allo scopo.

Il pio donatore che avesse voluto dedicare un nuovo santuario alla sacra reliquia del suo patrono non solo avrebbe cercato il materiale più costoso che poteva permettersi, ma avrebbe anche tentato di fornire al maestro un antico e venerabile esempio di come la leggenda del santo doveva essere rappresentata. Né l'artista si sarebbe sentito condizionato da questo genere di ordinazione. Gli rimaneva ancora un sufficiente margine per dimostrare se era un maestro o un semplice abborracciatore.

Forse possiamo meglio comprendere il suo atteggiamento se consideriamo il nostro modo di avvicinarci alla musica. Se chiediamo a un musicista di suonare a un matrimonio, non ci aspettiamo che componga qualcosa di nuovo per l'occasione: così il patrono medievale, ordinando una Natività, non pretendeva un'idea originale. Noi indichiamo il tipo di musica desiderato e l'entità dell'orchestra e del coro che possiamo permetterci. Sta al musicista allestire la buona esecuzione di un capolavoro antico o combinare un'antologia. E come due musicisti di pari valore possono interpretare lo stesso pezzo assai diversamente così dallo stesso tema e perfino dallo stesso modello antico due grandi maestri medievali potevano trarre opere d'arte quanto mai dissimili. Ecco un esempio per rendere più chiaro il nostro asserto. La figura 105 mostra la pagina di un Vangelo vergata alla corte di Carlo Magno, rappresentante la figura di san Matteo che scrive il Vangelo. Era consuetudine che le opere greche e romane recassero sulla pagina d'apertura il ritratto dell'autore, e questo dipinto dell'evangelista che scrive deve essere una copia straordinariamente fedele di un ritratto

105. *San Matteo*, 800 ca, miniatura di un Vangelo, dipinta probabilmente ad Aquisgrana. Vienna, Kunsthistorisches Museum.

del genere. Il modo in cui il santo è drappeggiato nella sua toga secondo la miglior moda classica e in cui il suo capo è moderato alternando luci e ombre ci dimostra che l'artista medievale si è sforzato per quanto poteva di riprodurre degnamente e con ogni cura un modello ammirato.

Il pittore di un altro manoscritto del IX secolo [106], ebbe probabilmente dinanzi a sé lo stesso esemplare o uno assai simile dei primi tempi del cristianesimo. Possiamo confrontare le mani, la sinistra che regge un calamaio ed è posata sul leggio e la destra che stringe la penna; possiamo estendere il confronto ai piedi e perfino al drappeggio che avvolge le ginocchia. Ma mentre l'artista della figura 105 aveva fatto del suo meglio per copiare con la maggiore fedeltà possibile l'originale, l'artista della figura 106 si prefiggeva un altro scopo. Forse non voleva rappresentare l'evangelista come un qualunque pacifico studioso antico, tranquillamente seduto al suo scrittoio. Per lui san Matteo era un ispirato che trascriveva il verbo divino. Era un evento inebriante e di immensa portata nella storia dell'umanità quello che egli voleva ritrarre, e in questa figura di uomo intento a scrivere riuscì a esprimere qualcosa del suo senso di sgomento e di esaltazione. Non furono unicamente impaccio e incapacità a fargli disegnare il santo con gli occhi spalancati e sporgenti, e con le mani enormi, ma lo sforzo di conferire un'espressione intensamente concentrata. Lo stesso gioco delle pennellate del drappeggio e dello sfondo sembra derivare da uno stato d'animo fortemente eccitato. È un'impressione che in parte ritengo dovuta all'evidente compiacimento con cui l'artista approfittò di ogni pretesto per disegnare linee svolazzanti e pieghe aggrovigliate. Forse c'era nell'originale un suggerimento in questo senso; ma è probabile che all'artista medievale si imponesse il ricordo delle linee e dei nastri intrecciati, che erano stati la maggior conquista dell'arte

106. *San Matteo*, 830 ca, miniatura di un Vangelo, dipinta probabilmente a Reims. Epernay, Bibliothèque Municipale.

nordica. In pitture come queste vediamo emergere il nuovo stile medievale che rese possibile ciò che tanto l'arte antica orientale quanto quella classica avevano ignorato: gli egizi avevano in gran parte disegnato ciò che sapevano che esisteva, i greci ciò che *vedevano*; nel medioevo l'artista impara a esprimere nella sua opera ciò che *sente*.

Non si riuscirà mai a rendere giustizia a un'opera d'arte medievale se non si tiene presente questo proposito. Infatti questi artisti non tendevano a fare cose somiglianti o mirabili, ma volevano trasmettere ai loro confratelli di fede il contenuto e il messaggio della storia sacra. E riuscirono nel loro intento, forse, con risultati più felici rispetto alla maggior parte degli artisti precedenti o successivi. La figura 107 è tratta da un Vangelo, illustrato (o,

107. *Cristo lava i piedi degli apostoli*, 1000 ca, dall'Evangeliario di Ottone III. Monaco, Staatsbibliothek.

come si diceva, "illuminato") in Germania più di un secolo dopo, intorno all'anno 1000. Rappresenta l'episodio narrato nel Vangelo secondo Giovanni (13, 8-9), quando Cristo, dopo l'ultima Cena, lavò i piedi ai discepoli:

> Pietro gli disse: "Tu non mi laverai mai i piedi!". Gesù gli rispose: "Se non ti lavo, non hai meco parte alcuna". E Simon Pietro: "Signore, non soltanto i piedi, ma anche le mani e il capo!".

All'artista interessava unicamente questo scambio di parole. Non vedeva alcun motivo per rappresentare la stanza in cui si svolgeva la scena; avrebbe solo distratto l'attenzione dal significato intimo dell'avvenimento. Egli collocò le figure principali davanti a un luminoso sfondo dorato, sul quale i gesti di coloro che parlano si stagliano come una iscrizione solenne: il moto implorante di san Pietro, il pacato gesto didascalico di Gesù. Un discepolo a destra si sta togliendo i sandali, un secondo reca una bacinella, gli altri si affollano dietro san Pietro. Gli occhi di tutti sono fissi verso il centro della scena dando così la sensazione che lì stia accadendo qualcosa di immensa portata. Che cosa importa se la bacinella non è proprio rotonda e se il pittore è stato costretto a torcere la gamba di san Pietro, portando il ginocchio un po' in avanti, affinché il piede nell'acqua fosse ben visibile? Egli era preoccupato del messaggio della divina umiltà, ed è questo che ci trasmise.

È interessante dare uno sguardo indietro, a un altro lavacro di piedi, la scena dipinta su un vaso greco del V secolo a.C. [58]. In Grecia era stata scoperta l'arte di rappresentare "i travagli dell'anima" e sebbene l'artista medievale abbia interpretato in modo diverso tale obiettivo, la Chiesa non avrebbe mai potuto valersi di illustrazioni per i propri fini se non fosse stata l'erede di quell'arte.

Ricordiamo l'insegnamento di Gregorio Magno che "la pittura può servire all'analfabeta quanto la scrittura a chi sa leggere". Tale ricerca di chiarezza emerge non solo dalle opere dipinte ma anche dalle sculture, quale per esempio il pannello del portale di bronzo fatto per la chiesa di Hildesheim in Germania [108], poco dopo il 1000, che rappresenta Dio nell'atto di avvicinarsi ad Adamo ed Eva dopo il peccato. Non c'è nulla in questo rilievo che non appartenga strettamente alla storia. Ma la concentrazione sugli elementi essenziali fa spiccare con tanto maggior risalto le figure sulla semplicità dello sfondo, e quasi possiamo leggere ciò che esse dicono con i loro gesti: Dio punta il dito verso Adamo, Adamo verso Eva ed Eva verso il serpente. Il trapassare della colpa e l'origine del male sono espressi con tanto vigore e tanta chiarezza che immediatamente dimentichiamo lo scarso rigore delle proporzioni e la mancanza, nei corpi di Adamo ed Eva, della bellezza intesa secondo i nostri canoni.

Non si deve credere che tutta l'arte di questo periodo abbia servito solo idee religiose. Nel medioevo non furono costruite soltanto chiese ma anche castelli, e i baroni e i signori feudali ai quali i castelli appartenevano si valevano non di rado dell'opera degli artisti. La ragione per cui siamo propensi a

108. *Adamo ed Eva dopo il peccato originale*, 1015 ca, particolare delle porte in bronzo della cattedrale di Hildesheim.

dimenticare questi lavori parlando dell'arte del primo medioevo è semplice: i castelli vennero spesso distrutti, mentre le chiese furono risparmiate. L'arte religiosa, in complesso, fu trattata con maggior rispetto e conservata con maggior cura che non le pure e semplici decorazioni degli appartamenti privati che venivano rimosse o distrutte – esattamente come succede oggi – quando apparivano troppo antiquate. Ma, fortunatamente, un grande esempio di pittura decorativa è potuto giungere fino a noi, perché custodito in una chiesa. Si tratta della famosa *Tappezzeria di Bayeux*, che illustra la storia della conquista normanna. Non sappiamo esattamente quando venne tessuta, ma

109, 110. *Tappezzeria di Bayeux:* re Aroldo presta giuramento al duca Guglielmo di Normandia e riparte per l'Inghilterra, 1080 ca, altezza cm 50. Bayeux, Musée de la Tapisserie.

la maggior parte degli studiosi è d'accordo nel ritenere che risalga al tempo in cui era ancora vivo nelle menti il ricordo delle scene che illustra: forse al 1080 circa. La tappezzeria è una cronaca figurata del genere caro all'arte orientale e romana (per esempio la Colonna Traiana [78]) e racconta in modo mirabilmente vivo la storia di una campagna militare e di una vittoria. Nella figura 109 vediamo, come dice l'iscrizione, Aroldo che presta giuramento di fedeltà a Guglielmo, e nella figura 110 il suo ritorno in Inghilterra. Non si potrebbe narrare l'episodio con maggior chiarezza: ecco Guglielmo sul trono che osserva Aroldo mentre stende la mano in segno di giuramento sulle reliquie sacre (fu il giuramento che fornì il pretesto a Guglielmo per le sue rivendicazioni sull'Inghilterra). Mi piace soprattutto l'uomo sul balcone nella scena seguente, che fa schermo agli occhi con le mani per scorgere in lontananza l'arrivo della nave di Aroldo. Certo le sue braccia e le sue dita sembrano piuttosto goffe e tutte le figure della storia sono strani, piccoli manichini disegnati senza la sicurezza di tratto dei cronisti assiri o romani. Quando l'artista medievale di questo periodo non aveva un modello da copiare, i suoi disegni erano piuttosto infantili. È facile sorridere di lui, ma non è per nulla facile compiere ciò che egli fece: condusse il racconto epico con una straordinaria economia di mezzi, concentrandosi talmente su ciò che gli sembrava importante da colpirci con la sua opera più di quanto, forse, non riescano oggi i resoconti giornalistici e la televisione.

Il monaco Rufillo minia la lettera R, XIII sec. (particolare di un manoscritto miniato).

9

LA CHIESA MILITANTE
Il XII secolo

Le date sono ganci indispensabili che reggono l'arazzo della storia; e poiché tutti conoscono la data 1066, essa potrà servirci da valido riferimento. Non esistono più in Inghilterra edifici del periodo sassone, e ben poche chiese anteriori alla battaglia di Hastings si sono conservate in Europa. Ma i normanni invasori portarono con sé un progredito stile architettonico sviluppatosi durante la loro generazione in Normandia e altrove. I vescovi e i nobili, nuovi signori feudali dell'Inghilterra, cominciarono presto ad affermare la loro potenza fondando abbazie e cattedrali. Lo stile in cui vennero erette queste costruzioni fiorì per più di cent'anni dopo la conquista normanna, e fu chiamato stile normanno in Inghilterra e stile romanico sul continente.

Oggigiorno non è facile immaginare che cosa significasse allora per il popolo una chiesa. Solo in taluni vecchi villaggi sparsi nel contado possiamo cogliere ancora un segno della sua importanza. La chiesa era spesso l'unico edificio di pietra entro un raggio di parecchie miglia e l'unica costruzione notevole, e il suo campanile era un punto di riferimento per quanti venivano da lontano. Le domeniche e durante le funzioni religiose gli abitanti della città vi si potevano incontrare, e il contrasto fra l'alto edificio e le abitazioni umili e primitive in cui essi trascorrevano la vita doveva essere schiacciante. Si comprende come l'intera comunità si interessasse alla costruzione delle chiese e si inorgoglisse della loro ricchezza. Anche dal punto di vista economico, l'erezione di una cattedrale, che durava per anni, doveva certo trasformare un'intera città. L'estrazione e il trasporto della pietra, la preparazione delle impalcature adatte, l'impiego di artigiani erranti che recavano storie di lontani Paesi, tutto costituiva un vero e proprio avvenimento in quell'epoca remota.

L'alto medioevo non aveva per nulla cancellato la memoria delle prime chiese, le basiliche, e delle forme adottate dai romani per i loro edifici. Generalmente la pianta era la stessa: una navata centrale che conduceva a un'abside, o coro, e due o quattro navate minori laterali. Talora questa semplice pianta veniva alquanto arricchita. Ad alcuni architetti piacque l'idea di costruire chiese in forma di croce, e si aggiunse così la parte che viene chiamata transetto, tra il coro e la navata. L'impressione generale destata da queste chiese normanne o romaniche è tuttavia assai diversa da quella delle

111. *Chiesa benedettina di Murbach in Alsazia*, 1160 ca, stile romanico.

112. *La cattedrale di Tournai in Belgio*, 1171-1213, chiesa nella città medievale.

antiche basiliche, per le quali erano state usate colonne che sostenevano trabeazioni diritte. Nelle chiese romaniche o normanne troviamo generalmente archi a tutto sesto che poggiano su solidi pilastri. L'impressione d'insieme che destano queste chiese, tanto all'interno quanto all'esterno, è di una massiccia potenza. Poche sono le decorazioni, perfino poche le finestre; solo muri saldi e ininterrotti, e torri che ricordano le fortezze medievali [111]. Queste masse possenti e superbe di pietra, erette dalla Chiesa in terre di contadini e di guerrieri solo di recente tolti alle loro consuetudini pagane, parvero esprimere il concetto stesso della Chiesa militante: il concetto, cioè, che qui sulla Terra sia dovere della Chiesa combattere le potenze delle tenebre finché con il giorno del giudizio albeggi l'ora del trionfo [112]. Ci fu un problema tecnico nella costruzione delle chiese che impegnò la mente di tutti i buoni architetti: quello di dare a queste impressionanti costruzioni in pietra una copertura in pietra. I soliti soffitti lignei delle basiliche

113, 114. *Navata centrale e lato occidentale della cattedrale di Durham in Inghilterra,* 1093-1128, cattedrale normanna.

non erano abbastanza dignitosi ed erano facilmente vittime di incendi. L'arte romana di costruire volte su edifici così vasti richiedeva una somma di conoscenze tecniche e di calcoli ormai in gran parte smarrita. Così i secoli XI e XII furono un periodo di incessanti esperimenti. Non era cosa da poco coprire con un'unica volta tutta l'ampiezza della navata centrale. La soluzione più semplice – a quanto sembra – era quella di superare la distanza nello stesso modo con cui si getta un ponte sopra un fiume. Pilastri formidabili vennero eretti dalle due parti per reggere gli archi di questi ponti. Ma ci si avvide ben presto che una simile volta doveva essere solidamente connessa se si voleva evitare il crollo, e che il peso delle pietre occorrenti era eccessivo. Per reggere questo peso enorme i muri e i pilastri dovevano essere ancora più forti e massicci. Per queste prime volte "a botte" occorrevano grossi blocchi di pietra.

Gli architetti normanni cominciarono allora a tentare un metodo diverso. Si accorsero che, in fondo, non era necessario fare tutta la copertura così pesante. Bastava che un certo numero di solide nervature venisse gettato attraverso lo spazio e che gli intervalli tra l'una e l'altra fossero riempiti con materiale più leggero. Si scoprì che il miglior metodo per fare ciò era di gettare le nervature o "costoloni" a croce fra i pilastri, riempiendo poi le sezioni triangolari che ne derivavano. Questo sistema, che doveva ben presto rivoluzionare i metodi di costruzione, lo troviamo già applicato nella cattedrale normanna di Durham [114], per quanto l'architetto, che poco dopo la conquista disegnò questa prima "volta a costoloni" per il suo interno possente [113], si rendesse scarsamente conto delle sue possibilità tecniche. Fu in Francia che si cominciò a ornare di sculture le chiese romaniche. In verità la parola "ornare" può essere fraintesa. Tutto ciò che apparteneva alla

chiesa aveva la sua funzione definita e doveva esprimere un'idea definita, connessa alla dottrina religiosa. Il portale della chiesa di Saint-Trophime ad Arles, nella Francia meridionale, risale al tardo XII secolo ed è un perfetto esempio di questo stile [115]. La forma si rifà al principio dell'arco trionfale romano, [74]. La lunetta sovrastante l'architrave (timpano) [116], reca Cristo in gloria attorniato dai simboli, desunti dalla Bibbia, dei quattro evangelisti: il leone per san Marco, l'angelo per san Matteo, il bue per san Luca e l'aquila per san Giovanni. Nella visione di Ezechiele del Vecchio Testamento (Ezechiele 1, 4-12), è descritto il trono del Signore retto da quattro animali rispettivamente con la testa di leone, di uomo, di bue e di aquila.

I teologi cristiani ritennero che il passo alludesse ai quattro evangelisti: la visione, inoltre, era un ottimo soggetto per l'ingresso di una chiesa. Sull'architrave sottostante vediamo dodici figure sedute, i dodici apostoli, e alla sinistra del Cristo possiamo scorgere una fila di figure nude incatenate – le anime perdute trascinate all'inferno –, mentre alla sua destra stanno gli eletti, i visi rivolti verso di lui con un'espressione di eterno gaudio. Al disotto, ecco le figure rigide dei santi, ciascuno contrassegnato dal suo attributo, per ricordare al fedele quali avrebbero potuto intercedere per la sua anima quando fosse giunto al cospetto del Giudice supremo; così gli insegnamenti della Chiesa circa lo scopo ultimo della nostra vita terrena venivano personificati in queste sculture sui portali delle chiese. Erano immagini che si imprimevano

115. *Facciata della chiesa di Saint-Trophime ad Arles,* 1180 ca.

116. *Cristo in gloria,* particolare di figura 115.

nella mente del popolo, più efficaci ancora del sermone del predicatore. Un tardo poeta medievale francese, François Villon, ha reso questo stato d'animo nei bei versi dedicati alla madre:

> Sono povera e vecchia,
> ignorante e analfabeta,
> alla mia parrocchia vedo
> dipinti il paradiso con arpe e liuti
> e l'inferno dove ardono i dannati:
> questo mi atterrisce, quello mi fa gioire.

Non dobbiamo pretendere che queste sculture appaiano naturali, aggraziate e svelte come le opere classiche. Ma proprio per la loro massiccia solennità si imprimono con tanta più forza. Tanto meglio si adattano alla grandiosità della costruzione e tanto più agevolmente si coglie con un'occhiata ciò che è rappresentato.

Ogni particolare dell'interno fu studiato con altrettanta diligenza perché la chiesa potesse assolvere la sua funzione ed esprimere il suo messaggio. La figura 117 mostra un candelabro fatto per la cattedrale di Gloucester attorno all'anno 1110. Il suo intreccio di mostri e di draghi ci ricorda l'artigianato dell'alto medioevo [101, 103]. Ma adesso un significato più preciso viene

attribuito a codeste forme misteriose. Un'iscrizione latina che
corre attorno alla corona, dice
press'a poco: "Questo apportatore
di luce è opera di virtù – col suo
splendore predica la dottrina cosicché l'uomo non venga ottene-
brato dal vizio". E in realtà,
penetrando con l'occhio in questa
giungla di strane creature, non
solo troviamo ancora una volta
(sul rilievo di centro) i simboli
degli evangelisti che rappresentano la dottrina ma anche figure di
uomini nudi. Come Laocoonte e
i suoi figli [69], essi sono assaliti
da serpenti e da mostri, ma la loro
non è una lotta disperata. "La luce
che risplende nelle tenebre" è in
grado di farli trionfare sulle potenze del male.

Un altro esempio dell'influenza dei
teologi sugli artisti lo troviamo nel
fonte battesimale di una chiesa di
Liegi (Belgio) del 1113 circa [118].
È di ottone e reca al centro un
altorilievo del battesimo di Cristo:
il soggetto più adatto per un fonte.
Iscrizioni in latino spiegano il significato di ogni figura: per esempio leggiamo *Angelis ministrantes*
(angeli serventi) sulle due figure
che attendono di ricevere Cristo
sulla riva del Giordano. Ma non
solo queste iscrizioni sottolineano
l'importanza del significato allego-
rico di ogni particolare: il fonte è
tutto un'allegoria. Nemmeno le
figure dei buoi su cui esso poggia
hanno una funzione di puro e
semplice ornamento. Leggiamo
nella Bibbia (II Paralipomeni, 4)

117. *Il Candelabro di Gloucester*, 1104-1113 ca, bronzo dorato, altezza cm 58. Londra, Victoria and Albert Museum.

118. Reiner van Huy,
Fonte battesimale,
1107-1118, ottone,
altezza cm 87.
Liegi, chiesa di
Saint-Barthélemy.

che re Salomone assunse un sapiente artefice di Tiro, in Fenicia, quale esperto nella fusione dei metalli. La Bibbia ci descrive alcune delle opere da lui fatte per il tempio di Gerusalemme:

> Parimenti [fece] il mare di getto, di dieci cubiti da un orlo all'altro; esso era rotondo tutt'intorno... e il mare stesso poggiava sopra dodici buoi, dei quali tre erano a settentrione, tre a occidente, tre a mezzogiorno e gli altri tre a oriente; essi sostenevano il mare a essi sovrapposto ed erano disposti in modo che le loro parti posteriori erano di dentro sotto il mare.

Era a questo venerato modello, dunque, che all'artista di Liegi, altro esperto nella fusione dell'ottone, venne chiesto di ispirarsi circa duemila anni dopo la costruzione del tempio di Salomone.

Le forme che egli usa per raffigurare Cristo, gli angeli e san Giovanni sembrano più naturali, e anche più calme e maestose, di quelle delle porte bronzee di Hildesheim [108]. Non dimentichiamo che il XII secolo è il secolo delle Crociate, e che quindi in quel periodo i contatti con l'arte di Bisanzio erano divenuti assai più stretti di prima, e che molti artisti tentavano di imitare e di emulare le maestose immagini della Chiesa orientale [88, 89].

In nessun altro periodo, infatti, l'arte europea si avvicinò tanto agli ideali dell'arte orientale come in piena fioritura romanica. Abbiamo visto la disposizione rigida e solenne delle sculture di Arles [115, 116], e troviamo lo stesso spirito in molti manoscritti miniati del XII secolo. La figura 119, per

119. *L'Annunciazione,* 1150 ca, miniatura di un Vangelo svevo. Stoccarda, Württembergische Landesbibliothek.

120. *San Gereone, san Villimaro, san Gallo e il martirio di Sant'Orsola con le sue undicimila vergini,* 1137-1147, pagina di un martirologio. Stoccarda, Württembergische Landesbibliothek.

esempio, rappresenta un'Annunciazione rigida e immota come un rilievo egizio. La Vergine è vista di fronte, le mani levate come in un gesto di stupore, mentre la colomba dello Spirito Santo scende dall'alto su di lei. L'angelo è visto quasi di profilo, la destra tesa in un gesto che nell'arte medievale indica l'atto di parlare. Se, guardando questa pagina, ci aspettassimo la vivace illustrazione di una scena reale, potremmo anche restarne delusi, ma se teniamo ancora una volta presente che l'artista non si preoccupava tanto di imitare le forme naturali quanto piuttosto di combinare tutti i simboli tradizionali del mistero dell'Annunciazione, non sentiremo più la mancanza di

ciò che egli non intese mai darci. Dobbiamo comprendere che grandi possibilità si aprirono agli artisti non appena ebbero rinunciato a ogni velleità di rappresentare le cose come appaiono. La figura 120 mostra la pagina di un martirologio usato in un monastero tedesco. Segna le principali feste dei santi del mese di ottobre, ma, diversamente dai nostri calendari, le indica non solo con parole bensì anche con illustrazioni. Nel centro, sotto gli archi, vediamo san Villimaro prete, san Gallo con il pastorale da vescovo e un compagno che porta la bisaccia da missionario errante. Le singolari pitture, in alto e in basso, illustrano la storia dei due martiri che si commemorano in ottobre. In tempi posteriori, quando l'arte si volse di nuovo alla rappresentazione minuta della natura, scene crudeli del genere vennero spesso dipinte con profusione di orrendi particolari. Il nostro artista riuscì a evitarli. Per ricordarci san Gereone e i suoi compagni, le cui teste vennero mozzate e gettate in un pozzo, dispose i corpi decapitati in un nitido cerchio attorno all'immagine del pozzo. Sant'Orsola, che secondo la leggenda era stata trucidata con le sue undicimila vergini dai pagani, è vista in trono, letteralmente circondata dalle sue seguaci. Un brutto selvaggio, con l'arco e le frecce, e un uomo che brandisce la spada stanno fuori del quadro in atto di mirare alla santa. Possiamo leggere tutto l'episodio sulla pagina, senza essere costretti a rappresentarcelo visivamente. E come l'artista seppe fare a meno di ogni illusione spaziale o di ogni azione drammatica, così dispose anche figure e forme in linee puramente ornamentali. La pittura si sta infatti avvicinando alla scrittura figurata; ma questo ritorno a metodi semplificati di rappresentazione dà all'artista medievale una nuova possibilità di cimentarsi in forme più complesse di composizione (con-posizione = mettere insieme). Senza questi metodi, gli

insegnamenti della Chiesa non avrebbero mai potuto essere tradotti in forme visibili.

Come per le forme, così per i colori. Non più obbligati a studiare e a imitare le gradazioni reali delle tinte naturali, i pittori erano liberi di scegliere il colore preferito per le loro illustrazioni. L'oro scintillante e gli azzurri smaglianti dei lavori di oreficeria, i colori intensi delle miniature, il rosso acceso e i verdi intensi delle vetrate [121], mostrano che questi maestri seppero sfruttare bene la loro indipendenza dalla natura. Affrancati dall'imitazione del mondo naturale, si prepararono a esprimere l'idea del soprannaturale.

121. *L'Annunciazione*, XII sec., vetrata della cattedrale di Chartres.

Artisti al lavoro su un manoscrito e un pannello, 1200 ca (da un repertorio del convento di Reun).

IO

LA CHIESA TRIONFANTE
Il XIII secolo

Poco fa abbiamo paragonato l'arte del periodo romanico all'arte di Bisanzio e perfino a quella dell'antico Oriente. Ma c'è un aspetto per cui l'Europa occidentale è sempre stata profondamente diversa dall'Oriente. Nell'Oriente gli stili duravano migliaia di anni, e pareva che non avrebbero dovuto mai mutare. L'Occidente non conobbe mai questa staticità. Fu sempre inquieto, proteso verso nuove soluzioni e nuove idee. Lo stile romanico non sopravvisse nemmeno fino alla fine del XII secolo. Gli artisti non avevano ancora finito di gettare le volte e di disporre le statue nella nuova e maestosa maniera, che già un'idea nuova faceva apparire goffe e antiquate tutte le chiese normanne e romaniche. Questa idea nuova nacque nella Francia settentrionale e fu lo stile gotico. Dapprima lo si sarebbe potuto considerare un'innovazione puramente tecnica: in realtà fu molto di più. Fu la scoperta che il metodo di gettare le volte delle chiese mediante nervature incrociate poteva essere sviluppato assai più coerentemente e con risultati assai più vasti di quanto non avessero sognato gli architetti normanni. Se era vero che i pilastri bastavano a reggere le nervature della volta fra le quali le altre pietre stavano come meri riempitivi, allora i massicci muri fra i pilastri erano del tutto superflui. Si poteva erigere una sorta d'ossatura in pietra capace di tenere insieme l'intera costruzione. Occorrevano soltanto pilastri snelli e costoloni stretti. Tutto il resto poteva essere tralasciato senza pericolo di crolli. Non c'era bisogno di pesanti muri di pietra: si potevano, anzi, aprire ampie finestre. L'ideale degli architetti fu allora costruire chiese come noi costruiamo serre. Ma poiché non disponevano di ossature d'acciaio o di travi di ferro, dovevano farle in pietra, il che richiedeva un gran numero di calcoli scrupolosi. Se il calcolo era esatto, diventava possibile erigere un tipo di chiesa completamente nuovo, una costruzione in pietra e vetro quale il mondo non aveva mai visto. Questa fu l'idea che ispirò le cattedrali gotiche e che si sviluppò nella Francia settentrionale nella seconda metà del XII secolo.

Naturalmente il principio delle nervature incrociate non era di per sé solo sufficiente per il rivoluzionario stile gotico. Occorreva una quantità di altre invenzioni tecniche a rendere possibile il miracolo. Gli archi a tutto sesto dello stile romanico, per esempio, non erano adatti ai fini dei costruttori

gotici giacché, dovendo superare lo spazio fra due pilastri con un arco a semicerchio, c'è un solo modo di portare l'impresa a termine. La volta raggiungerà sempre quella data altezza, né più né meno. Per arrivare più in alto bisogna costruire un arco più acuto. Vale a dire che in questo caso è meglio rinunciare a un arco a tutto sesto e accostare due segmenti circolari: ecco l'arco a sesto acuto, che presenta il grande vantaggio di essere variabile a seconda dei casi, ovvero più aperto o più acuto a seconda delle necessità della costruzione.

122. *Cattedrale di Notre-Dame a Parigi,* 1163-1250, veduta aerea che mostra la forma a croce e gli archi rampanti.

123. Robert de Luzarches, *Navata della cattedrale di Amiens,* 1218-1247 ca, un interno gotico.

Ma un altro punto doveva essere preso in considerazione. Le pesanti pietre della volta non premono solo verso il basso ma anche verso i lati, press'a poco come un arco teso. Anche in questo caso l'arco a sesto acuto rappresentava un progresso su quello a tutto sesto, ma i pilastri non erano ancora in grado di sostenere questa pressione esterna, cosicché furono necessarie robuste armature per tenere insieme l'intera struttura. Per le volte delle navate laterali il problema non era troppo difficile, dal momento che si potevano costruire i contrafforti all'esterno. Ma che cosa si poteva fare per la navata centrale? Bisognava puntellare dal di fuori, al di sopra delle navate laterali. Ed ecco venire introdotti gli "archi rampanti" a completare l'ossatura della volta gotica [122]. Una chiesa gotica sembra sospesa fra queste strutture snelle di pietra, come una ruota di bicicletta formata dai suoi sottilissimi raggi ne sopporta il carico. In entrambi i casi è la distribuzione uniforme del peso a rendere possibile l'impiego di una quantità molto minore di materiale senza compromettere la saldezza dell'insieme.

Sarebbe errato, comunque, considerare queste chiese come pure e semplici prodezze d'ingegneria. L'artista provvide a farci godere, vedendola, dell'arditezza del disegno. Guardando un tempio dorico [50], sentiamo la funzione della fila di colonne che sorreggono il peso del tetto orizzontale. Stando all'interno di una cattedrale gotica [123], siamo portati a comprendere il complesso gioco di spinta e controspinta che mantiene l'alta volta al suo posto. Non ci sono muri ciechi o pilastri massicci. L'interno pare tutto intessuto di una rete di fusti sottili e costoloni che copre la volta e corre lungo i muri della navata per poi raccogliersi nei pilastri, fasci di verghe in pietra. Perfino sulle vetrate s'intreccia il gioco di queste linee, a costituire l'ornato [124].

124. *Sainte-Chapelle a Parigi*, 1248, vetrate gotiche.

Le grandi cattedrali, le chiese dei vescovi (*cathedra* = trono del vescovo), del tardo XII secolo e dei primi del XIII erano in genere concepite su scala così ardita e magnifica che poche, o forse nessuna, vennero condotte a termine esattamente secondo il progetto. Ma anche così, e dopo le molte modifiche cui sono state sottoposte nel corso degli anni, resta pur sempre un'esperienza indimenticabile entrare in questi ampi interni le cui dimensioni stesse paiono rimpicciolire tutto ciò che è meramente umano e futile. Possiamo a malapena raffigurarci l'impressione che dovette provare di fronte a tali costruzioni chi aveva conosciuto solo le strutture pesanti e tetre dello stile romanico. Queste chiese più antiche potevano suggerire, nella loro forza e nella loro potenza, l'idea della "Chiesa militante" che offriva riparo contro gli assalti del male. Le nuove cattedrali davano invece l'idea

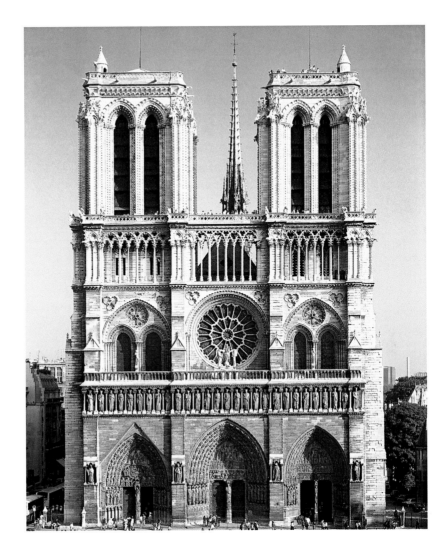

125. *Cattedrale di Notre-Dame a Parigi*, 1163-1250, cattedrale gotica.

di un mondo diverso ai fedeli che avevano udito nei sermoni e negli inni parlare della Gerusalemme celeste con le sue porte di perle, le sue gemme inestimabili, le sue strade di oro puro e di vetro trasparente (*Apocalisse*, 21). Ora questa visione era scesa dal cielo in terra. Le mura di queste costruzioni non erano fredde e scostanti ma ricche di vetri istoriati che brillavano come rubini e smeraldi. I pilastri, i costoloni e l'ornato rilucevano di ori. Tutto quanto era pesante, terrestre o comune era stato bandito. Il fedele che si fosse abbandonato alla contemplazione di tutta questa bellezza poteva sentirsi prossimo a capire i misteri di un regno sottratto alle leggi della materia. Anche visti da lontano, questi edifici miracolosi paiono proclamare le glorie del Cielo. La facciata di Notre-Dame a Parigi è forse un esempio insuperabile [125]. La disposizione dei portali e dei finestroni è così armoniosa e

disinvolta, l'ornato della galleria così leggero e grazioso che dimentichiamo il peso della massa di pietra, e l'intera struttura sembra ergersi di fronte a noi come un miraggio.

Un senso consimile di aerea leggerezza lo riscontriamo anche nelle sculture che come ospiti celesti affiancano i portali. Mentre il maestro romanico di Arles [115], dava alle sue figure di santi l'aspetto di pilastri saldamente inseriti nella cornice architettonica, il maestro che lavorò al portale settentrionale della cattedrale gotica di Chartres [126, 127], infuse vita in ciascuna delle sue figure. Esse paiono muoversi e guardarsi l'un

126. *Portale del transetto settentrionale della cattedrale di Chartres*, 1194.

127. *Melchisedec, Abramo e Mosè*, 1194, particolare di figura 126.

l'altra solennemente; e la morbidezza del drappeggio sembra dire ancora una volta che sotto quelle pieghe si cela un corpo. Ognuna di esse è individuata chiaramente, e doveva essere riconoscibile a chiunque conoscesse l'Antico Testamento.

Ecco infatti Abramo, il vecchio che tiene innanzi a se il figlio Isacco pronto a essere sacrificato. Possiamo anche riconoscere Mosè, dalle tavole dei dieci comandamenti che regge in mano insieme alla colonna con il serpente di bronzo di cui si serviva per risanare gli israeliti. L'uomo accanto ad Abramo è Melchisedec, re di Salem, del quale la Bibbia (*Genesi* 14, 18) ci narra che era "sacerdote di Dio altissimo" e che offrì "pane e vino" in segno di benvenuto ad Abramo dopo una battaglia vittoriosa. Nella teologia medievale egli era pertanto considerato il modello del sacerdote che amministra i sacramenti; per questo è contrassegnato dal calice e dal turibolo del sacerdote. Così, quasi ogni statua che affolla i portali delle grandi cattedrali gotiche è chiaramente contrassegnata da un attributo, e il suo significato e il suo messaggio potevano essere compresi e meditati dai fedeli. Nel loro insieme esse incarnano la dottrina della Chiesa come le opere di cui abbiamo parlato nel capitolo precedente. Eppure sentiamo che lo scultore gotico ha affrontato il suo compito con uno spirito nuovo. Per lui queste statue non sono soltanto simboli sacri, solenni testimoni di verità morale. Ognuna di esse dovette essere per lui fine a sé stessa, diversa dalla vicina nell'atteggiamento e nel tipo di bellezza, e investita di una dignità individuale.

La cattedrale di Chartres appartiene ancora in gran parte al tardo XII secolo. Dopo l'anno 1200 molte nuove e magnifiche cattedrali sorsero in Francia e nelle vicine contrade, in Inghilterra, in Spagna e nella Renania. Molti dei

maestri che vi contribuirono avevano imparato la loro arte al tempo delle prime costruzioni gotiche, ma tutti tentarono di aggiungere qualcosa alle conquiste dei predecessori.

Nella figura 129 un particolare della cattedrale gotica di Strasburgo, risalente all'inizio del XIII secolo, mostra l'orientamento completamente nuovo di questi scultori gotici. Esso rappresenta la morte della Vergine: i dodici apostoli sono intorno al suo capezzale, Maria Maddalena le sta davanti in ginocchio. Cristo, nel mezzo, riceve l'anima della Vergine tra le braccia. Vediamo che l'artista era ancora preoccupato di conservare qualcosa della solenne simmetria del periodo anteriore. Infatti è facile vedere come egli progettasse il gruppo disponendo le teste degli apostoli attorno all'arco, due apostoli ai piedi e a capo del letto in posizione simmetrica e la figura di Cristo al centro. Ma non si accontentò più della simmetria del maestro del XII secolo vista nella figura 120, e volle infondere vita ai suoi personaggi. Possiamo vedere l'espressione dolorosa dei bei volti degli apostoli, le sopracciglia contratte e lo sguardo intenso. Tre di loro sollevano le mani al volto nel gesto tradizionale del dolore. Ancora più espressivi sono il volto e la figura di Maria Maddalena, che raggomitolata accanto al letto si torce le mani: l'artista riuscì mirabilmente a segnare il contrasto fra la sua espressione e quella serena e beata della Vergine. I drappeggi non sono più

128. *Portale del transetto meridionale della cattedrale di Strasburgo*, 1230 ca.

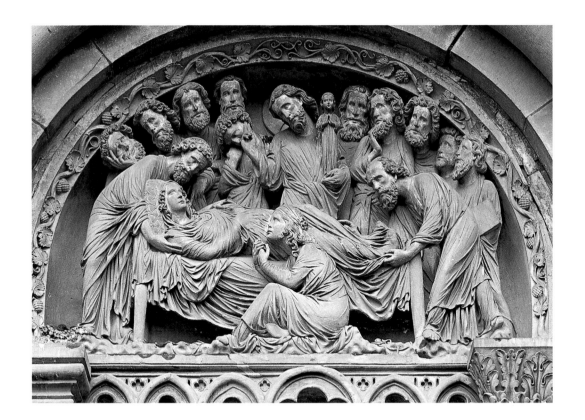

129. *Morte della Vergine*, particolare di figura 128.

gusci vuoti o meri svolazzi decorativi, come quelli del primo medioevo. Gli artisti gotici volevano impadronirsi dell'antica formula dei corpi drappeggiati quale era stata loro trasmessa. Forse per essere edotti in proposito studiarono i resti di opere pagane, sepolcri e archi di trionfo romani, parecchi dei quali sussistevano ancora in Francia. E riconquistarono così la perduta abilità classica di lasciar intravedere la struttura del corpo sotto le pieghe del drappeggio. Il nostro artista infatti è orgoglioso della sua perizia nel maneggiare questa tecnica ardua. Il modo con cui traspaiono i piedi e le mani della Vergine e la mano del Cristo da sotto al panno mostra che gli scultori gotici non si interessavano più soltanto di ciò che rappresentavano, ma anche dei problemi espressivi. Ancora una volta, come al tempo del "grande risveglio" in Grecia, cominciarono a considerare la natura non tanto per copiarla quanto per imparare da essa il modo di rendere persuasiva una figura. Eppure c'è una grande differenza fra l'arte greca e quella gotica, tra l'arte del tempio e quella della cattedrale. Gli artisti greci del V secolo si interessavano soprattutto al modo di costruire un bel corpo. Per l'artista gotico tutti questi metodi e accorgimenti non sono che mezzi per giungere a uno scopo: narrare la storia sacra nel modo più commovente e persuasivo possibile. Egli non racconta una storia fine a sé stessa, ma lo fa per il messaggio che reca e per il godimento e l'edificazione che può derivarne

131. *Sepoltura di Cristo*, 1250-1300 ca, da un salterio proveniente da Bonmont. Besançon, Bibliothèque Municipale.

130. *Ekkehart e Uta*, 1260 ca, della serie dei "fondatori" nel coro della cattedrale di Naumburg.

al fedele. L'espressione di Cristo che contempla l'agonia della Vergine per lui era certo più importante che non l'abile resa della muscolatura.

Nel corso del XIII secolo alcuni artisti si spinsero perfino più in là nel tentativo di infondere vita alla pietra. Lo scultore cui venne affidato intorno al 1260 l'incarico di rappresentare i fondatori della cattedrale di Naumburg, in Germania, ci induce quasi a credere che abbia preso a modello i nobili del suo tempo [130]. Non è però molto probabile, dato che questi fondatori erano morti da parecchi anni e non rappresentavano per lui altro che un nome. Eppure le sue statue di uomini e donne sembrano essere pronte in qualsiasi momento a scendere dai piedestalli e a unirsi alla brigata di quei robusti cavalieri e dame gentili le cui gesta e passioni riempiono le pagine dei nostri libri di storia.

Lavorare per le cattedrali era il compito principale degli scultori nordici del XIII secolo. Il compito più frequentemente affidato ai pittori nordici della stessa epoca, invece, era la miniatura dei manoscritti, ma lo spirito di queste illustrazioni era assai diverso da quello delle solenni pagine dei libri romanici. Se paragoniamo l'*Annunciazione* del XII secolo [119], a una pagina di un salterio del XIII secolo [131], abbiamo la misura del divario. Quest'ultima rappresenta la sepoltura di Cristo, lo stesso soggetto e lo stesso spirito dell'altorilievo della cattedrale di Strasburgo [129]. Ecco apparirci ancora una volta come sia divenuto importante per l'artista esprimere il sentimento che anima le figure. La Vergine si curva sul cadavere del Cristo e lo abbraccia, mentre san Giovanni si torce disperato le mani. Come nell'altorilievo, constatiamo lo sforzo dell'artista per racchiudere la scena in una composizione regolare: gli angeli negli angoli superiori escono dalle nubi reggendo turiboli, e i servi dagli strani cappelli a punta, simili a quelli che portavano gli ebrei nel medioevo, sollevano il corpo del Cristo. L'intensità dell'espressione e la regolare distribuzione delle figure sulla pagina erano per l'artista evidentemente più importanti di qualsiasi tentativo di renderle vive o di rappresentare una scena reale. Non gli importava che i servi fossero assai più piccoli dei personaggi divini, e non ci dà alcuna indicazione di luogo o d'ambiente. Eppure comprendiamo ciò che accade senza bisogno di indicazioni esteriori. Per quanto non fosse intenzione dell'artista rappresentare le cose come le vediamo nella realtà, la conoscenza che possedeva del corpo umano (come quella del maestro di Strasburgo) era infinitamente maggiore di quella del miniaturista del XII secolo.

Nel XIII secolo, però, gli artisti cominciarono talvolta ad abbandonare i loro schemi canonici, per rappresentare ciò che li interessava. Oggi che ci raffiguriamo l'artista come una persona armata d'un taccuino, intento a fare disegni dal vero ogni volta che gliene viene l'estro, possiamo a malapena figurarci cosa ciò significasse. Sappiamo quali fossero il tirocinio e l'educazione di un artista medievale. Egli cominciava facendo l'apprendista da un maestro: lo assisteva, eseguiva gli ordini, completava le parti relativamente poco importanti di un quadro. A poco a poco imparava a rappresentare un apostolo e a disegnare la Vergine. Imparava a copiare e a riadattare scene di libri antichi e a inserirle entro composizioni diverse. Infine, acquistava tanta abilità da riuscire perfino a illustrare una scena senza valersi di modello. Mai però nella sua carriera si sarebbe trovato dinanzi alla necessità di prendere un taccuino e disegnarci qualcosa dal vero. Anche nei casi in cui gli veniva chiesto di rappresentare una determinata persona, un regnante o un vescovo, non si curava di ciò che oggi chiameremmo somiglianza. Nel medioevo non esistevano i ritratti come li intendiamo noi. L'artista si limitava a disegnare una figura convenzionale con le insegne di una determinata carica: una corona e uno scettro per un re, una mitra e un pastorale per un vescovo, e fors'anche vi scriveva sotto il nome, per evitare equivoci. A noi può sembrare strano che artisti capaci di eseguire figure così espressive come quelle dei fondatori di Naumburg [130], dovessero trovare difficile cogliere la somiglianza di una determinata persona; ma ciò che non avevano era l'idea di sedersi dinanzi a una persona o a un oggetto per copiarlo. È quindi tanto più notevole che, in certe occasioni, gli artisti del XIII secolo disegnassero effettivamente qualcosa dal vero. La figura 132 ci mostra appunto una di queste eccezioni. È l'immagine di un elefante dovuta allo storico inglese Matthew Paris (morto nel 1259), a metà del XIII secolo. Quest'elefante era stato mandato da san Luigi, re di Francia, a Enrico III nel 1255, ed era il primo che mai fosse stato visto in Inghilterra. La figura del servo accanto all'animale non ha una somiglianza molto convincente, per quanto ce ne venga dato il nome, Henricus de Flor. Ma l'interessante è che in questo caso l'artista si sia preoccupato di conservare le giuste proporzioni. Un'iscrizione latina tra le zampe dell'elefante dice: "Dalle dimensioni dell'uomo puoi immaginarti le dimensioni della bestia qui rappresentata". A noi l'elefante può sembrare un po' strano, però sta a dimostrare, mi pare, che gli artisti medievali, almeno nel XIII secolo, si rendevano conto delle proporzioni, e che, se così spesso le trascuravano, non era per ignoranza ma semplicemente perché non le consideravano importanti.

Nel XIII secolo, al tempo delle grandi cattedrali, la Francia era il Paese più ricco e più importante d'Europa. L'Università di Parigi era il centro intellettuale dell'Occidente. In Italia, terra di Comuni in lotta tra loro, le idee e i metodi dei grandi costruttori francesi, avidamente imitati in Germania e in Inghilterra, non incontrarono dapprima grande successo.

132. Matthew Paris, *Un elefante con il guardiano*, 1255, disegno da un manoscritto. Cambridge, Corpus Christi College, Parker Library.

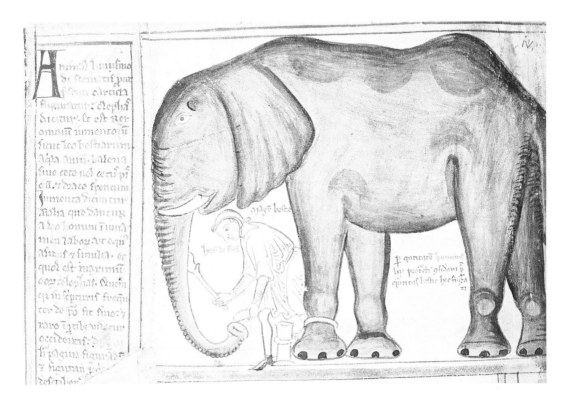

Fu solo nella seconda metà del XIII secolo che uno scultore italiano prese a emulare l'esempio dei maestri francesi e a studiare i metodi della scultura classica al fine di meglio rappresentare la natura. Era Nicola Pisano, che lavorò in quel grande porto di mare e centro commerciale che fu Pisa. La figura 133 mostra uno degli altorilievi di un pulpito che egli portò a termine nel 1260. Non è facile, sulle prime, capire il soggetto rappresentato, perché Pisano seguiva la prassi medievale di unire più storie nello stesso riquadro. Così l'angolo sinistro dell'altorilievo è occupato dal gruppo dell'Annunciazione e il centro dalla nascita di Cristo. La Vergine è sdraiata sul pagliericcio, san Giuseppe è rannicchiato in un angolo e due servi sono occupati a fare il bagno al Bambino. Sembra che un gregge di pecore si accalchi vicino a loro, ma questo in realtà appartiene a un terzo episodio: la storia dell'annuncio ai pastori, rappresentato nell'angolo destro, dove ritroviamo il Bambino nella mangiatoia. Anche se la scena ci può sembrare un po' affollata e disordinata, lo scultore si è comunque sforzato di dare a ogni episodio il suo giusto posto e di fissarne i particolari più vivaci. Si vede come si compiacesse di dettagli realistici, per esempio il caprone che nell'angolo destro si gratta la testa con lo zoccolo, e si intuisce quanto dovesse allo studio della scultura classica e paleocristiana [83], se si osserva la resa delle teste e delle vesti. Come il maestro di Strasburgo che lavorò una generazione prima della sua, o come il maestro di Naumburg che poteva essere all'incirca suo contemporaneo, Nicola Pisano aveva appreso dagli antichi la tecnica che permette di rivelare le forme corporee sotto il drappeggio, e di conferire dignità e verità alle sue figure.

I pittori italiani furono ancora più lenti degli scultori nell'accogliere il nuovo spirito dei maestri gotici. Città come Venezia erano in stretto contatto con l'impero bizantino e gli artisti italiani guardavano piuttosto a Costantinopoli che a Parigi per ricevere ispirazione e guida [8]. Nel XIII secolo le chiese italiane erano ancora decorate di solenni mosaici alla maniera greca.

Una simile adesione allo stile conservatore dell'Oriente avrebbe dovuto ostacolare ogni mutamento, e in effetti lo ritardò. Ma quando, verso la fine del XIII secolo, il mutamento si annunziò, furono le solide basi della tradizione bizantina che resero possibile all'arte italiana non solo di raggiungere le conquiste degli scultori delle cattedrali nordiche ma di rivoluzionare tutt'intera l'arte della pittura.

Non dobbiamo dimenticare che lo scultore che si sforza di riprodurre la natura ha un compito più facile del pittore animato dagli stessi intenti. Lo scultore non ha da preoccuparsi di creare un'illusione di profondità mediante il chiaroscuro e lo scorcio. La sua statua campeggia nello spazio reale e nella luce reale. Ecco perché gli scultori di Strasburgo e Naumburg potevano raggiungere un grado di verosimiglianza che nessuna pittura del XIII secolo riusciva a eguagliare. Poiché, ricordiamolo, la pittura nordica

133. Nicola Pisano, *Annunciazione, Natività e pastori*, 1260, rilievo in marmo dal pulpito del Battistero di Pisa.

FIDES

aveva abdicato a ogni pretesa di illusione naturalistica. I suoi canoni compositivi e narrativi erano dettati da intenti completamente diversi.

Fu l'arte bizantina che finalmente permise agli italiani di valicare la barriera di separazione tra scultura e pittura. Nonostante la sua rigidezza, nell'arte bizantina si erano conservate le scoperte dei pittori ellenistici più di quanto fossero sopravvissute nelle miniature dell'alto medioevo occidentale. Ricordiamo quante di queste conquiste giacessero ancora celate, per così dire, sotto la raggelata solennità di una pittura bizantina quale è quella della figura 88; come il volto sia modellato ricorrendo al chiaroscuro e come il trono e la predella rivelino una esatta cognizione dei principi dello scorcio. Forte di tali metodi, un genio che avesse spezzato l'incanto del conservatorismo bizantino si sarebbe avventurato in un mondo nuovo, trasferendo le figure vive della scultura gotica nella pittura. L'arte italiana trovò questo genio nel pittore fiorentino Giotto di Bondone (1267 ca-1337).

Si è soliti iniziare con Giotto un nuovo capitolo; gli italiani erano convinti che un'epoca completamente nuova nell'arte era cominciata con l'apparizione di quel grande, e vedremo che avevano ragione. Ma, nonostante tutto ciò, può non essere inutile ricordare che in realtà nella storia non vi sono capitoli e inizi nuovi, e che non si toglie nulla alla grandezza di Giotto rendendosi conto che i suoi metodi devono parecchio ai maestri bizantini, e i suoi fini e il suo orientamento ai grandi scultori delle cattedrali nordiche. Le opere più famose di Giotto sono pitture murali o affreschi (così detti perché devono essere dipinti sul muro mentre l'intonaco è ancora fresco, cioè umido). Fra il 1302 e il 1305 egli ricoprì i muri di una chiesetta di Padova con storie della vita della Vergine e di Cristo. Sotto, vi dipinse personificazioni di virtù e vizi quali talvolta ne troviamo nei portali delle cattedrali nordiche.

La figura 134 mostra l'immagine della Fede, una matrona che in una mano regge una croce e nell'altra una pergamena. È facile vedere quanto questa nobile figura somigli alle opere degli scultori gotici. Ma qui non siamo di fronte a una statua, bensì a una pittura che dà l'illusione di una statua a tutto tondo: ed ecco le braccia viste di scorcio, la modellatura del volto e del collo, le ombre accentuate e le pieghe fluenti del drappeggio. Erano mille anni che non si era fatto niente di simile. Giotto aveva riscoperto l'arte di creare su una superficie piatta l'illusione della profondità.

Per Giotto questa scoperta non fu solo un espediente di cui far pompa, fine a sé stesso. Gli dava la possibilità di mutare l'intera concezione della pittura. Invece di usare i metodi dei miniaturisti poteva darci l'illusione che la storia sacra si svolgesse sotto i nostri occhi. Ormai non sarebbe più bastato guardare le rappresentazioni più antiche di una data scena, e poi adattare questi venerandi modelli a un uso nuovo. Giotto si conformava piuttosto al consiglio dei frati predicatori che esortavano il popolo a rappresentarsi

134. Giotto di Bondone, *La Fede*, 1305 ca, particolare di un affresco. Padova, Cappella degli Scrovegni.

nella mente, leggendo la Bibbia, le azioni dei santi, l'esodo della famiglia di un falegname in Egitto o la crocifissione di Nostro Signore come questi eventi potevano essere realmente avvenuti. E non si dette pace fin quando non ripensò tutto daccapo: come si sarebbe atteggiato un uomo, come avrebbe agito, come si sarebbe mosso se avesse preso parte a un tale evento. Inoltre, come si sarebbe presentato all'occhio un tal gesto o movimento. Possiamo meglio misurare la portata di questa rivoluzione se paragoniamo uno degli affreschi di Giotto a Padova [135], a un tema analogo svolto nella miniatura duecentesca [131]: il soggetto è il lamento sul corpo del Cristo morto e la Vergine che abbraccia il figlio per l'ultima volta. Nella miniatura l'artista non si era preoccupato di rappresentare la scena così come poteva essere accaduta: variò le dimensioni delle figure in modo da inserirle bene nella pagina, e se tentiamo di immaginarci lo spazio tra le figure in primo piano e san Giovanni nello sfondo – con Cristo e la Vergine nel mezzo – ci rendiamo conto di come tutto sia schiacciato e compresso e di quanto poco l'artista si sia curato dello spazio. La stessa indifferenza per il luogo reale in cui la scena si svolge aveva indotto Nicola Pisano a rappresentare diversi episodi entro uno stesso riquadro. Il metodo di Giotto è completamente diverso. La pittura, per lui, è ben più di un surrogato della parola scritta. Ci pare di essere testimoni dell'evento reale come se fosse recitato sul proscenio. Paragonate il convenzionale gesto di dolore del san Giovanni della miniatura con il movimento appassionato del san Giovanni della pittura giottesca, curvo in avanti con le braccia aperte. Se tentiamo di immaginare la distanza tra le figure rannicchiate del primo piano e san Giovanni, sentiamo subito che tra di loro c'è atmosfera e spazio, e che potrebbero muoversi. Le figure in primo piano mostrano quanto l'arte di Giotto fosse in ogni senso innovatrice. Ricordiamo che l'arte paleocristiana era tornata all'antica concezione orientale secondo la quale per narrare chiaramente una storia, ogni figura dev'essere rappresentata interamente, quasi come nell'arte egizia. Ma Giotto abbandona questa concezione. Non ha bisogno di accorgimenti così semplici. Egli ci mostra il dolore della drammatica scena riflesso in ogni figura in modo tanto persuasivo che lo avvertiamo perfino nelle figure rannicchiate, i cui volti ci rimangono nascosti.

La fama di Giotto volò fino ai più lontani Paesi. La gente di Firenze era orgogliosa di lui, si interessava della sua vita e raccontava aneddoti sul suo ingegno e la sua abilità. Anche questo è un fatto piuttosto nuovo: nulla di simile era mai accaduto prima. Naturalmente c'erano stati maestri che avevano goduto la stima generale, raccomandati da monastero a monastero o da vescovo a vescovo. Ma di solito non si riteneva necessario conservarne i nomi alla posterità. Erano considerati come da noi un bravo ebanista o un bravo sarto. Agli stessi artisti non interessava troppo acquistare fama o notorietà e assai spesso non firmavano nemmeno la loro opera. Non

135. Giotto di Bondone, *Compianto sul Cristo morto*, 1305 ca, affresco. Padova, Cappella degli Scrovegni.

136. Particolare
di figura 135.

conosciamo i nomi dei maestri ai quali si debbono le sculture di Chartres
o di Strasburgo o di Naumburg. Erano senza dubbio apprezzati al tempo
loro, ma riversavano ogni onore sulla cattedrale per cui lavoravano. Anche
per questo verso, il fiorentino Giotto inizia un capitolo completamente
nuovo nella storia dell'arte che da lui in poi, dapprima in Italia e poi negli
altri Paesi, è la storia dei grandi artisti.

Matthew Paris,
*Re Offa con il suo
architetto visita il
cantiere di una
cattedrale,*
1240-1250 ca.

II

CORTIGIANI E BORGHESI
Il XIV secolo

Il Duecento era stato il secolo delle grandi cattedrali, nelle quali quasi tutte le arti si erano trovate impegnate. Il lavoro in queste immense imprese continuò nel Trecento e persino più in là, ma esse non furono più l'obiettivo principale dell'arte. Dobbiamo ricordare che in quel periodo il mondo era assai mutato. A metà del XII secolo, quando lo stile gotico si stava appena sviluppando, l'Europa era ancora un continente di contadini scarsamente popolato, che aveva nei monasteri e nei castelli baronali i suoi massimi centri di potere e di cultura. L'ambizione delle grandi diocesi di avere possenti cattedrali fu il primo indizio, per le città, di un risvegliato orgoglio civico. Ma centocinquant'anni più tardi tali città erano diventate centri fecondi di commerci la cui borghesia si sentiva sempre più indipendente dal potere della Chiesa e dei signori feudali. Perfino i nobili non conducevano più una vita di tetro isolamento nei loro manieri forticati, ma si trasferivano nelle città, dotate di agi e raffinatezze, in cui potevano dispiegare la loro opulenza alle corti dei grandi. Possiamo farci un'idea viva di ciò che fosse la vita nel Trecento ricordando le opere di Chaucer, con i suoi cavalieri e gentiluomini di campagna, frati e artigiani. Non era più il mondo delle crociate e dei campioni della cavalleria, che ci torna alla memoria guardando i fondatori di Naumburg [130]. Non si deve mai generalizzare troppo quando si parla di periodi e di stili perché possano sempre esservi eccezioni. Ma, fatta questa riserva, possiamo dire che il gusto del Trecento fu piuttosto volto al raffinato che al grandioso.

Lo prova chiaramente l'architettura del tempo. In Inghilterra si fa una distinzione fra lo stile gotico puro delle prime cattedrali conosciuto come "gotico primitivo inglese", e il suo sviluppo posteriore, conosciuto come "gotico fiorito". La denominazione indica il mutamento del gusto. I costruttori gotici del Trecento non si accontentavano più della linea nitida e maestosa delle cattedrali più antiche, ma amavano mostrare la loro abilità nella decorazione e nella complessità dell'ornato. La facciata ovest della cattedrale di Exeter è un tipico esempio di tale gusto [137].

Le chiese non erano ormai più le principali imprese degli architetti. Nelle prospere città in via di sviluppo venivano costruiti molti edifici secolari: municipi, sedi di corporazioni, collegi, palazzi, ponti e porte cittadine. Uno

degli edifici più celebri e caratteristici di questo genere è il Palazzo Ducale
di Venezia [138], iniziato nel Trecento, quando la potenza e la prosperità
della Serenissima erano all'apice. Esso sta a dimostrare che la fase successiva
del gotico, benché indulgesse al decorativismo e all'ornato, poteva tuttavia
raggiungere un suo effetto grandioso.

Forse le opere più caratteristiche della scultura del Trecento non sono quelle
in pietra, eseguite in gran numero per le chiese del tempo, ma i lavori più
minuti in metallo prezioso e in avorio, nei quali eccellevano gli artefici del
tempo. La figura 139 ci mostra una statuetta d'argento della Vergine creata

137. *Lato occidentale
della cattedrale di Exeter*,
1350-1400 ca, stile
"gotico fiorito".

138. *Palazzo Ducale
a Venezia,* iniziato
nel 1309.

da un orafo francese. Opere del genere non erano fatte per le chiese, ma erano perlopiù destinate a qualche cappella privata. Non intendono proclamare una verità in tono solenne come le statue delle grandi cattedrali, quanto piuttosto ispirare amore e tenerezza. L'orafo parigino pensa alla Vergine come a una madre reale, e a Cristo come a un bambino vero e proprio, con la manina tesa verso il volto della madre. Si preoccupò di evitare ogni impressione di rigidezza inclinando un po' la figura. La Vergine appoggia il braccio sul fianco per reggere il Bambino e piega lievemente il capo verso di lui, così che tutto il corpo pare ondeggiare impercettibilmente in un'aggraziata curva, molto simile a una "esse". Era questo un modo caro agli artisti gotici di quel periodo: infatti l'autore della statua probabilmente non inventò né l'atteggiamento particolare della Madonna né il motivo del Bambino che gioca. Fin qui egli

139. *Vergine con il bambino*, 1324-1339 ca, offerta da Jeanne d'Evreux nel 1339, argento dorato, smaltato e con pietre preziose, altezza cm 69. Parigi, Louvre.

eseguì l'indirizzo generale allora in voga. Il suo contributo personale fu la squisita rifinitezza di ogni particolare, la bellezza delle mani, le pieghe nel braccio del Bambino, la meravigliosa superficie d'argento dorato e di smalto, e infine l'esatto equilibrio della statua, con la testa piccola e graziosa sul corpo snello e allungato. Non c'è nulla di casuale nelle opere dei grandi artefici gotici. Particolari come quello del drappeggio ricadente sul braccio destro mostrano la cura infinita dell'artista nel trovare linee aggraziate e armoniose. Non potremo mai rendere giustizia a opere del genere se ci limitiamo a passare loro dinanzi nei musei non dedicando loro che un fuggevole sguardo. Esse furono eseguite per essere apprezzate da veri intenditori e considerate cose preziose e degne di alta considerazione.

L'amore dei pittori trecenteschi per la grazia e la delicatezza dei particolari si può constatare in famosi manoscritti miniati, come il salterio inglese noto come il *Salterio della regina Maria*. La figura 140 rappresenta la disputa di Cristo

140. *Gesù nel tempio e Caccia con il falco*, 1310 ca, miniatura del *Salterio della regina Maria*. Londra, British Museum.

con gli scribi nel tempio. Cristo siede su un seggio altissimo e spiega qualche punto della dottrina, accompagnandosi con quel gesto che negli artisti medievali caratterizzava il maestro. Gli scribi ebrei invece alzano le mani in atteggiamenti di meraviglia e sgomento, e così pure i genitori di Cristo che entrano in quel punto sulla scena, guardandosi stupiti. La tecnica della narrazione è ancora piuttosto irreale: è chiaro che l'artista non conosce ancora la maniera giottesca di rappresentare un episodio rendendolo vivo. Cristo, che all'epoca del fatto, secondo quanto ci dice la Bibbia, aveva dodici anni, è piccolo rispetto agli adulti; e l'artista non tenta di mettere fra una figura e l'altra un certo spazio. Inoltre, vediamo che tutte le facce sono disegnate, più o meno, secondo un'unica semplice formula, con le sopracciglia ad arco, la bocca volta in giù, i capelli e la barba ricciuti. Tanto più sorprende, se si guarda in fondo alla pagina, vedervi un'altra scena che non ha nulla a che fare con il sacro testo. È un tema della vita quotidiana di quei tempi, la caccia alle anatre con il falco. Con gran diletto dell'uomo e delle donne a cavallo, e del ragazzo che li precede, il falco è appena calato su un'ana-

tra, mentre altre due stanno fuggendo. Per dipingere la scena sacra l'artista, forse, non prese a modello alcun ragazzo dodicenne, ma senza dubbio ha studiato vere anatre e veri falchi prima di dipingere quella profana. Forse la narrazione biblica gli incuteva troppo rispetto per potervi introdurre immagini di vita reale e preferì tenere separate le due cose: la narrazione nitida e simbolica con atteggiamenti di pronta e facile lettura e senza particolari capaci di distrarre, e, sul margine della pagina, quel tratto di vita reale che ci ricorda ancora una volta come questo sia il secolo di Chaucer. Fu solo nel corso del Trecento che i due elementi di quest'arte, l'aggraziata narrazione e l'osservazione fedele, vennero gradatamente fusi. E forse ciò non sarebbe avvenuto tanto presto senza l'influenza dell'arte italiana.

In Italia, particolarmente a Firenze, l'arte di Giotto aveva mutato l'intera concezione della pittura. La vecchia maniera bizantina parve d'un tratto rigida e superata. Sarebbe comunque errato immaginare che l'arte italiana si staccasse improvvisamente dal resto dell'Europa. Anzi, l'influenza delle idee di Giotto andò crescendo nelle regioni al di là delle Alpi, proprio mentre gli ideali dei pittori gotici del Nord cominciavano a influenzare i maestri meridionali. Fu particolarmente a Siena, la grande città toscana rivale di Firenze, che il gusto e l'arte nordici fecero una profondissima impressione. I pittori senesi non avevano rotto con la primitiva tradizione bizantina in modo così subitaneo e rivoluzionario come Giotto a Firenze. Il grande maestro della generazione di Giotto, Duccio di Buoninsegna (1255/1260 ca-1315/1318 ca), aveva tentato − e con successo − di immettere nuova vita nelle vecchie forme bizantine anziché scartarle senz'altro. La pala d'altare, alla figura 141, è opera di due giovani artisti di questa scuola, Simone Martini (1285?-1344) e Lippo Memmi (morto nel 1347?). Essa ci mostra fino a che punto gli ideali e l'atmosfera generale del Trecento fossero stati accolti dall'arte senese. La pittura rappresenta quel momento dell'Annunciazione in cui l'arcangelo Gabriele giunge dal cielo per salutare la Vergine, e possiamo leggere le parole che gli escono di bocca: "*Ave, gratia plena*". Nella sinistra stringe un ramoscello d'ulivo, simbolo di pace; la destra è alzata come se si accingesse a parlare. La Vergine stava leggendo. L'apparizione dell'angelo l'ha colta di sorpresa. Ella si ritrae con un moto di sgomento e di umiltà, mentre si volge a guardare il messaggero celeste. Tra i due è un vaso di gigli bianchi, simbolo di verginità, e in alto, nell'arco acuto centrale, vediamo la colomba, simbolo dello Spirito Santo, circondata da cherubini quadrialati. Questi maestri avevano in comune con gli artisti francesi e inglesi delle figure 139 e 140, il sentimento lirico, la predilezione per le forme delicate. Amavano le curve gentili del drappeggio fluente e la grazia dei corpi snelli. Tutto il dipinto, infatti, assomiglia a una preziosa opera d'orafo, con le figure stagliate su un fondo d'oro, e tanto abilmente disposte da formare un'ammirevole composizione. Non ci si stanca di ammirare come queste figure siano state distribuite nella complicata disposizione del pannello, come le ali dell'angelo vengano incorniciate dall'arco acuto di sinistra e la figura della Vergine si ritragga sotto l'arco acuto di destra, mentre un vaso e la colomba librata su di esso colmano lo spazio intermedio. I pittori avevano imparato dalla tradizione medievale l'arte di distribuire le figure in uno schema. Abbiamo avuto occasione, in precedenza, di ammirare come gli artisti medievali sapessero disporre i simboli delle storie sacre in modo abile e gradevole. Ma sappiamo che lo facevano ignorando la forma reale e le proporzioni delle cose, e dimenticandosi completamente dello spazio. Non così gli artisti senesi. Forse possiamo trovare le loro figure un poco strane, con quegli occhi obliqui e le labbra arcuate, ma basta considerare alcuni particolari per accorgerci che le conquiste di Giotto non erano state inutili. Il vaso è un vaso vero, che poggia su un vero pavimento di pietra, e possiamo individuarne esattamente la posizione in rapporto all'angelo e alla Vergine. Il banco su cui siede la Vergine è un vero

141. Simone Martini e Lippo Memmi, *L'Annunciazione*, 1333, parte di una pala d'altare per la cattedrale di Siena, tempera su legno. Firenze, Uffizi.

banco che si prolunga nello sfondo, e il libro che la Madonna tiene in mano è non soltanto il simbolo di un libro ma un vero libro di preghiere investito dalla luce e con un po' d'ombra tra pagina e pagina, che l'artista deve aver accuratamente studiato dal vero.

Giotto fu contemporaneo di Dante, che lo menziona nella *Divina Commedia*. Simone Martini, il maestro della figura 141, fu amico di Petrarca, il massimo poeta italiano della generazione successiva, dai cui sonetti in onore di Laura apprendiamo che il pittore fece a quest'ultima un ritratto carissimo

allo scrittore. Dobbiamo rammentare che i ritratti, nel senso attuale, non esistevano nei medioevo, e che gli artisti si accontentavano di usare qualsiasi figura convenzionale di uomo o di donna scrivendovi sopra il nome della persona effigiata. Sfortunatamente il ritratto di Laura di Simone Martini è andato perduto, e non sappiamo fino a qual punto giungesse la somiglianza. Ci è noto comunque che questo artista e altri maestri nel Trecento dipingevano secondo natura, e se l'arte del ritratto si sviluppò in quel periodo, ciò si deve forse proprio a Simone Martini e a quel suo modo di interpretare la natura e osservarla in tutti i particolari, che tanto giovò agli artisti europei. Come Petrarca, Simone Martini passò parecchi anni alla corte pontificia, che a quel tempo non era a Roma ma ad Avignone, in Francia. La Francia era

142. Peter Parler il Giovane, *Autoritratto*, 1379-1386. Cattedrale di Praga.

ancora il centro dell'Europa, e le idee e gli stili francesi esercitavano ovunque grande influenza. La Germania era governata da una famiglia oriunda del Lussemburgo che aveva la sua residenza a Praga. Nella cattedrale di Praga c'è una meravigliosa collezione di busti risalenti a questo periodo (tra il 1379 e il 1386), che rappresentano i benefattori della chiesa, e servono quindi a un fine analogo a quello creato dalle figure dei fondatori di Naumburg [130]. Ma ora non c'è più dubbio: siamo di fronte a veri ritratti, poiché la serie include busti di contemporanei, compreso uno dell'artista cui era affidata l'opera, Peter Parler il Giovane (1330-1399), che è, con ogni probabilità, il primo vero autoritratto di un artista a noi noto [142].

La Boemia divenne uno dei centri attraverso i quali l'influenza italiana e francese si diffuse su più larga scala, giungendo fino a Paesi lontani come l'Inghilterra, dove Riccardo II aveva sposato Anna di Boemia. L'Inghilterra commerciava con la Borgogna: l'Europa infatti, o almeno l'Europa della Chiesa latina, costituiva ancora una grande unità. Gli artisti e le idee passavano da un centro all'altro, e nessuno pensava a respingere una conquista perché di origine straniera. Allo stile sorto da questo scambio verso la fine del Trecento gli storici hanno dato il nome di "gotico internazionale". Un mirabile esempio lo troviamo in Inghilterra, forse dipinto da un maestro francese per un re inglese, nel cosiddetto *Dittico di Wilton House* [143]: ci interessa per molte ragioni, non ultimo il fatto che anch'esso perpetua l'effigie di un personaggio storico, cioè lo sfortunato marito di Anna di Boemia, Riccardo II. Questi è ritratto inginocchiato in preghiera mentre san Giovanni Battista e i due santi patroni della famiglia reale lo raccomandano alla Santa Vergine; questa pare ergersi sul prato fiorito del paradiso, circondata da angeli di radiosa bellezza che recano tutti l'insegna del re, cioè il cervo bianco con le corna d'oro. Il Bambino Gesù si china vispo in avanti come per benedire il re o dargli il benvenuto e rassicurarlo che le sue preghiere sono state accolte. Forse nella consuetudine dei "ritratti di donatori" sopravvive qualcosa dell'antica credenza nel potere magico delle immagini, tanto tenaci sono le superstizioni che abbiamo trovato alle origini stesse dell'arte. Chi può dire se il donatore non si sentisse in certo modo rinfrancato negli alti e bassi della vita, ove svolgeva una parte forse non sempre molto edificante, pensando che in qualche tranquilla chiesa o cappella c'era qualcosa di lui, un'immagine somigliante eseguita con abilità dall'artista, sempre vicina agli angeli e ai santi e che non cessava mai di pregare?

È facile constatare come l'arte del dittico di Wilton sia legata alle opere di cui abbiamo trattato prima, come condivida con esse il gusto delle belle linee fluenti e dei motivi graziosi e delicati. Il gesto con cui la Vergine tocca il piede del Bambino Gesù e l'atteggiamento degli angeli dalle mani lunghe e affusolate ci ricordano figure già viste. Ancora una volta vediamo come l'artista desse prova della sua abilità nello scorcio, per esempio nell'angelo inginocchiato

143. Alle pagine seguenti: *Dittico di Wilton House*: san Giovanni Battista, Edoardo il Confessore e Sant'Edmonda intercedono per Riccardo, 1395 ca, tempera su legno, ogni sezione cm 47,5 × 29. Londra, National Gallery.

nel lato sinistro del pannello, e come si compiaccia di fare uso degli studi dal vero nei molti fiori che adornano il paradiso di sua immaginazione.

Gli artisti del gotico internazionale applicarono lo stesso spirito di osservazione e lo stesso gusto delle cose belle e delicate nel ritrarre il mondo che li circondava. Si era usato nel medioevo ornare i calendari con scene che illustravano le varie occupazioni dell'anno: semina, caccia, raccolto. Un calendario, annesso a un libro di preghiere che un ricco duca borgognone aveva commissionato alla bottega dei fratelli De Limbourg [144], mostra come queste pitture dal vero avessero guadagnato in vivacità e spirito d'osservazione, anche rispetto al tempo del *Salterio della regina Maria* [140]. La miniatura rappresenta la festa di primavera che si celebrava ogni anno alla corte ducale. I gentiluomini cavalcano attraverso un bosco in abbigliamenti vivaci e inghirlandati di fronde e fiori. Vediamo come il pittore godesse lo spettacolo delle belle fanciulle nelle loro vesti eleganti, e come fosse compiaciuto nel ritrarne sulla pagina tutto lo sfarzo multicolore. Ancora una volta dobbiamo pensare a Chaucer e ai suoi pellegrini, perché anche il nostro miniaturista si sforzò di caratterizzare i diversi tipi e lo fece con tanta abilità che ci pare quasi di udirli parlare. Un dipinto come questo venne probabilmente eseguito con la lente d'ingrandimento e dovrebbe essere guardato con la stessa appassionata attenzione. Tutti i particolari squisiti di cui l'artista ha affollato la pagina si fondono nel costruire un quadro che si avvicina molto a una scena reale. Molto, ma non del tutto; poiché se osserviamo che l'artista ha chiuso lo sfondo con una sorta di cortina d'alberi dietro la quale spuntano i tetti di un vasto castello, ci accorgiamo che egli non dà un'autentica scena dal vero. La sua arte sembra tanto lontana dalla tecnica narrativa simbolica dei pittori precedenti che solo con uno sforzo ci si può rendere conto che nemmeno lui riesce a creare lo spazio intorno alle sue figure, e che raggiunge l'illusione della realtà soprattutto attraverso un più intenso rilievo del particolare. Gli alberi non sono alberi reali dipinti dal vero, ma piuttosto una fila di alberi simbolici, l'uno accanto all'altro, e anche i volti sono ancora sviluppati più o meno secondo un'unica piacevole formula. Comunque, l'interesse per tutto ciò che la vita ha di splendido e di lieto dimostra che le sue teorie sullo scopo della pittura differivano assai da quelle degli artisti del primo medioevo. Dalla chiarezza e dalla comunicabilità necessarie a una narrazione sacra, l'interesse si era andato gradatamente spostando verso una rappresentazione capace di rendere, nel modo più fedele possibile, un aspetto della natura. Abbiamo visto che i due ideali non sono necessariamente contrastanti. Era certo possibile mettere la conoscenza della natura di recente conquista al servizio dell'arte religiosa come avevano fatto i maestri del Trecento, e come altri maestri avrebbero fatto dopo di loro; ma, per l'artista, il compito era comunque cambiato. Prima il tirocinio consisteva nell'imparare certi antichi schemi corrispondenti ai personaggi principali della storia sacra e adattarli a

144. Paul e Jean De Limbourg, *Maggio*, 1410 ca, pagina del Libro d'Ore dipinta per il duca di Berry. Chantilly, Musée Condé.

combinazioni sempre nuove. Ma ora il mestiere dell'artista richiedeva una diversa abilità. Egli doveva essere capace di fare studi dal vero e inserirli nei suoi dipinti. Cominciò dunque a usare un taccuino, accumulandovi una provvista di schizzi di piante e di animali rari e belli. Ciò che era stata un'eccezione nel caso di Matthew Paris [132], doveva tosto diventare la regola. Un disegno come quello della figura 145, eseguito da un artista dell'Italia settentrionale, Antonio Pisano detto il Pisanello (1397-1455?), appena una ventina d'anni dopo la miniatura dei De Limbourg, mostra come gli artisti si dedicassero ormai con passione a studiare un animale vivo. Il pubblico cominciò a giudicare in base all'abilità con cui era ritratta la natura

145. Antonio Pisanello, *Studi di scimmia*, 1430 ca, foglio da un album, punta d'argento su carta, cm 21 × 22. Parigi, Louvre.

e all'abbondanza di particolari attraenti che arricchivano i quadri. Gli artisti, comunque, volevano andare ancora più in là. Non si accontentavano più della maestria recentemente acquistata nel dipingere particolari quali fiori o animali dal vero; volevano investigare le leggi dell'ottica e raggiungere una conoscenza tale del corpo umano da poterlo rendere in statue e quadri come avevano fatto i greci e i romani. Quando il loro interesse prese questa direzione, l'arte medievale poté veramente dirsi superata. Giungiamo così al periodo comunemente noto sotto il nome di Rinascimento.

Andrea Pisano,
La bottega dello scultore, 1340 ca
(dal campanile del Duomo di Firenze).

12

LA CONQUISTA DELLA REALTÀ
Il primo Quattrocento

Rinascimento significa rinascita, reviviscenza, e l'idea di questa rinascita aveva cominciato a diffondersi in Italia fin dal tempo di Giotto. In quel periodo quando la gente voleva elogiare un poeta o un artista diceva che la sua opera non era per nulla inferiore a quella degli antichi. Così Giotto era stato esaltato per aver fatto rinascere l'arte: con questa espressione si intendeva che la sua arte poteva stare alla pari con quella dei famosi maestri elogiati dagli scrittori greci e romani. E non può sorprendere che proprio in Italia questo modo di considerare l'arte diventasse popolare. Gli italiani sapevano che nell'antichità la loro terra, sotto la guida di Roma, era stata il centro del mondo civile, e che la sua potenza e la sua gloria erano finite il giorno in cui le tribù germaniche, i goti e i vandali, avevano invaso il Paese e spezzato l'unità dell'impero romano. Nella mente degli italiani l'idea di una rinascita era legata a quella di una reviviscenza della grandezza romana. Il periodo fra l'età classica, cui guardavano con orgoglio, e la nuova epoca di rinascita, in cui speravano, era soltanto un triste lasso di tempo, "l'età di mezzo". Così da questo concetto di rinascita, o rinascimento, derivò l'altro, di un periodo intermedio, di un medioevo: termini tuttora in uso. E poiché gli italiani accusavano i goti della caduta dell'impero romano, l'arte di quel periodo intermedio fu per loro gotica, ossia barbarica; così come tuttora parliamo di vandalismo quando alludiamo a una inutile distruzione di cose belle.

Ora sappiamo che questo modo di vedere i fatti storici aveva scarso fondamento nella realtà. Nella migliore delle ipotesi non si trattava che di una raffigurazione sommaria e molto semplificata del vero corso degli eventi. Abbiamo visto che circa settecento anni separavano i goti da ciò che veniva chiamato "gotico". Sappiamo anche che la rinascita dell'arte, dopo i tumulti e i rivolgimenti dell'alto medioevo, si produsse gradualmente, e che proprio nel periodo gotico essa ebbe i suoi inizi. Forse scopriremo la ragione per cui gli italiani riuscirono più difficilmente dei popoli nordici ad acquistare coscienza di questa graduale crescita e fioritura dell'arte. Abbiamo visto come durante una parte del medioevo essi erano rimasti alla retroguardia, cosicché le nuove conquiste di Giotto apparvero loro un'innovazione formidabile, una rinascita di tutto quanto era nobile e grande nell'arte. Gli italiani del

Trecento ritenevano che arte, scienza e cultura fiorite nel periodo classico fossero state distrutte dai barbari del Nord e che ora fosse loro compito far rivivere il glorioso passato aprendo un'èra nuova.

In nessuna città questa speranza e questa fede furono intense come a Firenze, ricco centro mercantile, la città di Dante e di Giotto. Fu lì che nelle prime decadi del Quattrocento un gruppo di artisti volle creare un'arte nuova, rompendo con le teorie del passato.

L'eminente guida di questo gruppo di giovani artisti fiorentini era un architetto che lavorava al completamento del duomo, Filippo Brunelleschi (1377-1446). Il duomo era gotico, e Brunelleschi conosceva perfettamente le innovazioni tecniche della tradizione gotica. La sua fama, infatti, poggia in gran parte su alcune scoperte da lui fatte nell'ambito della costruzione e della progettistica e che presupponevano la conoscenza dei metodi gotici di campare le volte.

I fiorentini desideravano il loro duomo coronato da una cupola possente ma nessun artista sarebbe mai stato in grado di coprire l'immensa distanza fra i pilastri sui quali la cupola avrebbe dovuto poggiare se Filippo Brunelleschi non avesse trovato il sistema adatto [146]. Egli fu chiamato a progettare nuove chiese e altre costruzioni e ruppe completamente con lo stile tradizionale, abbracciando le idee di quanti aspiravano a una rinascita della grandezza romana. Si racconta che si recasse a Roma per misurare le rovine dei templi e dei palazzi e che ne rilevasse le linee e i motivi ornamentali. Non fu però mai sua intenzione copiare pedissequamente questi antichi edifici che, d'altra parte, si sarebbero adattati male alle esigenze della Firenze quattrocentesca. Mirava piuttosto alla creazione di una nuova maniera architettonica nella quale le forme classiche, liberamente usate, contribuissero a creare nuove espressioni di armonia e di bellezza.

Ma ciò che maggiormente stupisce è che Brunelleschi sia realmente riuscito a realizzare il suo programma. Per quasi cinquecento anni gli architetti d'Europa e d'America hanno seguito le sue orme. Ovunque andiamo, in città e villaggi, troviamo edifici di ispirazione classica, con frontoni e colonne. Solo nel Novecento alcuni architetti hanno cominciato a discutere i metodi di Brunelleschi, ribellandosi alla tradizione architettonica rinascimentale proprio come egli si era ribellato alla tradizione gotica. Ma la maggior parte delle case che si costruiscono oggi, perfino quelle senza colonne od ornamenti del genere, conserva ancora tracce di forme classiche nelle modanature delle porte e nelle cornici delle finestre, o nelle misure e nelle proporzioni dell'edificio. Se l'intento di Brunelleschi fu di creare l'architettura di una nuova èra, è indubbio che vi riuscì.

La figura 147 mostra la facciata di una cappella che Brunelleschi costruì per la potente famiglia fiorentina dei Pazzi; basta un'occhiata per vedere quanto poco essa abbia in comune con i templi classici, ma ancor meno con le

146. Filippo Brunelleschi, *La cupola del Duomo di Firenze*, 1420-1436 ca.

147. Filippo Brunelleschi, *Cappella Pazzi a Firenze*, 1430 ca, chiesa del primo Rinascimento.

forme usate dagli architetti gotici. Brunelleschi combinò colonne, pilastri e archi secondo il suo stile personale, raggiungendo un effetto di leggerezza e grazia diverso da qualsiasi esempio precedente. Certi particolari come la cornice della porta, con il suo frontone classico, mostrano con quanta cura Brunelleschi avesse studiato le antiche rovine e costruzioni come il Pantheon [75]. Si confronti la forma dell'arco e come questo si inserisce nel piano superiore mediante i pilastri (mezze colonne piatte). Si vede ancora più chiaramente quanto egli abbia studiato i modelli romani entrando nell'interno [148], in cui non c'è nulla che possa rievocare i tratti tanto cari agli architetti gotici: non alte finestre né snelli pilastri, ma il muro bianco e cieco ripartito da pilastri grigi che, pur non essendo funzionali, richiamano l'idea di un "ordine" classico. L'architetto ce li mise solo per dare rilievo alla linea e alle proporzioni dell'interno.

Brunelleschi non fu soltanto l'iniziatore del Rinascimento in architettura. Pare che gli sia dovuta un'altra importante scoperta nel campo dell'arte, destinata a dominare nei secoli seguenti: la prospettiva. Abbiamo visto che anche i greci, che pure padroneggiavano lo scorcio, e i maestri ellenistici abili nel creare l'illusione della profondità [72], non conoscevano le leggi

148. Filippo Brunelleschi, *Interno di Cappella Pazzi a Firenze*, 1430 ca.

149. Masaccio,
*La Santissima Trinità
con la Vergine,
san Giovanni e i
donatori*, 1425-1428
ca, affresco,
cm 667 × 317.
Firenze, chiesa di
Santa Maria Novella.

matematiche secondo le quali gli oggetti diminuiscono di grandezza a mano a mano che si allontanano dallo spettatore. Ricordiamo che nessun artista classico sarebbe riuscito a disegnare il famoso filare di alberi che retrocede fino a svanire all'orizzonte. Fu Brunelleschi a dare agli artisti i mezzi matematici per risolvere tale problema, e l'emozione che destò fra gli amici pittori dovette essere enorme. La figura 149 mostra una delle prime pitture eseguite con l'aiuto di norme matematiche. È la pittura murale di una chiesa fiorentina e rappresenta la Santissima Trinità con la Vergine e san Giovanni ai piedi della Croce e i donatori – un anziano mercante e sua moglie – inginocchiati all'esterno. L'autore era soprannominato Masaccio (1401-1428), un peggiorativo di Tommaso. Dovette essere un ingegno straordinario, poiché sappiamo che morì neppure ventottenne e che pur in così breve tempo era riuscito a rivoluzionare interamente la pittura. Una rivoluzione che non consisteva solo nell'accorgimento tecnico della prospettiva, per quanto si trattasse di una novità straordinaria. Possiamo immaginare lo stupore dei fiorentini quando, rimosso il velo, apparve questa pittura che pareva aver scavato un buco nel muro per mostrare al di là una nuova cappella sepolcrale, costruita secondo il moderno stile di Brunelleschi. Ma forse furono ancor più stupiti della semplicità e grandiosità delle figure che vi erano incorniciate. Se i fiorentini si erano aspettati una pittura arieggiante il gotico internazionale, allora di moda a Firenze come nel resto d'Europa, dovettero rimanere delusi. Non grazia delicata, ma figure massicce e pesanti; non curve libere e fluenti, ma forme angolose e solide; e non graziosi particolari come fiori e pietre preziose, ma una rigida tomba con dentro il cadavere. Però, se anche l'arte di Masaccio era meno piacevole all'occhio delle pitture precedenti, essa era tanto più sincera e commovente. Sappiamo che, pur non imitandolo, Masaccio ammirava la grandezza drammatica di Giotto. Il semplice gesto con cui la Vergine addita il figlio crocifisso è così eloquente e toccante perché è l'unico movimento che animi la solenne pittura, composta più di statue che di figure. E, incorniciandole prospetticamente, è proprio quest'effetto di statuaria solennità che Masaccio ha voluto sottolineare. Potremmo quasi toccarle, e questa sensazione ce le fa più vicine e intelligibili. Per i grandi maestri del Rinascimento, i nuovi accorgimenti e le nuove scoperte artistiche non erano mai fini a sé stessi. Se ne valevano solo per imprimere sempre più nelle menti il significato dei loro temi.

Il più importante scultore della cerchia di Brunelleschi fu il maestro fiorentino Donatello (1386?-1466). Era più vecchio, di quindici anni, di Masaccio, ma visse assai più a lungo. La figura 151 mostra una sua opera giovanile, ordinatagli dalla corporazione degli armaioli: san Giorgio, loro patrono, destinata alla nicchia esterna di una chiesa fiorentina (Orsammichele). Se ripensiamo alle statue gotiche poste all'esterno delle grandi cattedrali [127], ci rendiamo conto fino a che punto Donatello abbia rotto completamente

col passato. Le statue gotiche si allineavano ai lati dei portali in teorie calme e solenni, simili a creature di un mondo diverso. Il san Giorgio di Donatello poggia invece solidamente sulla terra, i suoi piedi sono piantati in modo risoluto al suolo, come se egli fosse ben deciso a non indietreggiare d'un solo palmo. Il volto non ha nulla della bellezza vaga e serena dei santi medievali: è energico e intento [150]. Sembra scrutare l'avvicinarsi del nemico e misurarne la grandezza, le mani appoggiate allo scudo, tutto teso in atteggiamento di sfida. La statua è famosa come insuperabile espressione del coraggio e dell'impeto giovanili. Ad accendere la nostra ammirazione non sono solo la fantasia di Donatello e la sua capacità di rappresentare il cavaliere con tanta freschezza e concretezza, ma l'intero suo atteggiamento verso la scultura, indice di una concezione completamente nuova. Benché la statua sia ricca di vita e di movimento, essa rimane pur sempre chiaramente delineata e solida come una roccia. Come le pitture di Masaccio, essa indica la volontà di Donatello di sostituire alla squisita raffinatezza dei suoi predecessori una nuova e vigorosa osservazione della natura. Alcuni particolari, come le mani o la fronte del santo, mostrano una netta indipendenza dai modelli tradizionali, e sono frutto di un'autonoma e nuova osservazione delle vere fattezze umane. I maestri fiorentini del primo Quattrocento non si accontentavano più di ripetere le vecchie formule degli artisti medievali. Come i greci e i romani che tanto ammiravano, essi cominciarono a osservare attentamente negli studi e nelle botteghe il corpo umano, chiedendo a modelli o a compagni d'arte di posare per loro negli atteggiamenti desiderati. È questo nuovo metodo, è questo nuovo interesse che conferisce all'opera di Donatello tanta forza di persuasione.

Donatello acquistò ancora vivente grande fama. Come Giotto un secolo prima, egli fu spesso chiamato in altre città italiane per renderle più belle e più famose. La figura 152 mostra un rilievo in bronzo eseguito da lui per il fonte battesimale di Siena circa dieci anni dopo il san Giorgio, nel 1427. Come il fonte medievale della figura 118, esso illustra un episodio della vita di san Giovanni Battista: la macabra scena in cui Salomè, come compenso della sua danza, ottiene dal re Erode la testa del santo. Vediamo la sala regale

150. Particolare di figura 151.

151. Donatello, *San Giorgio*, 1415-1416 ca, marmo, altezza cm 209. Firenze, Museo Nazionale del Bargello.

152. Donatello,
Il festino di Erode,
1423-1427,
bronzo dorato,
cm 60 × 60, rilievo sul
fonte battesimale della
cattedrale di Siena.

153. Particolare
di figura 152.

del banchetto e, dietro, la tribuna dei musicanti e una fuga di stanze e scale.
Il carnefice, appena entrato, si è inginocchiato dinanzi al re cui offre sopra
un piatto la testa del santo. Il re si ritrae levando le mani inorridito, i bimbi
piangono e fuggono, la madre di Salomè, istigatrice del delitto, sta parlando al re per spiegargli l'accaduto. Gli ospiti, indietreggiando, le fanno un
grande vuoto d'intorno. Uno di essi si copre gli occhi con una mano, altri
circondano Salomè che sembra avere appena interrotto la sua danza. Non
è necessario indugiare a lungo sulla novità dei particolari. In quest'opera di
Donatello tutto è nuovo. Chi era abituato alle narrazioni chiare e aggraziate
dell'arte gotica, dovette restare colpito da un simile stile narrativo che non
ricorreva a uno schema nitido e piacevole, ma piuttosto a un effetto di caos
improvviso. Come le figure di Masaccio, quelle di Donatello sono dure e
angolose nei loro movimenti. I gesti sono violenti, e non v'è alcun tentativo
di mitigare l'orrore della storia. Ai contemporanei la scena dovette sembrare
di una vivacità quasi incredibile.
La nuova arte della prospettiva accresceva ancor più l'illusione della realtà.
Donatello ha dovuto certo cominciare col domandarsi: "Come sarà stata
la scena quando la testa del santo venne portata nella sala?". E fece del suo
meglio per rappresentare un palazzo classico quale poteva essere quello in
cui si svolgeva l'avvenimento scegliendo per figure di sfondo tipi romani
[153]. È infatti evidente che a quel tempo Donatello, come il suo amico
Brunelleschi, aveva intrapreso uno studio sistematico dei ruderi romani
per valersene nella sua azione volta a una rinascita artistica. Ma sarebbe del
tutto errato, comunque, immaginare che questo studio dell'arte greca e

romana fosse la *causa* della rinascita o del Rinascimento. È vero piuttosto il contrario: gli artisti attorno a Brunelleschi desideravano con tanto ardore un rinnovamento artistico che per realizzare i loro nuovi fini si volsero alla natura, alla scienza e ai ruderi dell'antichità.

Il dominio della scienza e la familiarità con l'arte classica rimasero per qualche tempo prerogativa esclusiva degli artisti italiani. Ma la volontà appassionata di creare un'arte nuova, più fedele alla natura di tutte le precedenti, ispirò pure gli artisti nordici di quella generazione.

Come la generazione di Donatello a Firenze si era stancata delle ricercatezze e delle sottigliezze del gotico internazionale e aveva vagheggiato figure più vigorose e austere, così uno scultore d'oltralpe lottava per un'arte più realistica e più diretta di quanto non fossero le opere delicate dei suoi predecessori. Questi fu Claus Sluter, che lavorò dal 1380 al 1405 circa a Digione, a quel tempo capitale del ricco e prospero ducato di Borgogna. La sua opera più famosa è un gruppo di profeti (un tempo basamento di un grande crocifisso che in un famoso luogo di pellegrinaggio sormontava una fontana) [154], cioè degli uomini le cui parole furono interpretate come profezia della Passione. Reggono in mano un gran rotolo di pergamena, in cui sono scritte le parole profetiche, e sembrano meditare sull'evento drammatico incombente. Non sono più le figure solenni e rigide allineate ai lati dei portali delle cattedrali gotiche [127]. Esse differiscono dalle opere precedenti quanto il san Giorgio di Donatello. L'uomo con il turbante è Daniele, mentre il vecchio profeta a testa nuda è Isaia. Dinanzi a noi, più grandi del vero, variopinte e splendidamente dorate, non sembrano tanto statue quanto solenni personaggi di sacre rappresentazioni medievali sul punto di recitare la loro parte. Ma tutta questa sorprendente illusione di verosimiglianza non deve farci dimenticare il profondo senso artistico con cui Sluter ha creato le figure massicce, l'onda del loro drappeggio e la dignità del loro portamento. Eppure nel Nord non fu uno scultore ad attuare la conquista definitiva della realtà. Poiché l'artista le cui scoperte rivoluzionarie rappresentarono subito un elemento innovatore fu il pittore Jan van Eyck (1390?-1441). Come Sluter, egli era legato alla corte dei duchi di Borgogna, ma lavorò soprattutto in quella parte dei Paesi Bassi che ora è il Belgio. La sua opera principale è il grande polittico che si trova a Gand [155, 156]. Si dice che sia stato cominciato dal fratello maggiore di Jan, Hubert, del quale poco si sa, e terminato da Jan nel 1432, in quello stesso decennio che vide il completamento delle grandi opere di Masaccio e Donatello.

A fronte di tutte le loro evidenti differenze, ci sono molte affinità tra l'affresco di Masaccio a Firenze [149], e questa pala d'altare dipinta per una chiesa nelle lontane Fiandre. Ambedue mostrano il pio donatore e sua moglie in preghiera ai lati [155], tutti e due si concentrano su una grande immagine simbolica che nell'affresco è la Santa Trinità e

154. Claus Sluter, *I profeti Daniele e Isaia*, 1396-1404, particolare del Pozzo di Mosè, calcare, altezza (base esclusa) cm 360. Digione, Certosa di Champmol.

sull'altare è la mistica visione dell'Adorazione dell'Agnello, l'agnello che naturalmente simboleggia Cristo [156]. La composizione si basa soprattutto sull'*Apocalisse* di san Giovanni (7, 9): "[vidi] un'immensa folla, che nessuno poteva contare, di ogni stirpe, tribù, popolo e lingua; essi stavano in piedi davanti al trono e davanti all'agnello...", un testo che la Chiesa collega alla festa di Ognissanti e trova ulteriori allusioni nel dipinto. In alto vediamo Dio Padre, maestoso come in Masaccio, ma splendidamente insediato sul trono come un papa, tra la Santa Vergine e san Giovanni Battista che per primo chiamò Gesù l'"Agnello di Dio".

Come nella figura 156, l'altare con le sue varie immagini si può mostrare aperto, come accadeva nei giorni festivi quando tutti i suoi splendidi colori venivano rivelati, oppure chiuso come nei giorni feriali quando si presentava in un aspetto più sobrio [155]. Qui l'artista ha rappresentato san Giovanni Battista e san Giovanni Evangelista come statue, proprio come Giotto aveva rappresentato le figure delle Virtù e dei Vizi nella Cappella degli Scrovegni [134]. In alto ci appare la scena familiare dell'Annunciazione, e ci basta soltanto ricordare lo stupendo pannello di Simone Martini, realizzato circa cent'anni prima [141], per avere una prima idea del nuovissimo approccio "concreto" di Van Eyck alla storia sacra.

La sua più efficace dimostrazione del nuovo concetto di arte la riservò tuttavia alle ali interne: le figure di Adamo ed Eva dopo il peccato. La Bibbia ci dice che fu soltanto dopo aver mangiato dall'Albero della Conoscenza che essi "si accorsero di essere nudi". Nudi davvero appaiono, nonostante le foglie di fico che tengono in mano. Qui non c'è realmente un parallelismo con i maestri del primo Rinascimento in Italia, i quali non abbandonarono mai del tutto le tradizioni dell'arte greca e romana. Noi ricordiamo che gli antichi avevano "idealizzato" la figura umana in opere quali l'*Apollo del Belvedere* o la *Venere di Milo* [64, 65]. Jan van Eyck non era d'accordo. Deve essersi messo di fronte dei modelli nudi e averli dipinti così fedelmente che le generazioni successive furono alquanto scandalizzate da tanta franchezza. Non che l'artista fosse indifferente alla bellezza. Anch'egli godette nell'evocare gli splendori del Cielo non meno di quanto aveva fatto una generazione prima il maestro del *Dittico di Wilton House* [143]. Ma si osservi di nuovo la differenza, la pazienza e la maestria con cui egli ha studiato e dipinto la lucentezza dei preziosi broccati indossati dagli angeli musicanti, e ovunque il brillio dei gioielli. Da questo punto di vista Van Eyck non ruppe troppo radicalmente con le tradizioni del gotico internazionale come aveva fatto Masaccio. Seguì piuttosto i metodi di artisti quali i fratelli De Limbourg, portandoli a un tale livello di perfezione da lasciarsi alle spalle i princípi dell'arte medievale.

I fratelli De Limbourg, come altri maestri gotici del loro periodo, si erano compiaciuti di riempire i loro lavori di figure piacevoli e di delicati particolari

155. Jan van Eyck, *Polittico di Gand* con ante chiuse, 1432, olio su pannello, ogni pannello cm 146 × 51. Gand, cattedrale di San Bavone.

156. Jan van Eyck, *Polittico di Gand* con ante aperte.

tratti dall'osservazione della realtà. Amavano mostrare la loro abilità nel dipingere fiori e animali, edifici, costumi sontuosi e gioielli, offrendo una vera festa all'occhio. Abbiamo visto che essi non si davano troppo pensiero della proporzione delle figure e dei paesaggi, e che quindi il loro disegno e la loro prospettiva non erano molto convincenti. Non così nelle pitture di Van Eyck. La sua osservazione dal vero è ancora più paziente, la sua conoscenza dei particolari è ancora più esatta, gli alberi e l'edificio nello sfondo stanno a dimostrarlo. Gli alberi dei fratelli De Limbourg, come ricordiamo, erano piuttosto schematici e convenzionali [144]: il paesaggio sembrava un arazzo o un paramento piuttosto che uno scenario reale. Nel dettaglio del quadro di Van Eyck riprodotto in figura 157, alberi reali e paesaggio reale portano alla città e al castello che si stagliano sull'orizzonte. L'erba sulle rocce e i fiori nati nei crepacci (dipinti con pazienza infinita) non possono venir paragonati al sottobosco ornamentale della miniatura dei De Limbourg. Ciò che vale per il paesaggio vale anche per le figure. Tanta fu l'attenzione di Van Eyck nel riprodurre ogni minuto particolare che ci pare quasi di poter contare i peli delle criniere dei cavalli o delle guarnizioni di pelliccia sui costumi dei cavalieri. Il cavallo bianco nella miniatura dei De Limbourg somiglia un poco a un cavallo a dondolo. Il cavallo di Van Eyck, anche se, per forma e atteggiamento, non è molto diverso, tuttavia è vivo. Vediamo lo splendore dell'occhio, le pieghe della pelle; e mentre il primo sembra quasi piatto, quello di Van Eyck ha membra tonde, modellate dal chiaroscuro.

L'elenco di tutti questi minuti particolari e la lode rivolta a un grande artista per la pazienza spesa nell'osservare e copiare la natura possono sembrare di secondaria importanza. E certo sarebbe un errore svalutare i fratelli De Limbourg, o qualsiasi altra pittura, perché manca di questa fedeltà al vero, ma se vogliamo capire come si sviluppò l'arte nordica dobbiamo saper apprezzare l'infinita cura e pazienza di Van Eyck. Gli artisti meridionali suoi contemporanei, i maestri fiorentini della cerchia di Brunelleschi, avevano perfezionato un metodo grazie al quale la natura poteva venir rappresentata in un quadro con un'esattezza quasi scientifica. Cominciavano con l'intelaiatura di linee prospettiche, e costruivano il corpo umano basandosi sull'anatomia e sulle leggi della prospettiva. Van Eyck si mise per la strada opposta. Raggiunse l'illusione del vero sommando pazientemente un particolare all'altro, affinché l'intero quadro apparisse come uno specchio del mondo visibile.

Questa differenza tra arte nordica e italiana durò a lungo e fu importante, e non si va lontano dal vero affermando che ogni opera che eccelle nella rappresentazione della bellezza esteriore degli oggetti, dei fiori, dei gioielli o dei tessuti sarà di un artista nordico, e più probabilmente di un artista dei Paesi Bassi; mentre una pittura dai contorni arditi, dalla prospettiva chiara e dalla sicura conoscenza del mirabile corpo umano sarà italiana.

157. Particolare di figura 156.

Per riuscire a rispecchiare la realtà in ogni particolare, Van Eyck doveva migliorare la tecnica della pittura: inventò la pittura a olio. Si è molto discusso circa la veridicità e l'esatto significato di quest'affermazione, ma i particolari hanno un'importanza relativamente scarsa. La sua non fu un'assoluta novità come la scoperta della prospettiva; semplicemente egli ideò una nuova ricetta per la preparazione dei colori. I pittori di quel tempo non compravano colori già fatti in tubi o in scatola: perlopiù, dovevano estrarre le loro tinte da piante colorate e da minerali che solevano frantumare loro stessi fra due pietre o affidando l'incarico a un apprendista, stemperando prima dell'uso con un liquido la polvere così ottenuta in modo da ricavarne una specie di impasto. C'erano parecchi metodi per compiere tale operazione, ma in tutto il medioevo l'elemento liquido era perlopiù un uovo, perfettamente adatto allo scopo, ma che presentava lo svantaggio di seccare piuttosto in fretta. Questo tipo di pittura è detto a tempera. Pare che Jan van Eyck non fosse soddisfatto di questa formula, che non gli consentiva graduali passaggi di tono e una vasta gamma di sfumature. Usando l'olio invece dell'uovo, egli poteva lavorare più lentamente e con maggiore precisione; poteva valersi di colori brillanti da sovrapporre a strati trasparenti o velature, e aggiungere gli effetti di maggior rilievo e splendore con un pennello appuntito, ottenendo così quei miracoli di esattezza che stupirono i contemporanei e fecero ben presto adottare da tutti la pittura a olio.

L'arte di Van Eyck ottenne forse nei ritratti i risultati più brillanti. Uno dei suoi ritratti più famosi rappresenta un mercante italiano, Giovanni Arnolfini, recatosi nei Paesi Bassi per ragioni di commercio, con la sposa Giovanna Cenami [158]. A suo modo è un'opera nuova e rivoluzionaria quanto quelle di Masaccio o di Donatello in Italia. Un angolo qualsiasi del mondo reale è stato colto istantaneamente su un pannello come per magia. Eccolo in tutti i suoi particolari: il tappeto, le pianelle, il rosario appeso alla parete, il piumino accanto al letto, e la frutta accanto alla finestra. È come se facessimo visita agli Arnolfini a casa loro. Il quadro rappresenta probabilmente un momento solenne della loro vita: lo sposalizio. La giovane ha appena messo la destra nella mano sinistra dell'Arnolfini, ed egli sta per mettere la sua destra in quella di lei, come pegno solenne della loro unione. Forse al pittore venne chiesto di perpetuare questo momento perché vi aveva assistito, esattamente come si poteva chiedere a un notaio di testimoniare la sua presenza a una simile cerimonia. Questo spiegherebbe perché il maestro abbia messo il proprio nome in un punto importante del quadro, con le parole latine *Johannes de eyck fuit hic* (Jan van Eyck era presente). Nello specchio in fondo alla camera vediamo tutta la scena riflessa a rovescio e lì pare si possa scorgere anche l'immagine del pittore e i testimoni [159]. Non sappiamo se fu il mercante italiano o l'artista nordico a concepire un simile impiego del nuovo genere di pittura, paragonabile all'uso legale di

158. Jan van Eyck, *I coniugi Arnolfini*, 1434, olio su legno, cm 82 × 60. Londra, National Gallery.

una fotografia, debitamente sottoscritta da un testimone. Ma chiunque abbia avuto per primo questa idea aveva certamente còlto subito le enormi possibilità insite nel nuovo modo di dipingere di Van Eyck. Per la prima volta nella storia, l'artista diventa un perfetto testimone oculare nel senso più vero del termine.

In questo tentativo di rendere la realtà come appare all'occhio, Van Eyck, come Masaccio, dovette rinunciare agli schemi piacevoli e alle fluenti curve del gotico internazionale. Ad alcuni le sue figure possono anche sembrare rigide e goffe se paragonate alla grazia squisita di pitture come il *Dittico di Wilton House* [143]. Ma, in ogni parte d'Europa, gli artisti di quella generazione, nella loro appassionata ricerca della verità, sfidarono le più antiche concezioni estetiche e probabilmente scandalizzarono parecchie persone anziane. Uno dei più radicali innovatori fu un pittore svizzero di nome Konrad Witz (1400?-1446?). La figura 161 è tratta dalla pala d'altare che egli dipinse per la città di Ginevra nel 1444. È dedicata a san Pietro e rappresenta l'incontro del santo con Cristo dopo la Resurrezione, come viene raccontato nel Vangelo di san Giovanni, al capitolo 21. Alcuni apostoli e i loro seguaci erano andati a pescare al lago di Tiberiade, ma non avevano preso nulla. Allo spuntar del giorno Gesù si trovò sulla riva, ma essi non lo riconobbero. Disse loro di gettare la rete dal lato destro della barca e la rete si riempì talmente di pesce che non riuscivano più a tirarla su. In quel momento uno di loro disse: "È il Signore", e a queste parole san Pietro "si

159, 160. Particolari di figura 158.

cinse il camiciotto, perché era nudo, e si gettò in mare. Ma gli altri discepoli vennero con la barca", dopo di che spartirono la colazione con Gesù.
Un pittore medievale cui si fosse richiesto di illustrare tale avvenimento
miracoloso probabilmente si sarebbe accontentato di fare una serie di linee
ondulate per indicare il lago di Tiberiade. Ma Witz voleva presentare nella
sua verità ai ginevrini la scena del Cristo ritto sulle acque. E così non dipinse
un lago qualsiasi, ma un lago che tutti conoscevano, il lago di Ginevra, con il
massiccio del monte Salève alto nello sfondo. È un paesaggio reale, che tutti
potevano vedere, che esiste tutt'oggi ed è ancora molto simile al quadro. È
forse la prima rappresentazione esatta, il primo "ritratto" di una veduta vera
che mai sia stato tentato. Su questo lago reale Witz dipinse i pescatori reali;

161. Konrad Witz,
La pesca miracolosa,
1444, pannello di una
pala d'altare, olio su
legno, cm 132 × 154.
Ginevra, Musée d'Art
et d'Histoire.

non i contegnosi apostoli delle antiche pitture ma volgare gente del popolo, affaccendata attorno agli arnesi da pesca e goffamente indaffarata a tenere in bilico il barcone. San Pietro sembra annaspare disperatamente nell'acqua, proprio come in realtà dev'essere avvenuto. Solo Cristo si erge tranquillo e fermo sulle onde. La sua figura solida richiama alla mente quelle del grande affresco di Masaccio [149]. Deve essere stata una grande emozione per i fedeli ginevrini riconoscere in quegli apostoli uomini simili a loro, intenti a pescare, con il Cristo risorto apparso miracolosamente sulla riva familiare per dare loro aiuto e incoraggiamento.

Nanni di Banco,
*Tagliapietre e scultori
al lavoro*, 1408 ca.

I3

TRADIZIONE E RINNOVAMENTO: I
Il tardo Quattrocento in Italia

Le nuove scoperte fatte dagli artisti d'Italia e di Fiandra all'inizio del Quattrocento avevano causato un rivolgimento in tutta l'Europa. Pittori e mecenati avevano scoperto con gioia che l'arte non doveva esclusivamente servire a narrare in modo commovente la storia sacra, ma poteva rispecchiare un frammento del mondo reale. Forse il risultato più immediato di questa grande rivoluzione artistica fu che tutti gli artisti di tutti i Paesi presero a sperimentare e a ricercare effetti nuovi e sorprendenti. Quello spirito d'avventura che si impossessò dell'arte del Quattrocento segna la vera rottura con il medioevo.

C'è un risultato di questa rottura che dobbiamo innanzitutto considerare. Fino al 1400 circa, l'arte nelle diverse parti d'Europa si era sviluppata in modo analogo. Ricordiamo che lo stile dei pittori e degli scultori gotici di quel periodo va sotto il nome di "internazionale" perché gli scopi che si proponevano i maggiori maestri di Francia e d'Italia, di Germania e Borgogna erano tutti molto affini. Naturalmente le differenze nazionali erano esistite in tutto il medioevo – ricordiamoci le diversità tra Francia e Italia durante il Duecento – ma, nel complesso, non erano molto importanti. Ciò vale non solo nel campo dell'arte ma anche in quello della cultura e della politica. Gli uomini dotti del medioevo parlavano e scrivevano tutti in latino, ed era per loro indifferente insegnare alle università di Parigi o di Padova o di Oxford. I nobili di quell'epoca avevano in comune gli ideali della cavalleria; la lealtà al re o al signore feudale non ne faceva implicitamente i campioni di un popolo o di una nazione particolare. Ma tutto questo era andato gradatamente mutando verso la fine del medioevo, quando le città con i loro borghesi e mercanti divennero più importanti dei castelli baronali. I mercanti parlavano la lingua materna e rimanevano uniti contro qualsiasi concorrente o intruso straniero. Ogni città era orgogliosa e gelosa della propria posizione e dei propri privilegi commerciali e industriali. Nel medioevo, un buon maestro poteva viaggiare da cantiere a cantiere, poteva essere raccomandato da un monastero all'altro, e pochi si sarebbero dati la pena di informarsi sulla sua nazionalità. Ma appena le città crebbero d'importanza, gli artisti, come tutti gli artigiani e gli artefici, si organizzarono in corporazioni, assai simili ai nostri odierni sindacati, che avevano il compito di tutelare i diritti e i privilegi dei membri e di garantire un mercato sicuro ai loro prodotti. Per essere ammessi alla corporazione si doveva dare prova di una certa abilità, dimostrando di essere realmente maestri nella propria arte. Era allora permesso aprire bottega, assumere apprendisti e accettare ordinazioni di pale d'altare, ritratti, cassoni dipinti, stendardi e blasoni o lavori del genere.

Le gilde, o corporazioni, erano in genere ricche associazioni che avevano voce in capitolo nel governo della città, e non solo concorrevano alla sua prosperità ma facevano del loro meglio per abbellirla. A Firenze e altrove le gilde degli orafi, dei lanieri, degli armaioli e altre devolvevano parte dei loro fondi all'erezione di chiese, altari e cappelle, e alla costruzione di sedi di corporazioni, dando così incremento all'arte. D'altra parte curavano attentamente gli interessi dei loro membri e ostacolavano quindi gli artisti forestieri nel trovare impiego o la possibilità di stabilirsi fra loro. Solo i più famosi, a volte, riuscivano a spezzare questa resistenza e a viaggiare liberamente, come al tempo che vide sorgere le grandi cattedrali.

Tutte queste cose esercitarono un'influenza sulla storia dell'arte perché, grazie allo sviluppo delle città, il gotico internazionale fu forse l'ultimo stile internazionale sorto in Europa, almeno fino al XX secolo. Nel Quattrocento l'arte si spezzettò in una quantità di "scuole" diverse: in Italia, nelle Fiandre e in Germania quasi ogni città o cittadina aveva la sua scuola di pittura. "Scuola" è una parola che può prestarsi a equivoci, perché a quei tempi non esistevano scuole d'arte in cui i giovani studenti potessero seguire vere e proprie lezioni. Se un ragazzo decideva di diventare pittore, il padre lo mandava ancora molto giovane come apprendista presso uno dei principali maestri della città. In genere veniva addirittura ospitato dal maestro, faceva i minuti servizi per lui e per la sua famiglia e si rendeva utile in ogni modo. Uno dei primi incarichi poteva essere quello di pestare i colori o di aiutare il maestro nella preparazione dei pannelli di legno o delle tele. Poco per volta gli poteva venir affidato qualche lavoro di scarsa importanza, come decorare l'asta di uno stendardo. Successivamente, in un momento in cui il maestro era particolarmente affaccendato, gli si poteva chiedere di completare qualche insignificante parte di un'opera di un certo impegno: dipingere uno sfondo già delineato sulla tela o rifinire la veste di qualche personaggio secondario. Se mostrava talento e sapeva imitare alla perfezione la maniera del maestro, il giovane poco per volta otteneva incarichi più importanti, fors'anche quello di dipingere un intero quadro su disegno del maestro e sotto la sua guida. Tali erano, dunque, le "scuole di pittura" del Quattrocento: scuole veramente eccellenti, e parecchi pittori, oggigiorno, vorrebbero aver fatto un tirocinio così completo. Il modo con cui i maestri di una città trasmettevano alla generazione più giovane la loro esperienza e la loro tecnica spiega pure perché le scuole di pittura di queste città abbiano

162. Leon Battista Alberti, *Sant'Andrea a Mantova*, 1460 ca, chiesa rinascimentale.

potuto delineare con tanta chiarezza la loro fisionomia peculiare. Si riconosce subito, infatti, se un dipinto quattrocentesco proviene da Firenze o da Siena, da Digione o da Bruges, da Colonia o da Vienna.

Per poter abbracciare dal punto di vista più adatto l'immensa varietà dei maestri, delle scuole e delle esperienze, sarà bene che torniamo a Firenze, dove la grande rivoluzione artistica si era iniziata. È interessante osservare come la seconda generazione, quella che seguì a Brunelleschi, a Donatello e a Masaccio, in tutti i compiti che si trovò dinanzi abbia procurato di valersi delle scoperte fatte e di applicarle. Non fu sempre facile: le esigenze dei mecenati committenti erano rimaste, in fondo, sostanzialmente quelle del periodo precedente.

I nuovi metodi rivoluzionari parevano talvolta contrastare con le ordinazioni tradizionali. Prendiamo il caso dell'architettura: Brunelleschi aveva avuto l'idea di reintrodurre le forme degli edifici classici (colonne, frontoni e cornicioni copiati dalle rovine romane) e le aveva usate nelle sue chiese. I successori ardevano dal desiderio di emularlo. La figura 162 mostra una chiesa progettata dall'architetto fiorentino Leon Battista Alberti (1404-1472), che concepì la sua facciata come un gigantesco arco trionfale alla maniera romana [74]. Ma come potevano adattarsi queste nuove forme a una comune casa d'abitazione in una strada cittadina? Le case e i palazzi tradizionali non si potevano costruire alla maniera dei templi. Le case private dell'epoca romana non esistevano più e, se anche fossero sopravvissute, i bisogni e i costumi erano mutati a tal segno che non avrebbero potuto offrire alcun valido orientamento. Il problema quindi fu di trovare un compromesso tra la casa tradizionale, con muri e finestre, e la forma classica di Brunelleschi. Fu ancora Alberti a escogitare una soluzione destinata a essere determinante fino ai giorni nostri progettando un palazzo per una ricca famiglia di mercanti fiorentini, i Rucellai [163]. Disegnò un comune edificio a tre piani la cui facciata aveva scarsa somiglianza

163. Leon Battista Alberti, *Palazzo Rucellai a Firenze*, 1460 ca.

con qualsiasi rovina classica, tuttavia seguì il programma di Brunelleschi valendosi delle forme classiche per decorare la facciata. Invece di costruire colonne o mezze colonne la rivestì di un gioco di lesene e di trabeazioni che davano un'impronta classica all'edificio senza mutarne la struttura. È facile scoprire dove Alberti abbia imparato questo modo di procedere. Pensiamo al Colosseo [73], dove i vari "ordini" greci erano stati applicati ai diversi piani. Anche qui il piano inferiore è un adattamento dello stile dorico, e anche qui si aprono archi tra i pilastri. Ma benché Alberti sia riuscito a dare al vecchio tipo di palazzo cittadino un'apparenza nuova e moderna ritornando alle forme romane, egli non ruppe del tutto con le tradizioni gotiche. Basta paragonare le finestre del palazzo con le aperture della facciata di Notre-Dame di Parigi [125], per scoprire un'inattesa affinità. Alberti si è limitato a "calare" il disegno gotico nelle forme classiche,

164. Lorenzo Ghiberti, *Il battesimo di Cristo*, 1427, bronzo dorato, cm 60 × 60, rilievo sul fonte battesimale della cattedrale.

smussando il "barbarico" arco acuto e usando gli elementi dell'ordine classico in un contesto tradizionale.

Questa di Alberti è una conquista tipica. I pittori e gli scultori della Firenze quattrocentesca spesso si trovarono costretti ad adattare il nuovo programma a una tradizione antica. Il miscuglio di vecchio e nuovo, di tradizioni gotiche e forme moderne è caratteristico di molti maestri della metà del secolo.

Il più grande fra i maestri fiorentini che riuscirono a conciliare le nuove conquiste con la tradizione antica fu uno scultore della generazione di Donatello, Lorenzo Ghiberti (1378-1455). La figura 164 mostra uno dei suoi rilievi destinati allo stesso fonte battesimale senese per il quale Donatello aveva modellato *Il festino di Erode* [152]. Se dell'opera di Donatello potevamo dire che tutto era nuovo, Ghiberti di primo acchito ci sorprende assai meno, e la disposizione della scena non differisce granché da quella usata

dal famoso fonditore d'ottone di Liegi del XII secolo [118]: Cristo
è al centro e ai lati stanno san Giovanni Battista e gli angeli serventi,
mentre in alto appaiono Dio Padre e la colomba. Anche nella resa
dei particolari l'opera del Ghiberti richiama quella dei suoi predecessori medievali: la cura amorevole con cui dispone le pieghe del
drappeggio può farci pensare a certi lavori degli orafi del Trecento,
quali la Vergine della figura 139. Eppure, nel rilievo Ghiberti è a
suo modo vigoroso e concreto quanto Donatello. Anch'egli sa dare
un carattere alle figure, facendoci capire la parte che ognuna di esse
rappresenta: la bellezza e l'umiltà di Cristo, Agnello del Signore, il
gesto solenne ed energico di san Giovanni, l'emaciato profeta del
deserto, e le celesti schiere degli angeli che si contemplano silenzio-
se in preda alla gioia e allo stupore. E mentre la nuova maniera di
Donatello di rappresentare la scena sacra spezzò per certi aspetti il
nitido equilibrio che era stato l'orgoglio dei tempi anteriori, Ghiberti
ebbe cura di restare lucido e moderato. Non ci dà come Donatello
l'idea dello spazio reale. Preferisce accennare appena alla profondità,
stagliando le figure principali su uno sfondo neutro.

Esattamente come Ghiberti era rimasto fedele ad alcune concezioni
dell'arte gotica senza rifiutare le nuove scoperte del suo secolo, un
altro grande pittore, fra' Angelico da Fiesole (1387-1455), si valse
dei nuovi metodi di Masaccio soprattutto per esprimere le idee
tradizionali dell'arte religiosa.

Fra' Angelico, detto Beato Angelico, era domenicano, e gli affreschi
eseguiti nel convento fiorentino di San Marco verso il 1440 sono
tra le sue opere più belle. Dipinse le scene sacre, una per ogni cella
e in capo a ogni corridoio, e quando si passa dall'una all'altra, nella
quiete del vecchio edificio, qualcosa dello spirito con cui tali opere
furono concepite aleggia nell'aria.

La figura 165 mostra un'Annunciazione che è in una di quelle celle.
Vediamo subito che la prospettiva non costituisce più per l'Angelico una difficoltà. Il chiostro dove la Vergine è inginocchiata è
rappresentato con non minore verità della volta nel famoso affresco
di Masaccio [149]. Eppure è chiaro che fra' Angelico non ebbe
intenzione di "fare un buco nel muro". Come Simone Martini nel
Trecento [141], egli volle solo rappresentare la storia sacra in tutta
la sua bellezza e semplicità. Dalla pittura di fra' Angelico esula quasi
il movimento, e in essa manca quasi ogni suggerimento di realtà
corporea. Ma è proprio questa sua umiltà che ci commuove, l'umiltà
di un grande artista che, pur comprendendo a fondo i problemi
proposti all'arte da Brunelleschi e da Masaccio, deliberatamente
rinunciò a ogni ostentazione di modernità.

165. Beato Angelico,
L'Annunciazione,
1440 ca, affresco,
cm 187 × 157.
Firenze, Museo
di San Marco.

Possiamo studiare l'interesse e anche la difficoltà che presentano questi pro-blemi nell'opera di un altro pittore fiorentino, Paolo Uccello (1397-1475), la cui opera meglio conservata è la scena di una battaglia, ora a Londra, alla National Gallery [166]. Probabilmente in origine era destinata a essere col-locata come zoccolo o rivestimento della parte inferiore della parete in una stanza del palazzo dei Medici, cioè dell'abitazione cittadina della più ricca e potente tra le famiglie di mercanti fiorentini. Rappresenta un episodio della storia di Firenze, ancora attuale quando il quadro fu dipinto, la battaglia di San Romano del 1432, quando le truppe fiorentine sconfissero i loro nemici in uno dei numerosi scontri tra fazioni. A un osservatore superficiale la pittura può sembrare piuttosto medievaleggiante. Quei cavalieri con corazza che cavalcano come in un torneo, reggendo lance lunghe e pesanti, possono ricordarci romanzi cavallereschi medievali; e nemmeno il modo con cui è rappresentata la scena ci colpisce, a tutta prima, per la sua modernità. Tanto i cavalli quanto gli uomini sono un po' legnosi, quasi come giocattoli, e tutto il quadro con la sua vivacità ci sembra lontano dalla realtà della guerra. Ma se ci domandiamo perché mai questi cavalli ricordino i cavalli a dondolo e perché l'intera scena faccia pensare un po' al teatro di marionette, faremo una scoperta curiosa. È proprio perché il pittore era tanto affascinato dalle nuove possibilità aperte dalla sua arte che fece quanto stava in lui perché le

166. Paolo Uccello, *La battaglia di San Romano*, 1450 ca, probabilmente proveniente da una stanza di Palazzo Medici a Firenze, olio su legno, cm 182 × 320. Londra, National Gallery.

sue figure campeggiassero nello spazio, come se fossero intagliate anziché dipinte. Fu detto di Uccello che la scoperta delle leggi della prospettiva l'aveva impressionato a tal segno che trascorreva notte e giorno in tentativi prospettici, sempre sottoponendosi nuovi problemi. I suoi compagni d'arte erano soliti raccontare che egli era tanto immerso in questi studi da non distoglierne lo sguardo neppure quando la moglie lo chiamava per andare a dormire, limitandosi a esclamare: "Che dolce cosa è la prospettiva!". Del fascino che lo soggiogava trapela qualcosa nella sua pittura. Paolo Uccello, naturalmente, si preoccupò di rappresentare in esatta prospettiva i pezzi d'armatura che ingombrano il terreno. Il suo maggior vanto fu probabilmente la figura del guerriero caduto, steso a terra, la cui rappresentazione prospettica dovette offrire parecchie difficoltà [167]. Mai una figura consimile era stata precedentemente dipinta, e per quanto sia troppo piccola in rapporto alle altre, è facile immaginare l'impressione che suscitò. Troviamo in tutto il quadro le tracce dell'interesse che Uccello nutrì per la prospettiva ed echi del fascino che esercitò su di lui. Perfino le lance spezzate sparse a terra sono disposte in modo da dirigersi verso il loro comune "punto di fuga".

167. Particolare di figura 166.

È proprio a questa disposizione, chiaramente matematica, che si deve in
parte quel tanto di artificioso con cui è reso il campo di battaglia. Se dopo
aver osservato una simile parata della cavalleria ripensiamo al pannello con
i cavalieri di Van Eyck [157], e alle miniature dei De Limbourg [144],
con cui lo paragonammo, possiamo vedere più chiaramente ciò che Paolo
Uccello dovette alla tradizione gotica e come la trasformò. Van Eyck nel
Nord aveva mutato le forme del gotico internazionale aggiungendo un
maggior numero di particolari desunti dall'osservazione e tentando di copiare la superficie delle cose fin nelle minuzie. Paolo Uccello scelse invece
il procedimento opposto. Mediante la sua diletta arte prospettica tentò di
costruire un proscenio concreto dove le sue figure avrebbero avuto un
aspetto solido e reale. Solide indubbiamente lo sono, ma l'effetto ottenuto
ricorda un po' quello dei quadri stereoscopici che si guardano attraverso
un paio di lenti. Paolo Uccello non aveva ancora imparato a valersi degli
effetti di chiaroscuro e di atmosfera per ammorbidire i duri contorni di
una rappresentazione rigidamente prospettica. Però, davanti al dipinto della
National Gallery, non avvertiamo nessuna deficienza, perché, nonostante
le sue preoccupazioni di geometria applicata, egli era un vero artista.

Mentre pittori come fra' Angelico potevano mettere a frutto le novità senza
mutare lo spirito antico, mentre Paolo Uccello a sua volta era tutto preso
dai nuovi problemi, artisti meno devoti e meno ambiziosi applicavano
tranquillamente i nuovi metodi senza preoccuparsi troppo delle difficoltà.
Il pubblico probabilmente preferiva questi maestri che davano il meglio dei
due mondi. Così l'incarico di affrescare alcune pareti della cappella privata
del palazzo dei Medici venne affidato a Benozzo Gozzoli (1421 ca-1497),
allievo di fra' Angelico ma, evidentemente, uomo di vedute assai diverse.
Egli coprì le pareti della cappella con un affresco rappresentante la cavalcata
dei Re Magi che si snoda con fasto veramente regale attraverso un ridente
paesaggio [168]. L'episodio biblico gli offrì l'opportunità di spiegare raffinatezze sontuose e sgargianti costumi, tutto un mondo fiabesco affascinante e
gaio. Abbiamo visto come questo gusto di rappresentare il fasto degli svaghi
aristocratici fosse diffuso in Borgogna [144], Paese con il quale i Medici
intrattenevano strette relazioni commerciali. Gozzoli sembra studiarsi di
mostrare che le nuove scoperte potevano servire a rendere ancora più vivi
e gradevoli gli allegri quadri di vita contemporanea. Non abbiamo ragione
di criticarlo per questo. La vita di quel periodo era infatti così pittoresca
e colorita che dobbiamo essere grati a quei maestri minori che nelle loro
opere ci conservano la testimonianza di tante delizie. Nessuno, andando a
Firenze, dovrebbe rinunciare al piacere di visitare questa piccola cappella in
cui pare aleggiare ancora qualcosa dell'aroma e del sapore d'una vita festosa.
Nel frattempo altri pittori, nelle città a nord e a sud di Firenze, avevano accolto il messaggio della nuova arte di Donatello e di Masaccio ed erano forse

168. Benozzo
Gozzoli, *Viaggio dei
Magi verso Betlemme*,
1459-1463 ca,
particolare di un
affresco. Firenze,
cappella di Palazzo
Medici-Riccardi.

169. Andrea
Mantegna, *San
Giacomo si avvia al
supplizio*, 1455 ca,
affresco, distrutto.
Già a Padova, chiesa
degli Eremitani.

ancora più ansiosi di approfittarne che non gli stessi fiorentini. Ecco Andrea
Mantegna (1431-1506) che lavorò dapprima a Padova, famosa per la sua
università, e poi alla corte dei signori di Mantova. In una chiesa padovana
assai vicina alla cappella in cui Giotto aveva dipinto i celebri affreschi, egli
illustrò in una serie di scene la leggenda di san Giacomo. La chiesa fu molto
danneggiata dai bombardamenti della Seconda guerra mondiale, cosicché la
maggior parte di queste mirabili pitture di Mantegna è andata distrutta. È
una perdita grave, perché sicuramente erano tra le maggiori opere di ogni
tempo. Una di esse [169], rappresentava san Giacomo che si avvia, sotto
scorta, al luogo del supplizio. Come Giotto e Donatello, Mantegna tentò di
ricostruire nella sua immaginazione   con perfetta chiarezza come la scena
doveva essersi svolta realmente, ma i criteri di ciò che egli chiamava realtà
erano diventati assai più rigorosi dai tempi di Giotto. Ciò che a Giotto
importava era l'intrinseco significato della storia: come uomini e donne si
sarebbero mossi e comportati in una data situazione. Al Mantegna interessavano anche le circostanze esterne. Sapeva che san Giacomo era vissuto
all'epoca dell'impero romano, e gli premeva ricostruire esattamente la scena.
A tal fine aveva studiato con attenzione i monumenti classici: la porta della
città sotto la quale san Giacomo è passato è un arco di trionfo romano, e
i soldati di scorta indossano tutti le vesti e l'armatura dei legionari romani
così come li vediamo nei monumenti classici autentici. Ma non solo per
questi particolari di costume e per le decorazioni il dipinto ci rammenta la
scultura antica. Nell'intera scena rivive lo spirito dell'arte romana, nella sua
scabra semplicità e nella sua austera imponenza. Il distacco tra gli affreschi
fiorentini di Benozzo Gozzoli e le opere del Mantegna dipinte all'incirca
in quegli stessi anni potrebbe difficilmente essere più netto. Nell'allegro
fasto spettacolare di Gozzoli è visibile un ritorno al gusto del gotico internazionale. Mantegna invece continua nella direzione di Masaccio. Le
sue figure sono statuarie e ci colpiscono come quelle di Masaccio. Al pari
di Masaccio egli si dedica appassionatamente all'arte della prospettiva ma
non se ne vale, come Paolo Uccello, per ostentare i nuovi effetti che se ne
potevano trarre. Piuttosto, Mantegna si serve della prospettiva per creare
lo scenario in cui i personaggi campeggiano e si muovono come esseri
solidi e tangibili. Li distribuisce come un esperto regista teatrale al fine di
esprimere il significato di un certo momento o lo svolgersi di un episodio.
Ecco che cosa sta accadendo: la scorta di san Giacomo si è fermata perché
uno dei persecutori, pentito, si è gettato ai piedi del santo per riceverne
la benedizione. Il santo si è voltato tranquillamente per benedire l'uomo,
mentre i soldati romani tutti intorno fissano la scena, uno impassibile,
l'altro con la mano levata in un gesto molto significativo con cui sembra
esprimere la propria commozione. L'arco incornicia la scena separandola
dal tumulto della folla che assiste, contenuta dalle guardie.

Mentre Mantegna nell'Italia settentrionale stava applicando i nuovi metodi artistici, un altro grande pittore, Piero della Francesca (1416?-1492) faceva altrettanto nella regione a sud di Firenze, nelle città di Arezzo e Urbino. Come gli affreschi di Gozzoli e di Mantegna, quelli di Piero della Francesca furono dipinti poco dopo la metà del Quattrocento, cioè una generazione circa dopo Masaccio. L'episodio della figura 170 mostra la famosa leggenda del sogno che indusse l'imperatore Costantino ad abbracciare la fede cristiana. Prima della battaglia decisiva contro il suo antagonista, egli sognò un angelo che gli additava la Croce dicendo: "Sotto questo segno vincerai". L'affresco di Piero rappresenta la scena notturna nell'accampamento dell'imperatore prima della battaglia. Nella tenda aperta l'imperatore dorme sul suo letto da campo, la guardia del corpo gli siede a lato, e due soldati vigilano anch'essi alla sua sicurezza. La quieta scena notturna è illuminata all'improvviso da un bagliore, mentre un angelo cala dal cielo tenendo il simbolo della Croce nella mano protesa. Come nei dipinti di Mantegna, ci sono qui elementi che ricordano una scena di teatro: il proscenio è chiaramente delineato e nulla ci distrae dall'azione principale. Come Mantegna, Piero ha curato il costume dei legionari romani, e come lui ha evitato i particolari gai e coloriti di cui Gozzoli affollava le sue scene. Anche Piero è padrone assoluto dell'arte prospettica, e il modo con cui traccia la figura dell'angelo è tanto ardito da confonderci quasi, specie in una riproduzione di piccolo formato. Ma a questi accorgimenti geometrici che suggeriscono lo spazio della scena, egli ne aggiunse uno nuovo, di non minore importanza: la luce, alla quale gli artisti medievali non avevano quasi dato importanza. Le loro figure piatte non proiettavano ombre. Masaccio era stato, anche a questo riguardo, un pioniere: le figure tornite e solide dei suoi dipinti sono robustamente modellate dal chiaroscuro [149]. Ma nessuno come Piero della Francesca seppe scorgere le immense e nuove possibilità della luce. In questo quadro essa non solo aiuta a modellare le figure, ma nel creare l'illusione della profondità eguaglia in importanza la prospettiva. Il soldato di fronte si profila in toni scuri davanti all'apertura chiaramente illuminata della tenda. Sentiamo così la distanza che separa i soldati dai gradini su cui siede la guardia del corpo dell'imperatore, la cui figura a sua volta si staglia nel fulgore che emana dall'angelo. Ma il volume della tenda, e il vuoto che essa racchiude, lo sentiamo tanto attraverso questa luce quanto attraverso la prospettiva. Piero sa però operare un miracolo ancora maggiore grazie al chiaroscuro: evocare l'atmosfera misteriosa dell'episodio avvenuto nel cuore della notte, in cui l'imperatore ebbe la visione che doveva mutare il corso della storia. È questa impressione di semplicità e questa calma che hanno fatto di Piero forse il più grande erede di Masaccio.
Mentre questi e altri maestri sviluppavano le scoperte della grande generazione fiorentina, gli artisti a Firenze si facevano sempre più consapevoli

170. Piero della Francesca, *Il sogno di Costantino*, 1460 ca, particolare di un affresco. Arezzo, chiesa di San Francesco.

dei nuovi problemi che le scoperte stesse avevano suscitato. Nella prima
esaltazione seguita al trionfo, forse pensavano che la scoperta della prospettiva e lo studio della natura avessero ormai risolto ogni difficoltà. Ma non
dobbiamo dimenticare che l'arte è del tutto diversa dalla scienza, e che se
i mezzi dell'artista e i suoi accorgimenti tecnici possono svilupparsi, ben
diverso da quello scientifico è il progresso dell'arte vera e propria. Ogni
scoperta in una direzione crea una nuova difficoltà da qualche altra parte.
Ricordiamo che i pittori medievali non conoscevano le regole del disegno
esatto, e che fu questa deficienza a suggerire loro l'arte di distribuire le
figure nel modo che pareva loro migliore onde creare lo schema perfetto.
Il martirologio illustrato del XII secolo [120], o il rilievo duecentesco con
la morte della Vergine [129], danno un esempio di questa abilità. Perfino i
maestri trecenteschi, come Simone Martini [141], erano ancora in grado di
disporre le loro figure così da formare un nitido disegno su un fondo d'oro.
Appena venne adottata la nuova concezione secondo la quale il quadro
doveva essere uno specchio della realtà, la questione della disposizione delle
figure non fu più tanto facile da risolvere. Nella realtà, le figure non si rag-
gruppano armoniosamente e non si stagliano su uno sfondo neutro. In altri
termini, sorgeva il pericolo che il nuovo potere dell'artista andasse a scapito
del suo dono più prezioso, che è quello di creare un insieme piacevole e
soddisfacente. Il problema era particolarmente serio trattandosi di grandi
pale d'altare e lavori del genere, che dovevano essere visibili da lontano e
in armonia con la cornice architettonica di tutta la chiesa. Inoltre dovevano
raccontare la storia sacra ai fedeli con chiarezza e incisività. La figura 171
mostra come un artista fiorentino della seconda metà del Quattrocento,
Antonio Pollaiolo (1432?-1498), tentò di risolvere il nuovo problema di
eseguire un quadro allo stesso tempo accurato nel disegno e armonioso
nella composizione. È, nel suo genere, uno dei primi tentativi di risolvere
la questione non con la sola sensibilità e il solo istinto ma mediante regole
ben definite. Forse non è un tentativo del tutto riuscito, né è un quadro
molto attraente, ma mostra chiaramente come gli artisti fiorentini ci si
mettessero d'impegno. Il dipinto rappresenta il martirio di san Sebastiano,
legato a un palo con sei carnefici intorno. Il gruppo si iscrive assai regolarmente in un triangolo acuto. Ogni figura a sinistra trova rispondenza in
una figura consimile a destra.

La disposizione è tanto chiara e simmetrica da riuscire perfino troppo rigida.
Il pittore si accorse evidentemente del difetto, e tentò di introdurre nel suo
quadro una certa varietà. Uno dei carnefici chini a riarmare l'arco è visto
di fronte mentre la figura corrispondente è vista da tergo; lo stesso vale per
le figure che scoccano le frecce. Il pittore ha tentato di attenuare la rigida
simmetria della composizione introducendo, in questo modo assai semplice,
un contrappunto di movimenti molto simile a quello di un brano musicale.

171. Antonio Pollaiolo, *Il martirio di san Sebastiano*, 1475 ca, pala d'altare, olio su legno, cm 291,5 × 203. Londra, National Gallery.

Ma nella pala di Pollaiolo l'artificio è usato ancora con troppa consapevolezza e la composizione sa di esercizio. Possiamo immaginarci che per le figure corrispondenti egli usasse lo stesso modello visto da diversi lati, e sentiamo che il suo orgoglio di saper tanto bene ritrarre muscoli e movimenti gli ha quasi fatto dimenticare il vero soggetto del dipinto. Inoltre Pollaiolo non riuscì del tutto nel suo intento. È vero che applicò la nuova arte della prospettiva al mirabile paesaggio toscano dello sfondo, ma il tema principale e lo sfondo non si compenetrano. Non c'è alcun sentiero che dal colle in primo piano, dove il martirio si svolge, porti alla veduta retrostante. Ci si domanda quasi se Pollaiolo non avrebbe fatto meglio a porre la sua composizione su un fondo neutro o d'oro; ma tosto ci si rende conto che questo espediente gli era vietato perché le sue figure vigorose e realistiche sarebbero apparse in tal modo fuori luogo. Ormai l'arte aveva scelto di gareggiare con la natura, e non c'era più verso di tornare indietro. Il quadro di Pollaiolo ci indica che genere di problemi gli artisti del Quattrocento discutevano nei loro studi. Fu risolvendo questi problemi che l'arte italiana raggiunse una generazione più tardi le sue massime vette.

Fra gli artisti fiorentini della seconda metà del Quattrocento che tentarono di risolverli vi fu Sandro di Mariano Filipepi, detto Botticelli (1446-1510). Uno dei suoi quadri più famosi non rappresenta una leggenda cristiana ma un mito classico: la nascita di Venere [172]. I poeti classici erano conosciuti durante il medioevo, ma solo all'epoca del Rinascimento, quando gli italiani tentarono con tanta passione di riattingere all'antica gloria di Roma, i miti degli ammirati greci e romani divennero popolari fra gli studiosi, e rappresentarono qualcosa di più che un insieme di gaie e graziose favole. Gli uomini del Quattrocento erano tanto persuasi della superiore saggezza degli antichi da credere che quelle leggende classiche dovessero contenere una qualche verità profonda e misteriosa. Il mecenate che ordinò la pittura botticelliana per la sua villa di campagna era un membro della ricca e potente famiglia dei Medici. Egli stesso, o uno dei suoi dotti amici, probabilmente spiegò al pittore tutto quanto si sapeva delle antiche raffigurazioni di Venere che sorgeva dal mare. La storia di quella nascita simboleggiava il mistero attraverso il quale era stato trasmesso ai mortali il divino messaggio della bellezza. Possiamo immaginare che il pittore si sia messo al lavoro con reverenza per rappresentare degnamente il mito. Il soggetto del quadro è facilmente comprensibile: Venere, emersa dal mare su una conchiglia, viene spinta verso terra dalle divinità dei venti in volo tra una pioggia di rose. Mentre Venere sta approdando, una delle Ore, o Ninfe, la riceve offrendole un manto porporino. Botticelli è riuscito là dove Pollaiolo era fallito. La composizione infatti è estremamente armoniosa. Ma Pollaiolo avrebbe potuto affermare che il Botticelli vi era riuscito col sacrificio di una delle conquiste che egli si era sforzato con tanto impegno di conservare. Le figure di Botticelli sono meno solide. Non hanno la correttezza di disegno di quelle di Pollaiolo e di Masaccio. I suoi movimenti aggraziati e le sue linee melodiose ricordano la tradizione gotica di Ghiberti e di fra' Angelico, forse perfino l'arte del Trecento: opere come l'*Annunciazione* di Simone Martini [141], o la statuetta dell'orafo francese [139], con il corpo dolcemente ondeggiante e il drappeggio che ricade in pieghe sapienti. La Venere di Botticelli è tanto bella che non rileviamo l'innaturale lunghezza del collo, le spalle spioventi e lo strano modo con cui il braccio sinistro è raccordato al corpo. O, piuttosto, dovremmo dire che tutte queste libertà che il Botticelli si prese con la natura per ottenere la grazia della linea accrescono la bellezza e l'armonia del disegno, in quanto accentuano l'impressione di un essere infinitamente tenero e delicato, spinto alle nostre rive come un dono del cielo.

Il ricco mercante che ordinò a Botticelli il quadro, Lorenzo di Pierfrancesco de' Medici, dava anche lavoro a un fiorentino destinato a battezzare con il proprio nome un continente. Fu al servizio dei Medici che Amerigo Vespucci salpò per il nuovo mondo. Siamo così giunti al periodo che gli storici posteriori scelsero come il limite "ufficiale" del medioevo. Ricordiamo che nell'arte italiana vi furono parecchie svolte che potrebbero segnare l'inizio di una nuova èra: le scoperte di Giotto attorno al 1300, quelle di Brunelleschi verso il 1400. Ma, forse, ancor più importante di quelle rivoluzioni nel metodo fu il mutamento graduale che aveva subìto l'arte nel corso di questi due secoli, un mutamento più facile da intuire che da descrivere. Un paragone tra le miniature dei libri medievali trattate nei

172. Sandro Botticelli, *La nascita di Venere*, 1485 ca, tempera su tela, cm 172,5 × 278,5. Firenze, Uffizi.

173. Gherardo
di Giovanni,
*L'Annunciazione
ed episodi della
"Divina Commedia"*,
1474-1476 ca,
pagina di un messale.
Firenze, Museo
Nazionale del
Bargello.

capitoli precedenti alle figure 131 e 140, e un esempio di miniatura fiorentina risalente al 1475 circa [173], può dare un'idea dello spirito diverso con
cui la stessa arte può venir trattata. Non è che il maestro fiorentino mancasse
di riverenza o di devozione, ma la stessa potenza raggiunta dalla sua arte
gli impediva di considerarla come un mezzo adatto soltanto a comunicare
il significato della storia sacra. Egli preferiva invece usare questo potere
per trasformare la pagina in un vivace sfoggio di ricchezza e di lusso. La
funzione dell'arte volta ad accrescere le bellezze e le grazie della vita non
era mai stata completamente dimenticata. Nel periodo che noi chiamiamo
"Rinascimento italiano" venne sempre più in primo piano.

Pittura ad affresco e
preparazione dei colori,
1465 ca (da una
stampa fiorentina
sulle attività dei nati
sotto Mercurio).

14

TRADIZIONE E RINNOVAMENTO: II
Il Quattrocento nordico

Il Quattrocento, si è visto, provocò un rivolgimento decisivo nella storia dell'arte perché le scoperte e le innovazioni della generazione di Brunelleschi a Firenze, portando l'arte italiana su un nuovo piano, l'avevano scissa dal processo evolutivo del resto d'Europa. Gli artisti nordici del Quattrocento forse non differivano tanto dai loro compagni italiani negli intenti quanto nei metodi e nei mezzi di cui disponevano. La differenza fra il Nord e l'Italia è forse meglio segnata nell'architettura. Brunelleschi a Firenze aveva messo fine allo stile gotico introducendo l'uso rinascimentale dei motivi classici applicati agli edifici. Ci volle quasi un secolo prima che gli artisti d'oltralpe seguissero il suo esempio. Durante tutto il Quattrocento essi continuarono a coltivare lo stile gotico del secolo precedente. Ma benché le forme degli edifici conservassero ancora elementi tipici dell'architettura gotica, come l'arco a sesto acuto e l'arco rampante, il gusto dei tempi era di molto mutato. Ricordiamo come nel Trecento gli architetti amassero i trafori aggraziati e facessero largo uso di motivi ornamentali: basta pensare al "gotico fiorito" della cattedrale di Exeter [137]. Nel Quattrocento il gusto dell'ornato complesso e della decorazione fantastica si accentuò ancor più.

La figura 174, il Palazzo di Giustizia di Rouen, è un esempio di questa tarda fase del gotico francese, denominato talvolta *flamboyant*. Vediamo come gli architetti rivestissero l'intero edificio di un'infinita varietà di decorazioni, senza evidentemente tener conto del loro valore funzionale rispetto alla struttura. Di questi edifici alcuni hanno un carattere fiabesco per ricchezza e creatività; ma si sente pure che i loro autori avevano in tal modo esaurito le ultime possibilità dell'architettura gotica, e che la reazione sarebbe stata, presto o tardi, fatale. Si potrebbe anche provare che, pur senza l'influenza diretta dell'Italia, gli architetti nordici avrebbero sviluppato uno stile nuovo, e più semplice.

Particolarmente in Inghilterra, vediamo come queste tendenze fossero vive nell'ultima fase dello stile gotico, detto "perpendicolare" per sottolineare il carattere degli edifici del tardo Tre e Quattrocento in quel Paese, dove, nelle decorazioni, le linee diritte sono più frequenti delle linee curve e degli archi del precedente ornato "fiorito". L'esempio più famoso di questo stile è la mirabile cappella del King's College a Cambridge [175], iniziata nel 1446. La

174. *La corte del Palazzo di Giustizia (già Tesoreria) a Rouen,* 1482, stile gotico flamboyant.

175. *La cappella del King's College a Cambridge,* iniziata nel 1446, stile "perpendicolare".

sua forma è assai più semplice di quella degli interni gotici precedenti: non esistono navate laterali e, quindi, nemmeno pilastri e archi acuti. L'insieme dà l'impressione di una sala molto alta piuttosto che di una chiesa medievale. Ma, mentre la struttura generale è più sobria e, forse, più mondana di quella delle grandi cattedrali, l'immaginazione degli artefici gotici si sbriglia liberamente nei particolari, specie nella forma della volta ("volta a ventaglio"), la cui fantasiosa trina di curve e linee ricorda i miracoli dei manoscritti celtici e della Northumbria [103].

Pittura e scultura si sviluppano fuori d'Italia, fino a un certo limite, parallelamente all'architettura. In altri termini, mentre il Rinascimento aveva trionfato in Italia su tutta la linea, il Quattrocento nordico rimase ancora fedele alla tradizione gotica. Nonostante le grandi innovazioni dei fratelli Van Eyck, la prassi artistica continuò a seguire più il costume e gli usi che non la scienza. Le regole matematiche della prospettiva, i segreti dell'anatomia scientifica, lo studio dei monumenti romani non turbavano ancora la tranquillità di spirito dei maestri nordici. Sotto questo aspetto possiamo dire che erano ancora "artisti medievali", mentre i loro colleghi d'oltralpe

appartenevano già all'età moderna. Tuttavia i problemi intorno ai quali si affaticavano gli artisti sui due versanti delle Alpi erano estremamente affini. Jan van Eyck aveva insegnato a fare del quadro uno specchio della natura, aggiungendo con cura particolare a particolare, finché il minuto lavoro d'osservazione non avesse riempito tutto lo spazio disponibile [157, 158]. Ma, allo stesso modo in cui fra' Angelico e Benozzo Gozzoli in Italia, [165, 168], avevano rielaborato le innovazioni di Masaccio nello spirito del Trecento, vi furono artisti nel Nord che applicarono le scoperte di Van Eyck a temi più tradizionali. Il pittore tedesco Stefan Lochner (1410?-1451), per esempio, che lavorò a Colonia verso la metà del Quattrocento, fu una specie di fra' Angelico del Nord. Il suo seducente quadro con la Vergine sotto un pergolato di rose [176], circondata di angioletti che suonano, gettano fiori oppure offrono frutta al Bambino Gesù, sta a provare come il maestro conoscesse i nuovi metodi di Van Eyck, esattamente come fra' Angelico conosceva le novità di Masaccio. Eppure questo quadro è più vicino, nel suo spirito, al trecentesco *Dittico di Wilton House* [143], che non a Jan van Eyck. Può essere interessante ritornare al primo esempio, e confrontare le due opere. Vediamo subito che il maestro più recente ha imparato una cosa che aveva messo in difficoltà il pittore più antico. Lochner è in grado di creare il senso dello spazio intorno alla Vergine che troneggia sul prato. Paragonate a queste figure, quelle del *Dittico di Wilton House* appaiono un poco piatte. La Vergine di Lochner spicca ancora su un fondo d'oro, ma su quel fondo si svolge una scena reale. Egli ha perfino aggiunto due graziosi angeli che reggono la tenda così che sembri appesa alla cornice. Dipinti come questi, di Lochner e di fra' Angelico, sedussero la fantasia dei critici romantici dell'Ottocento, quali Ruskin e i pittori della Confraternita preraffaellita che vi scorgevano l'incanto della devozione e di un cuore infantile. E in un certo senso avevano ragione: queste opere forse sprigionano tanto fascino perché per noi, abituati nei quadri a uno spazio reale e a un disegno più o meno esatto, sono più facilmente comprensibili che non le opere dei maestri medievali anteriori, di cui tuttavia conservavano lo spirito.

Altri pittori nordici corrispondevano piuttosto a Benozzo Gozzoli, i cui affreschi nel palazzo mediceo a Firenze riflettono il gaio sfarzo del mondo elegante secondo la tradizione del gotico internazionale. Il che vale specie per gli autori di cartoni per arazzi e per i miniatori di preziosi manoscritti. La pagina riportata nella figura 177 fu eseguita verso la metà del Quattrocento, al tempo degli affreschi di Gozzoli. Nello sfondo troviamo la scena tradizionale dell'autore che porge al mecenate l'opera compiuta. Ma poiché al pittore il tema di per sé stesso parve un po' monotono, l'ambientò in una specie di vestibolo, così da mostrarci le scene che si svolgevano all'intorno. Presso la porta della città ecco un gruppo che si appresta a partire per la caccia: un uomo elegante che stringe nel pugno un falcone, circondato da borghesi

176. Stefan Lochner, *Madonna del roseto*, 1440 ca, olio su legno, cm 51 × 40. Colonia, Museo Wallraf-Richartz.

boriosi. Ecco le bancarelle e le tende dentro e fuori la porta della città, i mercanti che espongono le merci e i compratori che le esaminano. È un quadro pieno di vita di una città medievale. Un'opera simile sarebbe stata impossibile cent'anni prima, o, peggio ancora, in tempi più remoti. Dobbiamo risalire all'arte egizia per trovare riproduzioni altrettanto fedeli della vita quotidiana di un popolo, per quanto nemmeno gli egizi sapessero guardarsi intorno con altrettanta minuzia e altrettanto umorismo. Queste graziose rappresentazioni della vita di ogni giorno sono permeate di quello spirito mordace di cui ci dà un esempio il *Salterio della regina Maria* [140]. L'arte nordica, meno preoccupata dell'arte italiana di raggiungere l'armonia e la bellezza ideali, favorì in misura sempre più larga questo genere di rappresentazione.

Sarebbe un grave errore credere che queste due "scuole" si siano sviluppate in modo assolutamente indipendente l'una dall'altra. Sappiamo che il maggiore artista francese dell'epoca, Jean Fouquet (1420?-1480?), in gioventù si recò in Italia e fu anche a Roma, dove nel 1447 fece il ritratto al pontefice. La figura 178 ci mostra un ritratto di donatore, dipinto, probabilmente, pochi anni dopo il suo ritorno in patria. E poiché questo donatore, inginocchiato e orante come nel *Dittico di Wilton House* [143], si chiamava Estienne, cioè Stefano, il santo protettore che gli sta al fianco è santo Stefano, primo diacono della Chiesa e indossa l'abito del suo grado. Ha in mano un libro su cui è posato un sasso appuntito, perché, secondo la Bibbia, egli morì lapidato. Se ora guardiamo di nuovo il *Dittico di Wilton House*, constatiamo ancora una volta quali passi l'arte avesse fatto in circa mezzo secolo, avvicinandosi sempre più alla rappresentazione immediata della natura. I santi e il donatore del *Dittico di Wilton House* sembrano ritagliati dalla carta e appiccicati al quadro; le figure di Jean Fouquet, invece, le direste scolpite. Nel primo quadro nessun gioco di luce e d'ombra; Fouquet invece usa la luce quasi come Piero della Francesca [170]. Quel modo di far campeggiare nello spazio reale le figure calme e statuarie mostra quanto profondamente egli fosse rimasto colpito da ciò che aveva visto in Italia. Eppure il suo modo di dipingere è diverso da quello degli italiani. L'interesse che nutre per la materia e la superficie degli oggetti – la pelliccia, la pietra, il panno e il marmo – mostra quanto dovesse alla tradizione nordica di Jan van Eyck.

177. Jean le Tavernier, Pagina dedicatoria delle *"Chroniques et conquêtes de Charlemagne"*, 1460 ca, Bruxelles, Bibliothèque Royale.

178. Jean Fouquet, *Estienne Chevalier, tesoriere di Carlo VII di Francia, con santo Stefano*, 1450 ca, pannello di un dittico, olio su legno, cm 96 × 88. Berlino, Gemäldegalerie, Staatliche Museen.

Un altro grande artista nordico che andò a Roma (in pellegrinaggio nel 1450) fu Rogier van der Weyden (1400?-1464). Si sa ben poco di questo maestro, tranne che godette molta fama e visse nel sud dei Paesi Bassi dove aveva lavorato anche Jan van Eyck. La figura 179 ci mostra una grande pala d'altare raffigurante la Deposizione. Rogier, non meno di Van Eyck, sapeva riprodurre ogni particolare, ogni capello e ogni cucitura. Eppure il suo quadro non ci dà una scena vera. Egli ha posto le figure su una specie di proscenio poco profondo, contro un fondale neutro. Se pensiamo ai problemi di Pollaiolo [171], potremo valutare quale accorgimento abbia guidato la scelta di Rogier. Anch'egli doveva eseguire una grande pala d'altare, visibile di lontano, che narrasse la sacra scena ai fedeli riuniti in chiesa. Doveva attenersi quindi a contorni chiari e a una composizione che soddisfacesse per la sua esemplarità. Il quadro di Rogier risponde a questi requisiti senza darci quell'impressione di cosa forzata e voluta come quello di Pollaiolo. Il corpo di Cristo, volto in pieno verso chi guarda, forma il centro della composizione. Le donne piangenti lo incorniciano dai due lati, san Giovanni, chinandosi, tenta invano, come Maria Maddalena dal lato opposto, di reggere la Vergine in procinto di svenire, il cui movimento risponde a quello del corpo del Cristo che viene calato dalla croce. L'atteggiamento composto dei vecchi sottolinea efficacemente per contrasto i gesti espressivi dei protagonisti. Essi ricordano veramente gli attori di una sacra rappresentazione o di un *tableau vivant* raggruppati e messi in posa da un regista ispirato che, studiate le grandi opere del passato medievale, si sforzi di riprodurle nel proprio ambiente. Così, traducendo le idee principali della pittura gotica nel nuovo stile aderente alla vita, Rogier rese un grande servizio all'arte nordica. Egli conservò gran parte di quella tradizione di nitido disegno che avrebbe potuto altrimenti perdersi sotto il peso delle scoperte di Van Eyck. Da allora gli artisti nordici si sforzarono, ciascuno a suo modo, di conciliare le nuove esigenze imposte all'arte con il suo antico fine religioso.

Possiamo seguire questi sforzi nell'opera di uno fra i maggiori artisti fiamminghi della seconda metà del Quattrocento, il pittore Hugo van der Goes (morto nel 1482), che è tra i pochi maestri nordici di questo periodo di cui si conosca qualche particolare biografico. Sappiamo che trascorse gli ultimi anni della sua vita in volontario ritiro in un monastero, ossessionato da un complesso di colpa e da accessi di malinconia. Ed effettivamente la sua arte ha qualcosa di teso e di grave che la distingue dalla placida vena di Jan van Eyck. La figura 180 ci mostra la sua *Morte della Vergine*. Prima di tutto ci colpisce la

179. Rogier van der Weyden, *Deposizione*, 1435 ca, pala d'altare, olio su legno, cm 220 × 262. Madrid, Prado.

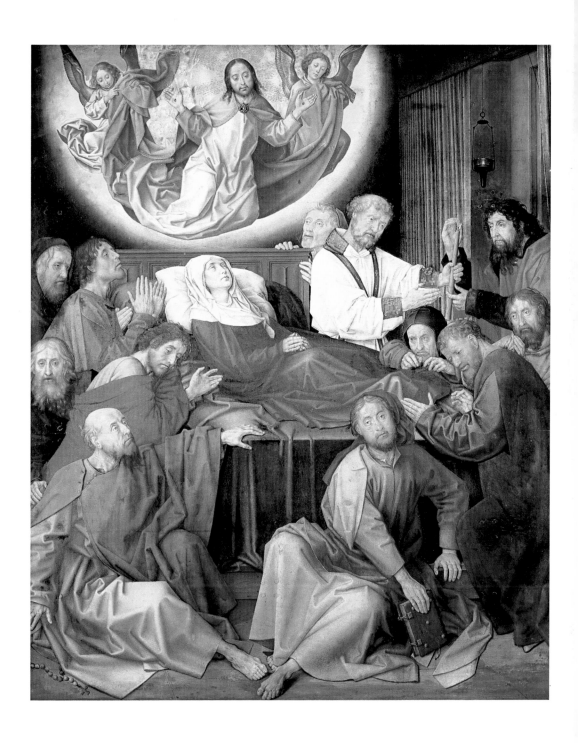

mirabile rappresentazione delle varie reazioni dei dodici apostoli dinanzi all'avvenimento: una gamma espressiva che va dalla tranquilla pensosità alla partecipazione appassionata, fino a uno stupore quasi eccessivo. Riusciremo a meglio valutare le conquiste di Van der Goes se riguardiamo l'illustrazione della medesima scena sul portale della cattedrale di Strasburgo [129]. Se li paragoniamo ai diversi tipi del pittore, gli apostoli della scultura sembra si assomiglino tutti. E com'era facile per l'artista più antico disporre le figure in una nitida composizione! Non aveva da lottare né con la prospettiva né con l'illusione spaziale di cui invece Van der Goes doveva tenere conto. Sentiamo quanti sforzi dev'essere costata al pittore la composizione di una scena vera, che non lasciasse nel pannello spazi vuoti o privi di significato. I due apostoli in primo piano e l'apparizione sopra il letto mostrano con chiarezza come egli si sforzasse di distribuire le figure e di metterle tutte bene in vista. Se questo sforzo evidente rende i movimenti un po' contorti, accresce però l'eccitamento e la tensione attorno alla composta figura della Vergine morente cui, sola nella stanza affollata, è concessa la visione del Figlio con le braccia aperte per accoglierla.

La sopravvivenza della tradizione gotica nella nuova forma realizzata da Rogier fu molto importante per gli scultori e per gli intagliatori. La figura 182 ci mostra un altare scolpito ordinato dalla città di Cracovia in Polonia nel 1477 (due anni dopo la pala d'altare di Pollaiolo della figura 171). L'autore è Veit Stoss, vissuto quasi sempre a Norimberga, in Germania, dove morì in età molto avanzata, nel 1533. Sebbene piccola, l'illustrazione ci permette di valutare l'importanza della nitida composizione, perché, come i parrocchiani, anche noi possiamo decifrare da lontano e senza difficoltà il significato delle scene principali. Il reliquiario al centro rappresenta ancora una volta la

180. Hugo van der Goes, *Morte della Vergine*, 1480 ca, pala d'altare, olio su legno, cm 147 × 121. Bruges, Groeningemuseum.

181. Particolare di figura 180.

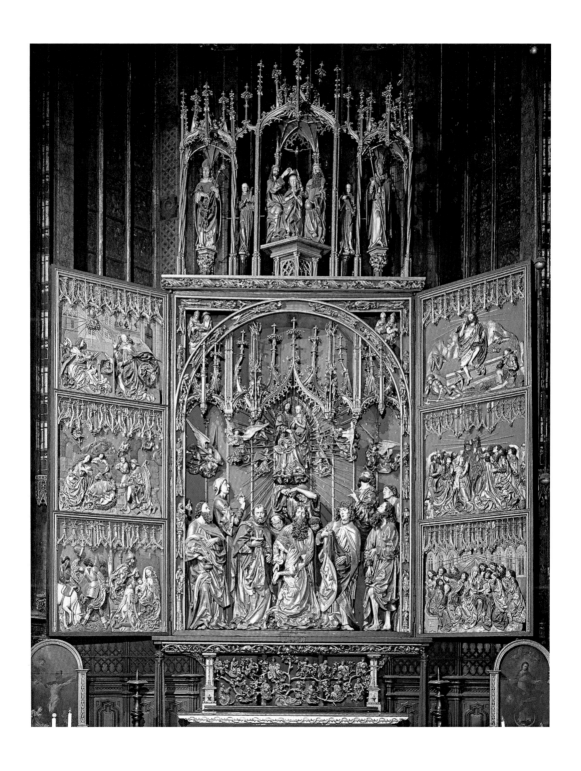

183. Veit Stoss,
Testa di un apostolo,
particolare di figura
182.

182. Veit Stoss,
*Altare della chiesa
di Nostra Signora a
Cracovia*, 1477-1489,
legno dipinto,
altezza m 13,1.

morte della Vergine attorniata dai dodici apostoli, per quanto qui non sia rappresentata stesa nel letto ma inginocchiata in preghiera. Più in su, ecco la sua anima accolta da Cristo in un paradiso radioso e, nel punto più alto, Dio Padre e il Figlio che l'incoronano. Le due portelle rappresentano avvenimenti importanti della vita della Vergine, che (oltre alla sua incoronazione) vanno sotto il nome delle *Sette Consolazioni di Maria*. Il ciclo comincia nel riquadro superiore a sinistra con l'Annunciazione; prosegue, al di sotto, con la Natività e l'adorazione dei Re Magi. Alla destra troviamo le altre tre consolazioni, seguite a tanto dolore: la Resurrezione di Cristo, l'Ascensione e la discesa dello Spirito Santo a Pentecoste. I fedeli potevano contemplare queste storie quando si raccoglievano in chiesa in una delle solennità dedicate alla Vergine (l'altro lato delle portelle è dedicato ad altre feste religiose), ma solo se si avvicinavano al reliquiario potevano ammirare l'esattezza e l'espressività dell'arte di Veit Stoss nelle meravigliose teste e mani degli apostoli [183].

Alla metà del Quattrocento in Germania era stata fatta una scoperta tecnica di enorme importanza, destinata a esercitare un effetto decisivo sul futuro sviluppo dell'arte, e non solo dell'arte: la stampa. La stampa di immagini aveva preceduto quella dei libri di parecchie decine di anni. Erano stati stampati volantini con figure di santi e testi di preghiere da distribuire ai pellegrini e per privata devozione. Il metodo usato in questo caso era abbastanza semplice: lo stesso che venne usato più tardi per la stampa dei caratteri. Bastava prendere un pezzo di legno e ritagliarne tutte le parti che non dovevano risultare nella stampa. In altri termini, tutto ciò che doveva rimanere in bianco doveva essere scavato, in modo che quanto doveva riuscire in nero formasse un sottile rilievo. Esteriormente, il legno inciso somigliava a qualsiasi timbro di gomma oggi in uso: per la stampa si procedeva praticamente nello stesso modo, spalmando l'intera superficie di inchiostro tipografico, composto di olio e fuliggine, e premendo quindi lo stampo sul foglio. La stessa matrice in legno serviva a un gran numero di stampe prima di logorarsi. Questa tecnica elementare per la stampa di immagini si chiama xilografia. Era un metodo poco costoso che diventò ben presto popolare. Un certo numero di matrici in legno poteva servire per una piccola serie di immagini che venivano stampate e rilegate insieme come un libro; questi libri stampati in tal modo venivano chiamati incunaboli. Xilografie e incunaboli furono presto in vendita a prezzi popolari; nello stesso modo furono stampate carte da gioco, caricature e immagini religiose. La figura 184 ci mostra la pagina di un incunabolo usato dalla Chiesa come sermone figurato. Il suo scopo era di rammentare al fedele l'ora della morte e di insegnargli – come dice il titolo – *L'arte di ben morire*. La xilografia rappresenta il giusto sul letto di morte col monaco vicino che gli mette in mano una candela accesa. Un angelo riceve la sua anima, che gli esce dalla bocca sotto forma di figurina orante. Nello sfondo Cristo e i santi, ai quali il morente dovrebbe volgere il pensiero, in primo piano uno stuolo di demoni nelle forme più brutte e fantastiche, e sui cartigli che escono dalle loro bocche si legge: "Fremo di rabbia", "Siamo disonorati", "Sono fuori di me", "Non c'è requie", "Abbiamo perduto la sua anima". Vane sono le loro contorsioni grottesche: l'uomo che possiede l'arte di ben morire non deve temere le potenze infernali.

Quando Gutenberg con la sua grande invenzione sostituì alle matrici in legno caratteri mobili tenuti insieme in un riquadro, gli incunaboli caddero in disuso. Ma ben presto si scoprì il modo di combinare un testo stampato con una matrice in legno per le illustrazioni, e molti libri della seconda metà del Quattrocento furono illustrati con xilografie.

Per quanto utile, la xilografia era pur sempre un mezzo piuttosto rozzo di riprodurre immagini. È vero che la sua rozzezza ha talora una certa efficacia. Queste stampe popolari del tardo medioevo ci ricordano i nostri migliori cartelloni pubblicitari: sono a linee semplici e si valgono di mezzi economici. Ma i grandi artisti del tempo nutrivano ambizioni diverse alle quali mal si adattava la xilografia: volevano ostentare la loro maestria nel particolare e la loro capacità d'osservazione. Scelsero perciò un altro mezzo, che permetteva effetti più raffinati: invece del legno impiegarono il rame. Il principio su cui si basava la calcografia è un po' diverso da quello della xilografia. Nella xilografia si scava il legno tutt'intorno alle linee che devono venire impresse. Nell'incisione su rame si adopera invece uno strumento speciale, detto bulino, la cui punta incide, premendola, la lastra di rame. La linea così tracciata sulla superficie del metallo tratterrà il colore o l'inchiostro da stampa che vi è stato versato sopra, dopo di che resta solo da pulire la superficie. Se poi valendosi di un torchio si preme la lastra su un foglio, l'inchiostro rimasto nelle righe scavate dal bulino scenderà sulla carta e la stampa sarà pronta. In altre parole, l'incisione in rame è il negativo della xilografia. La xilografia si ottiene dando rilievo alle linee, l'incisione, invece, incidendole nella lastra. Ora, per arduo che sia maneggiare con fermezza il bulino e controllare la profondità e la larghezza delle linee tracciate, è chiaro che, una volta impadronitici dell'arte, con l'incisione su rame possiamo ottenere una maggiore abbondanza di particolari e un effetto più raffinato che con la xilografia.

Uno dei maggiori e più famosi incisori del Quattrocento fu Martin Schongauer (1453?-1491), vissuto nell'alta Renania, a Colmar, nell'odierna Alsazia. La figura 185 ci mostra la sua incisione della Natività, interpretata secondo lo spirito dei grandi maestri dei Paesi Bassi. Come quelli, Schongauer si sforzò di fissare ogni particolare della scena, anche il più insignificante, tentando di farci sentire la materia e le superfici stesse degli oggetti. Che egli raggiungesse il suo intento senza il sussidio del pennello e del colore e senza l'aiuto dell'olio, pare quasi miracoloso. Le sue incisioni si possono studiare con la lente e si può osservare come vengano riprodotte pietre e mattoni rotti, i fiori negli interstizi, l'edera che si arrampica sulla volta, il pelo degli animali e i capelli e le barbe dei pastori. Ma non basta ammirare la sua pazienza e la sua tecnica. Possiamo ammirare la sua Natività senza sapere nulla delle difficoltà del lavoro di bulino. Ecco la Vergine inginocchiata nella cappella in rovina usata come stalla, che adora il Bambino posato con cura sopra un lembo del suo manto, mentre san Giuseppe, con una lanterna in mano, la guarda con espressione ansiosa e paterna. Il bue e l'asino partecipano alla scena. Gli umili pastori stanno per varcare la soglia: uno di essi, nello sfondo, accoglie il messaggio dall'angelo. Nell'angolo superiore destro intravediamo il coro angelico che canta: "Pace in terra". Sono motivi profondamente radicati nella tradizione dell'arte cristiana, ma tipico di Schongauer è il modo di disporli e combinarli sulla pagina. I problemi della

185. Martin
Schongauer, *Natività*,
1470-1473 ca,
incisione, cm 26 × 17.

composizione hanno aspetti comuni sia nella stampa sia nella pala d'altare. In entrambi i casi il problema della resa spaziale e della fedele imitazione del vero non deve turbare l'equilibrio dell'insieme. È solo tenendo presenti questi problemi che possiamo valutare in pieno la conquista di Schongauer e comprendere perché egli abbia scelto come cornice una rovina: essa gli consentiva di inquadrare solidamente la scena con le macerie attraverso cui guardiamo. Gli permetteva inoltre di dare spicco alle figure collocandole su uno sfondo nero, così che nessuna parte dell'incisione restasse vuota o priva di interesse. Vediamo infine come abbia tracciato attentamente il piano della sua composizione, tirando sulla pagina due diagonali che si incrociano sulla testa della Vergine, il vero centro dell'incisione.

L'arte della xilografia e dell'incisione su rame si diffuse ben presto in tutta Europa. Troviamo incisioni alla maniera di Mantegna e di Botticelli in Italia e di altro tipo nei Paesi Bassi e in Francia. Queste stampe diventarono inoltre un nuovo mezzo di cui gli artisti d'Europa si valsero per uno scambio reciproco di idee. A quel tempo non era ancora considerato un disonore prendere da un altro artista un'idea o un'intera composizione, e molti maestri minori usavano le incisioni come testi da cui trarre i loro motivi. Esattamente come l'invenzione della stampa aveva accelerato lo scambio delle idee senza le quali la Riforma avrebbe anche potuto non prodursi mai, così la stampa delle immagini assicurò il trionfo dell'arte del Rinascimento italiano nel resto d'Europa. Fu una delle forze che misero fine all'arte medievale nel Nord, provocando una crisi che solo i più grandi maestri riuscirono a superare.

Jean Colombe,
Gli scalpellini e il re,
1464 ca (particolare
di una miniatura
della Histoire de la
destruction de Troie
la grande).

I5

L'ARMONIA RAGGIUNTA
La Toscana e Roma. L'inizio del Cinquecento

Abbiamo lasciato l'arte italiana al tempo del Botticelli, cioè alla fine del XV secolo, il Quattrocento. Il principio del XVI secolo, il Cinquecento, è il periodo più famoso dell'arte italiana e uno dei più splendidi d'ogni tempo. Fu l'epoca di Leonardo da Vinci, Michelangelo, Raffaello, Tiziano, Correggio e Giorgione, di Dürer e Holbein nel Nord Europa, e di molti altri maestri famosi. Possiamo chiederci come mai tutti questi grandi maestri siano sorti nello stesso periodo, ma sono domande che mentre si formulano facilmente, trovano però difficilmente una risposta. Non si può spiegare la nascita del genio. È meglio limitarsi a goderne. Ma se quanto diremo non sarà dunque in nessun caso una spiegazione completa del grande periodo chiamato "Rinascimento maturo", tentiamo almeno di vedere quali condizioni abbiano reso possibile una fioritura tanto improvvisa di geni.

Queste condizioni, abbiamo visto, cominciarono a crearsi fin dal tempo di Giotto, la cui fama era tanto diffusa che il comune di Firenze, fiero di un maestro così celebre, volle che il campanile del Duomo fosse disegnato da lui. Questo orgoglio delle città, che per abbellire gli edifici e assicurarsi opere imperiture rivaleggiavano per ottenere i servigi dei maestri migliori, diede grande incentivo all'emulazione fra gli artisti: un sentimento pressoché sconosciuto nelle nazioni feudali del Nord, le cui città godevano di minore indipendenza e non nutrivano un uguale orgoglio municipale.

Poi venne il periodo delle grandi scoperte, quando gli italiani si volsero alla matematica per studiare le leggi della prospettiva e all'anatomia per studiare la struttura del corpo umano, scoperte che valsero ad ampliare l'orizzonte dell'artista, ormai non più un artigiano fra gli altri artigiani, pronti a ricevere l'ordinazione di un paio di scarpe o di un armadio o di un quadro, a seconda dei casi. Egli fu di diritto un maestro, che non poteva raggiungere la fama e la gloria senza esplorare i misteri della natura e ricercare le leggi segrete dell'universo. Era naturale che gli artisti di primo piano che avevano tali ambizioni si sentissero mortificati dalla loro condizione sociale, che rimaneva la stessa del tempo dell'antica Grecia, quando gli snob potevano sì ricevere un poeta che lavorava solo col cervello ma non un artista che lavorasse con le mani. Ecco un'altra sfida che gli artisti dovevano accettare, un altro sprone che li sospingeva verso conquiste ancora più grandi, tali da costringere il mondo circostante ad accettarli non solo come padroni di prospere botteghe ma come uomini ricchi di doti uniche e preziose. Fu una lotta ardua, che non incontrò un successo immediato.

Lo snobismo e il pregiudizio erano forze possenti, e parecchi che avrebbero volentieri invitato a pranzo uno studioso capace di parlare latino e di trovare il giro di frase adatto a ogni occasione avrebbero esitato a estendere un simile privilegio a un pittore o a uno scultore. Ad aiutare gli artisti a vincere i pregiudizi fu, ancora una volta, la ricerca della fama da parte dei mecenati. C'erano in Italia molte piccole corti cui urgeva acquistare reputazione e prestigio. Erigere meravigliosi edifici, ordinare tombe stupende o grandi serie di affreschi, dedicare una pittura all'altare maggiore di una chiesa famosa erano considerati mezzi sicuri per perpetuare il proprio nome e assicurare un degno monumento alla propria esistenza terrena. Poiché molti centri scesero in lizza per contendersi i servigi dei maestri più famosi, questi a loro volta poterono dettare le condizioni. Nei tempi anteriori era il principe a concedere i suoi favori all'artista. Ora le parti erano quasi capovolte, ed era l'artista che onorava un ricco principe o un potente accettando un'ordinazione. Così avvenne che gli artisti potevano spesso scegliere il tema che preferivano, senza dover più conformare le loro opere ai capricci e alle fantasie dei committenti. È difficile dire se alla lunga tutto ciò sia stato per l'arte esclusivamente un vantaggio. Sulle prime, comunque, ebbe un effetto catartico e diede libero corso a una quantità enorme di energia accumulata. L'artista si era finalmente affrancato.

In nessuna sfera questo mutamento fu tanto sensibile quanto nell'architettura. Dai tempi di Brunelleschi, all'architetto occorreva una cultura classica, almeno parziale. Doveva conoscere le regole degli antichi ordini, le proporzioni e le misure delle colonne e dei cornicioni dorici, ionici e corinzi. Doveva misurare le rovine antiche, e studiare i manoscritti dei classici come Vitruvio, in cui erano codificate le convenzioni degli architetti greco-romani, e le cui opere, piene di passi ardui e oscuri, stimolavano l'ingegno degli studiosi del Rinascimento. In nessun altro campo il conflitto fra le esigenze dei mecenati e gli ideali degli artisti fu più pronunciato che in questo.

I dotti maestri agognavano a costruire templi e archi trionfali, ma venivano loro commissionati solo palazzi e chiese. Abbiamo visto come in questo basilare conflitto un compromesso fu trovato da artisti come Alberti [163], che adattò gli antichi ordini a un moderno palazzo cittadino. Ma la vera aspirazione dell'architetto rinascimentale era progettare un edificio senza preoccuparsi dell'uso cui fosse destinato, solo per la bellezza delle proporzioni, per la spaziosità dell'interno e la grandiosità imponente dell'insieme. Agognava alla perfetta simmetria e regolarità, irraggiungibili finché si era legati alle esigenze pratiche di una costruzione comune. Fu un momento memorabile quando uno di loro trovò un patrono potente disposto a

186. Caradosso, *Medaglia della fondazione per una nuova San Pietro*, raffigurante il progetto di Bramante per un'enorme cupola, 1506, bronzo, diametro cm 5,6. Londra, British Museum.

sacrificare la tradizione e la funzionalità in vista della fama che avrebbe ottenuto edificando una solenne costruzione destinata a gettare nell'ombra le sette meraviglie del mondo. Solo così ci possiamo spiegare la decisione presa da papa Giulio II nel 1506 di abbattere la venerabile basilica di San Pietro, che sorgeva sul luogo dove, secondo quanto tramandato dalla leggenda, era

187. Donato
Bramante, *Il Tempietto
di San Pietro in
Montorio a Roma*,
1502, cappella del
tardo Rinascimento.

stato sepolto il santo, e di riedificarla in modo da sfidare le tradizioni e le
funzioni secolari dell'architettura ecclesiastica. L'uomo al quale egli affidò
questo incarico fu Donato Bramante (1444-1514), un caloroso difensore
del nuovo stile. Uno dei suoi pochi edifici rimasti intatti mostra fino a qual
punto egli avesse assimilato le idee e i canoni dell'architettura classica, pur

senza divenirne un imitatore servile [187]. È una cappella o "tempietto", come egli lo chiamò, che avrebbe dovuto essere circondato da un chiostro nel medesimo stile. Si tratta di un piccolo padiglione, una rotonda su gradini, coronato da una cupola e circondato da un colonnato di stile dorico. La balaustra in cima al cornicione dà luce e conferisce un tocco grazioso all'intero edificio: dalla piccola mole della cappella e dal colonnato decorativo spira un senso di armonia perfetta, come da qualsiasi tempio classico.

A questo maestro, dunque, il pontefice aveva affidato il compito di progettare la nuova chiesa di San Pietro, nell'intento di farne una autentica meraviglia del cristianesimo. Bramante era deciso a non tener conto della millenaria tradizione dell'Occidente, secondo la quale una chiesa di questo genere doveva essere una sala rettangolare in cui i fedeli, guardando verso l'altare maggiore, dove si celebra la messa, si trovassero volti a oriente.

Nel suo profondo anelito a quella regolarità e a quella armonia che sole potevano essere degne del luogo, egli disegnò una chiesa quadrata con una serie di cappelle disposte simmetricamente intorno alla gigantesca sala a forma di croce, la quale doveva essere coronata da un'enorme cupola che poggiava su archi colossali, così come lo abbiamo appreso dalla medaglia della fondazione [186]. Si diceva che Bramante volesse combinare gli effetti dei più vasti edifici antichi, come il Colosseo [73], le cui rovine torreggianti ancora impressionavano il visitatore di Roma, con quelli del Pantheon [75]. Per un momento l'ammirazione dell'arte antica e l'ambizione di creare qualcosa di mai visto soverchiarono le considerazioni di funzionalità e le tradizioni venerande. Ma il progetto bramantesco di San Pietro non era destinato a giungere a compimento. L'enorme costruzione ingoiò tanto denaro che nel tentativo di raccogliere i fondi necessari il papa precipitò la crisi della Riforma. Fu la vendita delle indulgenze in cambio di tributi per l'erezione della nuova chiesa che mosse Lutero alla sua prima protesta pubblica in Germania. Anche nell'ambito della Chiesa cattolica si accrebbe l'opposizione al piano di Bramante e quando già la costruzione era piuttosto avanzata l'idea di una chiesa completamente simmetrica venne messa in disparte. San Pietro, così come la conosciamo oggi, non ha più molto in comune con il progetto originale, tranne le gigantesche dimensioni.

Lo spirito d'ardimento e d'iniziativa che rese possibile il piano bramantesco di San Pietro è caratteristico degli anni intorno al 1500, che videro sorgere tanti grandissimi artisti. A questi uomini nulla sembrava impossibile, e, forse, è questa la ragione per cui a volte riuscirono davvero a realizzare l'impossibile. Ancora una volta fu Firenze a dare i natali ad alcuni tra i più forti ingegni di quella grande epoca. Dai tempi di Giotto, attorno al 1300, e di Masaccio, nel primo Quattrocento, gli artisti fiorentini coltivavano con particolare orgoglio la loro tradizione, e la loro abilità era riconosciuta da ogni persona colta. Vedremo come quasi tutti i maggiori artisti si siano

188. Andrea
del Verrocchio,
Bartolomeo Colleoni,
1479, bronzo, altezza
(cavallo e cavaliere)
cm 395. Venezia,
Campo dei SS.
Giovanni e Paolo.

189. Particolare
di figura 188.

sviluppati sul tronco di questa salda tradizione: per questo non dovremo scordare i maestri minori, nelle cui botteghe essi appresero gli elementi della loro arte.

Leonardo da Vinci (1452-1519), il più vecchio dei grandi maestri, nacque in un villaggio toscano. Andò apprendista in una delle principali botteghe fiorentine, quella del pittore e scultore Andrea del Verrocchio (1435-1488). La fama del Verrocchio era vastissima, tanto che la città di Venezia gli ordinò il monumento a Bartolomeo Colleoni, uno dei condottieri cui i veneti erano legati da gratitudine più per alcune istituzioni benefiche da lui fondate che per speciali atti di valore. La statua equestre mostra come il Verrocchio [188, 189], sia un degno erede della tradizione di Donatello. Vediamo con quale minuzia abbia studiato l'anatomia del cavallo, il gioco dei muscoli del collo e della faccia di Colleoni; ma la cosa più mirabile è l'atteggiamento del cavaliere, che sembra caracollare alla testa delle truppe, con un'espressione di ardimentosa sfida. I tempi più recenti ci hanno reso tanto familiari questi cavalieri di bronzo, venuti a popolare le nostre città con raffigurazioni di imperatori, re, principi e generali più o meno degni, che stentiamo a renderci conto della grandiosità e della semplicità dell'opera del Verrocchio, del profilo netto che il suo gruppo presenta quasi da ogni lato e dell'energia concentrata che pare animare l'uomo nell'armatura e il destriero.

In una bottega capace di produrre tali capolavori, il giovane Leonardo aveva certo molto da imparare. Poteva essere iniziato ai segreti tecnici del lavoro di fonderia e ad altre lavorazioni del metallo, poteva imparare a dipingere e a scolpire esercitandosi nel nudo e con modelli paludati. Poteva studiare piante e animali insoliti per poi introdurli nei suoi quadri, e impadronirsi a fondo dell'ottica prospettica e dell'uso dei colori. Se si fosse trattato di un qualsiasi ragazzo intelligente, questo tirocinio sarebbe bastato a farne un artista edotto del proprio mestiere, e, infatti, molti pittori e scultori eccellenti emersero dalla prospera bottega del Verrocchio. Ma Leonardo era più di un ragazzo intelligente: era un genio, la cui mente possente resterà per sempre oggetto di stupore e di ammirazione per i comuni mortali. Conosciamo la vastità e la fecondità della sua mente perché allievi e ammiratori ci conservarono i suoi schizzi e i suoi taccuini, migliaia di pagine ricoperte di scritti e disegni, con estratti di libri letti e progetti per libri da scrivere. Più si leggono queste carte, meno si comprende come una creatura umana abbia potuto eccellere in tanti e così diversi campi di ricerca recando ovunque importanti contributi. Forse una delle ragioni va cercata nel fatto che Leonardo era un artista fiorentino e non un dotto di professione. Sull'esempio dei suoi predecessori egli riteneva che compito dell'artista fosse l'esplorazione del mondo visibile, condotta però in modo più completo, intenso e accurato. Non gli interessava la cultura libresca degli studiosi. Come Shakespeare, probabilmente conosceva "poco latino e ancor meno greco". In un'epoca in cui gli uomini colti delle università si basavano sull'autorità degli ammirati maestri antichi, Leonardo, il pittore, non accettava mai ciò che leggeva senza prima controllarlo con i propri occhi. Tutte le volte che si trovava dinanzi un problema, egli non ricorreva alle autorità, ma cercava di risolverlo con qualche suo esperimento. Nulla c'era nella natura che non destasse la sua curiosità e non sollecitasse il suo ingegno. Esplorò i segreti del corpo umano sezionando più di trenta cadaveri [190]. Fu uno dei primi ad avventurarsi nel mistero della crescita del feto nel grembo materno; investigò le leggi delle onde e delle correnti; passò anni osservando e analizzando il volo degli insetti e degli uccelli, per valersene nel suo tentativo di creare una macchina volante che, era certo, un giorno sarebbe diventata realtà. Le forme delle rocce e delle nubi, l'effetto dell'atmosfera sul colore degli oggetti distanti, le leggi che presiedono alla crescita degli alberi e delle piante, l'armonia dei suoni, tutti questi argomenti formarono l'oggetto di un'incessante ricerca che per lui doveva essere la base dell'arte.

I contemporanei lo consideravano un essere bizzarro e piuttosto misterioso. Principi e generali vollero impiegare questo straordinario mago come ingegnere militare per costruire fortificazioni e canali, nuove armi e altri ritrovati. In tempo di pace, Leonardo li intratteneva con giocattoli meccanici di sua invenzione e ideava nuove scenografie per spettacoli e feste. Era ammirato come un grande artista e ricercato come musicista abilissimo, ma, con tutto ciò, pochi seppero intuire l'importanza delle sue idee e l'ampiezza delle sue conoscenze, perché Leonardo non pubblicò mai i suoi scritti e la loro esistenza era da quasi tutti ignorata. Era mancino e si era abituato a scrivere da destra a sinistra, cosicché i suoi appunti si possono leggere solo con l'aiuto di uno specchio. Forse non desiderava divulgare le scoperte che andava facendo per tema che le sue opinioni fossero considerate eretiche. Così nei suoi scritti troviamo queste cinque parole: "Il sole non si muove", nelle quali evidentemente egli anticipava quelle teorie di Copernico che dovevano più tardi procurare tante sventure a Galilei. Ma è altresì possibile che egli intraprendesse le sue ricerche e i suoi esperimenti solo per curiosità insaziabile e che, una volta risolto per suo uso personale un problema, se ne disinteressasse, perché troppi erano i misteri su cui indagare.

190. Leonardo da Vinci, *Studi anatomici (laringe e gamba)*, 1510, penna e inchiostro marrone con sfumature d'acquerello su gessetto nero su carta, cm 26 × 20. Castello di Windsor, Royal Library.

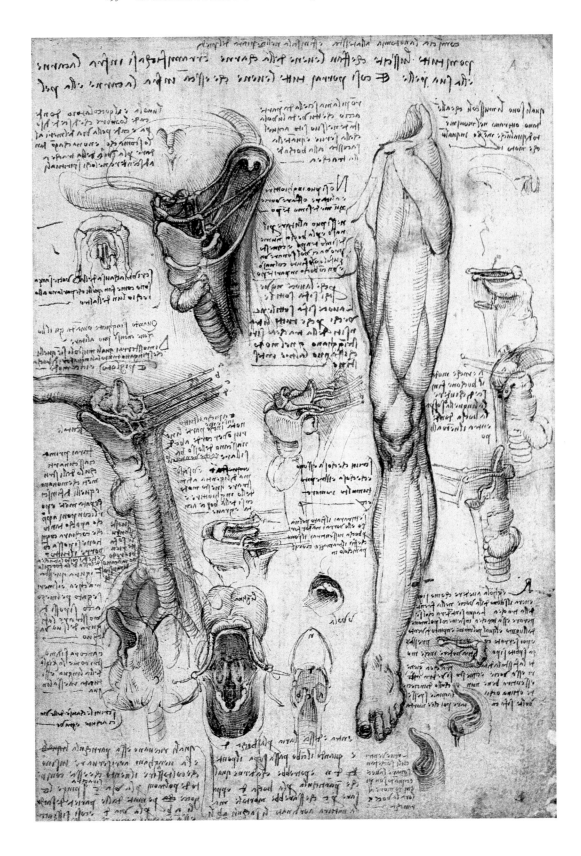

E, soprattutto, è probabile che Leonardo non avesse ambizioni scientifiche. L'esplorazione della natura era per lui specialmente un mezzo per acquistare quella conoscenza del mondo visibile di cui aveva bisogno per la sua arte. Pensava che, ponendola su basi scientifiche, avrebbe potuto trasformare la sua diletta arte del dipingere da umile artigianato in un'occupazione onorata e gentilizia. Forse ci riesce difficile comprendere questa preoccupazione del rango sociale degli artisti, ma abbiamo visto quale importanza essa rivestisse per gli uomini dell'epoca. Forse, se ricordiamo il *Sogno di una notte di mezza estate* di Shakespeare e le parti che egli affida a Snout lo stipettaio, Bottom il tessitore e Snug il calderaio, possiamo comprendere lo sfondo sul quale si svolse questa lotta. Aristotele aveva codificato lo snobismo dell'antichità classica, distinguendo fra certe arti compatibili con una "educazione liberale" (le cosiddette arti liberali, come la grammatica, la dialettica, la retorica o la geometria) e lavori che richiedevano l'opera delle mani, "manuali" e quindi servili, inadatti a un gentiluomo. Fu ambizione di uomini come Leonardo dimostrare che la pittura è un'arte liberale, e che il lavoro manuale che richiede non è maggiore della fatica di scrivere una poesia. Forse questa opinione influì sui rapporti fra Leonardo e i suoi mecenati. Forse non volle essere considerato proprietario di una bottega dove chiunque poteva andare a ordinare un quadro. Comunque sappiamo che spesso Leonardo non portò a termine le commissioni affidategli. Cominciava un quadro per poi lasciarlo incompleto nonostante le sollecitazioni del cliente. Inoltre insisteva sul fatto che era lui a decidere se un lavoro dovesse considerarsi finito, e rifiutava di licenziarlo finché non ne fosse personalmente soddisfatto. Non sorprende quindi che poche delle opere di Leonardo siano state portate a termine, né sorprende il rammarico dei contemporanei per tutto il tempo sprecato da questo genio eccezionale, prima in continui spostamenti da Firenze a Milano e da Milano a Firenze, poi al servizio del famoso avventuriero Cesare Borgia, poi ancora a Roma e finalmente alla corte di re Francesco I di Francia, dove, più ammirato che compreso, morì nel 1519.

Per singolare sciagura i pochi lavori che Leonardo completò nella maturità ci sono arrivati in cattivo stato. Così, quando guardiamo ciò che rimane del famoso affresco dell'*Ultima Cena* [191, 192], dobbiamo sforzarci di immaginare come doveva apparire ai frati per i quali fu dipinto. L'opera copre la parete di una sala rettangolare che serviva da refettorio ai frati del convento di Santa Maria delle Grazie a Milano. Cerchiamo di immaginare l'impressione che fece il capolavoro allorché fu scoperto, quando, accanto alle lunghe tavole dei frati, apparve la tavola di Cristo e degli apostoli. Mai prima d'allora il sacro episodio era apparso così vicino e così verosimile. Era come se un'altra sala fosse stata aggiunta alla loro e che, in essa, l'*Ultima Cena* avesse assunto forma tangibile. Come cadeva chiara la luce sulla mensa e come conferiva volume e solidità alle figure! Forse i frati furono colpiti

191. *Il refettorio del convento di Santa Maria delle Grazie a Milano, con "L'Ultima Cena" di Leonardo sullo sfondo.*

dapprima dalla fedeltà con cui tutti i particolari erano stati ritratti al naturale, i piatti sulla tovaglia e le pieghe dei panneggi. Allora, come adesso, le opere d'arte venivano spesso giudicate dai profani secondo la loro somiglianza con il vero. Ma questa non fu che la prima impressione. Superato il primo stupore per questa straordinaria illusione di realtà, i frati cercarono di capire come Leonardo avesse ricostruito l'episodio evangelico. Nulla in questo lavoro somigliava alle vecchie iconografie tradizionali nelle quali gli apostoli erano rappresentati, tutti in fila, seduti compostamente a tavola (solo Giuda un po' discosto), mentre Cristo somministrava il Sacramento. Il nuovo dipinto era molto diverso, vibrante di drammaticità e di animazione. Leonardo, come Giotto prima di lui, era risalito al testo sacro e aveva tentato di raffigurarsi la scena nel momento in cui Cristo pronuncia le parole: "In verità vi dico che uno di voi mi tradirà", e gli apostoli afflitti domandano: "Son forse io, o Signore?" (*Matteo* 26, 21-22). Il Vangelo di san Giovanni aggiunge: "Uno dei discepoli, quello che Gesù prediligeva, se ne stava appoggiato al petto di Gesù, e Simon Pietro gli fece cenno e gli disse: 'Di chi parla?'" (*Giovanni* 13, 23-24). È tutto questo gioco di domande e di cenni che anima l'episodio. Cristo ha appena pronunciato le tragiche parole e tutti quelli che gli sono al fianco si ritraggono inorriditi dalla rivelazione. Alcuni sembrano protestare il loro amore e la loro innocenza, altri discutono gravemente a chi il Signore abbia voluto alludere, altri sembrano guardarlo per avere spiegazione di ciò che ha detto. San Pietro, più impetuoso, si precipita su san Giovanni, seduto alla destra di Cristo, e mentre gli sussurra qualcosa all'orecchio spinge inavvertitamente innanzi Giuda. Giuda, pur non essendo separato dagli altri, sembra quasi isolato. Egli solo non gesticola e non fa domande; si china in avanti e guarda con un'espressione di sospetto o di rabbia che nel crescente tumulto forma un drammatico contrasto con la figura calma e rassegnata di Cristo. Chissà quanto tempo hanno impiegato i primi spettatori a comprendere l'arte consumata che regge tutto questo nesso drammatico. Nonostante l'atmosfera concitata creata dalle parole di Cristo, nel dipinto non c'è nulla di caotico. I dodici apostoli paiono naturalmente suddivisi in quattro gruppi di tre, legati tra loro da gesti e movimenti. C'è tanto ordine nella varietà e tanta varietà nell'ordine che non si riesce mai a esaurire il gioco armonioso degli opposti movimenti. Forse riusciremo a capire in pieno la grandezza di Leonardo in questa composizione solo ripensando al problema cui accennammo a proposito della descrizione del *Martirio di san Sebastiano* di Pollaiolo [171]. Ricordiamo come gli artisti di quel periodo lottassero per conciliare le esigenze del realismo e quelle della composizione, e quanto rigida e artificiosa fosse la soluzione del problema proposta da Pollaiolo. Leonardo, appena più giovane di Pollaiolo, lo risolse con facilità. Dimentichiamo un momento il soggetto rappresentato e contempliamo la mirabile disposizione delle figure. La scena pare possedere l'equilibrio spontaneo e l'armonia che erano alla base delle pitture gotiche e che artisti come Rogier van der Weyden e Botticelli, ciascuno a suo modo, avevano tentato di riconquistare all'arte. Ma Leonardo non trovò necessario sacrificare la correttezza del disegno o l'esattezza dell'osservazione alle esigenze della composizione. Se poi ci si astrae dalla bellezza della pittura, improvvisamente ci si trova di fronte a un frammento di realtà concreto e non meno imponente di quelli offertici dalle opere di Masaccio o di Donatello. Ma nemmeno questo è il vero fulcro della grandezza dell'opera. In realtà, oltre a fatti tecnici come la composizione e la perizia nel segno, dobbiamo

192. Leonardo da Vinci, *L'Ultima Cena*, 1495-1498, tempera su intonaco, cm 460 × 880. Milano, refettorio del convento di Santa Maria delle Grazie.

ammirare la profonda intelligenza di Leonardo per il comportamento e le reazioni dell'uomo, e la potente fantasia che gli permette di evocare la scena dinanzi ai nostri occhi. Narra un testimone di avere spesso visto Leonardo al lavoro intorno all'*Ultima Cena*. Saliva sull'impalcatura restandoci giornate intere a contemplare con le braccia conserte ciò che aveva fatto fino ad allora. È appunto il risultato di queste riflessioni che egli ci ha lasciato, per cui, sia pure danneggiata, la *Cena* rimane uno dei miracoli del genio umano. C'è un'altra opera di Leonardo forse ancor più famosa della *Cena*. È il ritratto di una dama fiorentina di nome Lisa, *Monna Lisa* ("La Gioconda") [193]. Una fama come quella della *Monna Lisa* leonardesca non è poi una grande fortuna per un'opera d'arte. Ci siamo talmente abituati a vederla sulle cartoline e perfino sui cartelloni pubblicitari che ci riesce difficile guardarla con occhio nuovo, come il dipinto di un uomo reale che ritrae una donna in carne e ossa. Ma vale la pena di dimenticare ciò che sappiamo o crediamo di sapere attorno al quadro per guardarlo come se fossimo noi i primi a scoprirlo. Ciò che colpisce in primo luogo è l'intensa vitalità con cui Lisa ci appare: essa sembra veramente guardarci e pensare. Come un essere vivente, sembra mutare sotto i nostri occhi e risultare un po' diversa ogni volta che torniamo a guardarla. Perfino davanti alle fotografie del quadro proviamo questa strana impressione che tuttavia, dinanzi all'originale del Louvre, diventa quasi soprannaturale. A volte Lisa sembra beffarsi di noi, ma ecco che di nuovo ci sembra di cogliere un'ombra di tristezza nel suo sorriso. È un'impressione misteriosa che ogni grande opera d'arte ci comunica. Ma Leonardo sapeva benissimo come aveva ottenuto questo effetto e con quali mezzi. Quel grande osservatore della natura conosceva meglio di chiunque prima di lui il meccanismo dell'occhio umano. Aveva chiaramente individuato un problema che la conquista della natura aveva proposto agli artisti: un problema non meno complesso di quello di combinare insieme esattezza di disegno e armonia di composizione. Le grandi opere dei maestri del Quattrocento italiano che seguirono le orme di Masaccio hanno in comune una certa scabra durezza, una certa legnosità. Lo strano è che responsabile di quest'effetto non fu la mancanza di pazienza e di sapere. Nessuno poteva essere più paziente nell'imitazione della natura di Van Eyck [158]; nessuno poteva essere più esperto in materia di disegno esatto e di prospettiva di Mantegna [169]. Eppure, nonostante l'impressione di grandiosità della loro rappresentazione naturale, le figure somigliano piuttosto a statue che a esseri vivi. La ragione sta forse nel fatto che, quanto più minutamente ritraiamo una figura, linea per linea e particolare per particolare, tanto meno ci immaginiamo che essa possa mai muoversi e respirare. Sembra che l'artista vi abbia improvvisamente gettato sopra un incantesimo, forzandola in un atteggiamento di eterna immobilità, come i personaggi della *Bella addormentata*. In vari modi i pittori avevano tentato di uscire da

193. Leonardo da Vinci, *Monna Lisa* (*La Gioconda*), 1502 ca, olio su legno, cm 77 × 53. Parigi, Louvre.

194. Particolare di figura 193.

questa difficoltà. Botticelli, per esempio [172], si era studiato di accentuare il moto ondoso dei capelli e il movimento delle vesti, così da rendere meno rigido il contorno. Ma solo Leonardo trovò la soluzione esatta del problema. Il pittore deve lasciare allo spettatore qualcosa da indovinare; se i contorni non sono delineati rigidamente, se si lascia un poco vaga la forma come se svanisse nell'ombra, ogni impressione di rigidezza e di aridità sarà evitata. Questa è la famosa invenzione leonardesca detta lo "sfumato": il contorno evanescente e i colori pastosi fanno confluire una forma nell'altra lasciando sempre un margine alla nostra immaginazione.

Se ora ci volgiamo di nuovo a considerare *Monna Lisa* [194], possiamo capirne in qualche modo l'effetto misterioso. Vediamo che Leonardo si è valso consapevolmente e larghissimamente dello sfumato. Chiunque abbia tentato di disegnare o di scarabocchiare un volto sa che ciò che noi chiamiamo espressione si cela soprattutto in due tratti: gli angoli della bocca e gli angoli degli occhi. Ora, sono precisamente queste parti che Leonardo ha lasciato volutamente indefinite, immergendole in una morbida penombra. Ecco perché non siamo mai sicuri dello stato d'animo con cui Monna Lisa ci guarda. La sua espressione pare sempre sfuggirci. Ma, naturalmente, non è soltanto l'indistinto che produce un simile effetto: c'è ben altro. Leonardo ha osato ciò che forse solo un pittore della sua consumata maestria poteva permettersi. Se osserviamo attentamente il quadro, vediamo che le due metà non sono simmetriche. Questa circostanza risalta con evidenza molto maggiore nel fantasioso sognante paesaggio dello sfondo. L'orizzonte a sinistra è assai più basso che a destra, per cui, quando la nostra attenzione si appunta sul lato sinistro del quadro, la donna pare più alta ed eretta che non quando accentriamo la nostra attenzione sul lato destro. E anche il volto pare mutare a seconda della posizione, perché anche nel volto i due lati non si accordano. Tutti questi trucchi cerebrali avrebbero tuttavia permesso a Leonardo un ingegnoso gioco di prestigio piuttosto che una grande opera d'arte, se egli non avesse avuto un esatto senso del limite, sforzandosi di rendere in modo quasi miracoloso la carne così da controbilanciare l'ardita deviazione dalla realtà naturale. Si osservi com'è modellata la mano o come sono rese le maniche con le loro minutissime pieghe. Leonardo poteva essere meticoloso come qualsiasi predecessore, nella paziente osservazione della natura, ma non ne era più lo schiavo incondizionato. In un lontano passato la gente aveva considerato con sgomento i ritratti pensando che, còlta la somiglianza della persona, l'artista potesse conservarne anche l'anima. Ora il grande scienziato Leonardo aveva fatto avverare alcuni dei sogni e dei timori di questi primitivi creatori d'immagini. Conosceva l'incantesimo grazie al quale poteva infondere vita nei colori distesi dal suo magico pennello.

Il secondo grande fiorentino la cui opera rende così famosa l'arte italiana del Cinquecento fu Michelangelo Buonarroti (1475-1564). Aveva ventitré anni meno di Leonardo e gli sopravvisse di quarantacinque. Nella sua lunga vita fu testimone di una rivoluzione totale nella posizione dell'artista e, in certa misura, fu proprio lui a provocarla. In gioventù Michelangelo aveva fatto il tirocinio di qualsiasi altro artigiano. Tredicenne, fu messo per tre anni a imparare il mestiere nell'operosa bottega di uno dei principali maestri del tardo Quattrocento fiorentino, il pittore Domenico Bigordi, detto il Ghirlandaio (1449-1494), uno di quegli autori di cui ammiriamo le opere più per la colorita rappresentazione della vita del loro tempo che per l'eccellenza dell'ingegno. Sapeva narrare così bene e piacevolmente la storia

sacra che sembrava essersi appena svolta fra ricchi fiorentini della cerchia dei Medici, suoi mecenati. La figura 195 mostra la nascita della Vergine: vediamo giungere i parenti della madre, sant'Anna, per congratularsi con lei e farle visita. Vediamo un appartamento alla moda del tardo Quattrocento e assistiamo alla visita ufficiale di alcune signore della buona società. Il Ghirlandaio sapeva disporre con efficacia i suoi gruppi e dare godimento all'occhio. Dimostrò di condividere l'interesse dei contemporanei per i temi dell'arte antica ed ebbe cura di dipingere un rilievo di putti danzanti, alla maniera classica, nello sfondo della stanza.

Nella sua bottega il giovane Michelangelo poté imparare tutti i trucchi del mestiere, impadronirsi a fondo della tecnica dell'affresco e farsi un'ottima base nel campo del disegno. Ma, da quel che sappiamo, Michelangelo non ebbe giorni felici come apprendista nella bottega del celebre pittore. Le sue idee sull'arte erano troppo diverse. Invece di acquistare la facile maniera del Ghirlandaio, si diede allo studio dell'opera dei maestri del passato, Giotto, Masaccio, Donatello, nonché degli scultori greci e romani di cui poteva contemplare le statue nella collezione medicea; tentò di penetrare i segreti degli scultori antichi, capaci di ritrarre il mirabile corpo umano in movimento, con tutti i muscoli e i tendini. Come Leonardo, non si appagò di imparare

195. Domenico Ghirlandaio, *Nascita della Vergine*, 1491. Firenze, chiesa di Santa Maria Novella.

le leggi dell'anatomia dalla scultura antica, ossia di seconda mano. Fece un lavoro diretto, sezionando cadaveri, disegnando modelli dal vero, finché la figura umana sembrò non avere più alcun segreto per lui. Ma diversamente da Leonardo, per il quale la figura umana era solo uno degli appassionanti enigmi della natura, Michelangelo tese con una straordinaria esclusività di propositi a sviscerare quest'unico problema, in modo da padroneggiarlo a fondo. La sua capacità di concentrazione e la sua memoria dovevano essere tanto eccezionali che ben presto non vi furono più posizioni o movimenti troppo ardui per lui. Le difficoltà, anzi, parevano attirarlo. Atteggiamenti e angolazioni che molti grandi maestri del Quattrocento avrebbero esitato a introdurre nelle loro opere, per timore di non riuscire a rappresentarle nella loro verità, non facevano che stimolare le sue ambizioni artistiche, e presto corse voce che il giovane artista non solo stava alla pari dei maestri dell'antichità classica ma addirittura li aveva superati. Sarebbe giunto il momento in cui i giovani artisti avrebbero passato parecchi anni nelle accademie a studiare l'anatomia, il nudo, la prospettiva e tutti gli espedienti del disegno. E oggi che molti disegnatori commerciali senza pretese hanno acquisito una grande facilità nel trattare la figura umana sotto ogni possibile angolo di visuale, può riuscire arduo comprendere quell'ondata di travolgente ammirazione che la pura e semplice abilità e il sapere di Michelangelo suscitarono a quei tempi. Verso la trentina era già considerato uno dei principali maestri dell'epoca, non inferiore, nel suo campo, al genio di Leonardo. Firenze gli fece l'onore di affidare a lui e a Leonardo la raffigurazione di un episodio di storia cittadina sulla parete della sala del Maggior Consiglio a Palazzo Vecchio. Fu un momento drammatico per la storia dell'arte quello in cui questi due giganti si contesero la palma, e tutta Firenze seguì febbrilmente il progredire dei lavori. Sfortunatamente le opere non furono mai completate. Nell'anno 1506 Leonardo tornò a Milano e Michelangelo ricevette una chiamata che accese ancor più il suo entusiasmo. Papa Giulio II lo voleva a Roma per farsi erigere un sepolcro degno del capo della cristianità. Conosciamo i piani ambiziosi di questo pontefice, uomo di larghe vedute ma irrequieto, e non è difficile immaginare come Michelangelo dovesse essere sedotto dall'idea di lavorare per chi possedeva volontà e mezzi tali da portare a termine i progetti più arditi. Con il consenso del papa si mise subito in viaggio verso le famose cave di marmo di Carrara, per scegliere i blocchi da cui trarre il gigantesco mausoleo. Il giovane artista fu soverchiato dalla visione di tutti quei blocchi marmorei che sembravano aspettare lo scalpello che li trasformasse in statue mai vedute prima. Rimase più di sei mesi alle cave, comprando, scegliendo, escludendo, con la fantasia traboccante di immagini. Voleva liberare dal marmo le figure che vi giacevano dentro assopite. Ma quando tornò per mettersi al lavoro, scoprì che l'entusiasmo di Giulio II per la grande impresa si era assai raffreddato. Sappiamo oggi che una delle

ragioni principali delle perplessità del papa era che il progetto della tomba era venuto in contrasto con un altro, che aveva ancora più caro: il progetto di una nuova San Pietro. La tomba, infatti, era destinata originariamente alla vecchia costruzione: se questa fosse stata demolita, dove sarebbe finito il mausoleo? Michelangelo, nel suo smisurato disappunto, sospettò altre ragioni, subodorò l'intrigo e dubitò perfino che i suoi rivali, soprattutto Bramante, architetto della nuova San Pietro, lo volessero avvelenare. In un accesso di paura e di sdegno abbandonò Roma per Firenze e scrisse una violenta lettera al papa, in cui tra l'altro lo invitava, se voleva riaverlo, ad andarlo a cercare.

Strano è, in tutta questa storia, che il papa non perse la calma e anzi intavolò trattative ufficiali con il governo di Firenze perché convincesse il giovane scultore a ritornare a Roma. Per tutti quanti si interessavano d'arte gli spostamenti e i piani di questo giovane artista avevano il peso di un affare di Stato. I fiorentini temettero perfino che il papa potesse volgersi contro di loro se continuavano a dargli ricovero. Michelangelo perciò fu persuaso a tornare al servizio di Giulio II, munito di una lettera di raccomandazione in cui si affermava che la sua arte non aveva rivali in tutta Italia e forse in tutto il mondo, e che, se fosse stato trattato con benevolenza, "avrebbe attuato cose da meravigliare il mondo intero". Per una volta almeno, una nota diplomatica diceva la verità! Quando Michelangelo tornò a Roma, il papa gli fece accettare un'altra ordinazione. C'era una cappella in Vaticano costruita da Sisto IV e quindi chiamata Cappella Sistina [196].

196. Michelangelo, *Cappella Sistina in Vaticano*, veduta d'insieme dell'interno prima del restauro.

Le pareti erano state decorate dai più famosi artisti della generazione precedente, Botticelli, il Ghirlandaio e altri. Ma la volta era ancora nuda. Il papa suggerì dunque a Michelangelo di dipingerla. Michelangelo fece di tutto per declinare l'ordinazione, disse di non essere veramente un pittore ma uno scultore. Era convinto di dovere l'ingrato incarico a intrighi di nemici. Poiché il papa era irremovibile, egli cominciò a elaborare uno schema modesto, dodici apostoli entro nicchie, e a cercare aiuti da Firenze. Ma d'un tratto si rinchiuse nella cappella, senza lasciarsi avvicinare da alcuno, e prese a lavorare da solo al progetto di un'opera che davvero ha continuato a "meravigliare il mondo intero" dal momento in cui venne alla luce.

È difficile per un comune mortale immaginare come un essere umano abbia potuto fare ciò che Michelangelo fece in quattro anni di lavoro solitario sulle impalcature della cappella papale [198]. Già soltanto lo sforzo fisico di dipingere il grande affresco sulla volta della cappella, di preparare e disegnare le scene nei particolari per poi trasporle sulla parete è di per sé straordinario. Michelangelo doveva stare supino sulle impalcature e dipingere guardando verso l'alto: ma si abituò a tal segno a quella posizione che nello stesso periodo perfino quando riceveva una lettera era obbligato a tenerla sopra il capo e a rovesciare la testa all'indietro per leggerla. Ma lo sforzo fisico di un uomo che solo e senza aiuti ricopra quella vasta superficie è nulla a paragone dei tesori intellettuali e artistici che vi profuse. La ricchezza inesauribile della fantasia, la maestria sempre vigile nell'esecuzione di ogni minimo particolare, e, soprattutto, la grandiosità di visione che Michelangelo rivelò a quanti vennero dopo di lui hanno dato all'umanità una misura del tutto nuova della potenza del genio.

Spesso si vedono illustrati i particolari di quest'opera gigantesca, e mai si finisce di guardarli. Ma l'impressione che dà l'insieme, entrando nella cappella, è ancora assai diversa dalla somma di tutte le fotografie viste. La cappella somiglia a una grande sala riunioni ampia e alta, dalla volta concava. In alto sulle pareti si allineano le storie di Mosè e di Cristo, nella maniera tradizionale dei predecessori di Michelangelo. Ma guardando in alto ci sembra di scorgere un mondo diverso, un mondo di dimensioni sovrumane. Nei riquadri della volta che si levano fra le cinque finestre sui due lati della cappella, Michelangelo dipinse le gigantesche immagini dei profeti del Vecchio Testamento che annunciarono agli ebrei il futuro Messia, alternati a figure di sibille che, secondo un'antica tradizione, predissero la venuta di Cristo ai pagani. Michelangelo li raffigurò come uomini e donne possenti, seduti in profondo raccoglimento, intenti a leggere, a scrivere, a disputare, o come rapiti dal suono di una voce interiore. Fra queste file di figure più grandi del reale, sul soffitto vero e proprio, dipinse la storia della creazione e di Noè.

Ma come se questo lavoro immenso non avesse soddisfatto la sua foga di creare immagini sempre nuove, egli stipò le partizioni che dividevano i vari dipinti con un infinito stuolo di altre figure, alcune simili a statue, altre a giovani straordinariamente vivi e di sovrannaturale bellezza, che reggono festoni e medaglioni in cui sono ancora dipinte altre storie. E anche questo rientra soltanto nella parte centrale. Nei riquadri della volta e immediatamente sotto, Michelangelo eseguì inoltre una successione interminabile di uomini e donne d'infinita varietà: gli antenati di Cristo, come sono elencati nella Bibbia.

Guardando la riproduzione fotografica di tutta quella folla di figure, può sfiorarci il sospetto che il soffitto sia troppo folto e squilibrato. Una delle grandi sorprese che si provano entrando nella Cappella Sistina è invece proprio la scoperta della semplicità e dell'armonia del soffitto, anche se considerato solo come un pezzo di superba decorazione, e com'è chiara l'intera composizione. Da quando è stata ripulita dai molti strati di fuliggine delle candele e di polvere negli anni Ottanta, i colori si sono rivelati forti e luminosi, e così dovevano essere per rendere visibile il soffitto in una cappella con finestre tanto rare e strette. (Non sempre questo punto è stato preso in considerazione da parte di chi ha ammirato questi dipinti nella forte luce elettrica che ora converge sul soffitto).

197. Michelangelo, *Volta della Cappella Sistina*, particolare.

198. Michelangelo, *Volta della Cappella Sistina*, 1508-1512, affresco, m 13,7 × 39. Vaticano.

La figura 197 mostra un settore dell'opera che attraversa il soffitto in larghezza ed esemplifica il modo con cui Michelangelo distribuì le figure che fiancheggiano le scene della Creazione. Da un lato c'è il profeta Daniele che regge sulle ginocchia un grosso volume con l'aiuto di un fanciullo, e si volge da un lato per prendere nota di ciò che ha letto. Vicino a lui c'è la sibilla Cumana assorta nella lettura di un libro. Sul lato opposto ci sono la sibilla Persiana, una vecchia in costume orientale, che tiene un libro vicino agli occhi – anche lei intenta allo studio dei sacri testi – ed Ezechiele, profeta dell'Antico Testamento, che si volta con gesto brusco come se fosse in collera. I loro sedili di marmo sono ornati di statue di putti giocosi, e sopra, una per parte, due figure nude raccordano vivacemente il medaglione al soffitto. Nei pennacchi triangolari sono rappresentati gli antenati di Cristo come vengono nominati nella Bibbia, sormontati da corpi più movimentati. I meravigliosi nudi rivelano tutta la maestria michelangiolesca nel disegno del corpo umano còlto da qualsiasi punto e angolatura: giovani atleti dai muscoli meravigliosi che, sempre nobilmente atteggiati, si snodano e si piegano nelle più svariate direzioni. Sono non meno di venti, uno più mirabile dell'altro, e non c'è dubbio che molte idee che avrebbero dovuto esprimersi nel marmo di Carrara si affollavano nella mente di Michelangelo mentre dipingeva la volta della Sistina. Si percepisce con quale compiacimento mise alla prova la sua portentosa maestria, e come il disappunto e l'ira per gli ostacoli frapposti al suo lavoro con il materiale preferito lo spronarono a dimostrare ai suoi nemici, veri o immaginari che fossero, che, costretto a dipingere, egli era pronto a far vedere di che cosa fosse capace.

Sappiamo come Michelangelo studiasse minutamente ogni particolare e come preparasse con cura le figure negli abbozzi preliminari. La figura 199 ci mostra un foglio del suo album di schizzi, in cui studiava il modello per una delle sue sibille.

Vediamo il gioco di muscoli osservato e riprodotto come mai in precedenza dai maestri greci in poi. Ma se in questi famosi "ignudi" egli mostrò una maestria impareggiabile, diede prova di essere assai più che un virtuoso nell'illustrare le scene bibliche che formano il centro della composizione.

Ecco il Signore che chiama alla vita, con gesto possente, le piante, i corpi celesti, gli animali e l'uomo. E non è esagerato affermare che la figurazione di Dio Padre, così come si è trasmessa per generazioni, non solo di artisti ma anche di umile gente che forse non ha mai udito il nome di Michelangelo, fu plasmata e modellata dall'influenza diretta e indiretta delle grandi visioni michelangiolesche della creazione.

Forse la più famosa e la più sensazionale fra tutte queste visioni è la creazione di Adamo, che possiamo ammirare su una delle campate maggiori [200]. Già gli artisti prima di Michelangelo avevano raffigurato Adamo sdraiato a terra e chiamato in vita al tocco della mano di Dio, ma nessuno

199. Michelangelo, *Studio per la sibilla Libica sulla volta della Cappella Sistina*, 1510 ca, gessetto rosso su carta colorata, cm 29 × 21. New York, Metropolitan Museum of Art.

PERSICA

DANIEL

si era mai avvicinato con tanta forza e semplicità alla grandezza del mistero della creazione. Non c'è nulla nella scena che distolga l'attenzione dal tema centrale. Adamo è sdraiato a terra in tutto il vigore e la bellezza degni del primo uomo; Dio Padre gli si accosta, sorretto dai suoi angeli, avvolto in un maestoso e ampio manto che il vento gonfia come una vela, e che bene suggerisce l'idea della rapidità e della facilità con cui si sposta nello spazio. Quando tende la mano, senza nemmeno toccare il dito di Adamo, ecco che il primo uomo si ridesta come da un sonno profondo, e fissa lo sguardo sul volto paterno del Creatore. Uno dei maggiori miracoli di Michelangelo sta nell'aver imperniato tutta la scena sul gesto della mano divina, e nell'averci configurata visibilmente l'idea dell'onnipotenza nella naturalezza e nella forza del gesto creatore.

Michelangelo aveva appena terminato nel 1512 il lavoro della Cappella Sistina quando tornò con accanimento ai blocchi di marmo della tomba di Giulio II. Aveva pensato di circondarla di un certo numero di statue di prigionieri, come ne aveva visti sui monumenti romani, benché sia possibile che le figure avessero intenti simbolici. Una di queste è lo *Schiavo morente* [201]. Se qualcuno aveva potuto pensare che il tremendo sforzo della Cappella Sistina avesse inaridito la fantasia di Michelangelo, ben presto dovette accorgersi del suo errore. Tornato che fu al materiale prediletto, la sua potenza fantastica si rivelò ancora maggiore di prima. Mentre in Adamo aveva raffigurato il momento in cui la vita entra nel corpo vigoroso di un

200. Michelangelo, *La creazione di Adamo*, particolare di figura 198.

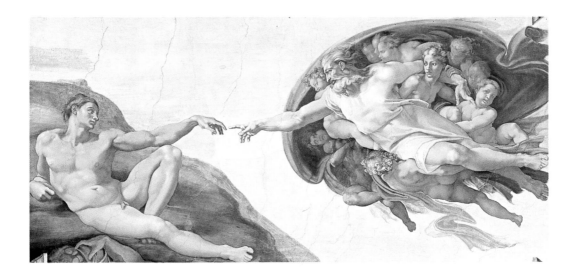

201. Michelangelo, *Schiavo morente*, 1513 ca, marmo, altezza cm 229. Parigi, Louvre.

giovane, ora nello *Schiavo morente* scelse l'attimo in cui la vita sta per sfuggire e il corpo sta per cedere alle leggi della dissoluzione della materia. C'è una bellezza indicibile in questo istante di abbandono e di liberazione dalla lotta dell'esistenza, in questo gesto di stanchezza e di rassegnazione. Quando ci troviamo dinanzi a quest'opera al Louvre, è difficile pensarla come una statua di pietra fredda e inanimata: infatti, pur nel suo stato di riposo, sembra muoversi sotto i nostri occhi, e forse questo è l'effetto cui mirava Michelangelo. Uno dei più mirabili segreti della sua arte è la fermezza, la calma, l'abbandono delle figure, pur tese e contorte in movimenti violenti. La ragione di ciò è che fin dall'inizio Michelangelo le concepì come celate nel blocco di marmo che stava lavorando, e pensò che fosse suo compito rimuovere soltanto la pietra che le ricopriva. Così nel contorno delle figure egli rifletteva sempre la semplice forma di un blocco, e, nonostante tutto il movimento che anima i corpi, essi sono sempre iscritti in un nitido profilo.

Se Michelangelo era già famoso quando Giulio II l'aveva chiamato a Roma, la sua fama, terminate queste opere, fu maggiore di quella raggiunta da qualsiasi artista prima di lui. Ma questa fama eccezionale cominciò a pesargli come una maledizione, poiché non gli consentì di terminare quello che era stato il suo sogno giovanile: la tomba di Giulio II. Quando Giulio morì, un altro papa volle valersi dei servigi del più famoso artista del tempo e ogni papa che seguì parve preoccuparsi più del predecessore che il suo nome restasse legato a quello di Michelangelo. Eppure, mentre papi e signori si contendevano i servigi del maestro ormai attempato, egli pareva sempre più rinchiudersi in sé stesso e divenire sempre più esigente nei suoi princípi. Le sue poesie mostrano come lo tormentassero dubbi sulla peccaminosità della sua arte e le sue lettere ci rivelano che, quanto più si innalzava nella stima del mondo, tanto più si faceva amaro e scontroso. Non solo era ammirato per il suo genio ma anche temuto per la sua indole, e non risparmiava né umili né potenti. Certo era conscio della sua posizione sociale, ben diversa da tutto ciò che egli ricordava dei giorni della gioventù, e a settantasette anni rimproverò un concittadino che aveva indirizzato una lettera allo "scultore Michelangelo". "Ditegli", scrisse, "di non indirizzare le lettere allo scultore Michelangelo, poiché qui sono conosciuto solo

come Michelangelo Buonarroti ... Non sono mai stato pittore o scultore di bottega ... per quanto abbia servito i papi; ma a questo fui costretto".

La sincerità di questo sentimento di superba indipendenza ce lo prova ancor meglio il fatto che egli rifiutò il compenso per l'ultima grande impresa che lo occupò nell'età avanzata: il completamento dell'opera del suo antico nemico, il Bramante, ovvero la cupola a coronamento di San Pietro. Questo lavoro per la più importante chiesa della cristianità era considerato

202. Perugino, *La Vergine appare a san Bernardo*, 1490-1494 ca, pala d'altare, olio su legno, cm 173 × 170. Monaco, Alte Pinakothek.

dall'anziano maestro come un servigio alla maggior gloria di Dio, da non doversi macchiare con un guadagno terreno. La cupola, elevandosi sulla città di Roma con il suo profilo nitido e maestoso, quasi retta da una cinta di colonne abbinate, è degno monumento allo spirito di questo singolare artista che i contemporanei chiamarono "divino".

Mentre a Firenze nel 1504 Michelangelo e Leonardo si emulavano a vicenda, un giovane pittore vi giungeva dalla città di Urbino, nell'Umbria. Era Raffaello Sanzio (1483-1520), che aveva fatto buone prove nella bottega del principale maestro della scuola "umbra", Pietro Vannucci, detto il Perugino (1446-1523). Come il maestro di Michelangelo, il Ghirlandaio, e quello di Leonardo, Verrocchio, il Perugino apparteneva a una generazione di maestri coronati da un grande successo, che avevano bisogno di un nutrito personale di esperti apprendisti che li aiutasse a portare a termine le molte ordinazioni. Il Perugino era di quei maestri la cui soave e devota maniera nella pittura delle pale d'altare si imponeva al generale rispetto. I problemi intorno ai quali si erano tanto accaniti gli artisti del primo Quattrocento non presentavano più grandi difficoltà per lui. Alcuni dei suoi più celebri lavori, almeno, mostrano come egli sapesse dare il senso della profondità senza sovvertire l'equilibrio della composizione e come avesse imparato a maneggiare lo sfumato leonardesco per evitare ogni possibile rigidezza nelle figure. La figura 202 è una pala d'altare dedicata a san Bernardo. Il santo alza gli occhi dal libro per guardare la Vergine ritta innanzi a lui. La disposizione non potrebbe essere più semplice, eppure non c'è nulla di forzato o di rigido in questo ordinamento quasi simmetrico delle parti. Le figure sono disposte in funzione dell'armonia compositiva del quadro e ognuna di esse si muove con calma e dignità. È vero che il Perugino per ottenere questa bellissima armonia sacrificò la fedele riproduzione della natura cui avevano teso con tanta passione i grandi maestri del Quattrocento. Guardando gli angeli del Perugino vediamo che essi sono tutti più o meno dello stesso tipo: un tipo di bellezza da lui inventato e applicato nei suoi quadri con sempre nuove varianti. Dopo aver visto molte sue opere, l'espediente può stancare, ma i quadri del Perugino non erano fatti per essere guardati l'uno accanto all'altro come nelle gallerie d'arte. Prese separatamente, alcune fra le opere migliori ci aprono uno spiraglio su un mondo più sereno e armonioso del nostro.

Fu in quell'atmosfera che crebbe il giovane Raffaello, impadronendosi e assimilando ben presto la maniera del maestro. Arrivando a Firenze, egli si trovò nel pieno della sfida: Leonardo e Michelangelo, entrambi più anziani di lui (l'uno di trentun anni, l'altro di otto), stavano creando capolavori artistici che nessuno prima di loro avrebbe mai sognato. Giovani di altra tempra avrebbero perso coraggio dinanzi alla fama di questi giganti. Raffaello no: era deciso a imparare, pur rendendosi conto di essere in svantaggio sotto certi aspetti, giacché non possedeva né l'ampio orizzonte culturale di

Leonardo né la potenza di Michelangelo. Ma mentre con questi due geni era difficile trattare, imprevedibili e inafferrabili com'erano per i comuni mortali, Raffaello era d'indole dolce, tale da raccomandarsi ai mecenati influenti. Inoltre poteva lavorare, e certo avrebbe lavorato, fino a raggiungere i maestri più anziani.

Dai maggiori dipinti di Raffaello sembra esuli talmente ogni senso di sforzo che è in genere difficile considerarli frutto di un lavoro duro e incessante. Per molti egli non è altro che il pittore di dolci madonne ormai tanto note che non si riesce quasi più ad apprezzarle come pitture. Eppure la visione raffaellesca della Madonna è stata adottata dalle generazioni successive, proprio come la concezione michelangiolesca di Dio Padre. Riproduzioni a buon mercato di queste opere le troviamo nelle più umili stanze, e siamo portati quindi a concludere che pitture capaci di suscitare una eco così vasta debbano essere un poco "facili". In realtà, però, la loro apparente semplicità è frutto di una profonda meditazione, di attento calcolo e di immensa saggezza artistica [17, 18]. Un quadro come la *Madonna del Granduca* [203], è veramente "classico", nel senso che per generazioni e generazioni fu il paradigma della perfezione, proprio com'era avvenuto per le opere di Fidia o di Prassitele. Non ha bisogno di essere spiegato, e in questo senso è "facile". Ma se lo paragoniamo alle innumerevoli rappresentazioni dello stesso tema che lo precedettero, sentiamo che mentre esse tendevano tutte verso quella semplicità, solo Raffaello l'ha raggiunta. Vediamo di quanto egli vada debitore alla calma bellezza dei tipi del Perugino, ma vediamo pure la differenza che corre fra la regolarità un po' vuota del maestro e la pienezza di vita dell'allievo! Il modo con cui Raffaello modella il viso della Vergine che sfuma nell'ombra, e come ci fa sentire il volume del corpo avvolto nel manto che ricade in libere pieghe, la tenerezza e la saldezza con cui Maria regge il Bambino, tutto contribuisce al perfetto equilibrio dell'insieme. Sentiamo che, mutando un benché minimo particolare nel gruppo, l'armonia generale ne risulterebbe sconvolta. Eppure non c'è nulla di artificioso o di cerebrale nella composizione. Non potrebbe essere diversa, è come fosse stata così fin dall'inizio del tempo.

Dopo qualche anno trascorso a Firenze, Raffaello andò a Roma. Vi arrivò probabilmente nel 1508, al tempo in cui Michelangelo cominciava a lavorare attorno alla Cappella Sistina. Giulio II trovò subito lavoro anche per il giovane e amabile artista affidandogli l'incarico di decorare le pareti di alcune stanze del Vaticano. Raffaello diede prova della sua perfetta padronanza del disegno e dell'equilibrio compositivo in una serie di affreschi eseguiti sulle pareti e sui soffitti. Ma per apprezzare pienamente la bellezza di queste opere occorre passare un certo tempo in queste stanze, gustando l'armonia e la varietà della composizione, nel suo complesso: moto risponde a moto, forma a forma. Tolte dal loro ambiente e ridotte di dimensioni, sembrano

203. Raffaello, *Madonna del Granduca*, 1505 ca, olio su legno, cm 84 × 55. Firenze, Palazzo Pitti.

fredde, poiché le singole figure, che ci stanno dinanzi a grandezza naturale quando guardiamo gli affreschi, si confondono troppo facilmente nei gruppi. D'altra parte, quando tali figure vengono avulse dall'insieme per illustrare un "particolare", perdono una delle loro funzioni essenziali e non sono più l'elemento di un'armoniosa e complessa melodia.

Meno calzante è questa osservazione nel caso di un affresco di formato più ridotto [204], che Raffaello dipinse nella villa di un ricco banchiere, Agostino Chigi (ora detta "La Farnesina"). Derivò il tema da una strofe di Angelo Poliziano, tratta da un poemetto che aveva ispirato pure la *Nascita di Venere* di Botticelli. Il goffo Polifemo canta una canzone d'amore alla ninfa Galatea che, correndo sulle onde sopra un cocchio trascinato da due delfini, ride di lui, mentre il gaio gruppo di divinità marine e di ninfe le fa corona. L'affresco di Raffaello rappresenta Galatea con i suoi allegri compagni. La figura del gigante sarebbe dovuta essere disegnata in un altro punto della sala. Per quanto a lungo si contempli questa mirabile e lieta pittura, bellezze sempre nuove risaltano nella ricchezza e complessità della composizione. Ogni figura sembra controbilanciarne un'altra, ogni movimento rispondere a un movimento contrario. Abbiamo osservato questo metodo nell'esempio di Pollaiolo [171]. Ma le sue soluzioni ci appaiono ben rigide e monotone in confronto a quelle di Raffaello! Ecco gli amorini con l'arco e le frecce di Cupido mirare al cuore della ninfa: non solo quello di sinistra e quello di destra rispecchiano i rispettivi movimenti, ma anche il putto che nuota accanto al cocchio corrisponde a quello in volo in cima all'affresco. Lo stesso vale per il gruppo delle divinità marine che sembrano "ruotare" intorno alla ninfa: due, ai margini, soffiano nelle buccine, mentre due coppie in primo piano e nello sfondo si abbracciano. Ma ciò che maggiormente suscita la nostra ammirazione è il vedere riflessi e, per così dire, riassunti tutti questi movimenti nel sembiante di Galatea [205]. Il suo cocchio è corso finora da sinistra a destra e il vento ha spinto all'indietro il suo velo, ma udendo la strana canzone d'amore ora ella si volta e sorride, mentre tutte le linee che compongono la scena, dagli strali degli amorini alle redini che ella stringe fra le mani, convergono verso il suo volto mirabile al centro del dipinto. Con questi mezzi Raffaello, senza provocare disordine o squilibrio, ha ottenuto in tutto l'affresco un effetto di moto continuo. È per questa suprema maestria nella disposizione delle figure e per la perizia consumata nella composizione che gli artisti di tutti i tempi hanno avuto per lui tanta ammirazione. Come Michelangelo aveva raggiunto la padronanza perfetta del corpo umano, così Raffaello era riuscito a toccare la meta verso la quale aveva teso invano la generazione precedente: la composizione perfetta e armoniosa di figure in libero movimento.

204. Raffaello, *La ninfa Galatea*, 1512-1514 ca, affresco, cm 295 × 225. Roma, Villa Farnesina.

Un altro elemento nell'opera di Raffaello suscitò l'ammirazione dei contemporanei e dei posteri: la pura bellezza delle figure. Terminata che ebbe Raffaello la *Galatea*, un cortigiano gli domandò dove avesse mai trovato, al mondo, una modella di tanta bellezza. Egli rispose che non copiava una determinata modella, ma seguiva "una certa idea" che gli si era formata in mente. Egli, dunque, come il suo maestro Perugino, aveva abbandonato la fedele imitazione della natura, l'ambizione di tanti artisti del Quattrocento, e usava deliberatamente un tipo immaginario di bellezza regolare. Se risaliamo al tempo di Prassitele [62], ricordiamo che ciò che noi chiamiamo bellezza "ideale" nasceva da un lento avvicinarsi degli archetipi alla natura. Ora il processo è inverso: gli artisti tentano di modificare la natura secondo l'idea della bellezza che si sono formati guardando le statue classiche: "idealizzano" il modello. Fu una tendenza non scevra di pericoli poiché, se l'artista deliberatamente "migliora" la natura, la sua opera può con facilità riuscire manierata o insipida. Ma se diamo ancora uno sguardo al dipinto di Raffaello, vediamo che almeno lui era in grado di idealizzare senza mettere in pericolo la vivacità e la spontaneità dell'opera. Non c'è nulla di schematico o calcolato nella bellezza di Galatea: ella appartiene a un luminoso mondo d'amore e di bellezza, al mondo dei classici quale lo immaginavano umanisti e artisti del Cinquecento italiano.

205. Particolare
di figura 204.

Fu per avere ottenuto tale risultato che Raffaello divenne famoso nel corso dei secoli. Forse coloro che collegano il suo nome solamente a madonne bellissime e a figure idealizzate del mondo classico possono persino stupirsi vedendo il ritratto eseguito da Raffaello di papa Leone X de' Medici affiancato da due cardinali [206]. Non vi è nulla di idealizzato nel volto leggermente flaccido del papa miope che ha appena esaminato un manoscritto antico (simile per stile ed età al *Salterio della regina Maria* [140]). I velluti e i damaschi nei vari toni caldi aumentano l'atmosfera di lusso e di potere, ma è facile indovinare che quegli individui non si sentono a proprio agio. Erano tempi difficili, perché, si ricordi, proprio nel periodo in cui Raffaello dipingeva questo ritratto Lutero aveva attaccato il papa per avere lanciato una raccolta di denaro per la nuova basilica di San Pietro. Capitò così che fu proprio Raffaello a essere incaricato da Leone X di questa impresa dopo la morte di Bramante nel 1514; egli divenne quindi anche architetto, progettando chiese, ville e palazzi e studiando le rovine dell'antica Roma. Tuttavia fu diverso dal suo grande antagonista, Michelangelo, perché andava d'accordo con tutti e riuscì a organizzare un'attiva bottega. Grazie al suo carattere socievole i dotti e i dignitari della corte papale divennero suoi amici.

Corse persino voce che egli fosse creato cardinale quando morì, il giorno del suo trentasettesimo compleanno (quasi alla stessa età di Mozart), dopo avere già affastellato, pur in una così breve vita, una varietà incredibile di capolavori. Uno dei letterati contemporanei più famosi, il cardinale Bembo, compose l'epitaffio che orna la sua tomba al Pantheon:

206. Raffaello, *Papa Leone X con due cardinali*, 1518, olio su legno, cm 154 × 119. Firenze, Uffizi.

Ille hic est Raphael, timuit quo sospite vinci

Rerum magna parens et moriente mori.

("Qui giace Raffaello, Madre Natura temette, finché egli visse

di essere da lui vinta e, quando si spense, di morire con lui", *NdR*)

Aiutanti della bottega di Raffaello lavorano nelle Logge Vaticane, 1518 ca.

16

LUCE E COLORE
Venezia e l'Italia settentrionale nel primo Cinquecento

Dobbiamo ora occuparci di un altro grande centro artistico italiano, secondo solo alla stessa Firenze: la superba e prospera Venezia. Questa città, che infiniti traffici legavano all'Oriente, era stata più lenta degli altri centri italiani ad accettare lo stile rinascimentale e l'applicazione brunelleschiana delle forme classiche all'architettura. Ma una volta accettato lo stile, vi infuse una gaiezza nuova, uno splendore e un calore che evocano, più di qualsiasi edificio dei tempi moderni, la grandiosità delle grandi città mercantili del periodo ellenistico, Alessandria e Antiochia. Uno degli edifici più caratteristici di quello stile è la "Libreria" di San Marco [207]. Architetto fu un fiorentino, Jacopo Tatti, detto il Sansovino (1486-1570), il quale però aveva adattato stili e modi allo spirito del luogo, alla smagliante luce di Venezia che, riflessa dalla laguna, abbaglia con il suo splendore. Può sembrare un po' pedantesco anatomizzare un edificio così vistoso e semplice, ma potrà essere utile osservarlo attentamente per vedere quanto i suoi costruttori fossero abili nel ritessere pochi elementi in combinazioni sempre nuove. Il piano inferiore, con la vigorosa fila delle colonne doriche, obbedisce alla maniera più tradizionale: il Sansovino ha seguito fedelmente le regole architettoniche del Colosseo [73]. Seguì la stessa tradizione adattando al piano superiore l'ordine ionico, che regge il cosiddetto "attico" coronato da una balaustra e sormontato da una fila di statue. Però, anziché far poggiare su pilastri le aperture ad arco, come nel Colosseo, il Sansovino le appoggiò su un gruppo di colonne ioniche più piccole, raggiungendo così un ricco effetto di ordini intrecciati. Grazie alle balaustre, alle ghirlande e alle sculture, riuscì poi a conferire all'edificio qualcosa dell'ornato che era stato in uso nelle facciate gotiche di Venezia [138].

È una costruzione caratteristica del gusto che rese famosa l'arte veneta del Cinquecento. L'atmosfera lagunare, che sembra sfumare i contorni troppo netti delle cose e fondere il colore in una luminosità diffusa, può aver insegnato ai pittori di quella città a usare il colore con maggior consapevolezza e attenzione di quanto non avessero mai fatto fino ad allora gli altri pittori italiani. Forse furono anche i rapporti con Costantinopoli e i suoi mosaicisti a incrementare tale tendenza. È difficile parlare o scrivere riguardo ai colori, e nessuna illustrazione, così ridotta in scala, può darci un'idea appropriata del

207. Jacopo Sansovino, *"Libreria" di San Marco a Venezia*, 1536, edificio del tardo Rinascimento.

vero aspetto di un capolavoro del colore. Ma questo almeno sembra chiaro: i pittori medievali non si curavano del "vero" colore delle cose più di quanto si occupassero della loro vera forma. Nelle miniature, negli smalti e nelle pale amavano stendere i colori più puri e preziosi di cui disponevano: l'oro splendente e il puro azzurro oltremare erano la combinazione preferita. I grandi riformatori fiorentini si interessavano più al disegno che al colore. Ciò non significa, naturalmente, che i loro quadri non avessero una tonalità squisita – anzi è vero il contrario – ma pochi consideravano il colore come uno dei mezzi principali per ottenere la fusione delle varie figure e forme di una pittura in uno schema unico. Preferivano raggiungere questo fine mediante la prospettiva e la composizione, ancora prima di intingere i pennelli nel colore. I pittori veneziani pare non considerassero i colori un ornamento accessorio della pittura, già disegnata sulla tela. Entrando nella chiesa di San Zaccaria a Venezia e osservando il quadro [208], posto sull'altare dipinto nel 1505 (in età avanzata) dal grande pittore veneziano Giovanni Bellini (1431?-1516), ci accorgiamo subito che il suo atteggiamento verso il colore era ben diverso. Non che il quadro sia particolarmente luminoso o splendente: sono piuttosto la pastosità e la ricchezza delle tinte a colpire, ancora prima che si cominci a considerare il soggetto rappresentato. Credo che anche la fotografia possa rendere qualcosa dell'atmosfera calda e dorata che riempie la nicchia dove la Vergine troneggia, con il Bambino che solleva la manina a benedire i devoti davanti all'altare. Un angelo ai piedi dell'altare suona dolcemente la viola, mentre i santi in atteggiamento tranquillo si raccolgono ai lati del trono: san Pietro con la chiave e il libro, santa Caterina con la palma del martirio e la ruota spezzata, santa Lucia e san Gerolamo, il dotto che tradusse la Bibbia in latino, e che Bellini quindi rappresenta immerso nella lettura. Molte Madonne con santi sono state dipinte prima e dopo, in

208. Giovanni Bellini, *Madonna con santi*, 1505, pala d'altare, olio su legno, trasferito su tela, cm 402 × 273. Venezia, chiesa di San Zaccaria.

Italia e altrove, ma poche ideate con tanta serena dignità. Nella tradizione
bizantina l'immagine della Vergine era rigidamente affiancata dalle figure
tradizionali dei santi [89]. Bellini seppe infondere vita in una disposizione
semplice e simmetrica senza sovvertirne l'ordine, come pure seppe trasformare le figure tradizionali della Vergine e dei santi in esseri vivi e reali senza
privarli della loro dignità e del loro carattere sacro. Non sacrificò nemmeno

la varietà e l'individualità della vita reale, come, entro certi limiti, aveva fatto il Perugino [202]. Santa Caterina, dal sorriso sognante, e san Gerolamo, il vecchio dotto assorto nel suo libro, sono a loro modo abbastanza vivi, per quanto anch'essi, non meno delle figure del Perugino, sembrino appartenere a un altro mondo più sereno e più bello, un mondo soffuso di quella luce calda e soprannaturale che inonda il quadro.

Giovanni Bellini apparteneva alla stessa generazione del Verrocchio, del Ghirlandaio e del Perugino: la generazione di cui erano stati allievi e seguaci i celebri maestri del Cinquecento. Anch'egli era padrone di una bottega assai operosa, dalla cui cerchia uscirono i due famosi pittori del Cinquecento veneziano, Giorgione e Tiziano. Se i pittori classici dell'Italia centrale avevano raggiunto la nuova e completa armonia dei loro dipinti per mezzo del disegno perfetto e dell'equilibrata composizione, era naturale che i pittori veneziani seguissero Giovanni Bellini che aveva impiegato con tanto successo i colori e la luce per conferire unità alle sue pitture. Fu in questa sfera che Giorgio da Castelfranco, detto Giorgione (1478?-1510), raggiunse i risultati più rivoluzionari. Si sa assai poco di questo artista; non più di cinque opere possono essergli attribuite con certezza. Eppure esse bastarono ad assicurargli una fama pari quasi a quella dei grandi maestri della nuova scuola. È strano che anche questi lavori abbiano qualcosa di enigmatico. Non siamo del tutto certi di ciò che rappresenta il più completo di essi, *La tempesta* [209]: forse una scena tratta da qualche autore classico o imitatore dei classici, dato che gli artisti veneziani del tempo avevano riscoperto il fascino dei poeti greci e dei loro temi. Amavano illustrare storie idilliche di amore pastorale e ritrarre la bellezza di Venere e delle ninfe. Forse un giorno si riuscirà a identificare l'episodio qui ritratto, che può essere la storia della madre di qualche futuro eroe cacciata con il suo bimbo dalla città nelle selve, dove viene scoperta da un giovane e gentile pastore. Questo sembra il tema che Giorgione ha voluto rappresentare. Ma non per il suo soggetto il quadro è una delle più meravigliose creazioni dell'arte. Sarà difficile che una riproduzione in scala ridotta ci permetta di farcene un'idea, eppure anch'essa può servire ad aprirci uno spiraglio sulle rivoluzionarie conquiste giorgionesche. Per quanto le figure non siano disegnate con eccessiva cura e la composizione sia piuttosto semplice, il dipinto raggiunge una sua unità grazie alla luce e all'atmosfera che lo permeano: è luce misteriosa di tempesta, e, per la prima volta, pare che il paesaggio in cui gli attori si muovono non sia un semplice sfondo, ma abbia una sua autonomia e sia il vero tema del quadro. Se passiamo dalle figure allo scenario che occupa la maggior parte della piccola tela, e poi rifacciamo il cammino inverso, sentiamo che a differenza dei predecessori e dei contemporanei Giorgione non ha dipinto cose e persone per poi disporle nello spazio, ma che la natura gli era presente fin dal primo istante: terra, alberi, luce, aria e nubi ed esseri umani con città e ponti sono concepiti come un

209. Giorgione, *La tempesta*, 1508 ca, olio su tela, cm 82 × 73. Venezia, Accademia.

tutto unico. In un certo senso fu un passo verso la conquista di un nuovo
mondo, non inferiore a quello rappresentato dall'invenzione della prospettiva.
Da allora in poi la pittura fu molto più che la somma di disegno e colore: fu
un'arte, con tutti i suoi accorgimenti e le sue leggi segrete.

Giorgione morì troppo giovane per poter raccogliere tutti i frutti della sua
grande scoperta. Lo fece al suo posto il più famoso di tutti i pittori veneti,
Tiziano Vecellio (1485?-1576). Nacque in Cadore, e pare avesse novanta-
nove anni quando morì di peste. Nella sua lunga vita raggiunse una fama che
eguagliò quasi quella di Michelangelo. I suoi primi biografi ci riferiscono
trepidanti che perfino il grande imperatore Carlo V gli aveva fatto l'onore
di chinarsi a raccogliere un pennello che egli aveva lasciato cadere. A noi
la cosa può sembrare trascurabile, ma se consideriamo la rigida etichetta di
corte di quei tempi comprendiamo che si sia interpretato l'episodio come
un simbolo: la personificazione del potere terreno che si inchina davanti alla
maestà del genio. In questa luce l'aneddoto, vero o falso che sia, rappresentò
per i tempi successivi un trionfo per l'arte. Tanto più che Tiziano non era un
dotto di interessi così universali come Leonardo, né una personalità eminente
come Michelangelo, né un uomo versatile e affascinante come Raffaello.
Era innanzitutto un pittore, ma un pittore la cui sapienza nei colori uguaglia
la maestria di Michelangelo nel disegno. La sua estrema perizia gli permise
di trascurare le venerate regole della composizione e di affidarsi al colore
per ripristinare un'armonia da lui apparentemente infranta. Basta guardare
il quadro nella figura 210 (iniziato appena una quindicina di anni dopo la
Madonna con santi di Giovanni Bellini) per comprendere che impressione
la sua arte deve avere fatto ai contemporanei. Era un ardimento inaudito
spostare la Vergine dal centro del quadro e fare dei due santi intercessori
– san Francesco, riconoscibile dalle stimmate, e san Pietro, che ha deposto
la chiave, emblema del suo ufficio, sui gradini del trono – due personaggi
attivi della scena anziché due simmetriche figure di contorno come aveva
fatto Giovanni Bellini. E se in questa pala d'altare Tiziano dovette riprendere
la tradizione del ritratto dei donatori [143], lo fece in modo interamente
nuovo. La pittura fu eseguita in ringraziamento per una vittoria sui turchi a
opera del patrizio veneto Jacopo Pesaro, e Tiziano lo ritrasse inginocchiato
dinanzi alla Vergine mentre un porta-stendardo in corazza trascina dietro di
lui un prigioniero turco. San Pietro e la Vergine lo guardano benevoli, e san
Francesco, dal lato opposto, attira l'attenzione del Bambino Gesù sugli altri
membri della famiglia Pesaro inginocchiati negli angoli del quadro [211].
Tutta la scena sembra svolgersi in una corte scoperta, fra due gigantesche
colonne che si levano verso le nuvole, dove due vivaci angioletti reggono
la croce. I contemporanei del Tiziano avevano davvero motivo di restare
sbalorditi di fronte all'audacia con cui egli aveva osato sconvolgere le antiche
regole della composizione. Forse sulle prime avranno giudicato il quadro

210. Tiziano,
*Madonna con santi e
membri della famiglia
Pesaro*, 1519-1526,
pala d'altare, olio su
tela, cm 478 × 266.
Venezia, chiesa di
Santa Maria dei Frari.

211. Particolare
di figura 210.

212. Tiziano, *Ritratto
di uomo, conosciuto come
"Il giovane inglese"*,
1540-1545 ca, olio
su tela, cm 111 × 93.
Firenze, Palazzo Pitti.

squilibrato e sbilenco, mentre in realtà è esattamente l'opposto. L'insolita
composizione serve solo ad animarlo e a renderlo più vivace senza turbare
l'armonia dell'insieme, e questo è dovuto, essenzialmente, al modo con cui
Tiziano trasse partito dall'aria, dalla luce, dal colore per l'unità della scena.
L'idea di bilanciare la figura della Vergine con una semplice bandiera avrebbe
probabilmente scandalizzato la generazione precedente; ma questa bandiera,
con il suo colore caldo e ricco, è un tale prodigio pittorico che l'ardimento
si trasformò in pieno successo.

La maggior fama di Tiziano presso i suoi contemporanei si basò sui ritratti.
Basta guardare una testa come quella comunemente detta del *Giovane inglese*
[212], per sentire quel suo fascino che invano tenteremmo di analizzare.
Paragonato ai ritratti anteriori, è semplice ed esente da qualsiasi traccia di
sforzo. Qui non vi è più il modellato minuzioso della *Monna Lisa* di Leonardo,
eppure questo giovane sconosciuto è altrettanto e non meno misteriosamente
vivo. Pare fissarci con uno sguardo tanto intenso e spirituale che riesce quasi
impossibile credere che questi occhi sognanti non siano altro che un po' di
terra colorata, spalmata su un pezzo di tela [213].

213. Particolare
di figura 212.

214. Tiziano, *Papa
Paolo III con Alessandro
e Ottavio Farnese*,
1546, olio su tela,
cm 200 × 173.
Napoli, Museo
di Capodimonte.

Non c'è da stupirsi se i potenti della terra si contendevano l'onore di avere il
proprio ritratto dipinto da questo maestro. Non che Tiziano tendesse a rendere
la somiglianza in modo particolarmente lusinghiero, ma erano convinti
che grazie alla sua arte essi sarebbero vissuti in eterno. Ed era proprio così,
o almeno ne abbiamo la convinzione quando ci troviamo di fronte al suo
ritratto di papa Paolo III ora a Napoli [214]. Il vecchio pontefice si volge
verso un giovane parente, Alessandro Farnese, che sta per rendergli omaggio
mentre il fratello Ottavio guarda calmo lo spettatore. Evidentemente Tiziano
aveva visto e ammirava il ritratto di papa Leone X con i suoi cardinali dipinto
da Raffaello circa ventotto anni prima [206], ma voleva anche superarlo
quanto a vivezza dei caratteri. L'incontro di questi personaggi è così realistico
e commovente che non possiamo fare a meno di riflettere su quali dovevano
essere i loro pensieri e sentimenti. Forse i cardinali stanno complottando?
E il papa ne scopre le trame? Queste probabilmente sono domande oziose,
ma può darsi che se le ponessero anche i contemporanei. Il quadro rimase
incompiuto quando il maestro lasciò Roma chiamato in Germania per fare
il ritratto all'imperatore Carlo V.
Non solo nei grandi centri come Venezia gli artisti progredirono nella scoperta
di nuove possibilità e nuovi metodi. Colui che dalle generazioni successive
venne considerato il più "progressista" e ardito pittore di tutto il periodo

condusse vita solitaria nella cittadina di Parma. Il suo nome era Antonio Allegri, detto il Correggio (1489?-1534). Leonardo e Raffaello erano morti e Tiziano era già salito in fama quando il Correggio dipinse le sue opere più importanti, ma ignoriamo quanto egli conoscesse dell'arte del tempo. Forse ebbe occasione di studiare nei vicini centri dell'Italia settentrionale le opere di qualche allievo di Leonardo, imparando il particolare trattamento del chiaroscuro. Fu in questo campo che egli elaborò effetti completamente nuovi, destinati a influire grandemente sulle scuole posteriori.

La figura 215 mostra una delle sue pitture più famose, la *Natività*. Il pastore ha appena avuto la visione dei cieli spalancati in cui gli angeli cantano i loro "Gloria a Dio nell'alto dei cieli": sembra di vederli volteggiare lieti sulla nube, mentre guardano in basso la scena verso la quale è accorso il pastore dal lungo bastone. Nelle oscure rovine della stalla egli vede compiersi il miracolo: il Bambino appena nato che irraggia luce tutt'intorno, illuminando il volto bellissimo della madre felice. Il pastore si arresta e si toglie con mossa impacciata il berretto dal capo, pronto a inginocchiarsi e ad adorare. Vi sono due servette, l'una abbagliata dalla luce che emana dalla mangiatoia, l'altra che guarda beata il pastore. San Giuseppe, nell'oscurità fitta dello sfondo, rigoverna l'asino.

Di primo acchito la composizione pare semplice, casuale; la scena affollata di sinistra non sembra bilanciata da un gruppo corrispondente a destra, ma solo dall'accentuazione luminosa sul gruppo della Vergine e del Bambino. Il Correggio sfruttò, ancor più di Tiziano, la scoperta della possibilità di equilibrare le forme mediante il colore e la luce, e di far convergere il nostro sguardo nei punti voluti. Siamo noi che accorriamo con il pastore verso la scena, siamo noi a vedere ciò che egli vede: il miracolo della luce che rischiarò le tenebre, di cui parla il Vangelo di san Giovanni.

Ciò che del Correggio maggiormente imitarono i secoli successivi fu il suo modo di dipingere volte e cupole di chiese. Egli si sforzò di dare ai fedeli, raccolti nella navata sottostante, l'illusione che la volta si fosse spalancata sulla visione della gloria dei cieli. La padronanza degli effetti di luce diede modo al Correggio di riempire la volta di nubi illuminate dal sole fra le quali paiono librarsi stuoli celesti, con le gambe penzoloni; il che può apparire come una mancanza

215. Correggio, *Natività*, 1530 ca, olio su legno, cm 256 × 188. Dresda Gemäldegalerie Alte Meister.

216. Correggio, *L'Assunzione della Vergine: studio per la cupola della cattedrale di Parma*, 1526 ca, gessetto rosso su carta, cm 28 × 24. Londra, British Museum.

di dignità, e infatti vi fu chi a quel tempo protestò. Tuttavia quando si è nella scura, tenebrosa cattedrale medievale di Parma e si guarda verso la cupola, indubbiamente l'impressione è grandiosa [217]. Sfortunatamente questo genere di effetto non si può facilmente riprodurre in un'illustrazione. È una fortuna, quindi, che ci rimangano alcuni studi preparatori. La figura 216 mostra quale fu la sua prima idea dell'immagine della Vergine che ascende in una nuvola, con lo sguardo fisso al cielo radioso in attesa di lei. Certo il disegno è più facile da capire della figura dell'affresco, ancora più contorta. Inoltre possiamo ammirare con quale semplicità di mezzi il Correggio abbia potuto rendere con pochi tratti di gesso quel rapinoso splendore.

217. Correggio, *L'Assunzione della Vergine,* affresco, cupola della cattedrale di Parma.

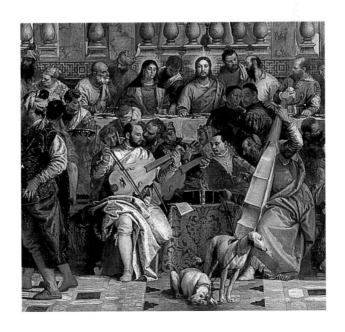

Paolo Veronese, *Orchestra di pittori veneti,* 1562-1563 (particolare delle *Nozze di Cana: da sinistra a destra,* Paolo Veronese con la viola tenore, Jacopo Bassano con il corno acuto, il Tintoretto con la lira da braccio o violino e Tiziano con la viola da gamba).

17

DIFFUSIONE DELLE NUOVE CONQUISTE CULTURALI
Germania e Paesi Bassi nel primo Cinquecento

Le grandi conquiste dei maestri italiani del Rinascimento fecero una profonda impressione sui popoli d'oltralpe. Chiunque si interessasse alla rinascita della cultura si volgeva all'Italia, dove si andavano riscoprendo la sapienza e i tesori dell'antichità classica. Sappiamo benissimo che, in arte, non si può parlare di progresso nel senso in cui se ne parla nel campo della cultura. Un'opera d'arte gotica può essere altrettanto grande di un'opera del Rinascimento. Comunque è forse naturale che gli uomini di quel tempo, venuti a contatto con i capolavori del Sud, trovassero improvvisamente rozza e antiquata la loro arte. C'erano tre tangibili conquiste dei maestri italiani alle quali essi miravano: la scoperta della prospettiva scientifica, la conoscenza dell'anatomia (che permetteva la riproduzione perfetta di un bel corpo) e infine la conoscenza delle forme architettoniche classiche che parevano, a quell'epoca, la massima espressione di ogni dignità e bellezza. È interessante seguire le reazioni dei vari artisti e delle varie tradizioni di fronte alle nuove conquiste culturali e vedere come riuscirono ad affermarsi, o come a volte fallirono, a seconda della loro forza di carattere o dell'ampiezza della loro visione. Gli architetti si trovavano forse nella posizione più ardua. Lo stile gotico, cui erano abituati, e la rinascita delle forme antiche sono, almeno in teoria, entrambi logici e coerenti, ma tanto diversi nel fine e nello spirito quanto due stili possono esserlo. Ci volle quindi molto tempo prima che la nuova moda architettonica venisse adottata oltralpe. Avvenne per lo più a opera di nobili e principi che erano stati in Italia e desideravano mantenersi all'altezza dei tempi. E tuttavia, anche in questo caso, gli architetti spesso si piegavano solo apparentemente alle esigenze del nuovo stile. Per dar prova della loro dimestichezza con le nuove idee mettevano qui una colonna, là un fregio: aggiungevano, insomma, qualche elemento classico alla ricchezza dei motivi ornamentali. Ma spesso il corpo vero e proprio dell'edificio rimaneva immutato. Vi sono chiese, per esempio, in Francia, in Inghilterra e in Germania nelle quali i pilastri che reggono la volta sono camuffati, grazie all'aggiunta di capitelli, in modo da sembrare colonne, o dove, pur sussistendo le vetrate gotiche con tutte le loro trine architettoniche, l'arco acuto ha ceduto il posto all'arco a tutto sesto [218]. Vi sono chiostri sostenuti da colonne bizzarre a forma di bottiglia, castelli

218. Pierre Sohier,
*Coro della chiesa di
Saint-Pierre a Caen*,
1518-1545, stile
gotico riformato.

turriti e irti di contrafforti ma ricchi di particolari classici, case a frontoni con
fregi e statue classiche [219]. Un artista italiano, convinto della perfezione
delle regole classiche, avrebbe distolto con orrore lo sguardo da simili cose,
ma, rinunciando a misurarle con criterio pedantemente accademico, spesso
possiamo ammirare l'ingegnosità e lo spirito con cui questi stili incongruenti
vennero fusi.

Le cose andavano piuttosto diversamente nel caso degli scultori e dei pittori,
poiché non si trattava di prendere a prestito elementi singoli come colonne
o archi. Solo i pittori minori potevano accontentarsi di mutuare una figura
o un gesto da un'incisione italiana di cui fossero venuti casualmente a conoscenza. Un vero artista si sarebbe sforzato di capire fino in fondo i nuovi
princípi dell'arte per poi decidere se applicarli o meno. Possiamo seguire
questo dramma nell'opera del maggiore artista tedesco, Albrecht Dürer
(1471-1528), che fu sempre pienamente consapevole dell'importanza vitale
di tali princípi per l'avvenire dell'arte.

Albrecht Dürer era figlio di un orafo di fama, venuto dall'Ungheria a
stabilirsi nella florida città di Norimberga. Da ragazzo mostrò una straordinaria disposizione al disegno, e alcune sue opere di quel periodo ci sono
state conservate. Venne messo come apprendista nella più importante
bottega di pale d'altare e xilografie, quella del maestro Michael Wolgemut
di Norimberga. Finito il tirocinio seguì il costume di tutti i giovani artisti
medievali e viaggiò per ampliare le sue vedute e per cercare un posto dove
stabilirsi. Da tempo desiderava visitare la bottega del maggior acquafortista
del tempo, Martin Schongauer, ma, arrivato a Colmar, trovò che il maestro era morto qualche mese prima. Comunque, si trattenne un po' con
i fratelli di Schongauer, che avevano assunto la direzione della bottega,

219. Jan Wallot e Christian Sixdeniers, *La vecchia Cancelleria ("Le Greffe") a Bruges*, 1535-1537, Rinascimento nordico.

e poi si recò a Basilea, in Svizzera, allora centro culturale ed editoriale, dove eseguì incisioni in legno per libri. Proseguì poi per l'Italia settentrionale e, attraversando le Alpi, tenne sempre gli occhi bene aperti su quanto gli accadeva di vedere, eseguì acquerelli di caratteristici luoghi alpini e studiò le opere di Mantegna. Tornato a Norimberga, per sposarsi e aprire una propria bottega, era ormai padrone di tutte le raffinatezze che un artista nordico poteva sperare di acquistare nel Sud. Dette ben presto prova di possedere ben più di una semplice conoscenza tecnica della sua difficile arte e di essere dotato di quella profondità di sentimento e vivacità di fantasia proprie del grande artista. Una delle sue prime opere importanti fu una serie di grandi xilografie per l'*Apocalisse* di san Giovanni. Fu un immediato successo. Le terrificanti visioni degli orrori del giorno del Giudizio, e i segni e i portenti che lo precedono, non erano mai stati raffigurati con tanta forza e tanta potenza. È fuor di dubbio che la fantasia di Dürer e l'interesse del pubblico fomentarono l'irrequietudine generale e alimentarono il malcontento contro le istituzioni della Chiesa maturato in Germania verso la fine del

220. Albrecht Dürer, *San Michele e il drago*, 1498, xilografia, cm 39 × 28.

221. Albrecht Dürer, *Zolla erbosa*, 1503, acquerello, penna e inchiostro, matita e sfumature d'acquerello su carta, cm 40 × 31. Vienna, Albertina.

medioevo, e destinato a sfociare nella riforma luterana. Le tetre visioni degli avvenimenti apocalittici avevano assunto per Dürer e per il suo pubblico un interesse particolare, poiché non pochi erano coloro che credevano di dover assistere al compimento di quelle profezie durante la loro vita. La figura 220 mostra un'illustrazione dell'*Apocalisse* (12, 7):

> E ci fu una gran guerra nel cielo: Michele e i suoi angeli guerreggiarono col drago. E il drago guerreggiò e (insieme con lui) i suoi angeli. E non prevalsero, né si trovò più posto per loro nel cielo.

Per rappresentare questo grande avvenimento, Dürer scartò tutte le pose tradizionali cui erano ripetutamente ricorsi i pittori per rendere in modo elegante la lotta di un eroe contro un nemico mortale. Il san Michele di Dürer non si mette in posa. È mortalmente serio, usa entrambe le mani per conficcare con uno sforzo sovrumano la lancia nella gola del dragone, e il suo gesto possente domina tutta la scena. Attorno a lui sono stuoli di altri angeli guerrieri, arcieri e schermitori in lotta con i mostri diabolici, il cui aspetto fantastico sfida qualsiasi descrizione. Sotto questo celeste campo di battaglia si stende un paesaggio tranquillo e sereno segnato dal famoso monogramma di Dürer.

Ma benché si fosse rivelato maestro del fantastico e del visionario, vero erede degli artisti gotici ai quali dobbiamo i portali delle grandi cattedrali, Dürer non si accontentò di questa conquista. I suoi studi e i suoi schizzi mostrano che suo scopo era anche contemplare la bellezza della natura e copiarla con pazienza e fedeltà quanto nessun altro artista, dal momento che Jan van Eyck aveva mostrato ai pittori del Nord che loro compito era di rispecchiare la natura. Alcuni di questi studi di Dürer sono diventati famosi, per esempio la sua lepre [9], o il suo acquerello di una zolla erbosa [221]. Pare che Dürer non tendesse tanto a raggiungere la perfetta padronanza dell'imitazione della natura come fine a sé stessa, ma in quanto riteneva che fosse il modo migliore di presentare in maniera persuasiva gli episodi sacri che doveva illustrare in pitture, incisioni e xilografie. Infatti, quella medesima pazienza che gli consentiva di disegnare gli schizzi, faceva di lui altresì l'incisore nato, mai stanco di aggiungere particolare a

particolare per creare un piccolo autentico mondo nel breve ambito della lastra di rame. Nella sua *Natività* [222], del 1504 (del tempo, cioè, in cui Michelangelo stupì i fiorentini con la rivelazione della sua conoscenza del corpo umano) Dürer riprese il tema che Schongauer [185], aveva rappresentato nella sua mirabile incisione. L'artista più vecchio si era già valso della possibilità di rappresentare con particolare amore i muri scabri della stalla cadente. Potrebbe sembrare dapprima che per Dürer questo fosse il tema principale. La vecchia fattoria con l'intonaco sbrecciato e le tegole divelte, le macerie su cui crescono gli arbusti, gli assi decrepiti che fungono da tetto e fra i quali nidificano gli uccelli: tutto è pensato e reso con tale tranquilla e contemplativa pazienza da farci sentire quanto piacesse all'artista quella vecchia pittoresca bicocca. Al paragone, le figure sembrano veramente minuscole e quasi insignificanti: Maria che ha cercato rifugio nella vecchia stalla ed è inginocchiata dinanzi al Bambino, e Giuseppe che è intento a trarre acqua dal pozzo e a versarla meticolosamente in una stretta brocca. Bisogna guardare con cura per scoprire nello sfondo uno dei pastori, e occorre quasi una lente d'ingrandimento per scorgere in cielo il tradizionale angelo che annuncia al mondo la lieta novella. Eppure nessuno potrebbe seriamente insinuare che disegnando le vecchie mura cadenti Dürer abbia solo tentato di mostrare la sua abilità. La fattoria con i suoi umili ospiti crea una tale atmosfera di idillica pace che ci invita a meditare il miracolo della notte di Natale con lo stesso stato d'animo devotamente pensoso che ispirò l'incisione. Dürer pare aver sommato e perfezionato tutte le possibilità aperte dall'arte gotica dopo che questa aveva puntato verso l'imitazione della natura. Ma al tempo stesso la sua mente era occupata a studiare le nuove mete cui tendevano gli artisti italiani.

C'era un fine che l'arte gotica aveva pressoché escluso e che veniva ora in primo piano nell'interesse generale: la rappresentazione del corpo umano nel pieno di quella bellezza ideale che gli aveva conferito l'arte classica.

Qui Dürer doveva presto scoprire che ogni mera imitazione della natura, per quanto fosse diligente e devota come Adamo ed Eva di Van Eyck [156], non sarebbe mai bastata a creare l'elusiva bellezza propria delle opere d'arte meridionali. Messo di fronte a questo dilemma, Raffaello si era richiamato a una "certa idea" di bellezza che aveva in mente, l'idea che aveva assimilato negli anni dedicati allo studio della scultura classica e dei bei modelli. Per Dürer non era un problema semplice: non solo aveva minori opportunità di studi ma mancava di una ferma tradizione o di un istinto infallibile che lo guidasse. Ecco perché andò alla ricerca di una ricetta sicura, di una regola trasmissibile e certa, capace di insegnare che cosa costituisce il bello nel corpo umano: credette di trovarla negli scritti degli autori classici sulle proporzioni ideali della figura. Il loro modo di esprimersi e i loro calcoli erano un poco oscuri, ma Dürer non si lasciò scoraggiare dalle difficoltà.

222. Albrecht Dürer,
Natività, 1504,
incisione,
cm 18,5 × 12.

Egli intendeva, e lo disse, dare all'empirismo dei suoi predecessori (che avevano creato vigorose opere d'arte senza una chiara conoscenza delle regole) una conveniente base teorica. È commovente osservare Dürer intento a sperimentare le varie regole della proporzione, vederlo deformare deliberatamente le proporzioni della struttura umana in corpi troppo allungati o troppo larghi, alla ricerca del giusto equilibrio e della giusta armonia. Uno dei primi risultati di questi studi, che l'avrebbero impegnato tutta la vita, fu l'incisione di Adamo ed Eva, in cui egli incarnò tutte le sue nuove idee sulla bellezza e l'armonia, e che orgogliosamente firmò per esteso, in latino: *albertus durer noricus faciebat 1504* [223].

Forse, di primo acchito, non è facile comprendere il risultato raggiunto con questa incisione, perché l'artista sta parlando un linguaggio a lui meno

familiare di quello dell'esempio precedente. Le armoniose figure cui pervenne, mediante misurazioni ed equilibri ottenuti con l'aiuto del compasso e della squadra, non hanno né l'evidenza né la bellezza dei modelli italiani e classici. C'è un vago sospetto di artificio nelle forme e negli atteggiamenti, e così anche nella simmetria della composizione. Questo lieve senso di impaccio scompare però ben presto se ci si rende conto che Dürer non ha rinnegato il suo vero io per servire nuovi idoli, come fecero certi artisti minori. Se ci lasciamo tranquillamente guidare da lui nel paradiso terrestre dove il topo riposa tranquillo accanto al gatto, dove il cervo, la mucca, il coniglio e il pappagallo non temono l'approccio del passo umano, se affondiamo lo sguardo nel folto del bosco dove cresce l'albero della scienza e il serpente porge a Eva il frutto fatale, mentre Adamo tende la mano per riceverlo, se osserviamo infine con quale accuratezza Dürer rilevi il chiaro contorno dei corpi dolcemente modellati che si stagliano sull'ombra densa della foresta dagli alberi rugosi, ecco che questo primo serio tentativo di trapiantare nel Nord gli ideali del Sud ci riempie di ammirazione.

Ma Dürer non si accontentava facilmente. Un anno dopo aver pubblicato l'incisione se ne andò fino a Venezia per allargare il suo orizzonte e approfondire maggiormente i segreti dell'arte del Sud. L'arrivo di un competitore così eminente non fu del tutto gradito agli artisti veneziani minori, e Dürer scrisse a un amico:

223. Albrecht Dürer,
Adamo ed Eva, 1504,
incisione, cm 25 × 19.

> Parecchi amici italiani mi sconsigliano di mangiare e di bere con i pittori. Molti di loro mi sono nemici, copiano le mie opere nelle chiese e dovunque le possano trovare, calunniano i miei lavori e dicono che non valgono nulla perché non seguono la maniera dei classici. Ma Giovanni Bellini ha fatto di me un alto elogio presso molti patrizi. Voleva una cosa mia, ed è venuto di persona a chiedermi di fare qualcosa per lui: pagherebbe bene. Tutti me lo descrivono come un uomo onesto, e ciò me lo rende caro. È molto vecchio, eppure in pittura è ancora il migliore.

In una di queste lettere da Venezia, Dürer scrisse una frase commovente che mostra quanto egli sentisse il contrasto fra la sua condizione d'artista stretto dai rigidi ordinamenti delle corporazioni di Norimberga e la libertà di cui godevano i colleghi italiani: "Come rabbrividirò lontano dal sole: qui sono un signore, in patria un parassita". Ma la vita che Dürer doveva in seguito condurre non conferma questi timori. Dapprima, è vero, dovette contrattare e discutere con i ricchi borghesi di Norimberga e Francoforte come qualsiasi altro artigiano. Dovette promettere loro di usare soltanto i colori più scelti per le sue pale e di stenderli a più strati. Ma a poco a poco la sua fama si allargò e l'imperatore Massimiliano, persuaso del valore dell'arte in quanto strumento di gloria, si assicurò i servigi di Dürer per molti suoi ambiziosi progetti. Quando, a cinquant'anni, Dürer si recò in visita nei Paesi Bassi vi fu ricevuto con tutti gli onori. Lui stesso raccontò, con profonda commozione, come i pittori di Anversa lo onorassero nella loro corporazione con un banchetto solenne "e, quando mi condussero alla tavola, la gente mi faceva ala come a un gran signore, e fra di essa molte persone di importanza si inchinavano tutte con profonda umiltà". Anche nei Paesi del Nord gli artisti più famosi avevano vinto quei pregiudizi che inducevano a disprezzare chi compiva un lavoro manuale.

È strano e sconcertante che l'unico pittore tedesco paragonabile a Dürer per grandezza e potenza artistica sia stato dimenticato a tal segno che non siamo neanche sicuri del suo nome. Uno scrittore del XVII secolo accenna piuttosto confusamente a un certo Matthias Grünewald di Aschaffenburg. Egli fa una luminosa descrizione di alcuni dipinti di questo "Correggio tedesco", come lo chiama, e da allora in poi queste e altre pitture attribuite allo stesso grande artista vanno generalmente sotto l'etichetta "Grünewald". Nessun documento del tempo, però, accenna a un pittore di nome Grünewald, per cui è probabile che quell'autore abbia fatto un po' di confusione. Certe pitture attribuite al maestro portano le iniziali "M.G.N." e poiché un pittore Mathis Gothardt Nithardt è noto per essere vissuto e aver lavorato nelle vicinanze di Aschaffenburg quasi contemporaneamente a Dürer, si ritiene oggi che questo, e non Grünewald, fosse il nome vero del grande maestro. Ma l'ipotesi non serve a granché, poiché non sappiamo molto del maestro Mathis. In breve, mentre Dürer ci sta innanzi come un essere vivo i cui gusti, abitudini, credenze e maniere ci sono intimamente noti, Grünewald costituisce per noi un mistero pari a quello di Shakespeare. È probabile che questo fatto non sia solo dovuto a una pura e semplice combinazione. Noi sappiamo tante cose sul conto di Dürer proprio perché egli si considerava un riformatore e un rinnovatore dell'arte nazionale. Rifletteva su ciò che faceva e sul perché lo faceva, teneva nota dei suoi viaggi e delle sue ricerche e scriveva libri utili alla sua generazione. Niente ci dice che il pittore dei capolavori di Grünewald vedesse sé stesso in questa luce, anzi. I pochi dipinti che di lui possediamo sono pale d'altare concepite nello stile tradizionale per chiese di provincia grandi e piccole, oltre a un certo numero di "sportelli" dipinti per un grande altare del villaggio alsaziano di Isenheim (la cosiddetta "pala d'altare di Isenheim"). Dalla sua opera non possiamo capire se egli mirasse come Dürer a diventare qualcosa di più di un mero artigiano o se fosse inceppato dalle rigide tradizioni dell'arte religiosa del tardo periodo gotico. Per quanto le grandi scoperte dell'arte italiana gli fossero certamente familiari, se ne valse solo fin dove gli parevano adattarsi alla sua personale concezione dell'arte. Su questo non sembra che nutrisse dubbi: l'arte per lui non era ricerca delle segrete leggi della bellezza, e come tutta l'arte religiosa del medioevo non poteva venire concepita se non come un sermone figurato che illustrasse le sacre verità insegnate dalla Chiesa.

224. Grünewald, *Crocifissione*, 1515, pannello della pala d'altare di Isenheim, olio su legno, cm 269 × 307. Colmar, Musée d'Unterlinden.

La parte centrale della pala d'altare di Isenheim [224], mostra come egli abbia volentieri sacrificato ogni altra considerazione a questo fine supremo. Non c'è traccia di bellezza, come veniva intesa dall'artista italiano, in questa raffigurazione forte e spietata del Salvatore crocifisso. Come un predicatore della Passione, Grünewald non risparmiò nulla pur di esprimere gli orrori della crudele agonia: il corpo moribondo di Cristo è deformato dalla tortura della croce; le spine dei flagelli penetrano nelle ferite suppuranti che ricoprono l'intera figura. Il sangue rosso scuro contrasta nettamente con il verde smorto della carne. Cristo crocifisso esprime il significato della sua sofferenza attraverso le fattezze e il gesto commovente delle mani. La sua sofferenza si riflette nel gruppo tradizionale di Maria, in vesti vedovili, che sviene fra le braccia di san Giovanni Evangelista al quale il Signore l'ha affidata, e nella figura più piccola di santa Maria Maddalena con il suo vaso di unguenti, che si torce le mani disperata. Sull'altro lato si erge la figura possente di san Giovanni Battista con l'antico simbolo dell'agnello che porta

la croce e versa il suo sangue nel calice della Santa Comunione. Egli addita il Salvatore con un gesto austero e imperioso, e accanto a lui sono scritte le parole che pronuncia (secondo il Vangelo di san Giovanni 3, 30): "Bisogna che egli cresca e io diminuisca".

Senza dubbio l'artista voleva che lo spettatore meditasse queste parole, poiché le sottolinea con il gesto indicativo di san Giovanni Battista. Forse voleva renderci *visibilmente* come Cristo debba farsi più grande e noi più piccoli. Poiché in questo dipinto, dove la realtà appare in tutto il suo non dissimulato orrore, c'è un tratto irreale e fantastico: le figure hanno proporzioni assai diverse. Basta paragonare le mani di santa Maria Maddalena sotto la croce con quelle di Cristo per renderci pienamente conto della loro sorprendente diversità di dimensioni. È chiaro che su questo punto Grünewald respinse le regole dell'arte moderna quale si era sviluppata dal Rinascimento in poi, risalendo deliberatamente ai princípi dei pittori primitivi e medievali che variavano la dimensione delle figure a seconda della loro importanza nel quadro. Come aveva sacrificato la "piacevolezza" al messaggio spirituale che la pala doveva esprimere, così non curò la nuova esigenza delle proporzioni esatte, perché in tal modo esprimeva meglio la mistica verità delle parole di san Giovanni.

L'opera di Grünewald ci può dunque ricordare ancora una volta che l'artista può essere veramente grande senza essere "progressista", poiché la grandezza dell'arte non sta nelle nuove scoperte. Grünewald, del resto, dimostrò abbastanza chiaramente di conoscerle, ogniqualvolta potevano servirgli a esprimere ciò che aveva in mente. E come usò il pennello per raffigurare il corpo moribondo e tormentato di Cristo, così lo usò su un altro pannello per esprimerne la trasfigurazione al momento della resurrezione in un soprannaturale splendore paradisiaco [225]. È arduo descrivere il quadro perché, ancora una volta, è il colore che conta. Cristo sembra appena sorto dalla tomba lasciandosi dietro una scia di luce raggiante, e il sudario riflette i raggi multicolori dell'aureola. C'è un netto contrasto fra il Cristo risorto che domina la scena e i gesti sprovveduti dei soldati stesi in terra che, abbagliati e sopraffatti da quella improvvisa apparizione luminosa, si divincolano con violenza nelle armature. E poiché non è possibile valutare la distanza tra il primo piano e lo sfondo, i due soldati dietro la tomba sembrano pupazzi rovesciati, e le loro forme distorte non fanno che dare rilievo alla calma serena e maestosa del corpo trasfigurato di Cristo.

Il terzo illustre tedesco della generazione di Dürer, Lucas Cranach (1472-1553), fin dagli inizi fu un artista estremamente promettente. In gioventù passò molti anni nella Germania meridionale e in Austria. Al tempo in cui Giorgione, oriundo delle pendici meridionali alpine, scopriva le bellezze del paesaggio montano [209], questo giovane pittore veniva sedotto dalle alture del settentrione con le loro antiche foreste e i paesaggi romantici. In

225. Grünewald, *Resurrezione*, 1515, pannello della pala d'altare di Isenheim, olio su legno, cm 269 × 143. Colmar, Musée d'Unterlinden.

226. Lucas Cranach,
*Riposo durante la
fuga in Egitto*, 1504,
olio su legno,
cm 71 × 53. Berlino,
Gemäldegalerie,
Staatliche Museen.

un quadro del 1504 – l'anno in cui Dürer pubblicava le sue incisioni [222, 223] – Cranach rappresentò la Sacra Famiglia che durante la fuga in Egitto, in una regione montagnosa e boschiva [226], si sta riposando vicino a una sorgente. È un incantevole bosco, selvaggio e solitario, folto di alberi e aperto su una meravigliosa vallata verdeggiante. Schiere di angioletti sono riuniti attorno alla Vergine: uno offre bacche al Bambino Gesù, un altro attinge acqua con una conchiglia, altri ancora, seduti tutt'intorno, cercano di rianimare gli esuli stanchi con un concerto di flauti e zampogne. In questa invenzione poetica sopravvive qualcosa dello spirito dell'arte lirica di Lochner [176].

Negli anni più maturi, alla corte di Sassonia (soprattutto famosa per i suoi sentimenti di amicizia nei confronti di Martin Lutero), Cranach diventò pittore elegante e alla moda. Ma pare che la sua breve permanenza nella regione danubiana sia bastata ad aprire gli occhi agli abitanti delle località alpine

227. Albrecht Altdorfer, *Paesaggio*, 1526-1528 ca, olio su pergamena, montata su legno, cm 30 × 22. Monaco, Alte Pinakothek.

sulla bellezza dei loro paesaggi. Il pittore Albrecht Altdorfer di Regensburg (1480?-1538) si avventurò in boschi e montagne per studiare la forma delle rocce e dei pini flagellati dalle intemperie. Molti suoi acquerelli e acqueforti e almeno uno dei suoi dipinti a olio [227], non narrano episodi né contengono figure. È una novità di enorme portata. Perfino i greci, con tutto il loro amore per la natura, avevano dipinto paesaggi solo per ambientarvi scene pastorali [72]. Nel medioevo, una pittura che non illustrasse un tema sacro o profano era pressoché inconcepibile. Solo quando l'abilità cominciò a valere per sé stessa agli occhi della gente, il pittore poté vendere un quadro il cui scopo era esclusivamente quello di testimoniare il godimento provato di fronte a un incantevole scenario.

I Paesi Bassi, negli anni memorabili delle prime decadi del Cinquecento, non produssero tanti grandi maestri come nel Quattrocento, quando artisti della tempra di Jan van Eyck, Rogier van der Weyden e Hugo van der Goes, erano famosi in tutta Europa. Gli artisti che, come Dürer in Germania, si sforzavano di assimilare la nuova scienza, erano spesso intimamente combattuti tra la fedeltà ai vecchi canoni e l'amore per i nuovi.

La figura 228 mostra un esempio caratteristico del pittore Jan Gossaert, detto Mabuse (1478?-1532). Secondo la leggenda, san Luca Evangelista era pittore di mestiere: per questo viene qui rappresentato nell'atto di ritrarre la Vergine e il Bambino. Mabuse dipinse queste figure seguendo rigidamente le tradizioni di Jan van Eyck e dei suoi seguaci, ma l'ambientazione risulta del tutto diversa: sembra quasi che il pittore voglia dare prova della sua conoscenza delle conquiste italiane, di abilità nella prospettiva scientifica, di dimestichezza con l'architettura classica e padronanza del chiaroscuro. Ne risulta un quadro indubbiamente affascinante, ma privo della semplice armonia dei modelli nordici e italiani. Ci si domanda come mai san Luca per ritrarre la Madonna non abbia trovato un luogo più adatto di questo cortile di palazzo, certo sontuoso ma presumibilmente pieno di correnti d'aria.

Così non troviamo il maggior pittore olandese del tempo fra coloro che accolsero il nuovo stile, ma piuttosto fra quanti, come Grünewald in Germania, rifiutarono di lasciarsi inquadrare nel nuovo movimento proveniente dal Sud. Nella città olandese di Hertogenbosch (Bosco Ducale) viveva un pittore che venne poi chiamato Hieronymus Bosch. Poco si sa di lui: non sappiamo che età avesse quando morì, nel 1516, ma dovette essere attivo per un lungo periodo, dal momento che nel 1488 divenne un maestro autonomo. Come Grünewald, Bosch mostrò che le tradizioni e le conquiste pittoriche, grazie alle quali erano state create opere così profondamente concrete, potevano essere usate per così dire a rovescio, e offrirci un quadro ugualmente plausibile di cose mai viste da occhio umano. Diventò famoso per le spaventose rappresentazioni delle potenze malefiche. Forse non è un caso che il tetro re Filippo II di Spagna abbia nutrito una predilezione speciale per questo artista che si era tanto occupato della malvagità dell'uomo. Le figure 229 e 230 mostrano gli sportelli di un trittico da lui acquistato, tuttora in Spagna. Nel primo (a sinistra) assistiamo all'invasione del mondo da parte del male. La creazione di Eva è seguita dalla tentazione di Adamo ed entrambi vengono cacciati dal paradiso, mentre in alto nel cielo vediamo la caduta degli angeli ribelli, che sono scagliati giù come uno sciame di insetti ripugnanti. Sull'altro sportello è rappresentata una visione dell'inferno. Vediamo un orrore dietro l'altro, fuochi e torture e ogni genere di paurosi demoni che stanno fra l'animale, l'uomo e la macchina, e tormentano e infieriscono per l'eternità sulle povere anime peccatrici. Per la prima e forse per l'ultima volta un artista era riuscito a dare forma concreta e sensibile ai terrori che avevano pesato come un

228. Mabuse, *San Luca ritrae la Vergine*, 1515 ca, olio su legno, cm 230 × 205. Praga, Národní Galerie.

229, 230.
Hieronymus Bosch,
Paradiso e Inferno, 1510
ca, pannello sinistro e
destro di un trittico,
olio su legno, ciascun
pannello cm 135 × 45.
Madrid, Prado.

incubo sull'uomo del medioevo. Fu un risultato possibile forse soltanto nel preciso momento in cui, sopravvivendo ancora vigorosamente le vecchie concezioni, lo spirito moderno aveva d'altra parte provvisto l'artista dei mezzi necessari a rappresentare ciò che vedeva. Forse Hieronymus Bosch avrebbe potuto scrivere su una delle sue raffigurazioni dell'inferno ciò che Van Eyck aveva scritto sulla serena scena nuziale degli Arnolfini: "Io c'ero".

Albrecht Dürer,
*Il pittore studia le leggi
della prospettiva*, 1525.

18

UNA CRISI DELL'ARTE
Europa. Tardo Cinquecento

Nelle città italiane, attorno al 1520, tutti gli amatori d'arte parevano concordi nell'affermare che la pittura aveva raggiunto l'apice della perfezione. Uomini come Michelangelo e Raffaello, Tiziano e Leonardo avevano effettivamente compiuto quello che era stato il tentativo delle generazioni precedenti. Nessun problema di disegno sembrava loro troppo arduo, nessun soggetto troppo complicato. Avevano mostrato come bellezza e armonia potessero combinarsi con l'esattezza, e avevano perfino superato, così si diceva, le più celebri statue greche e romane. Una simile generale convinzione doveva riuscire poco gradita a un giovane che avesse voluto diventare un giorno un pittore di vaglia. Ma per grande che fosse la sua ammirazione per le opere degli illustri maestri contemporanei, doveva pur domandarsi se veramente non rimanesse nulla da fare, perché assolutamente tutto, in arte, era stato raggiunto. Taluni parevano accettare questa idea come inevitabile, e si applicavano intensamente a studiare ciò che Michelangelo aveva studiato, nella speranza di imitare nel miglior modo possibile la sua maniera. Michelangelo aveva disegnato nudi negli atteggiamenti più complicati? Benissimo, se questo bisognava fare, essi avrebbero copiato quei nudi e li avrebbero inseriti nei loro quadri, vi si adattassero o no. Il risultato fu a volte lievemente ridicolo: le scene sacre della Bibbia sembravano ora affollate da squadre di giovani atleti in allenamento. In seguito alcuni critici, rendendosi conto che questi giovani pittori erano andati fuori strada solo perché imitavano la maniera piuttosto che lo spirito delle opere michelangiolesche, hanno definito "periodo del manierismo" quello in cui tale moda imperò. Ma non tutti i giovani di allora furono così sciocchi da credere che l'unica esigenza dell'arte fosse una collezione di nudi in pose complicate. Molti, invero, si domandarono se l'arte potesse mai veramente subire un arresto e se non fosse possibile, dopotutto, superare i famosi maestri della generazione precedente, se non nel trattamento delle forme umane almeno in qualche altro campo. Alcuni vollero superarli nell'inventiva, creando quadri pieni di significato e di sapienza; ma di una sapienza tale da riuscire oscura a tutti tranne ai più colti esperti. Si direbbero rebus impossibili da decifrare, se non da quanti sappiano il vero significato che gli studiosi del tempo attribuivano ai geroglifici egizi e a molti antichi scrittori semidimenticati. Altri ancora vollero

attirare l'attenzione facendo opere meno naturali, meno immediate, meno semplici e armoniose di quelle dei grandi maestri che (sembrano aver pensato) sono senz'altro perfette: ma la perfezione non interessa in eterno. Una volta abituati a essa, la nostra emozione si spegne, e ci sentiamo allora attratti dallo strabiliante, dall'inatteso, dall'inaudito. Certo c'era qualcosa di lievemente morboso in questa febbre di superare i maestri che portò anche i migliori fra i giovani artisti a esperimenti strani e cerebrali. Eppure questi frenetici tentativi di progredire erano

231. Federico Zuccari, *Una finestra di Palazzo Zuccari a Roma*, 1592.

il massimo tributo che si potesse rendere agli artisti precedenti. Non aveva detto lo stesso Leonardo: "Sciagurato l'allievo che non supera il maestro?" In certa misura i grandi artisti "classici" avevano essi stessi iniziato e incoraggiato esperimenti strani e insoliti; grazie al loro nome e al credito di cui fruirono negli anni più tardi, avevano potuto tentare effetti coloristici nuovi e poco ortodossi, aprendo all'arte nuove possibilità. Michelangelo, in particolare, aveva talvolta coraggiosamente trascurato ogni convenzione, soprattutto nell'architettura, staccandosi dalle regole consacrate dalla tradizione classica per abbandonarsi ai suoi umori e alle sue fantasie. In certo modo fu lui che abituò il pubblico ad ammirare i "capricci" e le "invenzioni" degli artisti, creando la figura del genio insoddisfatto della perfezione impareggiabile dei primi capolavori e sempre alla disperata ricerca di nuovi metodi e nuovi modi espressivi.

Era naturale che i giovani artisti interpretassero ciò come un incitamento a stupire il pubblico con invenzioni "originali". Dai loro tentativi nacquero disegni divertenti. La finestra a forma di viso [231], disegnata da un architetto e pittore, Federico Zuccari (1543?-1609), rende bene l'idea di questo genere di capricci.

Altri architetti, ancora, vollero dare prova della loro grande erudizione e conoscenza degli autori classici, in cui, invero, superavano i maestri della generazione di Bramante. Il più eminente e preparato fra di essi fu l'architetto Andrea di Pietro della Gondola, detto Palladio (1508-1580). La figura 232 mostra la sua famosa villa La Rotonda presso Vicenza. A suo modo è anch'essa un "capriccio" poiché presenta quattro lati identici, ciascuno con un porticato da tempio classico, delimitanti una sala centrale ispirata al Pantheon [75]. Per mirabile che sia, non si può dire che in una costruzione del genere si abiterebbe volentieri. Troppo preoccupato della novità e dell'effetto, Palladio non è riuscito a fondersi con il fine consueto dell'architettura.

Un tipico artista di questo periodo, lo scultore e orafo fiorentino Benvenuto Cellini (1500-1571), descrisse la sua vita in un libro famoso che è un quadro straordinariamente colorito e vivace dell'epoca. Era millantatore, spietato e vanitoso, ma è difficile irritarsi con lui perché racconta la storia delle sue avventure e delle sue imprese con tale gusto che si ha l'impressione di leggere un romanzo di Dumas. Con tutta la vanità, la presunzione e l'irrequietezza che lo spingevano di città in città, di corte in corte, coinvolto in risse o ricco di allori, Cellini è un autentico prodotto del suo tempo. Per lui essere artista non significava più essere un rispettabile e tranquillo proprietario di bottega, ma piuttosto un "virtuoso" per i cui favori rivaleggiassero principi e cardinali. Una delle poche opere di mano sua giunta fino a noi è una saliera d'oro fatta per il re di Francia nel 1543 [233]. Cellini ce ne racconta la storia con ricchezza di particolari: come egli umiliò i due famosi studiosi che si arrischiarono a suggerirgli un tema, come fece un modello in cera

232. Andrea Palladio, *"La Rotonda" presso Vicenza*, 1550, villa italiana del Cinquecento.

233. Benvenuto Cellini, *Saliera*, 1543, oro cesellato e smalto su base in ebano, lunghezza cm 33,5. Vienna, Kunsthistorisches Museum.

di sua invenzione che rappresentava la Terra e il Mare. Per mostrare come mare e terra si compenetrino, intrecciò le gambe delle due figure. "A il mare avevo posto in mano un tridente in nella destra; e in nella sinistra avevo posto una barca sottilmente lavorata, in nella quale si metteva la salina. Era sotto a questa detta figura i sua quattro cavalli marittimi, che insino al petto e le zampe dinnanzi erano di cavallo; tutta la parte dal mezzo indietro era di pesce: queste code di pesce con piacevol modo s'intrecciavano insieme: in sul qual gruppo sedeva con fierissima attitudine il detto mare: avevano all'intorno molta sorte di pesci e altri animali marittimi. L'acqua era figurata con le sue onde; di poi era benissimo smaltata del suo proprio colore. Per la terra avevo figurato una bellissima donna, con il corno della sua dovizia in mano, tutta ignuda come il mastio appunto; nell'altra sua sinistra mano avevo fatto un tempietto di ordine ionico, sottilissimamente lavorato; e in questo avevo accomodato il pepe". Ma tutta questa sottile invenzione si legge con minor gusto del passo in cui Cellini narra come, andato a prendere l'oro dal tesoriere reale, venne attaccato da quattro banditi e riuscì a metterli in fuga da solo. Ad alcuni la levigata eleganza delle sue figure potrà apparire troppo elaborata e affettata. Ma possiamo forse consolarci pensando che la sana vigoria che manca in esse abbondò senza dubbio in chi la fece. La concezione celliniana è tipica di quel periodo di inquieti e febbrili tentativi volti a creare qualcosa di più interessante e originale dell'arte delle precedenti generazioni. Troviamo lo stesso spirito nei dipinti di un seguace del Correggio, Francesco Mazzola, detto il Parmigianino (1503-1540).

234. Parmigianino, *Madonna dal collo lungo*, 1534-1540, opera incompiuta, olio su legno, cm 216 × 132. Firenze, Uffizi.

Certuni – lo capisco – potranno sentirsi urtati dalla Madonna della figura 234, per l'affettazione e la cerebralità con cui viene reso un soggetto sacro. Non c'è più traccia della facilità e della semplicità con cui l'antico tema era stato trattato da Raffaello. L'opera è detta la *Madonna dal collo lungo* perché il pittore, tutto teso a far apparire aggraziata ed elegante la Vergine, le ha dato un collo di cigno, distorcendo e allungando bizzarramente le proporzioni del corpo umano. Vediamo la mano della Vergine, dalle lunghe dita delicate, la lunga gamba dell'angelo in primo piano, il macilento profeta con il rotolo di pergamena come in uno specchio deformante. Eppure è indubbio che l'artista non ottenne questo effetto per ignoranza e nemmeno per indifferenza: si è preoccupato, anzi, di mostrarci che queste forme innaturalmente allungate gli piacevano, se, per garantirne l'effetto, ha posto nello sfondo un'alta colonna di foggia bizzarra e di proporzioni parimenti eccezionali. Quanto alla composizione, anche qui ci ha mostrato la sua sfiducia nell'armonia convenzionale. Invece di distribuire le figure a coppie uguali ai due lati della Madonna, egli ha pigiato una schiera di angeli uno sull'altro in un angolo stretto, mentre nell'angolo opposto, vuoto, campeggia l'alta figura del profeta, ma così ridotta per la distanza da non raggiungere nemmeno le ginocchia della Vergine. Non c'è dubbio dunque che, se questa è follia, non manca di una sua legge. Il pittore non accettava i canoni consacrati e voleva mostrare come la concezione classica dell'armonia non fosse la sola possibile: che se la semplicità naturale è un mezzo per raggiungere la bellezza, vi sono altresì modi meno diretti, per gli amatori d'arte raffinati, di ottenere effetti interessanti. Che ci piaccia o no la strada da lui seguita, dobbiamo pur sempre ammettere che egli vi si inoltrò con coerenza. Il Parmigianino, e tutti gli artisti del tempo che deliberatamente mirarono a creare qualcosa di nuovo e di inatteso anche a spese della bellezza "naturale" stabilita dai grandi maestri, furono forse i primi pittori "moderni". Vedremo, infatti, che ciò che ora chiamiamo arte "moderna" può affondare le sue radici in un'analoga esigenza di evitare l'ovvio per raggiungere effetti diversi dalla convenzionale bellezza di natura.

Altri artisti di questo strano periodo fiorito all'ombra dei giganti dell'arte furono meno scettici sulla possibilità di superarli sulla base consueta dell'abilità e del virtuosismo. Possiamo non approvare ciò che fecero, ma anche in questo caso dobbiamo riconoscere che alcuni loro tentativi sono strabilianti. Un tipico esempio è la statua di Mercurio, il messaggero degli dèi, dello scultore fiammingo Jean Boulogne (1529-1608), che gli italiani chiamarono Giambologna [235]. Egli si era proposto di attuare l'impossibile: una statua capace di vincere il peso della materia e di creare la sensazione di un rapido volo attraverso l'aria. E fino a un certo punto ci riuscì. Questo famoso Ermes tocca solo con la punta del piede la terra: o meglio, non la terra, ma uno sbuffo d'aria che esce dalla bocca di una maschera simboleggiante il vento

235. Giambologna, *Mercurio*, 1580, bronzo, altezza cm 187. Firenze, Museo Nazionale del Bargello.

del Sud. La statua è così accuratamente equilibrata che sembra veramente librarsi nell'aria, solcarla quasi, con rapidità e grazia. Forse uno scultore classico, o anche Michelangelo, avrebbe biasimato tale effetto in una statua che dovrebbe ricordare il blocco pesante da cui proviene: ma Giambologna, non meno del Parmigianino, preferì sfidare queste regole da tempo codificate mostrando quali effetti sorprendenti si potessero ottenere per altra via. Forse il più grande di questi maestri del tardo Cinquecento visse a Venezia. Si chiamava Jacopo Robusti, soprannominato il Tintoretto (1518-1594). Anch'egli era stanco della pura bellezza di forme e colori che Tiziano aveva mostrato ai veneziani; ma la sua scontentezza doveva andare oltre il mero desiderio di fare cose insolite. Per quanto Tiziano fosse un incomparabile pittore della bellezza, il Tintoretto deve aver sentito che i suoi quadri tendevano più a piacere che a commuovere, e che non erano fonte d'emozione sufficiente a far rivivere davanti ai nostri occhi le grandi storie della Bibbia e le leggende sacre. A ragione o a torto deve aver deciso di raccontare tutte queste storie in un modo diverso, capace di dare un brivido allo spettatore e di comunicargli l'intensa drammaticità degli eventi dipinti. La figura 236 mostra come effettivamente sia riuscito a dare originalità e fascino ai suoi dipinti. A prima vista questo quadro sembra confuso e ci sconcerta. Invece di una nitida e raffaellesca disposizione delle figure principali, ci troviamo davanti agli occhi uno strano e profondo scantinato. Nell'angolo di sinistra un alto uomo aureolato solleva il braccio come a fermare un evento che sta per accadere; seguendo il suo gesto scorgiamo, in alto sotto la volta, nell'altro lato del quadro, due uomini che stanno calando un corpo tratto da una tomba di cui hanno aperto il coperchio, e un terzo, in turbante, li aiuta, mentre nello sfondo, valendosi di una torcia, un patrizio tenta di leggere l'iscrizione di un altro sepolcro. Si sta evidentemente saccheggiando una catacomba. Uno dei morti, in strana prospettiva, è steso in terra su un tappeto, mentre un vecchio, pieno di dignità e sontuosamente vestito, lo contempla in ginocchio. A destra c'è un gruppo di uomini e donne i quali, visibilmente stupefatti, osservano la figura aureolata che deve essere un santo. Se guardiamo più da vicino vediamo che tiene un libro sotto il braccio: è san Marco Evangelista, il santo Patrono di Venezia. Che cosa sta accadendo? Il dipinto rappresenta la storia di come i resti di san Marco vennero portati da Alessandria (la città dei maomettani, degli "infedeli" musulmani) a Venezia, dove, per ospitarli, fu costruita la famosa chiesa di San Marco. Narra la storia che san Marco era stato vescovo di Alessandria ed era stato sepolto in una delle catacombe della città. Quando il gruppo dei veneziani penetrò nella catacomba per compiere la pia impresa di trovare i resti del santo, non sapeva in quale delle molte tombe la preziosa reliquia fosse nascosta. Ma quando si trovò presso quella giusta, san Marco apparve all'improvviso, indicando i resti della propria esistenza terrena. Ecco il momento scelto dal Tintoretto.

236. Tintoretto, *Ritrovamento dei resti di san Marco*, 1562 ca, olio su tela, cm 405 × 405. Milano, Pinacoteca di Brera.

Il santo ordina agli uomini di sospendere l'esame delle tombe. Il suo corpo è stato ritrovato e giace ai suoi piedi inondato di luce e già con la sua presenza opera miracoli. L'indemoniato che si contorce, a destra del quadro, è esorcizzato e il filo di fumo che gli esce dalla bocca rappresenta il diavolo da cui si libera. Il patrizio in ginocchio in segno di gratitudine e di adorazione è il donatore, membro della confraternita religiosa che aveva commissionato il dipinto. Non c'è dubbio che tutto il quadro dovette scandalizzare i contemporanei per la sua eccentricità. Forse colpivano i taglienti contrasti di

luce e ombra, di primi piani e di sfondi, e la mancanza di armonia nei gesti e nei movimenti. Eppure sarà subito apparso chiaro che, valendosi della prassi consueta, l'artista non sarebbe riuscito a dare al riguardante un'impressione così intensa di mistero. A tale fine il Tintoretto sacrificò anche la pastosa gamma cromatica delle precedenti opere di Giorgione e di Tiziano, vanto e conquista della pittura veneta. Il suo quadro con la lotta di san Giorgio e del drago, ora a Londra [237], mostra come i toni spezzati e la luce irreale accentuino la drammaticità e la commozione. Sentiamo che il dramma ha raggiunto l'apice. La principessa sembra precipitarsi fuori dal quadro mentre l'eroe, contro ogni regola, è confinato sul fondo della scena.

Giorgio Vasari (1511-1574), un grande critico e biografo fiorentino del tempo, scrisse del Tintoretto che "se egli avesse conosciuto il gran principio che aveva dalla natura, e aiutatolo con lo studio e col giudizio, come hanno fatto coloro che hanno seguitato le belle maniere de' suoi maggiori, e non avesse, come ha fatto, tirato via di pratica, sarebbe stato uno de' maggiori pittori che avesse avuto mai Venezia". Così come si presentava, la sua opera peccava per la scarsa accuratezza dell'esecuzione e per l'eccentricità del gusto, pensava Vasari, perplesso per la mancanza delle "rifiniture" nei dipinti del Tintoretto: "Ha costui alcuna volte lasciato le bozze per finite, tanto a fatica sgrossate, che si veggiono i colpi de' pennegli fatti dal caso e dalla fierezza, piuttosto che dal disegno e dal giudizio". È un rimprovero mosso spesso, da allora in poi, agli artisti moderni. Ma non dobbiamo affatto stupircene, poiché questi grandi innovatori dell'arte, concentrandosi sull'essenziale, sovente non si sono preoccupati della perfezione tecnica comunemente intesa. In periodi come quello cui appartiene il Tintoretto la tecnica aveva raggiunto un livello così alto che chiunque, con una certa attitudine meccanica, poteva assimilarne gli accorgimenti. Un uomo della statura del Tintoretto voleva mostrare le cose in una nuova luce, voleva tentare nuovi modi di rappresentare le leggende e i miti del passato. Avrebbe considerato perfetta la sua pittura quando avesse espresso la propria visione del mondo favoloso. Una rifinitura liscia e attenta non poteva interessarlo perché non serviva ai suoi fini: avrebbe potuto, anzi, distrarre l'attenzione dagli eventi drammatici che si svolgevano nel quadro. Sicché lasciò la sua opera com'era e la gente perplessa.

Nessuno nel Cinquecento sviluppò questi metodi quanto un pittore dell'isola greca di Creta, il cui nome Domìnikos Theotokòpulos (1541?-1614) fu abbreviato in El Greco. Era venuto a Venezia da un angolo appartato del mondo che dal medioevo in poi non aveva elaborato alcuna nuova forma d'arte. In patria doveva essere abituato a vedere le immagini dei santi nel vecchio stile bizantino, solenni, rigide, lontanissime da ogni verosimiglianza. Non essendo abituato a cercare nei quadri la correttezza del disegno, non trovò nulla di scandaloso nella pittura del Tintoretto e ne fu, anzi,

237. Tintoretto, *San Giorgio e il drago*, 1555-1558 ca, olio su tela, cm 157,5 × 100. Londra, National Gallery.

affascinato. Anch'egli, uomo probabilmente appassionato e devoto, si sentiva spinto a narrare le storie sacre con un linguaggio nuovo e vivo. Dopo la sua permanenza a Venezia, si stabilì in una parte lontana dell'Europa, a Toledo, in Spagna, dove, sussistendo la concezione medievale dell'arte, non avrebbe certo corso il rischio di essere disturbato e incalzato dai critici

239. El Greco, *Fratel Hortensio Felix Paravicino*, 1609, olio su tela, cm 113 × 86. Boston, Museum of Fine Arts.

238. El Greco, *L'apertura del quinto sigillo dell'Apocalisse*, 1608-1614 ca, olio su tela, cm 224,5 × 193. New York, Metropolitan Museum of Art.

in nome dell'esattezza naturalistica del disegno. Forse ciò spiega perché l'arte del Greco superi perfino quella del Tintoretto per l'ardita noncuranza della forma e del colore naturali, e per l'originalità e la forza drammatica delle sue visioni. Uno dei suoi quadri di più sorprendente efficacia [238], rappresenta un passo dell'*Apocalisse* di san Giovanni, ed è lo stesso san Giovanni che vediamo a sinistra del dipinto, rapito in estasi, con lo sguardo rivolto al cielo e le braccia levate in un gesto profetico.

Il passo è quello nel quale l'agnello chiama san Giovanni perché venga a vedere l'apertura dei sette sigilli. "E quando ebbe aperto il quinto sigillo [vidi] sotto l'altare dell'anime di coloro ch'eran stati sgozzati a motivo della parola di Dio e della testimonianza che avevan [reso]. E gridarono a gran voce dicendo: 'Sino a quando, o Signore, o santo e verace, non giudichi tu e vendichi il sangue nostro su quei che abitano la terra?'. E fu data loro a ciascuno una veste bianca" (*Apocalisse* 6, 9-11). Le figure nude dai gesti concitati sono perciò i martiri che si levano dalle loro tombe e gridano vendetta al cielo, stendendo le mani per ricevere il dono divino delle vesti bianche. Certo un disegno esatto e accurato non sarebbe mai riuscito a esprimere la terribile visione del giorno del Giudizio, quando gli stessi santi con tanta forza e costante ardore chiedono la distruzione del mondo. Non è difficile accorgersi di come El Greco abbia imparato assai dal nuovo metodo compositivo asimmetrico e anticonformista del Tintoretto, e di come abbia altresì adottato figure troppo manieristicamente allungate, come la sofisticata *Madonna* del Parmigianino [234]. Ma ci rendiamo altresì conto che adottando questo metodo egli aveva però un nuovo scopo. Viveva in Spagna, dove la religione assumeva un mistico fervore che non aveva riscontro in alcun altro luogo: in una simile atmosfera l'arte cerebrale del manierismo doveva fatalmente perdere gran parte del suo carattere estetizzante. Per quanto la sua opera ci colpisca per l'incredibile "modernità", i contemporanei spagnoli non sembrano aver sollevato obiezioni del genere di quella di Vasari al Tintoretto. I maggiori tra i suoi ritratti [239], possono veramente stare alla pari con quelli di Tiziano [212]. Nel suo studio il lavoro ferveva, pare dovesse assumere una quantità di aiuti per soddisfare le molte ordinazioni: forse questo spiega come non tutte le opere che portano il suo nome abbiano pari valore. Fu soltanto una generazione più tardi che la gente prese a criticare l'innaturalezza delle sue forme e dei suoi colori, considerando i suoi quadri quasi come scherzi di cattivo gusto. E solo dopo la Prima guerra mondiale, quando gli artisti moderni ci insegnarono a non applicare gli stessi criteri di "esattezza" a tutte le opere d'arte, El Greco fu riscoperto e compreso.

Nel Settentrione, in Germania, Olanda e Inghilterra, gli artisti si trovavano dinanzi a una crisi ben più reale di quella dei loro colleghi d'Italia e Spagna, solo impegnati nel problema di una pittura originale e innovatrice. Nel Nord la questione presto si trasformò in un'altra: se la pittura dovesse o meno continuare a esistere. La grande crisi fu provocata dalla Riforma. Molti protestanti erano contrari alle statue e ai quadri nelle chiese perché li consideravano un segno di idolatria papista. Così i pittori delle regioni protestanti persero la loro principale fonte di guadagno: la pittura di pale d'altare. I più rigidi calvinisti giungevano perfino a criticare gli altri lussi, come le vivaci decorazioni delle case. Ma anche dove in teoria esse erano permesse, il clima e lo stile degli edifici erano in genere inadatti ai grandi affreschi che i nobili italiani ordinavano per i loro palazzi. Agli artisti rimaneva, come unica fonte regolare di guadagno, la possibilità di illustrare libri e di fare ritratti: ma era dubbio che così riuscissero a vivere.

Possiamo seguire questa crisi nel lavoro e nella vita del più importante pittore tedesco di questa generazione, Hans Holbein il Giovane (1497-1543). Holbein era di ventisei anni più giovane di Dürer e solo di tre anni più anziano di Cellini. Nacque ad Augusta, ricca città mercantile legata all'Italia da stretti rapporti commerciali, ma ben presto si trasferì a Basilea, città assai nota perché aperta alle nuove correnti culturali.

La conoscenza alla quale Dürer agognò tutta la vita con tanta passione, Holbein la trovò così più naturalmente. Proveniva dalla famiglia di un pittore (il padre era un artista stimato) ed essendo di ingegno straordinariamente vivace assimilò ben presto le conquiste degli artisti sia nordici sia italiani. Aveva poco più di trent'anni quando dipinse la mirabile pala d'altare della Vergine con i donatori: la famiglia del borgomastro di Basilea [240]. L'iconografia era quella convenzionale in tutti i Paesi, che abbiamo visto applicata nel *Dittico di Wilton House* [143], e nella "Madonna Pesaro" di Tiziano [210]. Ma il quadro di Holbein rimane uno degli esempi perfetti nel suo genere. Il modo con cui sono disposti i gruppi dei donatori, che non rivelano il minimo sforzo compositivo, ai due lati della figura calma e regale della Madonna incorniciata da una nicchia classica, ci ricorda le più armoniose composizioni del Rinascimento italiano, quelle di Giovanni Bellini [208], e di Raffaello [203]. D'altro canto, l'attenta cura del particolare e una certa indifferenza per la bellezza convenzionale mostrano come Holbein avesse imparato il mestiere nel Nord. Era sulla buona strada per diventare il più

240. Hans Holbein il Giovane, *La Vergine e il Bambino con la famiglia del borgomastro Meyer*, 1528, pala d'altare, olio su legno, cm 146,5 × 102. Darmstadt, Schlossmuseum.

241. Hans Holbein
il Giovane, *Anne
Cresacre, nuora di Sir
Thomas More*, 1528,
gessetti nero e colorati
su carta, cm 38 × 27.
Castello di Windsor,
Royal Library.

grande maestro delle regioni di lingua tedesca, quando la tempesta della
Riforma mise termine alle sue speranze. Nel 1526 abbandonò la Svizzera
per l'Inghilterra con una lettera commendatizia del gran dotto Erasmo da
Rotterdam. "Qui le arti sentono il gelo" scriveva Erasmo raccomandando
il pittore ai suoi amici, fra i quali Thomas More. Uno dei primi incarichi
che Holbein ricevette in Inghilterra fu quello di fare un grande ritratto della
famiglia di quel dotto, e alcuni studi di particolari per quell'opera sono
tuttora conservati al castello di Windsor [241]. Se Holbein aveva sperato di
sottrarsi al tumulto della Riforma, venne deluso dai successivi avvenimenti, ma stabilitosi definitivamente in Inghilterra, ricevuto da Enrico VIII il
titolo ufficiale di pittore di corte, trovò almeno una sfera di attività che gli
consentiva di vivere e lavorare. Non poteva più dipingere Madonne, ma i
compiti del pittore di corte erano infiniti. Disegnò gioielli e mobili, costumi
per feste e decorazioni per saloni, armi e coppe. Il suo compito principale era
però quello di fare ritratti ai reali, ed è grazie all'occhio infallibile di Holbein
che ci resta un quadro così vivace degli uomini e delle donne del periodo di
Enrico VIII. La figura 242 ci mostra il ritratto di Sir Richard Southwell, un
funzionario e cortigiano che ebbe una parte importante nell'abolizione dei
monasteri. In questi ritratti di Holbein non c'è alcuna drammaticità, nulla
che colpisca l'occhio, ma quanto più a lungo li contempliamo tanto più essi
sembrano rivelare le idee e la personalità del modello. Non dubitiamo per un

242. Hans Holbein
il Giovane, *Sir Richard
Southwell*, 1536,
olio su legno,
cm 47,5 × 38.
Firenze, Uffizi.

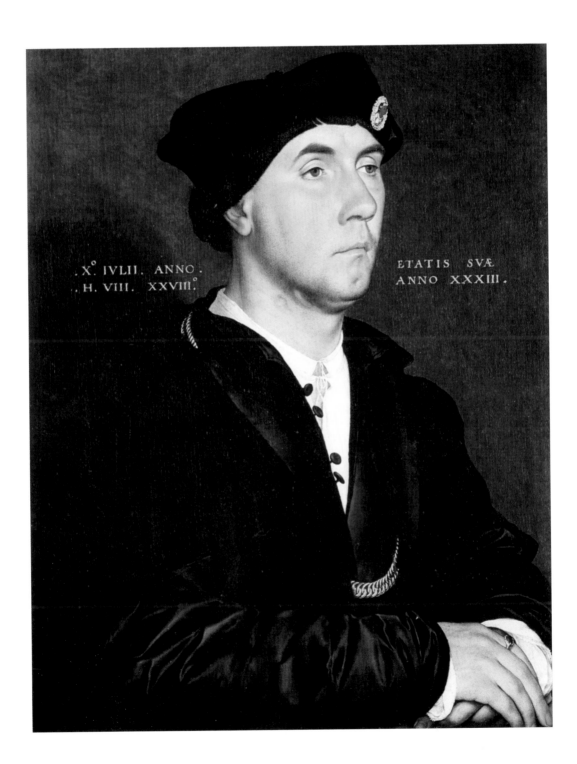

244. Nicholas Hilliard, *Giovane uomo fra le rose*, 1587 ca, acquerello e guazzo su pergamena, cm 14 × 7. Londra, Victoria and Albert Museum.

243. Hans Holbein il Giovane, *Georg Gisze, mercante tedesco a Londra*, 1532, olio su legno, cm 96 × 86. Berlino, Gemäldegalerie, Staatliche Museen.

solo momento che essi siano documenti realmente fedeli di ciò che Holbein aveva visto, fissato senza timore e senza adulazione. Il modo in cui Holbein ha disposto la figura nel quadro mostra il tocco sicuro del maestro. Nulla è abbandonato al caso: tutta la composizione è così perfettamente equilibrata che ci può anche sembrare "facile". Ma era questa, appunto, l'intenzione di Holbein: nei primi ritratti tentava ancora di sfoggiare la sua mirabile abilità nel rilievo dei particolari, nella caratterizzazione di un modello attraverso il suo ambiente e gli oggetti fra cui trascorreva la vita [243]. Ma quanto più invecchiava (e la sua arte si faceva matura) tanto meno sentiva il bisogno di simili espedienti. Non voleva mettere in luce sé stesso e distogliere l'attenzione dal modello. È proprio a questo suo eccezionale riserbo che va la nostra massima ammirazione.

Quando Holbein ebbe abbandonato i Paesi di lingua tedesca, in essi la pittura cominciò a declinare in modo impressionante e, quando egli morì, lo stesso avvenne in Inghilterra. L'unica espressione pittorica che sopravvisse alla Riforma fu il ritratto, al quale Holbein aveva dato una così solida base. Anche nel ritratto gli influssi del manierismo meridionale si eran fatti sentire sempre più, e gli ideali di cortigiana raffinatezza ed eleganza a poco a poco sostituirono lo stile sobrio di Holbein.

Il ritratto di un giovane gentiluomo inglese del periodo elisabettiano [244], è uno degli esempi migliori di questo nuovo tipo di ritratto. È una miniatura del famoso maestro inglese Nicholas Hilliard (1547-1619), un contemporaneo di Sir Philip Sidney e di William Shakespeare. Guardando questo damerino che tra selvatiche roselline spinose si appoggia languidamente a un albero, con la mano destra premuta sul cuore, il nostro pensiero corre alle pastorali di Sidney o alle commedie di Shakespeare. Forse la miniatura doveva essere un dono del giovane alla dama corteggiata, poiché reca l'iscrizione latina "*Dat poenas laudata fides*". Non dobbiamo domandarci se queste pene siano più reali delle spine della miniatura. Per un giovane galante di quei tempi malinconia e amore mal corrisposto erano di prammatica. Sospiri e sonetti facevano parte di un gioco aggraziato e complicato, che nessuno prendeva troppo sul serio ma in cui tutti volevano brillare escogitando nuove variazioni e raffinatezze.

Se consideriamo questa miniatura di Hilliard appunto come un gioco, le sue affettazioni e artificiosità non ci colpiranno più di tanto. Forse quando

245. Pieter Bruegel il Vecchio, *Il pittore e l'acquirente*, 1565 ca, penna e inchiostro nero su carta marrone, cm 25 × 22. Vienna, Albertina.

in un prezioso astuccio la fanciulla ricevette questo pegno d'affetto e vide il pietoso atteggiamento del suo elegante e nobile corteggiatore, la *laudata fides*, speriamo, avrà finalmente ottenuto il suo compenso.

Ci fu un solo Paese protestante in Europa in cui l'arte riuscì a sopravvivere del tutto alla crisi della Riforma: i Paesi Bassi. Là dove la pittura era così a lungo fiorita, gli artisti trovarono una via d'uscita alle loro difficoltà; invece di limitarsi al solo ritratto, si specializzarono in tutti i soggetti contro i quali la Chiesa protestante non poteva sollevare obiezioni. Dai tempi lontani di

Van Eyck gli artisti dei Paesi Bassi erano riconosciuti come perfetti imitatori della natura. Gli italiani, orgogliosi di non avere rivali nella rappresentazione della bella figura umana in movimento, erano pronti a riconoscere che i "fiamminghi" li superavano per la pazienza e l'accuratezza con cui sapevano ritrarre un fiore, un albero, un granaio o un gregge di pecore. Era quindi naturale che gli artisti del Nord, ai quali non si commissionavano più pale d'altare o altre opere di devozione, tentassero di trovare uno sbocco commerciale alle loro note specialità dipingendo quadri il cui pregio essenziale era la stupenda abilità e fedeltà della rappresentazione. La specializzazione non era un fatto insolito in quelle regioni: ricordiamo che Hieronymus Bosch [229, 230], ancora prima della crisi, si era specializzato nelle pitture dell'inferno e dei demoni. Ora che l'ambito della pittura si era ristretto, i pittori avanzavano per questa via tentando di sviluppare quelle tradizioni dell'arte nordica che risalivano al tempo delle *drôleries* sui margini dei manoscritti medievali [140], e alle scene di vita reale dell'arte quattrocentesca [177]. Le pitture che riproducevano scene della vita quotidiana e soggetti affini sono note usualmente sotto il nome di "pitture di genere".

Il maggior maestro di pitture di genere nel Cinquecento fu Pieter Bruegel il Vecchio (1525?-1569). Sappiamo poco della sua vita, tranne che, come molti artisti nordici del suo tempo, fu in Italia, e visse e lavorò ad Anversa e a Bruxelles dove dipinse la maggior parte dei suoi quadri tra il 1560 e il 1570, il decennio che vide l'arrivo nei Paesi Bassi del truce duca d'Alba. La dignità dell'arte e degli artisti probabilmente gli stava tanto a cuore quanto a Dürer o a Cellini; infatti in uno dei suoi magnifici disegni è chiaro che egli si propone di mettere in risalto il contrasto tra il pittore orgoglioso e l'individuo occhialuto e stupido che si fruga in tasca e intanto sbircia da dietro le spalle dell'artista [245].

Il genere che Bruegel scelse fu quello delle scene contadine. Dipinse contadini in festa, nei banchetti e al lavoro, tanto che a poco a poco lo si considerò un contadino fiammingo. È un errore che si è propensi a commettere spesso: confondere l'opera di un artista con la sua persona. Ci immaginiamo Dickens membro dell'allegro circolo Pickwick o Jules Verne ardito inventore e viaggiatore. Se Bruegel fosse stato un contadino non li avrebbe dipinti come fece. Era certo un uomo di città, e il suo atteggiamento verso la rustica vita di villaggio ha probabilmente molti punti in comune con quello di Shakespeare, per il quale Quince il legnaiolo e Bottom il tessitore sono press'a poco "buffoni". Era abitudine dell'epoca considerare il villano come una figura spassosa. Certo né Shakespeare né Bruegel lo fecero per snobismo: nella vita rustica la natura umana era meno camuffata e coperta dalla maschera dell'artificio e della convenzionalità che non nella vita dei signori dipinti da Hilliard. Così, volendo rappresentare la follia umana, essi sceglievano spesso i loro modelli tra i ceti più bassi.

Una delle più riuscite commedie umane di Bruegel sono le famose *Nozze contadine* [246]. Come la maggior parte dei quadri, esso perde molto nella riproduzione: tutti i particolari si rimpiccioliscono assai, pertanto lo si deve osservare con raddoppiata attenzione. La festa si svolge in una stalla; in alto, sullo sfondo, paglia accumulata. La sposa ha sul capo una specie di corona e, dietro di lei, pende dalla parete un panno azzurro. Siede in posa tranquilla, a mani conserte, con un sorriso soddisfatto sul volto idiota [247]. Il vecchio sulla sedia e la donna che le è vicina sono probabilmente i genitori, mentre l'uomo più discosto, così indaffarato a ingozzarsi di cibo con il cucchiaio, dev'essere lo sposo. La maggior parte dei commensali bada a mangiare e a bere; si capisce che questo è solo l'inizio. Nell'angolo sinistro un uomo sta versando la birra – un gran numero di boccali vuoti sono ancora nel canestro – mentre due uomini in grembiule bianco portano altri dieci piatti colmi di cibo su un vassoio improvvisato. Uno degli ospiti passa i piatti ai commensali. Ma c'è ben altro nel quadro: c'è una folla nello sfondo che cerca di entrare; ci sono i musicanti, uno dei quali fissa il cibo che gli sfila accanto con occhi patetici, umili e affamati. All'angolo del tavolo vi sono due persone estranee alla compagnia, il frate e il magistrato, immersi nella loro conversazione; in primo piano c'è un bambino che, impadronitosi di

246. Pieter Bruegel il Vecchio, *Nozze contadine*, 1568 ca, olio su legno, cm 114 × 164. Vienna, Kunsthistorisches Museum.

un piatto e di un berretto piumato troppo grande per la sua piccola testa, è tutto intento a gustare qualche leccornia: un quadro di ghiottoneria innocente. Ma ciò che ancor più stupisce, in tutta questa ricchezza di aneddoti e di spirito e in questa capacità d'osservazione, è la disposizione grazie alla quale il dipinto non appare per nulla affollato o confuso. Il Tintoretto stesso non avrebbe potuto rendere meglio uno spazio gremito di quanto abbia fatto Bruegel con questo espediente della tavola sfuggente verso lo sfondo e delle figure in continuo movimento, dalla folla che preme all'entrata del granaio fino al primo piano e alla scena dei portatori di vivande, attraverso il gesto dell'uomo che, distribuendo i piatti in tavola, avvia il nostro sguardo verso la figurina centrale della sposa sorridente.

Con queste vivaci e solo apparentemente semplici opere Bruegel ha aperto un nuovo campo all'arte, e le generazioni successive non mancheranno, nei Paesi Bassi, di esplorarlo a fondo.

In Francia la crisi prese una direzione diversa. Situata tra l'Italia e i Paesi nordici, veniva influenzata da entrambi. La robusta tradizione dell'arte medievale francese fu dapprima minacciata dall'ondata della moda italiana, che i pittori francesi trovavano difficile da adottare almeno quanto i loro colleghi dei Paesi Bassi [228]. La forma in cui venne finalmente accettata l'arte italiana nell'alta società fu quella dei grandi e raffinati manieristi del

247. Particolare di figura 246.

248. Jean Goujon, *Ninfe*, 1547-1549, particolare della Fontana degli Innocenti, marmo, ciascun pannello cm 240 × 63. Parigi, Musée National des Monuments Français.

genere di Cellini [233]. Ne scorgiamo l'influsso nei vivaci rilievi di una fontana, opera dello scultore francese Jean Goujon (morto nel 1566?) [248]. C'è qualcosa dell'eleganza meticolosa del Parmigianino e insieme del virtuosismo di Giambologna nella grazia squisita di queste figure e nel modo con cui sono inserite nelle sottili strisce che le delimitano.

Una generazione più tardi, sorse in Francia un artista nelle cui acqueforti le bizzarre fantasie dei manieristi italiani si fondevano con lo spirito di Pieter Bruegel: il lorenese Jacques Callot (1592-1635). Come il Tintoretto o anche El Greco, egli amava le combinazioni più sorprendenti di figure smilze e alte e di vasti e insoliti scenari, ma come Bruegel adoperava tali

249. Jacques Callot, *Due maschere italiane,* 1622 ca, particolare dell'acquaforte dalla serie Balli di Sfessania.

espedienti per rappresentare le follie dell'umanità attraverso scene di reietti, soldati, sciancati, mendicanti e sonatori ambulanti [249]. Nel tempo in cui le incisioni di Callot rendevano popolari tali stravaganze, la maggior parte dei pittori rivolgeva la propria attenzione ai nuovi problemi discussi negli studi di Roma, Anversa e Madrid.

Federico Zuccari, *Taddeo Zucari al lavoro sull'impalcatura di un palazzo è osservato con ammirazione dall'attempato Michelangelo, mentre la dea della Fama, a suon di tromba, ne proclama il trionfo in tutto il mondo,* 1590 ca.

19

VISIONE E VISIONI
L'Europa cattolica. Prima metà del Seicento

La storia dell'arte viene talora considerata come la storia del succedersi di vari stili. Apprendiamo che lo stile romanico o normanno del XII secolo con i suoi archi a tutto sesto fu sostituito dallo stile gotico con l'arco acuto; che lo stile gotico venne soppiantato dal Rinascimento che, nato in Italia all'inizio del Quattrocento, lentamente guadagnò terreno in tutti i Paesi d'Europa. Lo stile che seguì al Rinascimento viene comunemente chiamato barocco. Ma mentre da chiari segni è facile descrivere gli stili precedenti, per il barocco il caso si presenta assai diverso. Dal Rinascimento in poi, fin quasi ai nostri giorni, gli architetti hanno usato le stesse forme fondamentali: colonne, pilastri, cornicioni, trabeazioni e modanature, tutte prese a prestito dalle rovine classiche. In un certo senso è dunque esatto affermare che lo stile del Rinascimento dai tempi di Brunelleschi è durato fino ai nostri giorni, e molti libri di architettura definiscono rinascimentale tutto questo periodo. D'altro lato è naturale che in un così ampio spazio di tempo gusti e fogge siano considerevolmente mutati, e riesce utile disporre di diverse etichette per contraddistinguerli nella loro evoluzione. È strano che molte etichette di cui ci serviamo per indicare uno stile fossero in origine termini spregiativi. La parola "gotico" venne dapprima usata dai critici d'arte italiani del Rinascimento per indicare uno stile che consideravano barbaro e ritenevano importato in Italia dai goti, distruttori dell'impero romano e saccheggiatori delle sue città. La parola "manierismo" conserva ancora per molti il suo originario significato di affettazione e vuota imitazione, che erano le accuse lanciate dai critici del Seicento contro gli artisti del tardo Cinquecento. Il termine "barocco" fu impiegato più tardi dai critici che, scesi in campo contro le tendenze secentesche, volevano sottolinearne l'aspetto ridicolo. Barocco in realtà significa assurdo o grottesco, e fu usato da chi sosteneva l'opinione che le forme classiche si dovessero usare o combinare solo nei modi adottati dai greci e dai romani. Per tali critici trascurare le rigide regole dell'architettura antica pareva una biasimevole mancanza di gusto, per cui stigmatizzarono questo stile come barocco. Non è affatto facile per noi renderci conto di queste distinzioni. Ci siamo talmente abituati a vedere nelle nostre città ogni sorta di costruzioni che sfidano le regole dell'architettura classica, o le ignorano del tutto, che siamo ormai diventati insensibili a certi rilievi, e le vecchie dispute ci paiono infinitamente lontane dalle questioni architettoniche che ci interessano. La facciata di una chiesa come quella della figura 250 può non dirci molto, perché abbiamo visto tante imitazioni di questo tipo, buone e cattive, che quasi non ci voltiamo nemmeno a guardarle; ma quando essa fu eretta a Roma, nel 1575, parve addirittura rivoluzionaria. Non si trattava solo di una delle tante chiese di Roma, che ne ha in abbondanza. Era la chiesa dell'ordine dei gesuiti, recentemente fondato, sul quale convergevano grandi speranze per la lotta contro la Riforma in tutta Europa. La sua stessa pianta doveva essere originale e insolita; l'idea rinascimentale di una chiesa rotonda e simmetrica era stata respinta come inadatta al servizio divino, e si era elaborata una pianta nuova, semplice e ingegnosa, destinata a essere presto adottata in tutta Europa. La chiesa doveva essere in forma di croce, sormontata da una cupola alta e solenne. Nel vasto spazio oblungo noto come navata, la comunità poteva radunarsi senza impedimenti di sorta di fronte all'altare maggiore, eretto alla sua estremità, con dietro l'abside, simile a quella delle prime basiliche. Per venire incontro alle esigenze della devozione privata e del culto dei singoli santi, una fila di piccole cappelle era distribuita sui due lati della navata, ognuna con un suo altare, mentre all'estremità dei bracci della croce sorgevano due cappelle più grandi. È un progetto semplice e ingegnoso che da allora fu usato moltissimo: esso fonde i caratteri principali delle chiese medievali (la forma allungata, che accentua l'importanza dell'altare maggiore) con le conquiste rinascimentali che danno tanta importanza agli interni ampi e spaziosi nei quali la luce penetri attraverso una cupola maestosa.

Osservando più attentamente la facciata della Chiesa del Gesù, costruita dal celebre architetto Giacomo Della Porta (1541?-1602), possiamo subito comprendere perché servì più tardi da modello a un gran numero di facciate, ma osservandola dappresso comprendiamo subito come la sua novità debba aver colpito i contemporanei non meno dell'ingegnosità dell'interno. Vediamo subito che si compone tutta di elementi dell'architettura classica: colonne (o meglio, mezze colonne e pilastri) sostenenti un'architrave coronata da un alto cornicione che a sua volta regge il piano superiore. Anche la distribuzione di questi elementi richiama alcuni aspetti dell'architettura classica: l'ampio ingresso centrale, incorniciato da colonne e affiancato da due ingressi minori, ricorda lo schema degli archi di trionfo [74], radicato nella mente degli architetti come l'accordo maggiore in quella dei musicisti. Nulla in questa semplice e maestosa facciata suggerisce una voluta sfida alle regole classiche in nome di capricci cerebrali. Piuttosto, il modo con cui sono fusi nella struttura gli elementi classici mostra che sono state lasciate da parte le regole greco-romane e anche rinascimentali. Il tratto più notevole di questa facciata è il raddoppiamento di ogni colonna o pilastro, come a conferire all'insieme maggior ricchezza, maggior varietà e solennità. Il secondo

250. Giacomo Della Porta, *Chiesa del Gesù a Roma*, 1575-1577 ca, primo barocco.

aspetto che ci colpisce è la cura presa dall'artista per evitare ogni ripetizione e monotonia e per fare convergere ogni elemento verso il punto saliente: la porta centrale, sottolineata da una doppia cornice. Se ripensiamo a edifici anteriori composti di elementi consimili ci accorgiamo subito di quanto profondamente siano mutati i caratteri architettonici. La Cappella Pazzi di Brunelleschi [147], sembra al confronto infinitamente leggera e aggraziata, nella sua meravigliosa semplicità, e il Tempietto del Bramante [187], ci appare quasi austero nella sua disposizione netta e chiara. Perfino la doviziosa complessità della "Libreria" del Sansovino [207], sembra semplice al paragone, perché, venendo in essa continuamente ripreso il medesimo motivo, quando se n'è vista una parte si è visto il tutto. Nella facciata della prima chiesa gesuitica, opera di Della Porta, tutto dipende dall'effetto generale, ogni elemento si fonde in una struttura ampia, unica, complessa. Forse, da questo punto di vista, il tratto più caratteristico è il modo con cui l'architetto ha collegato i due piani, l'inferiore e il superiore. Usa un genere di volute che non hanno assolutamente precedenti nell'architettura classica. Basta immaginare una forma consimile su un tempio greco o un teatro romano per sentire che sarebbe una stonatura. Proprio queste volute e questi svolazzi saranno infatti responsabili di gran parte delle critiche mosse agli architetti barocchi dai sostenitori della pura tradizione classica. Ma, se copriamo con un lembo di carta questi ornamenti che possono sembrare irritanti e tentiamo di vedere che edificio ne risulterebbe, dobbiamo ammettere che essi non hanno affatto una funzione meramente decorativa. Senza di essi la facciata si frantumerebbe: contribuiscono alla coesione, all'unità essenziale cui l'artista mirava. Col tempo gli architetti barocchi dovettero usare espedienti ancora più arditi e insoliti per attuare l'unità essenziale di una vasta struttura. Visti uno per uno, tali espedienti spesso appaiono alquanto sconcertanti, ma in tutti gli edifici di un certo valore sono indispensabili ai fini dell'artista.

Lo sviluppo della pittura dalle secche del manierismo a uno stile ben più ricco di possibilità che non quello dei grandi maestri precedenti ricorda per certi aspetti lo sviluppo dell'architettura barocca. Nei grandi quadri del Tintoretto e del Greco abbiamo assistito all'affermarsi di alcuni princípi che ebbero poi una importanza sempre maggiore nel Seicento: l'accentuazione della luce e del colore, il disprezzo dell'equilibrio elementare, al quale si preferiva un ritmo compositivo più complesso. Tuttavia la pittura secentesca non è una semplice continuazione dello stile manieristico o, almeno, non così la giudicarono i contemporanei. Essi pensavano che l'arte si fosse innestata su una radice pericolosa e che la si dovesse districare. La gente amava in quei giorni discutere d'arte, specie a Roma, dove taluni gentiluomini colti godevano delle dispute sorte tra gli artisti del tempo sui "movimenti", dilettandosi a paragonarli ai maestri antichi e a prendere posizione nelle varie contese e nei vari intrighi. Tali discussioni erano cosa nuova nel mondo dell'arte. Si erano iniziate nel Cinquecento su temi come la preminenza della pittura sulla scultura, o del disegno sul colore o viceversa (i fiorentini sostenevano il disegno, i veneziani il colore). Ora l'argomento era un altro e riguardava due artisti dai metodi diametralmente opposti, venuti a Roma dall'Italia settentrionale. Uno era Annibale Carracci (1560-1609) di Bologna, l'altro Michelangelo Merisi (1573-1610), detto il Caravaggio in quanto nato a Caravaggio, un paesino non lontano da Milano. Entrambi parevano stanchi del manierismo, ma ne superavano la cerebralità in modi diversi. Annibale Carracci apparteneva a una famiglia di pittori che avevano studiato la pittura veneziana e il Correggio. Giunto a Roma fu preso dall'incanto dell'opera di Raffaello che egli ammirava intensamente. Voleva ritrovarne la semplicità e la bellezza anziché respingerle deliberatamente, come avevano fatto i manieristi. I critici posteriori gli hanno attribuito l'intenzione di imitare il meglio di tutti i grandi pittori del passato. È probabile che egli non formulasse mai un simile programma (denominato "eclettico"), attuato invece più tardi nelle accademie che ne presero l'opera a esempio. Carracci stesso era un artista troppo autentico per proporsi un'impresa così sciocca. Ma la parola d'ordine dei suoi seguaci nelle cricche artistiche romane era il culto della bellezza classica di cui possiamo scorgere l'ispirazione nella pala d'altare con la Vergine che piange sul cadavere del Figlio [251]. Ci basterà ripensare al corpo tormentato del Cristo di Grünewald [224], per comprendere come Annibale Carracci si preoccupasse di non ricordarci gli orrori della morte e

251. Annibale Carracci, *La Vergine piange Cristo*, 1599-1600, pala d'altare, olio su tela, cm 156 × 149. Napoli, Museo di Capodimonte.

le sofferenze dell'agonia. Il quadro ha una disposizione semplice e armoniosa quanto quello di qualsiasi pittore del primo Rinascimento, tuttavia sarebbe difficile prenderlo per una pittura rinascimentale. Il modo con cui fa giocare la luce sul corpo del Salvatore, e con cui influisce sui nostri sentimenti, è tutt'altro: è barocco. È facile fare giustizia di questa pittura chiamandola sentimentale, ma non dobbiamo dimenticare il fine cui serviva: si tratta di una pala d'altare, verso la quale, oltre la fila delle candele accese, si alzano devotamente gli occhi durante la preghiera.

Si può giudicare variamente lo stile di Carracci: il Caravaggio e i suoi seguaci non ne avevano, comunque, una grande opinione. I due pittori, è vero, erano in ottimi rapporti; cosa tutt'altro che consueta da parte del Caravaggio,

252. Caravaggio,
*Incredulità di san
Tommaso*, 1602-1603
ca, olio su tela,
cm 107 × 146.
Potsdam, Stiftung
Schlösser und Gärten,
Sanssouci.

uomo di temperamento iracondo e selvatico, facile a offendersi e pronto all'occorrenza a vibrare all'avversario un buon colpo di pugnale. Ma la sua opera muoveva su binari diversi da quelli di Carracci. Al Caravaggio la paura del brutto pareva una debolezza spregevole: cercava la verità, la verità quale gli appariva; non aveva il gusto dei modelli classici né alcun rispetto per la "bellezza ideale". Voleva eliminare il convenzionalismo, riproponendo i problemi artistici in modo nuovo [15, 16]. Molti pensavano che mirasse soprattutto a scandalizzare il pubblico, che non avesse alcun rispetto per la bellezza né per la tradizione. Fu uno dei primi pittori cui tali accuse vennero mosse e il primo la cui concezione artistica venisse dai critici riassunta in una sola parola: fu condannato perché era "naturalista". Ma il Caravaggio era un artista troppo grande e troppo serio per sprecare il suo tempo tentando di fare colpo. Mentre i critici discutevano, egli lavorava di lena. Nei tre secoli e più che sono passati, la sua opera non ha perso nulla della sua audacia.

Osserviamo come sia esente da qualsiasi convenzione il suo san Tommaso [252]: i tre apostoli fissano Cristo e uno di essi gli mette il dito nella piaga del fianco. Possiamo capire come questa pittura dovesse apparire irriverente e perfino oltraggiosa ai devoti che, abituati ad apostoli dignitosi e avvolti in mirabili drappeggi, li scorgevano qui nelle vesti di comuni manovali, con le facce provate dalle intemperie e le fronti rugose. Ma, avrebbe risposto il Caravaggio, essi *erano* appunto vecchi manovali, gente comune. E quanto al gesto sconveniente dello scettico Tommaso, la Bibbia è assai esplicita al riguardo. Gesù gli dice: "Accosta la tua mano e mettila nel mio costato; e non voler essere incredulo, ma fedele" (*Giovanni* 20, 27).

Il naturalismo del Caravaggio, cioè il suo intento di rendere fedelmente la natura, bella o brutta che la si consideri, fu forse più religioso del culto della bellezza in Carracci. Il Caravaggio aveva letto certamente la Bibbia più volte, e ne aveva meditato le parole. Era uno di quei grandi artisti, come Giotto e Dürer prima di lui, che volevano avere davanti agli occhi gli episodi sacri come se si fossero svolti in casa del vicino. E fece di tutto per far apparire più reali e tangibili i personaggi delle antiche scritture. Anche il suo modo di usare il chiaroscuro servì all'intento. La sua luce non infonde grazia e morbidezza al corpo: è dura e quasi abbagliante a contrasto con le ombre profonde, e fa risaltare tutta la singolare scena con una franchezza senza compromessi che pochi contemporanei potevano apprezzare, ma che ebbe un'efficacia decisiva sugli artisti posteriori.

Né Annibale Carracci né il Caravaggio vengono in genere annoverati fra i maestri più famosi; passarono di moda nell'Ottocento, e solo ora tornano a essere apprezzati. Ma è difficile immaginare l'impulso che essi diedero all'arte pittorica. Entrambi lavorarono a Roma, e Roma a quel tempo era il centro del mondo civile. Vi convenivano artisti da tutte le parti d'Europa, mescolandosi alle discussioni sulla pittura, prendendo posizione nelle controversie delle varie fazioni, studiando i maestri antichi e tornando poi ai Paesi d'origine con le notizie degli ultimi "movimenti", press'a poco come oggi gli artisti moderni vanno a Parigi. Secondo le tradizioni nazionali e i temperamenti, a Roma gli artisti preferivano l'una o l'altra delle scuole rivali, e i migliori sviluppavano le loro attitudini personali su quanto avevano imparato da questi movimenti. Roma era sempre il punto più favorevole per abbracciare lo splendido panorama della pittura nei Paesi di confessione cattolica. Tra i maestri italiani che lavorarono a Roma il più celebre fu senza dubbio Guido Reni (1575-1642), un bolognese che, dopo qualche tentennamento, aderì alla scuola di Carracci. La sua fama, come quella del maestro, era un tempo assai maggiore di oggi [7]. Ci fu un periodo in cui il suo nome era avvicinato a quello di Raffaello, e guardando la figura 253 possiamo capirne la ragione. Reni eseguì questo affresco sulla volta di un palazzo romano nel 1614. Rappresenta l'Aurora e il giovinetto dio del sole,

Apollo, sul cocchio attorno al quale le belle Ore intrecciano la loro danza gioiosa precedute dal fanciullo che porta la torcia, la stella del mattino. È tanta la grazia, tale la bellezza di questa immagine del radioso sorgere del giorno che possiamo comprendere benissimo come il pensiero corresse a Raffaello e ai suoi affreschi della Farnesina [204]. Era infatti intenzione di Reni ricordare il grande maestro ed emularlo. E forse questa è la ragione per cui i critici moderni hanno sottovalutato le sue conquiste. Pensano, o temono, che questo desiderio di emulare un altro maestro abbia reso l'opera di Reni troppo controllata, troppo volutamente protesa verso la pura bellezza. Non è il caso di discutere qui tali obiezioni. Indubbiamente l'opera di Reni diverge totalmente da quella di Raffaello: con Raffaello sentiamo che la bellezza e la serenità scaturivano dalla natura stessa della sua arte; in Reni invece sentiamo a tal punto la deliberata volontà di dipingere a quel modo che, se per caso i discepoli di Caravaggio l'avessero persuaso del suo torto, egli avrebbe potuto adottare uno stile diverso. Però non era certo colpa di Reni se erano state sollevate questioni di principio che avevano permeato le menti e le conversazioni dei pittori. Nessuno ne aveva colpa. L'arte era giunta a un tale grado di sviluppo che gli artisti inevitabilmente si trovavano di fronte alla necessità di scegliersi un metodo. Accettato ciò, siamo liberi di ammirare come Reni abbia svolto il suo programma, come deliberatamente abbia scartato tutto quanto nella natura gli pareva basso, brutto e inadatto alla sua alta visione, e come la sua ricerca di forme perfette e ideali della realtà sia stata coronata dal successo. Si deve ad Annibale Carracci, a Reni e ai suoi seguaci quel programma volto all'idealizzazione o all'"abbellimento" della natura secondo i canoni della scultura classica che viene chiamato classicismo o "accademia", per distinguerlo dall'arte

253. Guido Reni, *Aurora*, 1614, affresco, cm 280 × 700 ca, Roma, Palazzo Pallavicini-Rospigliosi.

254. Nicolas Poussin, *Et in Arcadia ego*, 1638-1639, olio su tela, cm 85 × 121. Parigi, Louvre.

classica libera da ogni programma. Le polemiche che insorsero forse non cesseranno tanto presto, ma nessuno può negare che fra i propugnatori di tale corrente ci siano stati grandi maestri che hanno aperto uno spiraglio su un mondo di purezza e bellezza senza il quale saremmo assai più poveri. Fra questi "accademici" il maggiore fu il francese Nicolas Poussin (1594-1665), che fece di Roma la sua patria adottiva. Poussin studiò le statue classiche con fervido zelo: aveva bisogno della loro bellezza per riuscire a esprimere la propria visione di remoti mondi di innocenza e di solennità. La figura 254 rappresenta uno dei risultati più famosi di quel suo studio instancabile. È un calmo e solatio paesaggio meridionale: splendidi giovani e una bella e dignitosa fanciulla sono radunati attorno a una grande tomba di pietra. Uno dei pastori (perché sono pastori, come vediamo dai serti e dai vincastri) si è inginocchiato per decifrare l'iscrizione tombale, mentre un altro la indica alla bella pastora che, come il compagno che le è dinanzi, sta immersa in una tacita malinconia. L'iscrizione in latino è *et in arcadia ego*: io, la morte, regno anche in Arcadia, nella sognante terra del pastori. Ora comprendiamo la mirabile espressione assorta e sgomenta con cui le figure in cerchio guardano la tomba, e ammiriamo ancor più l'euritmica bellezza con cui i diversi atteggiamenti si rispondono. La disposizione sembra piuttosto semplice, ma tale semplicità nasce da una profonda sapienza artistica. Solo

una tale sapienza poteva evocare questa nostalgica visione di serenità e di armonia in cui la morte perde ogni aspetto terrificante.

Per la stessa nostalgica bellezza divennero famose le opere di un altro francese italianizzato, Claude Lorrain (1600-1682), più giovane di Poussin di circa sei anni. Claude Lorrain studiò il paesaggio della campagna romana, le pianure e i colli che circondano Roma, dalle meravigliose tinte meridionali e dalle maestose memorie. Come Poussin, egli diede prova nei suoi schizzi di essere un grande maestro della rappresentazione naturalistica: i suoi studi di alberi sono un vero godimento per l'occhio. Ma per i quadri veri e propri e per le incisioni scelse solo motivi che considerava degni di entrare in una rappresentazione trasognata del passato, immergendo tutto in una luce dorata o in un'atmosfera argentea in cui l'intera scena si trasfigura [255]. Fu Lorrain che per la prima volta fece aprire gli occhi sulla sublime bellezza della natura; quasi un secolo dopo la sua morte, i viaggiatori giudicavano ancora secondo i suoi canoni un

255. Claude Lorrain, *Paesaggio con sacrificio ad Apollo*, 1662-1663, olio su tela, cm 174 × 220. Cambridgeshire, Anglesey Abbey.

tratto di paesaggio reale. Se esso ricordava loro una visione di Lorrain, lo trovavano delizioso e vi facevano sosta. Ricchi inglesi arrivarono al punto di adattare parchi e tenute ai sogni di bellezza di Claude, e molti angoli della deliziosa campagna inglese dovrebbero ancora oggi recare la firma dell'artista francese che si stabilì in Italia e aderì al programma di Carracci. L'unico artista nordico che venne in stretto contatto con l'atmosfera romana dell'epoca di Carracci e del Caravaggio apparteneva alla generazione anteriore a Poussin e Lorrain e aveva circa l'età di Guido Reni. È il fiammingo Peter Paul Rubens (1577-1640), giunto a Roma nel 1600, a ventitré anni, forse l'età in cui si è più sensibili e ricettivi. Deve aver assistito a molte fervide polemiche artistiche e studiato una quantità di opere antiche e moderne, non solo a Roma ma anche a Genova e Mantova, dove dimorò qualche tempo. Ascoltava con acuto interesse e imparava, ma sembra non abbia aderito ad alcun movimento o gruppo. In cuor suo rimaneva un artista fiammingo, del Paese dei Van Eyck, dei Rogier van der Weyden e dei Bruegel, pittori che avevano sempre amato le variegate superfici degli oggetti, e avevano tentato ogni mezzo per esprimere la trama di un tessuto o la grana della pelle; per dipingere, insomma, il più fedelmente possibile tutto quanto l'occhio può cogliere. Non si erano preoccupati dei canoni e dei modelli così cari ai loro colleghi italiani, e nemmeno avevano mostrato troppo interesse per i soggetti paludati. In questa tradizione era cresciuto Rubens, e la sua ammirazione per la nuova arte che si andava formando in Italia non sembra avere scosso la sua convinzione fondamentale, secondo la quale compito del pittore è dipingere il mondo che lo attornia, dipingere ciò che gli piace, comunicando il proprio godimento di fronte alla vivente, infinita bellezza delle cose. L'arte di Carracci e del Caravaggio non contrastava con tale orientamento. Rubens ammirava il modo con cui Carracci e la sua scuola risuscitavano gli episodi e i miti classici e creavano solenni pale d'altare per l'edificazione dei fedeli; ammirava però anche la sincerità intransigente con cui il Caravaggio studiava la natura.

Quando Rubens nel 1608 tornò ad Anversa era un uomo di trentun anni che aveva imparato tutto quanto c'era da imparare; aveva acquistato una tale disinvoltura nel maneggiare pennelli e colori, nel disporre nudi e drappeggi, armature e gioielli, animali e paesaggi da non avere più rivali a nord delle Alpi. I suoi predecessori fiamminghi avevano perlopiù dipinto su scala ridotta. Egli portò dall'Italia la predilezione per le vaste tele destinate alla decorazione delle chiese e dei palazzi, e questo piacque ai principi e agli ecclesiastici. Aveva imparato l'arte di combinare le figure su vasta scala e di sfruttare la luce e i colori per accentuarne l'effetto. La figura 256 mostra uno schizzo del quadro destinato all'altare maggiore di una chiesa di Anversa che rivela quanto Rubens avesse studiato i predecessori italiani, e insieme l'arditezza con cui aveva sviluppato le loro concezioni. È ancora una volta il vecchio venerando tema della Vergine circondata dai santi, caro agli artisti dei tempi del *Dittico di Wilton House* [143], della Madonna di Bellini [208] o della "Madonna Pesaro" di Tiziano [210], e può essere utile riguardare queste illustrazioni per rendersi conto della scioltezza e della disinvoltura con cui Rubens affrontò la tradizionale impresa. Una cosa è chiara fin dal primo sguardo: qui c'è maggior dinamismo, più luce, più spazio e più figure che nei quadri sopracitati. I santi si affollano festosamente verso l'alto trono della Vergine. In primo piano sant'Agostino vescovo, san Lorenzo con la graticola del martirio e il vecchio frate Niccolò da Tolentino guidano lo spettatore verso l'oggetto della loro venerazione. San Giorgio con il drago e san Sebastiano con la faretra e le frecce si guardano l'un l'altro intensamente, mentre un guerriero con in mano la palma del martirio sta per inginocchiarsi davanti al trono. Un gruppo di donne, fra le quali una suora, guardano rapite la scena principale in cui una fanciulla, assistita da un angioletto, si genuflette per ricevere un anello dal Bambino Gesù che dal grembo materno si tende verso di lei. È la leggenda dello sposalizio mistico di santa Caterina, che ebbe quella visione e si considerò sposa di Cristo. San Giuseppe dietro il trono guarda con dolcezza la scena, mentre i santi Pietro e Paolo, il primo riconoscibile dalla chiave, l'altro dalla spada, sono immersi in profonda contemplazione. Essi bilanciano efficacemente l'imponente figura di san Giovanni ritto sull'altro lato, solo, illuminato in pieno, con le mani alzate in un gesto di estatica ammirazione, mentre due graziosi angioletti spingono su per i gradini del trono il suo agnellino restio. Dal cielo sta calando un'altra coppia di angioletti per tenere sul capo della Vergine un serto di alloro.

Visti i particolari, torniamo ora all'insieme, e ammiriamo l'impetuosa energia con cui Rubens ha saputo collegare le sue figure creando un'atmosfera di gioiosa e festevole solennità. Non ci si meraviglia che un maestro capace di progettare quadri così vasti con una simile sicurezza di visione e di tocco ricevesse presto un numero di ordinazioni tale da non potervi più far fronte. Ma non se ne preoccupava: egli era uomo di grande fascino e abilità organizzativa; molti buoni pittori fiamminghi erano orgogliosi di lavorare sotto la sua guida e di imparare da lui. Se l'ordinazione per un'opera nuova arrivava da una delle chiese o da uno dei re o principi d'Europa, a volte egli si limitava a fare soltanto un bozzetto a colori (la figura 256 è appunto uno di tali schizzi colorati per una composizione più vasta). Era poi compito degli allievi o aiuti trasferire lo schizzo su una tela grande, e solo quando essi avevano terminato il lavoro di preparazione secondo le sue direttive, Rubens riprendeva in mano il pennello, ritoccando qui un volto, lì una veste di seta o attenuando i contrasti troppo violenti. Si fidava della capacità del suo pennello di infondere vita in qualsiasi cosa, e non aveva torto. Poiché era

256. Peter Paul Rubens, *La Vergine e il Bambino sul trono con i santi*, 1627-1628 ca, bozzetto per una grande pala d'altare, olio su legno, cm 80 × 55,5. Berlino, Gemäldegalerie, Staatliche Museen.

quello il più grande segreto della sua arte: infondere vita, conferire a qualsiasi cosa un'energia intensa e gioiosa. Possiamo misurare e ammirare la sua maestria in alcuni disegni [1], che fece per suo piacere. La figura 257 mostra una testina di bimba, forse la figlia. Qui non ci sono trucchi di composizione, manti splendidi o fasci di luce. Eppure quel viso sembra respirare e palpitare come carne viva. In un certo senso i ritratti dei secoli precedenti, per grandi che siano come opere d'arte, paiono remoti e irreali al paragone. Sarebbe vano tentare di scoprire come Rubens abbia raggiunto questo effetto di allegra vitalità, ma certo non furono estranei alla sua riuscita i tocchi di luce arditi e delicati con cui rese l'umidità delle labbra, le curve del volto e l'onda dei capelli. Perfino più di Tiziano egli considerò strumento essenziale il pennello: i suoi dipinti non sono più disegni accuratamente ricoperti di colore, ma sono creati con mezzi "pittorici" e ciò ne accresce l'impressione di vitalità vigorosa.

L'incomparabile talento nella composizione vasta, colorita, ricca di brio e di energia assicurò a Rubens una fama e un successo che nessun pittore aveva goduto prima di lui. La sua arte, tanto intonata alla fastosità e allo splendore dei palazzi, serviva così bene a glorificare i potenti della terra che nel suo ambiente egli godette di una specie di monopolio. Era il tempo in cui in Europa lo stato di tensione sociale e religiosa stava per sfociare nella terribile guerra dei Trent'anni sul continente e nella guerra civile in Inghilterra. Da un lato si ergevano i sovrani assoluti e le loro corti, perlopiù appoggiati dalla Chiesa romana, dall'altro le città mercantili in ascesa, perlopiù protestanti. Gli stessi Paesi Bassi erano divisi fra l'Olanda protestante, che resisteva al dominio della cattolica Spagna, e le Fiandre cattoliche governate da Anversa, possedimento spagnolo. Fu in quanto pittore del partito cattolico che Rubens riuscì a conquistare la sua straordinaria posizione. Accettò incarichi dai gesuiti di Anversa e dai governatori cattolici delle Fiandre, da re Luigi XIII di Francia e dalla madre, l'accorta Maria de' Medici, da Filippo III di Spagna e da Carlo I d'Inghilterra, che lo elevò al rango di cavaliere. Viaggiando di corte in corte come ospite d'onore fu spesso incaricato di delicate missioni diplomatiche e politiche, prima fra tutte un tentativo di riconciliazione fra

257. Peter Paul Rubens, *Testa di bimba, probabilmente la figlia dell'artista Clara Serena*, 1616 ca, olio su tela, montato su legno, cm 33 × 26. Vaduz, Sammlungen des Fürsten von Liechtenstein.

258. Peter Paul Rubens, *Autoritratto*, 1639 ca, olio su tela, cm 109,5 × 85. Vienna, Kunsthistorisches Museum.

Spagna e Inghilterra per promuovere quello che oggi chiameremmo un blocco "reazionario". Intanto egli rimaneva in contatto con gli studiosi del tempo e teneva una dotta corrispondenza in latino su questioni artistiche e archeologiche. Il suo autoritratto con la spada di cavaliere al fianco, figura 258, mostra come egli fosse consapevole della sua alta posizione. Non c'è traccia di pomposità né di vanagloria nello sguardo sagace dei suoi occhi. Rimase un vero artista. Intanto continuavano a uscire dai suoi studi di Anversa quadri di un'abilità straordinaria. Per mano sua le leggende classiche e le invenzioni allegoriche acquistavano la vivacità e la forza di persuasione del ritratto della figlia.

Le pitture allegoriche vengono in genere considerate noiose e astratte, ma all'epoca di Rubens avevano una chiara funzione comunicativa. La figura 259 è un quadro che si dice fosse stato portato in dono da Rubens a Carlo I quando tentò di indurlo a riappacificarsi con la Spagna. Il dipinto mette in contrasto i vantaggi della pace e gli orrori della guerra: Minerva, dea della saggezza e delle arti apportatrici di civiltà, scaccia Marte che sta quasi per ripiegare, mentre la sua terribile compagna, la Furia guerresca, ha già voltato le spalle. Sotto la protezione di Minerva le gioie della pace si spiegano poi davanti ai nostri occhi, simboli di feracità e abbondanza che solo Rubens poteva concepire: la Pace che offre il seno a un fanciullo, un fauno che adocchia beatamente la frutta sgargiante [260], gli altri compagni di Bacco, le Menadi che danzano fra ori e tesori, e la pantera che gioca pacifica come un grosso gatto. Dall'altra parte tre fanciulli con sguardi ansiosi fuggono dal terrore della guerra verso il rifugio della pace e dell'abbondanza, mentre un genietto li incorona. Chiunque si inoltri nei doviziosi particolari di questo quadro dai vivaci contrasti e dai caldi colori si accorgerà che per Rubens non si trattava di pure astrazioni, bensì di potenti realtà. Forse è per questo che molta gente deve familiarizzarsi con Rubens prima di incominciare ad

259. Peter Paul Rubens, *Allegoria dei benefici della pace*, 1629-1630, olio su tela, cm 203,5 × 298. Londra, National Gallery.

amarlo e comprenderlo. Egli non riusciva ad apprezzare le forme "ideali"
della bellezza classica, che gli sembravano tanto remote e astratte. I suoi
personaggi sono esseri viventi come la gente che vedeva e amava. E poiché
la snellezza non era di moda allora nelle Fiandre, taluni gli rimproveravano
di aver dipinto troppe "donne grasse". Si tratta certo di una critica ben
poco attinente all'arte e non sarebbe necessario quindi prenderla molto
sul serio, ma poiché è stata mossa tante volte, vale la pena di ricordare che
fu proprio il gusto della vita esuberante e quasi chiassosa a salvare Rubens
dal pericolo del mero virtuosismo. Fu essa a trasformare le sue pitture da
semplici decorazioni barocche delle sale dei ricchi in capolavori capaci di
conservare la loro vitalità perfino nell'atmosfera gelida dei musei.

Fra i molti allievi e assistenti di Rubens, il maggiore e più indipendente fu
Antonie van Dyck (1599-1641), più giovane di ventidue anni e appartenente
alla generazione di Poussin e di Claude Lorrain. Si impadronì presto del
virtuosismo di Rubens nel rendere l'ordito e la grana degli oggetti, sia della
seta sia della carne umana, ma differì assai dal maestro per temperamento e
umore. Pare che Van Dyck non avesse molta salute, e spesso nelle sue pitture
domina uno stato d'animo languido e lievemente malinconico. Forse fu
questo suo aspetto ad attrarre gli austeri patrizi genovesi e la corte di Carlo I.
Nel 1632 divenne pittore del re d'Inghilterra e il suo nome fu anglicizzato
in Anthony van Dyke. A lui dobbiamo molte testimonianze artistiche sulla

260. Particolare
di figura 259.

261. Antonie
van Dyck, *Carlo I
d'Inghilterra*, 1635 ca,
olio su tela,
cm 266 × 207.
Parigi, Louvre.

262. Antonie van
Dyck, *Lord John
e Lord Bernard Stuart*,
1638 ca, olio su tela,
cm 237,5 × 146.
Londra, National
Gallery.

società inglese dal portamento arrogante e aristocratico, sul suo culto per le raffinatezze cortigiane. Il ritratto di Carlo I [261], appena sceso di cavallo durante una partita di caccia mostra il sovrano Stuart così come egli sarebbe voluto sopravvivere nella storia: una figura di impareggiabile eleganza, di indiscussa autorità e raffinatezza, patrono delle arti, sostenitore del diritto divino dei re, un uomo che non aveva bisogno del fasto esteriore della potenza per accentuare la sua innata dignità. Non stupisce che un pittore in grado di mettere in rilievo nei ritratti con tanta perfezione questi pregi venisse così avidamente ricercato dall'alta società. Infatti van Dyck fu colmato di ordinazioni di ritratti al punto che, come il suo maestro Rubens, non riusciva a farvi fronte da solo. Aveva un certo numero di aiutanti che dipingevano i costumi dei modelli infilati su manichini, e a volte non arrivava nemmeno a dipingere di persona la testa. Alcuni di questi ritratti sono purtroppo assai affini ai lusinghieri e convenzionali fantocci dei periodi successivi, e non c'è dubbio che Van Dyck abbia creato un pericoloso precedente, destinato a causare molto danno alla ritrattistica. Ma ciò non intacca la bellezza dei suoi ritratti migliori, né ci dovrebbe far scordare che fu lui più di ogni altro a favorire quel processo di cristallizzazione degli ideali di nobiltà di sangue e di albagía nobiliare [262], che arricchiscono la nostra visione dell'uomo

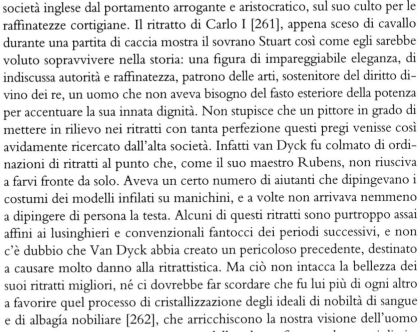

non meno delle robuste figure traboccanti di vita di Rubens.

In uno dei suoi viaggi in Spagna, Rubens incontrò un giovane pittore nato lo stesso anno del suo allievo Van Dyck, che deteneva alla corte madrilena di Filippo IV una posizione analoga a quella di Van Dyck alla corte di Carlo I: Diego Velázquez (1599-1660). Per quanto non fosse ancora stato in Italia, Velázquez era rimasto profondamente impressionato dalle scoperte e dalla maniera del Caravaggio, a lui nota attraverso le opere degli imitatori. Aveva fatto suo il programma del naturalismo e aveva consacrato la sua arte alla spassionata osservazione della natura, fuori di ogni convenzionalismo. La figura 263 mostra uno dei suoi primi lavori, un vecchio acquaiolo di Siviglia. È una pittura di genere, del tipo inventato dai fiamminghi per ostentare la loro abilità, ma è trattata con tutta l'intensità e la penetrazione del san Tommaso dubbioso del Caravaggio [252]. Il vecchio dalla faccia logora e rugosa con il manto a brandelli, la grossa anfora di terracotta panciuta, la superficie della brocca verniciata e il gioco

263. Diego Velázquez, *L'acquaiolo di Siviglia*, 1619-1620 ca, olio su tela, cm 107 × 81. Londra, Wellington Museum, Apsley House.

delle luci sul bicchiere trasparente: tutto è dipinto con tanta efficacia da farci credere di poter toccare gli oggetti. Nessuno davanti a questo quadro si domanderà se le cose rappresentate sono belle o brutte, o se la scena è importante o banale. Nemmeno i colori, a rigore, sono belli per sé stessi. Prevalgono toni marroni, grigi, verdastri. Eppure l'insieme è fuso con un'armonia così morbida e ricca che il quadro si imprime per sempre nella memoria di chi si è soffermato a guardarlo.

Su consiglio di Rubens, Velázquez ottenne licenza di andare a Roma per studiare la pittura dei grandi maestri. Vi si recò nel 1630, ma tornò presto a Madrid, dove restò sempre (eccettuato un secondo viaggio in Italia), ospite illustre e rispettato alla corte di Filippo IV. Il suo incarico principale consisteva nel fare ritratti al re e ai membri della famiglia reale, pochi dei quali avevano volti attraenti o interessanti. Erano uomini e donne che

264. Diego Velázquez, *Papa Innocenzo X*, 1649-1650, olio su tela, cm 140 × 120. Roma, Palazzo Doria Pamphili.

tenevano molto alla propria dignità e indossavano vesti rigide e sgraziate. Parrebbe un lavoro ingrato per un pittore, ma Velázquez come per incanto trasformò questi ritratti in alcune delle più affascinanti espressioni d'arte che il mondo abbia mai visto. Aveva da molto tempo rinunciato ad aderire strettamente alla maniera del Caravaggio. Aveva studiato la pennellata di Rubens e di Tiziano, ma nel suo modo di accostarsi alla natura non v'è nulla che sappia di accatto. La figura 264 mostra il ritratto di papa Innocenzo X dipinto da Velázquez a Roma tra il 1649 e il 1650, poco più di un secolo dopo il *Paolo III* di Tiziano [214]; esso ci ricorda che nella storia dell'arte il passare del tempo non sempre comporta un mutamento di concezione. Di sicuro Velázquez sentì la sfida di quel capolavoro così come Tiziano era stato spronato dal gruppo di Raffaello [206]. Ma per quanto egli conoscesse a fondo i mezzi usati da Tiziano, il modo di rendere con il pennello il luccichio delle stoffe e la sicurezza del tocco con cui cogliere l'espressione del papa, non si può dubitare neppure per un momento che si tratti di un ritratto vero e proprio e non di una formula ben imitata. Chi andasse a Roma non perda l'irripetibile esperienza di ammirare questo capolavoro nel palazzo Doria Pamphili. Le opere più mature di Velázquez si basano a tal segno sull'effetto della pennellata e sulla delicata armonia dei colori che le illustrazioni possono darne solo una pallida idea. Ciò vale soprattutto per la tela di grandi dimensioni (alta circa tre metri) nota con il titolo *Las Meninas* (le damigelle d'onore) [266]. Vi si vede Velázquez che lavora a un quadro immenso e se si osserva più attentamente scopriamo anche che cosa sta dipingendo. Lo specchio sulla parete di fondo dello studio riflette le figure del re e della regina che posano per il ritratto [265]. Pertanto noi vediamo quello che vedono loro: una quantità di persone che sono entrate nello studio. Vi compare la figlioletta, l'infanta Margarita, accompagnata da due damigelle d'onore, delle quali l'una le offre da ristorarsi mentre l'altra si inchina davanti alla coppia regale. Ne sappiamo i nomi e conosciamo anche i due nani (la donna brutta e il ragazzo che stuzzica il cane) tenuti a scopo di divertimento. I due adulti in secondo piano sembrano sorvegliare che i visitatori si comportino bene.

Che significato ha esattamente tutto questo? Forse non lo si saprà mai, ma mi piace pensare che Velázquez abbia fermato per un attimo il tempo molto prima che fosse inventata la macchina fotografica. Può darsi che la principessa fosse condotta in presenza dei sovrani per alleviare la noia del posare e che il re o la regina avessero fatto notare a Velázquez che questo era un soggetto degno del suo pennello. Le parole pronunciate dal monarca equivalgono sempre a un ordine, e quindi forse dobbiamo questo capolavoro a un desiderio fuggevole che solo Velázquez era in grado di trasformare in una realtà.

Ma ovviamente Velázquez non si basava di solito su incidenti del genere per volgere in grandi pitture le sue registrazioni della realtà. Non c'è nulla di non tradizionale in un ritratto come quello del principe Filippo Prospero di Spagna a due anni [267], niente forse che ci colpisca

266. Diego Velázquez, *Las Meninas*, 1656, olio su tela, cm 318 × 276. Madrid, Prado.

265. Particolare di figura 266.

267. Diego Velázquez, *Il principe Filippo Prospero di Spagna*, 1659, olio su tela, cm 128,5 × 99,5. Vienna, Kunsthistorisches Museum.

a prima vista. Nell'originale le varie gradazioni di rosso (dal sontuoso tappeto persiano alla sedia di velluto, alla tenda, alle maniche e alle rosee guance del bambino), combinate ai toni tenui e argentei del bianco e del grigio che si inombrano verso lo sfondo, danno un risultato di incomparabile armonia. Anche un motivo minore come quello del cagnolino sulla sedia rossa rivela una maestria dissimulata che ha del miracoloso. Se torniamo a guardare il cagnolino nel ritratto di Jan van Eyck della coppia Arnolfini [160], vediamo con quale diversità di mezzi i grandi artisti possono ottenere i loro effetti.

Van Eyck si preoccupò di copiare ogni ricciolo dell'animale; Velázquez, duecent'anni più tardi, tentò solo di cogliere la sua espressione caratteristica. Come Leonardo, ma ancora più di lui, lasciò che la nostra fantasia seguisse i suoi suggerimenti, completando quanto egli avesse trascurato. Benché non dipingesse un solo pelo, il suo cagnolino è più riccioluto e naturale di quello di Van Eyck. Fu per questi effetti che i fondatori dell'impressionismo nella Parigi ottocentesca ammirarono Velázquez più di ogni altro pittore del passato.

Vedere e osservare la natura con occhio sempre fresco, scoprire e godere sempre nuove armonie di colore e di luce: ecco ormai il credo essenziale del pittore. In questo nuovo entusiasmo i pittori dell'Europa cattolica, al di là della barriera politica, si sentivano uniti ai grandi artisti dell'Olanda protestante.

Pieter van Laar,
*Un'osteria d'artisti nella
Roma secentesca, con
caricature alle pareti,*
1625–1639 ca.

20

LO SPECCHIO DELLA NATURA
L'Olanda nel Seicento

La scissione dell'Europa in protestante e cattolica influì anche sull'arte di una piccola regione come i Paesi Bassi. La parte meridionale, oggi chiamata Belgio, rimase cattolica e abbiamo visto come Rubens ad Anversa ricevesse innumerevoli ordinazioni da chiese, re e principi per tele che glorificassero la loro potenza. Le province settentrionali dei Paesi Bassi erano però insorte contro i dominatori cattolici spagnoli, e la maggior parte degli abitanti delle ricche città mercantili aveva aderito alla fede protestante. Il gusto di questi mercanti protestanti olandesi era assai diverso da quello prevalente oltre confine: essi erano più vicini, nel loro atteggiamento, ai puritani inglesi, devoti, laboriosi, parsimoniosi e, perlopiù, avversi al fasto dell'arte meridionale. Per quanto le loro idee si ammorbidissero con il graduale accrescersi della sicurezza e della ricchezza, i borghesi olandesi del Seicento non accettarono mai il barocco schietto che dominava nell'Europa cattolica. Anche in architettura preferivano una maggiore sobrietà. Quando verso la metà del XVII secolo, all'apice dei successi olandesi, i cittadini di Amsterdam decisero di erigere un grande municipio che riflettesse l'orgoglio e le conquiste della loro nazione appena sorta scelsero un modello che, nonostante la sua imponenza, è semplice di linea e quanto mai parco nelle decorazioni [268]. Abbiamo visto che in pittura l'effetto della vittoria protestante fu ancora più profondo e gravido di conseguenze. Tanto in Inghilterra quanto in Germania, dove le arti erano fiorite come ovunque durante il medioevo, la professione di pittore cessò addirittura di attirare gli uomini di talento. Del resto nei Paesi Bassi, dove la tradizione artistica e tecnica era così solida, essi avevano dovuto limitarsi a lavori privi di riferimenti religiosi.

In una comunità protestante poteva sussistere quasi soltanto la ritrattistica, come ai suoi tempi aveva sperimentato Holbein. Molti mercanti facoltosi volevano tramandare le loro sembianze ai posteri, molti degni borghesi, eletti borgomastri o consiglieri, volevano venir rappresentati con le insegne del loro grado. Inoltre nella vita delle città olandesi esistevano molti comitati locali e consigli di amministrazione di notevole importanza, che seguivano il lodevole costume di farsi fare il ritratto di gruppo da appendere nelle sale in cui l'eletta compagnia si riuniva. Un artista che riuscisse a piacere a questo genere di committenti poteva sperare in un introito abbastanza regolare. Una

volta, però, che la sua maniera non fosse più di moda poteva essere rovinato. Il primo eminente maestro della libera Olanda, Frans Hals (1580?-1666), fu così costretto a condurre una precaria esistenza. Apparteneva alla stessa generazione di Rubens; i suoi genitori avevano abbandonato le Fiandre perché protestanti, stabilendosi nella prospera città olandese di Haarlem. Sappiamo poco della sua vita se non che fu spesso in debito con il calzolaio e con il fornaio. In vecchiaia (superò l'ottantina), gli venne accordato un misero sussidio dall'ospizio municipale, al cui consiglio d'amministrazione fece un ritratto collettivo.

La figura 269, che rappresenta un'opera che si situa press'a poco all'inizio della carriera artistica di Frans Hals, mostra il piglio e l'originalità con cui egli intraprendeva questo tipo di lavori. I cittadini delle orgogliose e indipendenti

268. Jakob van Campen, *Il Palazzo Reale (già Municipio) di Amsterdam*, 1648, secentesco municipio olandese.

città dei Paesi Bassi dovevano prestare un servizio militare solitamente al comando dei borghesi più abbienti. Era tradizione, nella città di Haarlem, onorare gli ufficiali di tali milizie, una volta che questi avessero adempiuto il loro dovere, con un sontuoso banchetto, e divenne costume immortalare queste feste in grandi quadri. Sicuramente per un artista non era semplice rappresentare le sembianze di così tanti uomini in un solo dipinto senza risultare rigido o compunto, come invariabilmente era accaduto fino ad allora. Hals, fin dalle sue prime opere, seppe rendere lo spirito della festosa occasione e fu in grado di conferire vivacità a un gruppo così cerimoniale pur senza trascurare l'obiettivo di raffigurare ognuno dei dodici membri presenti, e lo fece in modo così convincente che ci sembra di averli conosciuti di persona: dall'imponente colonnello che siede a capotavola alzando il suo bicchiere fino al giovane portainsegne sul lato opposto, che non ha un posto a tavola ma guarda orgogliosamente verso lo spettatore come se volesse farsi ammirare la splendida uniforme.

Forse possiamo apprezzare ancora di più la sua maestria quando osserviamo uno dei magnifici ritratti che peraltro fruttarono così poco a Hals e alla sua famiglia [270]. A paragone dei ritratti anteriori sembra quasi un'istantanea.

269. Frans Hals, *Banchetto degli ufficiali della Compagnia militare di San Giorgio*, 1616, olio su tela, cm 175 × 324. Haarlem, Frans Halsmuseum.

Ci par di conoscere questo Pieter van den Broecke, un vero capitano d'industria secentesco. Ripensiamo al quadro di Sir Richard Southwell di Holbein [242], dipinto meno di un secolo prima, o anche ai ritratti che Rubens, Van Dyck o Velázquez facevano a quel tempo nell'Europa cattolica. Nonostante tutta la loro vivacità e fedeltà, si sentiva che i pittori avevano studiato con ogni cura la posa per rendere esattamente l'idea della nobiltà e della dignità del modello. I ritratti di Hals ci danno l'impressione che il pittore abbia invece còlto il suo modello in un momento caratteristico, fissandolo per sempre sulla tela. Ci riesce difficile immaginare quanto dovessero sembrare ardite e anticonvenzionali al pubblico tali pitture. Il modo stesso con cui Hals maneggia il pennello e tratta i colori ci fa capire come egli abbia còlto al volo un momento fuggevole. I ritratti anteriori sono dipinti con visibile pazienza e, a volte, sentiamo che il modello deve aver posato a più riprese mentre il pittore aggiungeva un particolare all'altro. Ma Hals non voleva che il modello fosse stanco o annoiato. Ci par di vedere la sua pennellata rapida e abile evocare un'immagine di capelli arruffati o una manica spiegazzata, con pochi tocchi di colore scuro o chiaro. Certo l'impressione che Hals ci dà (uno sguardo di sfuggita capace di cogliere uno stato d'animo o un movimento caratteristico) non avrebbe mai potuto essere raggiunta senza uno sforzo ben calcolato. Ciò che sembra a prima vista un tentativo disinvolto è, in realtà, il risultato di un effetto studiatissimo. Il ritratto, per quanto non sia simmetrico come spesso lo erano quelli anteriori, non è affatto sbilenco. Come altri maestri barocchi, Hals sapeva ottenere un effetto equilibrato senza seguire apparentemente alcuna regola.

I pittori dell'Olanda protestante che non avevano inclinazione o talento per il ritratto dovevano rinunciare alla speranza di trovare committenti. A differenza dei maestri medievali e rinascimentali, essi dovevano prima dipingere i loro quadri e poi tentare di trovare il compratore. Ora siamo tanto abituati a questo stato di cose, e a considerare senz'altro il pittore come un uomo intento a dipingere in uno studio pieno di quadri disperatamente in vendita, che quasi non possiamo immaginare ciò che un simile cambiamento provocò. Forse, per un certo verso, i pittori saranno stati felici di essersi liberati dai mecenati che interferivano nel loro lavoro, trattandoli talvolta con boria. Ma era una libertà conquistata a caro prezzo. Infatti, invece di un singolo mecenate, l'artista doveva affrontare un padrone ancora più tirannico: il pubblico degli acquirenti. O andava a vendere i suoi lavori nei mercati e nelle fiere, o doveva affidarsi a intermediari, a mercanti di quadri che lo esoneravano da quel fastidio ma volevano comprare a prezzi bassissimi per poter rivendere con profitto. Inoltre la concorrenza si faceva serrata, c'erano parecchi artisti in ogni città olandese, che esponevano i loro quadri sulle bancarelle, e l'unica opportunità che i maestri minori avessero di farsi un nome consisteva nella specializzazione in un certo ramo o genere

270. Frans Hals, *Pieter van den Broecke*, 1633 ca, olio su tela, cm 71 × 61. Londra, Iveagh Bequest, Kenwood.

271. Simon de Vlieger, *Nave da guerra olandese e altri vascelli nella brezza*, 1640-1645 ca, olio su legno, cm 41 × 55. Londra, National Gallery.

di pittura. Allora, come oggi, il pubblico voleva rendersi conto di ciò che comprava. Se un pittore diventava celebre come pittore di battaglie, avrebbe venduto con maggior probabilità appunto scene di battaglie. Se il successo arrideva ai suoi paesaggi al chiaro di luna, era meglio non scostarsene e dipingere altri paesaggi al chiaro di luna. Così avvenne che la tendenza alla specializzazione, cominciata nei Paesi nordici nel Cinquecento, giunse a estreme conseguenze nel Seicento. Alcuni dei pittori più mediocri si accontentarono di sfornare l'uno dopo l'altro quadri dello stesso genere. Ed è vero che, così facendo, portarono talvolta il loro mestiere a un punto di perfezione che non si può non ammirare, diventando veri e propri specialisti. I pittori di pesci sapevano rendere il guizzo argentato delle scaglie umide con un virtuosismo che molti maestri di fama universale potrebbero invidiare; e i pittori di marine divennero non solo abilissimi nel dipingere nuvole e onde, ma così esperti nella descrizione delle navi con tutte le loro attrezzature particolari che certi quadri sono considerati oggi documenti di valore storico sul periodo dell'espansione anglo-olandese sui mari. Alla figura 271, il quadro di uno dei più vecchi specialisti di marine, Simon de Vlieger (1601-1653), ci mostra come questi artisti olandesi riuscissero a esprimere l'atmosfera del mare con mezzi mirabilmente semplici e modesti. Furono i primi nella storia dell'arte a scoprire la bellezza del cielo. Non avevano bisogno di alcun episodio drammatico o patetico per rendere interessanti i loro dipinti: bastava un frammento della realtà così come essa appariva ai loro occhi, e ne traevano un quadro non meno interessante dell'illustrazione di un racconto eroico o di un soggetto comico.

Uno dei primi fra questi scopritori fu Jan van Goyen (1596-1656) dell'Aja, press'a poco della stessa generazione del paesaggista Claude Lorrain. È interessante paragonare uno dei famosi paesaggi di Lorrain [255], la visione nostalgica di una terra di serena bellezza, con la semplice e schietta pittura di Van Goyen [272]. Le differenze sono troppo ovvie per essere rilevate.

272. Jan van Goyen, *Mulino sul fiume*, 1642, olio su legno, cm 25 × 34. Londra, National Gallery.

Invece di templi solenni, l'olandese dipinge un familiare mulino a vento; invece di seducenti radure, un monotono tratto della sua terra. Ma Van Goyen sa trasformare questa scena banale in una visione di riposante bellezza. Trasfigura i motivi più noti e spinge il nostro sguardo in una lontananza nebulosa, dandoci l'impressione di essere nel luogo ideale per godere la luce vespertina. Sappiamo come le invenzioni di Claude affascinassero la fantasia degli ammiratori inglesi al punto da spingerli a trasformare lo scenario naturale della loro terra per adattarla alle creazioni del pittore. Un paesaggio o un giardino che richiamassero alla loro mente Claude, lo definivano "pittoresco", simile cioè a una pittura. Ci siamo in seguito abituati a usare questa parola per designare non solo castelli in rovina e tramonti ma anche semplici cose come barche a vela e mulini a vento e, a ben guardare, lo facciamo perché quei motivi ci ricordano non le pitture di Claude, bensì quelle di maestri come de Vlieger e Van Goyen. Sono stati loro a insegnarci a vedere il "pittoresco" in una semplice scena. Chi ama passeggiare per la campagna deliziandosi di ciò che vede, deve la sua gioia, senza saperlo, a quegli umili maestri, che, per primi, dischiusero ai nostri occhi la schietta bellezza della natura.

Il più grande pittore d'Olanda, e uno dei più grandi che siano mai vissuti, fu Rembrandt van Rijn (1606-1669), appartenente alla generazione successiva a Frans Hals e Rubens, di sette anni più giovane di Van Dyck e di Velázquez. Rembrandt non annotò le sue impressioni come Leonardo o Dürer; non fu un genio ammirato come Michelangelo, i cui detti sono stati tramandati ai posteri, e nemmeno fu un diplomatico ed epistolografo come Rubens, in corrispondenza con i più eminenti dotti del tempo. Eppure, sentiamo di conoscere Rembrandt più intimamente degli altri grandi maestri poiché egli ci ha lasciato una mirabile testimonianza della sua vita: una serie di autoritratti che vanno dai tempi della giovinezza, quando era un maestro alla moda, coronato dal successo, fino alla vecchiaia solitaria con il volto che tradisce il dramma del fallimento ed esprime la volontà indomita di un uomo veramente grande. Sono autoritratti che compongono un'incomparabile autobiografia.

Rembrandt nacque nel 1606, figlio di un facoltoso mugnaio della città universitaria di Leida. Si iscrisse all'università, ma presto abbandonò gli studi per diventare pittore. Alcuni dei suoi primi lavori vennero grandemente lodati dai dotti contemporanei, e a venticinque anni egli lasciò Leida per il popoloso centro commerciale di Amsterdam. Fece una rapida carriera come ritrattista, sposò una ragazza ricca, comprò una casa, collezionò opere d'arte e rarità lavorando senza posa. Quando, nel 1642, morì la prima moglie, egli ne ereditò il considerevole patrimonio, ma la sua popolarità andò declinando, si indebitò e quattordici anni dopo i creditori vendettero la sua casa e misero all'asta la sua collezione. Solo l'aiuto della seconda moglie e del figlio lo salvò dalla completa rovina. D'accordo con essi egli entrò ufficialmente come impiegato nella loro ditta per il commercio di oggetti d'arte, e così creò gli ultimi capolavori. Ma i suoi due fedeli compagni gli premorirono e quando anch'egli si spense nel 1669 non lasciò altre eredità che qualche vecchio vestito e gli strumenti del mestiere. La figura 273 mostra il volto di Rembrandt negli ultimi anni. Non era un bel volto, e Rembrandt certo non tentò mai di mascherarne la bruttezza. Si osservava allo specchio con assoluta sincerità, ed è per tale sincerità che tralasciamo di portare in causa la sua bellezza o il suo aspetto. È il volto di un vero essere umano. Non v'è traccia di posa o di vanità: c'è solo lo sguardo penetrante del pittore che scruta le proprie fattezze, pronto sempre a imparare qualcosa di nuovo intorno ai segreti del volto umano. Senza questa profonda comprensione Rembrandt non avrebbe potuto creare i suoi grandi ritratti, come per esempio quello del suo protettore e amico Jan Six, che divenne in seguito borgomastro di Amsterdam [274]. È quasi inadeguato confrontarlo con le vivaci immagini di Frans Hals, perché mentre quest'ultimo ci dà qualcosa di simile a una convincente istantanea somigliante, Rembrandt pare sempre che ci mostri la persona nel suo complesso. Come Hals, egli si compiaceva del proprio

273. Rembrandt van Rijn, *Autoritratto*, 1655-1658 ca, olio su legno, cm 49 × 41. Vienna, Kunsthistorisches Museum.

virtuosismo, dell'abilità con cui riusciva a rendere il luccichio dell'oro o il gioco della luce sul colletto. Rivendicava il diritto dell'artista di dichiarare che un quadro era finito "quando aveva raggiunto lo scopo" e così lasciò la mano nel guanto appena abbozzata. Ma tutto ciò non fa che rafforzare il senso di vita che emana dalla sua figura. Ci pare di conoscere quest'uomo. Abbiamo visto altri ritratti di grandi maestri, memorabili per il modo in cui esprimono il carattere di una persona e la sua carica. Ma anche il più grande fra questi fa venire in mente talvolta i personaggi di un romanzo o degli attori sulla scena. Ci convincono e ci restano impressi, ma sentiamo

274. Rembrandt van Rijn, *Jan Six*, 1654, olio su tela, cm 112 × 102. Amsterdam, Collezione Six.

275. Rembrandt van Rijn, *La parabola del servo malvagio*, 1655 ca, cannuccia e inchiostro marrone su carta, cm 17 × 22. Parigi, Louvre.

che rappresentano solo un aspetto del complesso essere umano. Nemmeno Monna Lisa può avere sorriso in eterno. Invece, nei ritratti di Rembrandt, ci sentiamo di fronte a veri e propri esseri umani, ne percepiamo il calore, il bisogno di affetto e anche la solitudine e le sofferenze. Quegli occhi sagaci e attenti dei suoi autoritratti sembrano mettere il cuore a nudo.

Mi rendo conto che un'espressione come questa potrà forse sembrare sentimentale, ma non saprei a quale altra immagine ricorrere per definire la conoscenza quasi soprannaturale che Rembrandt pareva possedere di ciò che i greci chiamavano "il lavorio dell'anima". Come Shakespeare, sembra essere penetrato nella più segreta intimità di ogni tipo umano, arrivando a intuire il comportamento di ognuno nelle più diverse situazioni. È questo dono che rende le sue illustrazioni bibliche così diverse da tutto quanto era stato fatto prima di lui. Protestante devoto, Rembrandt dovette leggere e rileggere la Bibbia. Penetrò nello spirito degli episodi e tentò di immaginarseli esattamente come dovevano essere apparsi, e come i personaggi dovevano essersi mossi e atteggiati. La figura 275 ci mostra un disegno in cui Rembrandt illustrò la parabola del servo malvagio (*Matteo* 18, 21-35). Non occorre spiegazione perché si spiega da sé. Vediamo il padrone il giorno del rendiconto, e vicino a lui il contabile intento a controllare i debiti su un grosso libro mastro. Dal contegno del servitore comprendiamo che non può pagare: ha la testa bassa e la mano che fruga disperatamente in fondo alla tasca. Per esprimere il rapporto che lega fra loro questi tre personaggi, l'indaffarato contabile, il padrone dignitoso, il servo colpevole, bastano pochi tratti di penna.

Per rendere il significato intimo di una scena Rembrandt quasi fa a meno di gesti e movimenti. Non è mai retorico. La figura 276 mostra uno dei suoi quadri di argomento biblico, un episodio che in precedenza non era stato quasi mai rappresentato: la riconciliazione fra re Davide e il figlio malvagio, Assalonne. Leggendo l'Antico Testamento e tentando di raffigurarsi re e patriarchi di Terra Santa, Rembrandt pensava agli orientali che aveva avuto occasione di vedere nel ricco porto di Amsterdam. Ecco perché vestì Davide come un indiano o un turco, con un gran turbante, e diede ad Assalonne una ricurva spada orientale. Il suo occhio di pittore fu attratto dallo splendore di quei costumi e dall'opportunità che essi gli offrivano di mostrare il gioco della luce sul tessuto prezioso, e lo scintillio dell'oro e dei gioielli. Rembrandt fu maestro quanto Rubens o Velázquez nel rendere la brillante preziosità delle superfici. Usò meno di loro i colori accesi: a una prima occhiata molte sue pitture sembrano tutte di una tonalità marrone cupo, ma sono proprio i toni scuri a far risaltare con maggior forza, per contrasto, alcuni colori accesi e splendenti. Avviene così che la luce in certi suoi quadri è quasi abbagliante. Però Rembrandt non usò mai come fine a sé stessi questi affascinanti effetti di luce e ombra, ma se ne servì sempre per accentuare la drammaticità della scena. Cosa poteva riuscire più commovente del gesto del giovane principe, nel suo superbo abbigliamento, che affonda il viso nel petto del padre, o di re Davide che accetta con tranquilla mestizia la sottomissione del figlio? Anche senza vedere il volto di Assalonne sentiamo ciò che egli deve provare. Come prima di lui Dürer, Rembrandt non fu solo grande pittore ma anche incisore. La sua tecnica non era più quella della xilografia o dell'incisione su rame bensì un'altra, l'acquaforte, che gli consentiva un lavoro più sciolto e rapido di quello a bulino. Il principio dell'acquaforte è semplice: invece di scalfire faticosamente la superficie della lastra di rame, l'artista la ricopre con cera e, disegnandovi sopra con un ago, asporta la cera e mette a nudo il rame. Basterà poi che immerga la lastra in un acido che corrode il rame là dove è stata tolta la cera e il disegno si trasferirà sulla lastra, che potrà venire usata per la stampa come un'incisione. L'unico modo per distinguere un'acquaforte da un'incisione sta nell'esame delle linee. C'è una visibile differenza fra l'opera laboriosa e lenta del bulino e il gioco sciolto e libero dell'ago dell'acquafortista. La figura 277 mostra una delle acqueforti di Rembrandt, un'altra scena biblica. Cristo sta predicando, i poveri e gli umili si sono raccolti attorno a lui per ascoltare. Questa volta Rembrandt ha cercato i modelli nella sua città. Aveva vissuto a lungo nel quartiere ebraico di Amsterdam, studiando l'aspetto e i vestiti degli ebrei per poterli introdurre nelle storie sacre. Eccoli seduti o in piedi, accalcandosi, intenti gli uni a raccogliere, rapiti, la parola divina, gli altri a meditarne il significato, mentre altri ancora, forse, come l'uomo grasso dietro Gesù, sono scandalizzati dai suoi attacchi contro i farisei. Chi è abituato alle

276. Rembrandt van Rijn, *Riconciliazione di Davide e Assalonne*, 1642, olio su legno, cm 73 × 61,5. San Pietroburgo, Hermitage.

belle figure dell'arte italiana può sentirsi urtato vedendo per la prima volta le opere di Rembrandt in cui l'artista pare non curarsi affatto della bellezza e, anzi, nemmeno evitare la decisa bruttezza. In un certo senso è così. Come altri artisti del suo tempo, Rembrandt aveva assimilato il messaggio di Caravaggio, di cui aveva conosciuto l'opera tramite gli imitatori olandesi. Come Caravaggio, più della bellezza e dell'armonia egli apprezzava la verità e la sincerità. Cristo aveva predicato ai poveri, agli affamati e agli afflitti: la povertà, la fame e le lacrime non sono belle. Certo tutto dipende da ciò che si intende per bello. Un bambino spesso trova più bello delle fattezze di una diva dello schermo il volto buono e rugoso della nonna. E perché dovrebbe pensare diversamente? Allo stesso modo si può affermare che il macilento vecchio nell'angolo destro dell'acquaforte, accosciato, che tenendo una mano davanti al volto guarda in alto con espressione assorta, è una delle figure più belle che mai siano state disegnate. Ma forse non ha molta importanza quali parole adoperiamo per esprimere la nostra ammirazione.

L'atteggiamento anticonformista di Rembrandt ci fa dimenticare, a volte, con quale sapienza e abilità artistica egli disponga i suoi gruppi. Nulla potrebbe essere meglio equilibrato della folla che fa cerchio intorno a Gesù pur stando a rispettosa distanza. In questa sua arte di distribuire una folla in gruppi apparentemente casuali eppure perfettamente armoniosi, Rembrandt deve assai alla tradizione dell'arte italiana che egli non sottovalutava affatto. Saremmo ben lontani dal vero se immaginassimo questo grande maestro come un ribelle solitario, la cui grandezza non era riconosciuta nell'Europa a lui contemporanea. È vero che la sua popolarità come ritrattista scemò a mano a mano che la sua arte, approfondendosi, si allontanò da ogni compromesso. Ma quali che siano le ragioni del suo dramma personale e del fallimento, la sua fama artistica rimase altissima. La vera tragedia fu che, allora come adesso, la fama da sola non basta per vivere.

La figura di Rembrandt è tanto importante in tutti i rami dell'arte olandese che nessun altro pittore dell'epoca può stargli a confronto. Ciò non significa, però, che non vi fossero nei Paesi Bassi protestanti molti altri maestri degni di essere studiati e ammirati. Parecchi seguirono la tradizione dell'arte nordica, riproducendo la vita del popolo in gaie e schiette pitture. Ricordiamo che tale tradizione risale a certe miniature medievali [140, 177]; che venne ripresa da Bruegel [246], la cui abilità pittorica e la cui conoscenza della natura umana si dispiegano nelle scene vivaci tratte dalla vita rustica. Nel Seicento l'artista che portò alla perfezione questo filone fu Jan Steen (1626-1679), genero di Jan van Goyen. Come parecchi altri artisti del tempo, Steen non riusciva a vivere con i suoi proventi di pittore, e per guadagnare faceva l'oste. Ci si può quasi

277. Rembrandt van Rijn, *Predica di Cristo*, 1652 ca, acquaforte, cm 15,5 × 21.

immaginare che godesse di stare al banco poiché, avendo l'opportunità di osservare la gente in baldoria, arricchiva la sua riserva di tipi comici.

La figura 278 mostra una gaia scena di vita popolare: un battesimo. Si vede una stanza accogliente: un'alcova con il letto dove è stesa la madre e amici e congiunti che si affollano attorno al padre con in braccio il bambino. Vale la pena di osservare i vari tipi e il loro modo di fare festa; ma, una volta esaminati tutti i particolari, non dimentichiamo di ammirare l'abilità con cui l'artista ha fuso nel quadro i vari episodi. Una mirabile creazione pittorica è la figura in primo piano, vista di schiena, i cui allegri colori hanno un calore e una pastosità difficili da dimenticare se si sono visti nell'originale. Spesso si associa l'arte secentesca olandese all'umore gaio e al gusto di vivere che troviamo nei quadri di Jan Steen. Esistono però in Olanda altri artisti il cui stato d'animo è assai diverso, più vicino a quello di Rembrandt. Il rappresentante più illustre è un altro "specialista", il paesaggista Jacob van Ruisdael (1628?-1682). Van Ruisdael aveva circa la stessa età di Jan Steen, cioè apparteneva alla seconda generazione dei grandi pittori olandesi. Quando divenne adulto erano già famose le opere di Jan van Goyen e anche quelle di Rembrandt, che fatalmente avrebbero influenzato il suo gusto e

278. Jan Steen, *Festa per un battesimo*, 1664, olio su tela, cm 89 × 109. Londra, Wallace Collection.

la scelta dei suoi temi. Durante la prima metà della vita dimorò nella bella città di Haarlem, separata dal mare da una distesa di dune boscose. Egli amò approfondire l'effetto del chiaroscuro sugli alberi di quelle regioni, contorti e flagellati dalle intemperie, e si andò sempre più specializzando in pittoresche scene di bosco [279]. Diventò un maestro nel dipingere nuvole fosche, la luce vespertina sommersa dalle ombre, castelli diruti e impetuosi ruscelli; in breve, fu lui a scoprire la poesia del paesaggio nordico su per giù come Claude Lorrain aveva scoperto la poesia della natura italiana. Forse nessun artista, prima, si era sforzato come lui di esprimere i propri sentimenti e gli stati d'animo attraverso le immagini di natura.

Intitolando questo capitolo *Lo specchio della natura* non intendevo dire che l'arte olandese aveva imparato a riprodurre la natura con la fedeltà di uno specchio. Né l'arte né la natura sono mai fredde e lisce come un vetro.

Riflettendosi nell'arte, la natura riflette sempre la mente dell'artista, le sue predilezioni, i suoi gusti e, quindi, il suo stato d'animo. Questo, soprattutto, rende tanto interessante il ramo più "specializzato" dell'arte olandese, il ramo della natura morta. Le nature morte mostrano in genere belle caraffe piene di vino, e frutta appetitosa, o altre leccornie piacevolmente disposte su bella porcellana. Erano quadri che si adattavano bene a una sala da pranzo e trovavano senza difficoltà un compratore. Ma sono qualcosa di più di semplici

279. Jacob van Ruisdael, *Stagno circondato da alberi*, 1665-1670 ca, olio su tela, cm 107,5 × 143. Londra, National Gallery

evocazioni delle gioie della tavola: gli artisti erano liberi di scegliere gli oggetti che preferivano dipingere, disponendoli sul desco secondo la loro fantasia: ed ecco che quegli oggetti si tramutavano in un mirabile campo sperimentale per i problemi specifici della pittura. Willem Kalf (1619-1693), per esempio, amava studiare il modo con cui la luce viene riflessa e rifratta dal vetro colorato. Studiò armonie e contrasti di colori e orditi, tentando di ottenere sempre nuovi accordi fra sontuosi tappeti persiani, splendente porcellana, frutta dall'accesa policromia e metallo lucente [280]. Senza rendersene conto, questi specialisti cominciavano a dimostrare che il soggetto nel quadro è molto meno importante di quanto non sembri. Come banali parole possono fornire il testo a una bella canzone, così da oggetti banali può nascere un quadro perfetto.

Può sembrare un'osservazione strana, ora che si è appena messa in risalto l'importanza del soggetto nella pittura di Rembrandt. Ma non credo esista contraddizione. Un compositore che non metta in musica un testo volgare, bensì una grande composizione poetica, vuole che si capisca la poesia affinché la musica possa venire apprezzata. Allo stesso modo, il pittore di una scena biblica vuole che si capisca la scena perché si apprezzi l'immagine che egli ne ha tratto. Ma come esiste grande musica senza parole, così esiste grande pittura senza un soggetto importante. A questa scoperta si erano inconsciamente avviati gli artisti del Seicento, che avevano intuito la pura bellezza del mondo visibile [4], e gli specialisti olandesi che, passando la vita a dipingere lo stesso genere di soggetto, avevano finito col dimostrare che il soggetto è di secondaria importanza. Il più importante di questi maestri appartenne alla generazione successiva a Rembrandt. Fu Jan Vermeer van Delft (1632-1675), che pare sia stato un lavoratore lento e meticoloso. Non fece molti quadri in vita sua, e pochi di essi rappresentano scene importanti. Perlopiù si tratta di figure semplici nella stanza di una tipica casa olandese. Altri quadri mostrano una figura soltanto, intenta a una semplice occupazione, come una donna che versa il latte [281]. La pittura "di genere" ha ormai perso con Vermeer l'ultima traccia di bizzarria; le pitture di Vermeer sono vere nature morte con esseri umani. È difficile comprendere le ragioni che fanno di questo quadro dimesso e semplice uno dei più grandi capolavori d'ogni tempo. Ma pochi tra coloro che hanno avuto la fortuna di vedere l'originale potranno negare che esso abbia del miracoloso. Uno di questi tratti miracolosi si può, se non spiegare, forse descrivere. È il modo con cui Vermeer raggiunge una completa e faticosa esattezza nella rappresentazione dei tessuti, dei colori e delle forme senza che il quadro appaia mai travagliato o duro. Come un fotografo che si

280. Willem Kalf, *Natura morta con corno per bere della gilda degli arcieri di san Sebastiano, aragosta e bicchieri*, 1653 ca, olio su tela, cm 86 × 102. Londra, National Gallery

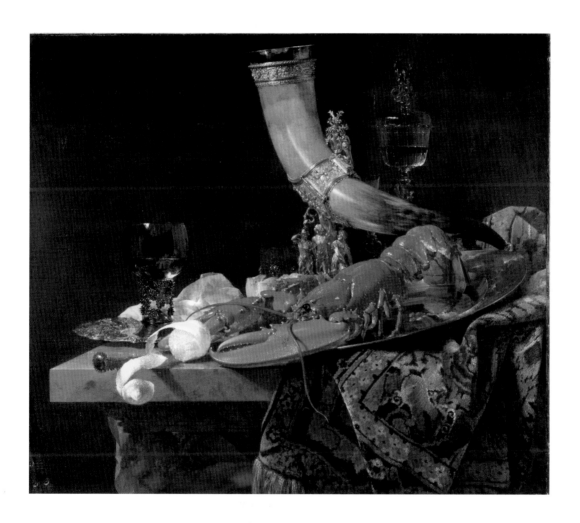

281. Jan Vermeer van Delft, *La lattaia*, 1660 ca, olio su tela, cm 45,5 × 41. Amsterdam, Rijksmuseum.

sforzi di attenuare i forti contrasti degli oggetti senza offuscarne le forme, così Vermeer ammorbidì i contorni pur mantenendo l'effetto di solidità e fermezza. È questa combinazione strana e unica di morbidezza e di precisione che rende indimenticabili i suoi quadri migliori. Essi ci fanno vedere con occhi nuovi la bellezza tranquilla di una scena consueta, comunicandoci l'emozione che l'artista provò mentre osservava come i fiotti di luce, entrando dalla finestra, ravvivassero il colore di un panno.

Pieter Bloot,
Il pittore povero tremante nella sua soffitta, 1640 ca.

21

POTENZA E GLORIA: I
Italia. Tardo Seicento e Settecento

Ricordiamo gli inizi dell'architettura barocca in certe opere del tardo Cinquecento, come la chiesa dei gesuiti di Della Porta [250]. Della Porta trascurò le cosiddette leggi dell'architettura classica per ottenere maggiore varietà ed effetti più imponenti. Imboccata la nuova strada, l'arte è ormai costretta a seguirla fino in fondo. Se la verità e gli effetti inaspettati sono ritenuti importanti, ogni artista, per essere originale, dovrà a mano a mano sbizzarrirsi in decorazioni sempre più complesse ed escogitare trovate sempre più sorprendenti. Nella prima metà del Seicento continuarono a proliferare in Italia idee nuove e sconcertanti per edifici e decorazioni e, verso la metà del secolo, lo stile che chiamiamo barocco era ormai in pieno sviluppo.

La figura 282 mostra una tipica chiesa barocca costruita dal famoso architetto Francesco Borromini (1599-1667) e dai suoi aiuti. Si vede facilmente che anche le forme adottate da Borromini sono vere e proprie forme rinascimentali. Come Della Porta, egli usò il frontone del tempio classico per incorniciare l'entrata principale, e come lui raddoppiò i pilastri laterali per creare un effetto più fastoso. Ma, paragonata alla facciata di Borromini, quella di Della Porta appare quasi severa e castigata. Borromini non si accontenta più di decorare un muro con gli ordini dell'architettura classica, e compone la sua chiesa riunendo forme diverse: la vasta cupola, i campanili laterali e la facciata, che, ondulata com'è nella sua linea, sembra modellata in argilla. Se guardiamo i particolari, troviamo effetti ancora più sorprendenti. Il primo piano dei campanili è quadrato, ma il secondo è rotondo, e il rapporto fra i due piani si crea mediante un cornicione stranamente accidentato, che avrebbe fatto inorridire qualsiasi ortodosso maestro d'architettura ma che adempie perfettamente alla sua funzione. Le incorniciature delle porte che affiancano il portale di centro sono ancora più sorprendenti. Nelle costruzioni anteriori non c'è alcun parallelo possibile con il frontone sovrastante l'entrata, che incornicia una finestra ovale. Gli svolazzi e le curve del barocco dominano ora sia lo schema generale sia i particolari ornamentali. Si è detto che gli edifici barocchi e quelli di Borromini sono teatrali e ornati all'eccesso. Borromini in persona forse non avrebbe compreso questa accusa. Egli voleva che una chiesa apparisse festosa, piena di splendore e di movimento. Se è scopo del teatro deliziarci con la visione di un mondo fatato, ricco di luce e di sfarzo,

perché l'artista che progetta una chiesa non dovrebbe creare una suggestione ancora maggiore di fasto e di gloria per ricordarci il paradiso?

Entrando in queste chiese, comprendiamo ancora meglio come lo sfarzo e l'ostentazione di pietre preziose, di oro e di stucchi avessero il consapevole scopo di evocare una visione di gloria celeste assai più concreta di quella suggerita dalle cattedrali medievali. La figura 283 mostra l'interno della chiesa borrominiana. A quanti siano abituati agli interni delle chiese nordiche questo lusso abbagliante può apparire troppo mondano. Ma la Chiesa cattolica del tempo la pensava in altro modo: più i protestanti predicavano contro l'esteriorità delle chiese, e tanto più ansiosamente essa cercava di valersi dell'opera degli artisti. Così la Riforma e tutta la dibattuta questione delle immagini e del loro culto (che aveva influito così spesso in passato sullo svolgimento della storia dell'arte) ebbero anche un'efficacia indiretta sull'evoluzione del barocco. Il mondo cattolico aveva scoperto che l'arte

282. Francesco Borromini e Carlo Rainaldi, *Sant'Agnese in piazza Navona a Roma*, 1653, chiesa del tardo barocco romano.

283. Francesco Borromini e Carlo Rainaldi, *Interno della chiesa di Sant'Agnese in piazza Navona a Roma,* 1653 ca.

poteva servire la religione ben oltre il compito limitato che l'alto medioevo le aveva attribuito: quello di insegnare il Vangelo agli analfabeti. Essa avrebbe potuto forse aiutare a persuadere e a convertire chi avesse magari letto troppo. Architetti, scultori e pittori furono chiamati a trasformare le chiese in grandi mostre d'arte di travolgente splendore. In questi interni non contano tanto i particolari quanto l'effetto d'insieme. Non possiamo sperare di capirli o giudicarli in tutto il loro valore se non cerchiamo di immaginarli come una cornice ai riti sfarzosi della Chiesa cattolica, se non li abbiamo visti durante la messa solenne, con le candele accese sull'altare, il profumo dell'incenso che inonda la navata e il suono dell'organo e del coro che ci trasportano in un altro mondo.

Le più squisite creazioni scenografiche furono quelle di Gian Lorenzo Bernini (1598-1680), un artista della generazione di Borromini. Era di un anno più vecchio di Van Dyck e di Velázquez e di otto anni più di Rembrandt.

Come questi maestri era un ritrattista consumato: la figura 284 mostra
il ritratto che egli fece di una giovane donna, un busto che ha tutta la
freschezza e la schiettezza dei suoi
migliori lavori. Quando lo vidi
l'ultima volta, al museo di Firenze,
un raggio di sole vi stava giocando
sopra e tutta la figura sembrava respirare e prendere vita. Bernini ha
còlto un'espressione fuggevole che,
siamo certi, dev'essere stata caratteristica della modella. Nel fissare
l'espressione del volto egli fu forse
insuperabile: per dare forma visiva alla propria esperienza religiosa si valeva dell'espressione come
Rembrandt si era valso della sua
profonda conoscenza psicologica.
La figura 285 mostra un altare di
Bernini destinato alla cappella laterale di una piccola chiesa romana. È

284. Gian Lorenzo
Bernini, *Costanza
Buonarelli*, 1635 ca,
marmo, altezza
cm 72. Firenze,
Museo Nazionale
del Bargello.

285. Gian Lorenzo
Bernini, *Estasi
di santa Teresa*,
1645-1652, marmo,
altezza cm 350.
Roma, Cappella
Cornaro, chiesa di
Santa Maria della
Vittoria.

un altare dedicato alla spagnola santa Teresa, una monaca del Cinquecento
che aveva narrato in un libro famoso la sua esperienza mistica, descrivendo
quell'istante di rapimento celeste in cui un angelo del Signore, trapassan-
dole il cuore con una freccia d'oro e di fuoco, le aveva arrecato tormento e
insieme una beatitudine infinita. È questo rapimento che Bernini ha osato
rappresentare. Vediamo la santa sollevata in una nube verso il cielo, mentre
torrenti di luce scendono dall'alto come una pioggia di raggi d'oro. Vediamo
l'angelo avvicinarsi dolcemente verso la santa riversa e tramortita nell'estasi.
Disposto com'è, il gruppo sembra sospeso senza alcun punto d'appoggio nella
cornice meravigliosa dell'altare, e illuminato come da un'invisibile finestra
situata in alto. All'occhio di un visitatore nordico simile scenografia può sulle
prime tradire troppo l'ispirazione teatrale, e il gruppo apparire eccessivamente
patetico. È, ovviamente, una questione di gusto e di educazione sulla quale
è inutile polemizzare. Ma, se un'opera d'arte religiosa come questo altare
berniniano può venire legittimamente adoperata per suscitare i sentimenti
di fervida esaltazione e di trasporto mistico cui miravano gli artisti barocchi,
dobbiamo ammettere che Bernini raggiunse lo scopo in modo magistrale.
Egli ha scartato a ragion veduta ogni ritegno, toccando un apice di commozione che fino a lui gli artisti avevano evitato. Se paragoniamo il volto
della santa in estasi con qualunque opera dei secoli precedenti, vediamo

286. Particolare
di figura 285.

che Bernini è riuscito a esprimere un'intensità fino ad allora mai tentata in arte. Volgendoci dalla figura 286 alla testa di Laocoonte [69], o allo *Schiavo morente* di Michelangelo [201], ci rendiamo conto della differenza. Perfino il trattamento del drappeggio è, in Bernini, interamente nuovo. Invece di farlo ricadere con le pieghe dignitose della maniera classica, egli lo fa contorto e vorticoso per accentuare l'effetto drammatico e dinamico dell'insieme. Ben presto tutta l'Europa lo imitò.

Se è vero che sculture come la *Santa Teresa* di Bernini possono essere giudicate solo nell'ambiente per cui furono create, lo stesso vale, a maggior ragione, per le pitture decorative delle chiese barocche. La figura 287 mostra la decorazione del soffitto di una chiesa gesuita romana, opera di uno dei seguaci di Bernini, Giovanni Battista Gaulli (1639-1709). L'artista vuole darci l'illusione che la volta della chiesa si sia dischiusa e che il nostro sguardo possa penetrare le glorie del Cielo. Il Correggio prima di lui ebbe l'idea di dipingere i cieli sulla volta [217], ma gli effetti di Gaulli sono incomparabilmente più teatrali. Il tema è l'adorazione del Sacro Nome di Gesù, inscritto a lettere raggianti al centro della sua chiesa, e circondato da moltitudini di innumerevoli cherubini, angeli e santi tutti con lo sguardo rapito nella luce, mentre intere legioni di demoni o di angeli ribelli, scacciate dalle regioni celesti, si abbandonano a gesti di disperazione. La scena affollata sembra voler spezzare la cornice della volta, traboccante di nuvole che portano santi e peccatori fin nell'interno della chiesa. Lasciando che il quadro erompa così dalla cornice,

287. Giovanni Battista Gaulli, *Adorazione del Sacro Nome di Gesù*, 1670-1683, affresco della volta della Chiesa del Gesù a Roma.

l'artista vuole confonderci e soverchiarci, cancellare il confine tra la verità e l'illusione. Un simile affresco non ha senso fuori dell'ambiente per cui fu ideato. Non è forse un caso, dunque, se dopo la piena fioritura del barocco, che vide gli sforzi riuniti degli artisti in vista di un effetto unitario, la pittura e la scultura come arti indipendenti hanno cominciato a declinare in Italia e in tutta l'Europa cattolica.

Nel Settecento gli artisti italiani furono soprattutto magnifici decoratori di interni, divennero famosi in tutta Europa per la loro abilità nei lavori di stucco e per i loro grandi affreschi capaci di trasformare qualunque salone di castello o di monastero in un ambiente scenografico e fastoso. Uno dei più famosi di tali maestri fu il veneziano Giovanni Battista Tiepolo (1696-1770) che lavorò non solo in Italia ma anche in Germania e in Spagna. La figura 288 mostra parte di una decorazione di un palazzo veneziano, dipinta attorno al 1750. Il soggetto (il banchetto di Cleopatra) diede a Tiepolo ogni opportunità di sfoggiare colori vivaci e costumi sontuosi. La storia racconta come Marco Antonio abbia offerto in onore della regina egizia una festa che avrebbe dovuto segnare il *non plus ultra* dello sfarzo. Le portate più costose si susseguivano senza fine. La regina non ne era impressionata. Scommise con il suo superbo ospite che ella avrebbe fornito un piatto più costoso di qualsiasi cosa da lui fino a quel momento offerta, e presa una preziosa perla dal suo orecchino la disciolse nell'aceto e ne bevve il contenuto. Nell'affresco di Tiepolo Cleopatra mostra la perla a Marco Antonio mentre un servo negro le porge un bicchiere.

288. Giovanni Battista Tiepolo, *Il banchetto di Cleopatra*, 1750 ca, affresco. Venezia, Palazzo Labia.

289. Particolare di figura 288.

Dev'essere stato un divertimento dipingere affreschi del genere, ed è un piacere guardarli. Eppure possiamo sentire che questi effetti pirotecnici hanno
un valore meno durevole delle più sobrie creazioni dei periodi anteriori.
L'epoca d'oro dell'arte italiana volgeva alla fine.
Solo in un genere particolare l'arte italiana nel primo Settecento seppe creare
qualche novità: nel vedutismo, sia in pittura sia nell'incisione. I viaggiatori
che venivano in Italia da tutta Europa per ammirare le glorie del passato
volevano spesso riportare con sé qualche ricordo. Fu per accontentare simili
richieste che sorse una scuola di pittura a Venezia, città così scenografica
e affascinante per un artista. Ecco alla figura 290 la veduta di Venezia di
uno dei pittori di questa scuola, Francesco Guardi (1712-1793), che al pari
dell'affresco di Tiepolo mostra come l'arte veneziana non avesse perduto il
senso del fasto, della luce e del colore. È interessante paragonare le vedute
lagunari di Guardi con le marine di Simon de Vlieger [271], anteriori di un
secolo. Comprendiamo che lo spirito del barocco, il gusto del dinamismo
e degli effetti arditi possono esprimersi perfino in una semplice veduta di

290. Francesco
Guardi, *Veduta di San
Giorgio Maggiore a
Venezia*, 1775-1780
ca, olio su tela,
cm 70,5 × 93,5.
Londra, Wallace
Collection.

città. Guardi si è impadronito degli effetti studiati dai pittori secenteschi e ha imparato che, una volta còlta dal pittore l'impressione generale di una scena, non è poi difficile per l'occhio dello spettatore aggiungere i particolari. Se guardiamo da vicino i suoi gondolieri, scopriamo con stupore che sono fatti di alcuni rapidi tratti di colore sagacemente collocati; eppure, se facciamo un passo indietro, ecco che l'illusione si ricrea. La tradizione delle scoperte barocche, viva in questi tardi frutti dell'arte italiana, doveva assumere rinnovata importanza nei periodi successivi.

Pier Leone Ghezzi,
Intenditori e collezionisti
a Roma, 1725.

22

POTENZA E GLORIA: II
Francia, Germania e Austria. Tardo Seicento e primo Settecento

Non soltanto la Chiesa romana aveva scoperto le possibilità di penetrazione e di conquista proprie dell'arte. Re e principi dell'Europa secentesca erano altrettanto avidi di ostentare la loro potenza per rafforzare il loro prestigio morale sul popolo. Anch'essi volevano apparire esseri di una diversa specie, che il diritto divino innalza al disopra degli uomini comuni. Questo vale soprattutto per il re più potente del tardo Seicento, Luigi XIV di Francia, nel cui programma politico rientrava deliberatamente l'ostentazione e lo splendore della regalità. Non certo a caso Luigi XIV invitò a Parigi Bernini per coadiuvare al progetto del suo palazzo. Il grandioso disegno non si realizzò mai, ma un'altra reggia di Luigi XIV divenne il simbolo stesso del suo immenso potere. E fu il castello di Versailles, costruito attorno al 1660-1680 [291]. È tanto vasto che nessuna fotografia può dare un'idea adeguata delle sue proporzioni e della sua disposizione. A ogni piano ci sono non meno di centoventitré finestre che danno sul parco, e il parco stesso, con i suoi viali di alberi cedui, con le sue urne e le sue statue [292], le terrazze e gli stagni, si estende per parecchi chilometri.

Versailles è barocca più per la sua immensità che per i particolari decorativi. Gli architetti badarono soprattutto a raggruppare le enormi masse architettoniche in ali chiaramente distinte, conferendo a ciascuna un aspetto di nobiltà e di grandezza. Accentuarono la parte centrale del piano principale con una fila di colonne ioniche reggenti un cornicione ornato da una fila di statue, e lateralmente posero decorazioni consimili. Con una semplice combinazione di forme puramente rinascimentali non sarebbero riusciti a spezzare la monotonia di una facciata così ampia, ma grazie alle statue, alle urne e ai trofei crearono una certa varietà. Perciò in edifici di questo genere possiamo apprezzare la vera funzione e il vero scopo delle forme barocche. Se i progettisti di Versailles fossero stati più arditi, usando mezzi meno ortodossi per articolare e fondere le varie parti dell'enorme costruzione, avrebbero ottenuto un successo ancora maggiore.

La lezione venne assimilata solo dagli architetti della generazione seguente. La fantasia dell'epoca fu accesa dalle chiese di Roma e dai castelli

291. Louis le Vau
e Jules Hardouin-
Mansart, *Il palazzo
di Versailles*, presso
Parigi, 1655-1682,
palazzo barocco.

292. *I giardini di Versailles* (il gruppo sulla destra è una copia del *Laocoonte* di figura 69).

barocchi francesi. Ogni principotto della Germania meridionale voleva la sua Versailles; ogni piccolo monastero d'Austria o di Spagna voleva competere con lo splendore solenne dei progetti berniniani e borrominiani. Il periodo attorno al 1700 è uno dei più grandi periodi dell'architettura, e non solo dell'architettura. Questi castelli e queste chiese non furono progettati soltanto come costruzioni: tutte le arti dovevano contribuire all'illusione di un mondo fantastico e irreale. Intere città vennero trattate come scenari teatrali, distese di campagna furono trasformate in giardini, ruscelli in cascate. Gli artisti furono liberi di abbandonarsi alla loro fantasia e di tradurre le visioni più inverosimili in pietra e stucco dorato. Spesso il denaro si esauriva prima che i piani si trasformassero in realtà, ma quello che di questo empito di creatività stravagante riuscì a realizzarsi trasformò l'aspetto di molte città e paesaggi dell'Europa cattolica. Soprattutto in Austria, in Boemia e nella

293. Lucas von
Hildebrandt, *Il
Palazzo del Belvedere
a Vienna*, 1720-1724.

294. Lucas von
Hildebrandt, *L'atrio e
lo scalone del Palazzo
del Belvedere a Vienna*,
1724, incisione
settecentesca.

Germania meridionale le concezioni del barocco francese e italiano vennero rifuse in uno stile più ardito e solido.

La figura 293 mostra il palazzo costruito a Vienna dall'architetto austriaco Lucas von Hildebrandt (1668-1745) per l'alleato del duca di Marlborough, il principe Eugenio di Savoia. Il palazzo si erge su un colle, e sembra quasi librarsi leggero su un giardino a terrazze con fontane e siepi tosate. Hildebrandt l'ha scompartito in sette corpi distinti, un po' simili a padiglioni da giardino; una parte centrale a cinque finestre sporge in avanti, affiancata da due ali leggermente meno alte, affiancate a loro volta da una parte più bassa e da quattro padiglioni angolari a forma di torre che incorniciano l'intero edificio. Il padiglione centrale e le torri d'angolo sono le parti più riccamente decorate, e la costruzione forma sì un insieme intricato ma dalla linea perfettamente lucida e netta. Questa lucidità non è affatto alterata dalle decorazioni capricciose e bizzarre che Hildebrandt impiegò nei particolari: i pilastri che si restringono verso il basso, i frontoni rotti e svolazzanti sopra le finestre, e le statue e i trofei che ornano il tetto.

Al solo entrare nell'edificio, questo fantasioso stile decorativo ci fa sentire il suo effetto. La figura 294 ci mostra la sala d'ingresso disegnata da Hildebrandt appunto per il palazzo del principe Eugenio e la figura 295 lo scalone di un castello tedesco. Non possiamo rendere giustizia a questi interni se non cerchiamo di vederli nella loro funzione: il giorno in cui il proprietario dava una festa o un ricevimento, e sotto i lampadari accesi, cavalieri e dame vestiti nella moda fastosa e solenne del tempo arrivavano e salivano lo scalone. Il contrasto fra le strade buie di allora, sporche e squallide, e il radioso mondo fatato della dimora principesca doveva in quel momento presentarsi in tutta la sua asprezza.

L'architettura religiosa si valeva di consimili effetti a sorpresa. La figura 296 mostra il monastero austriaco di Melk, sul Danubio. Scendendo il fiume, il monastero, con la sua cupola e le torri

295. Lucas von Hildebrandt e Johann Dientzenhofer, *Scalone del castello di Pommersfelden in Germania*, 1713-1714.

296. Jakob
Prandtauer,
Il monastero di Melk,
1702.

297. Jakob
Prandtauer, Antonio
Beduzzi e Josef
Munggenast, *Interno
della chiesa del monastero
di Melk*, 1738 ca.

dalle fogge bizzarre, si erge sul colle come un'apparizione irreale. Fu costruito da un architetto locale, Jakob Prandtauer (morto nel 1726), e decorato da "virtuosi" italiani itineranti, che disponevano di idee e di disegni
sempre nuovi, tratti dal vasto repertorio barocco. Come avevano bene
appreso, questi umili artisti, l'arte difficile di raggruppare e organizzare una
costruzione per darle una solennità scevra di monotonia! Badavano anche
a graduare la decorazione, usando parcamente (e perciò tanto più efficacemente) le bizzarre forme ornamentali nelle parti dell'edificio che dovevano
particolarmente risaltare.

Nell'interno, però, abbandonavano ogni ritegno. Nemmeno Bernini o
Borromini nei loro momenti più estrosi si sarebbero avventurati così lontano.
Ancora una volta dobbiamo immaginare che cosa significasse per il contadino austriaco lasciare la fattoria ed entrare in questo mondo strano e fatato
[297]. Dappertutto nuvole con angeli musicanti che esaltano con ampi gesti
la beatitudine del paradiso. Qualcuno si è posato sul pulpito, tutto sembra
ondeggiare in una danza, e l'architettura che incornicia il sontuoso altare
pare oscillare in un ritmo gaudioso. Nulla è "naturale" o "normale" in una
chiesa come questa, né vuole esserlo. Tutto mira a far pregustare il paradiso
e la sua gloria; forse non è quello il paradiso che la gente immagina, ma in
quell'ambiente tutti si sentono avvolti e trascinati, incapaci di polemiche,
presi in un mondo in cui regole e criteri umani non valgono più.

Si comprende come a nord delle Alpi, non meno che in Italia, le arti
siano state coinvolte in questa follia decorativa, perdendo assai della loro

indipendenza. Intorno al 1700 c'erano, naturalmente, pittori e scultori di rilievo, ma forse vi fu un solo maestro la cui arte può stare alla pari con quella dei pittori della prima metà del Seicento: Antoine Watteau (1684-1721). Era oriundo di una regione delle Fiandre che era stata conquistata dalla Francia pochi anni prima che egli nascesse, poi si stabilì a Parigi, dove morì all'età di trentasette anni. Anch'egli decorò i castelli dell'aristocrazia, per creare lo sfondo adatto alle feste e al lusso della società di corte. Ma pare che le feste non riuscissero a soddisfare la sua fantasia e allora cominciò a dipingere visioni lontane da ogni amarezza e banalità quotidiana, un sognante mondo di gaie merende all'aperto in parchi fatati in cui non piove mai, trattenimenti musicali in cui tutte le dame sono belle e tutti gli amanti leggiadri, una società in cui tutti vestono sete brillanti senza mai cadere nel vistoso, e dove la vita dei pastori e delle pastorelle sembra un susseguirsi di minuetti. Questa descrizione potrebbe indurci a credere che l'arte di Watteau sia eccessivamente preziosa e manierata. Per molti essa riflette il gusto dell'aristocrazia francese del primo Settecento, cui si suole dare il nome di rococò; la moda dei colori delicati e delle decorazioni raffinate, succeduta al gusto più vigoroso del periodo barocco e che si esprimeva in un'allegra frivolezza. Ma Watteau era un artista troppo grande per ridursi a puro esponente della moda dell'epoca. Furono piuttosto i suoi sogni e i suoi ideali a plasmare in parte

298. Antoine Watteau, *Festa in un parco*, 1719 ca, olio su tela, cm 128 × 193. Londra, Wallace Collection.

la moda che chiamiamo rococò. Se Van Dyck aveva contribuito a creare l'ideale dell'albagía signorile che siamo soliti attribuire ai seguaci di Carlo I [262], Watteau ha arricchito il nostro repertorio fantastico con le sue visioni di aggraziata galanteria.

La figura 298 mostra la *Festa in un parco*. Non c'è traccia, in questa scena, della rumorosa allegria delle feste popolari di Jan Steen, figura 278; vi aleggia una calma dolce e quasi malinconica. Questi giovani e queste fanciulle non fanno che stare seduti a sognare, a giocherellare con i fiori e a guardarsi l'un l'altro. La luce si muove sui loro vestiti di seta e trasfigura il boschetto in un paradiso terrestre. I pregi dell'arte di Watteau, la delicatezza della pennellata e la raffinatezza cromatica, si perdono nelle riproduzioni fotografiche. Le sue pitture e i suoi disegni di straordinaria sensibilità devono essere visti e goduti nell'originale. Come Rubens, che egli ammirava, Watteau sapeva comunicare l'impressione della carne vivida e palpitante con un solo tratto di colore o di biacca. Ma lo stato d'animo dei suoi studi è diverso da quello di Rubens quanto i suoi quadri da quelli di Jan Steen. In queste visioni di bellezza c'è una punta di malinconia difficile da descrivere o da definire, ma che solleva l'arte di Watteau oltre la sfera della pura abilità e della grazia. Watteau era malato e morì di tisi in giovane età. Forse perché era consapevole della fugacità della bellezza, poté dare alla sua arte quell'intensità che i suoi molti ammiratori e imitatori non riuscirono mai a raggiungere.

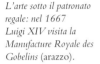

L'arte sotto il patronato regale: nel 1667 Luigi XIV visita la Manufacture Royale des Gobelins (arazzo).

23

IL SECOLO DELLA RAGIONE
Inghilterra e Francia nel Settecento

Gli anni attorno al 1700 segnarono l'apice del barocco nell'Europa cattolica. Le nazioni protestanti risentivano fatalmente l'influsso di questa moda dilagante, tuttavia non la adottarono ufficialmente. Lo stesso avveniva anche nell'Inghilterra della Restaurazione, dove la corte degli Stuart guardava verso la Francia e aborriva dal gusto e dall'orientamento dei puritani. In questo periodo l'Inghilterra produsse il suo più grande architetto, Sir Christopher Wren (1632-1723), cui fu affidata la ricostruzione delle chiese londinesi dopo l'incendio del 1666. È interessante paragonare la cattedrale di San Paolo [299], con una chiesa romana barocca costruita solo una ventina d'anni prima [282]. Nella disposizione delle masse e negli effetti, Wren subì profondamente l'influenza dell'architetto barocco, per quanto non fosse mai stato a Roma. Come la chiesa di Borromini, la cattedrale di Wren, assai più ampia, consta di una cupola centrale affiancata dai campanili e di un accenno di facciata classica che incornicia l'entrata principale. C'è perfino una somiglianza netta fra i campanili barocchi di Borromini e quelli di Wren, specie nel secondo piano. Le due facciate appaiono tuttavia assai diverse. Quella di San Paolo non è ondulata nella linea, non esprime movimento, ma piuttosto staticità e robustezza. L'uso delle colonne abbinate per conferire solennità e nobiltà alla facciata ricorda Versailles [291], piuttosto che il barocco romano. Guardando i particolari, possiamo perfino domandarci se lo stile di Wren sia o non sia barocco. Non c'è traccia di bizzarria né di capriccio nella decorazione; ogni forma ubbidisce strettamente ai migliori modelli del Rinascimento italiano e, come ogni singola parte dell'edificio, può essere vista separatamente senza perdere il suo intrinseco significato. Di fronte all'esuberanza di Borromini o dell'architetto di Melk, Wren ci appare sobrio e misurato.

Il contrasto fra l'architettura cattolica e quella protestante acquista maggior rilievo se consideriamo l'interno delle chiese di Wren, come per esempio l'interno di St Stephen Walbrook a Londra [300]. Una chiesa anglicana è anzitutto un sala di riunioni dove i fedeli si radunano per pregare. Il suo fine non è di evocare la visione di un altro mondo, quanto piuttosto di favorire il raccoglimento. Nelle molte chiese progettate, Wren cercò variazioni sempre nuove al tema di una sala insieme dignitosa e semplice.

299. Sir Christopher Wren, *La cattedrale di San Paolo a Londra*, 1675-1710.

300. Sir Christopher Wren, *Interno della chiesa di St Stephen Walbrook a Londra*, 1672.

Come per le chiese, così per i castelli. Nessun re d'Inghilterra avrebbe potuto raccogliere somme tanto fantastiche da costruire una sua Versailles, e nessun pari d'Inghilterra avrebbe voluto competere con i principotti tedeschi per lusso e stravaganza. È vero che una certa follia architettonica toccò anche l'Inghilterra: Blenheim Palace del duca di Marlborough è ancora più vasto nelle dimensioni che non il Belvedere del principe Eugenio. Ma furono eccezioni. L'ideale del Settecento inglese non fu il castello, bensì la casa di campagna.

Gli architetti delle case di campagna evitarono perlopiù le stravaganze del barocco: ambivano a non infrangere alcuna regola del "buon gusto", e perciò si sforzarono di attenersi quanto meglio era possibile alle regole, vere o false che fossero, dell'architettura classica. Gli architetti del Rinascimento italiano che avevano scientificamente studiato e misurato le rovine degli edifici antichi avevano riunito in volume le loro scoperte, in modo da fornire modelli agli architetti e ai costruttori. Il più famoso di questi volumi fu scritto da Andrea Palladio e, nell'architettura settecentesca inglese, esso divenne la fonte più autorevole per ogni regola di gusto. Costruirsi la villa alla "maniera palladiana" era l'ultimo grido della moda. La figura 301 mostra una villa palladiana, Chiswick House. Progettata per proprio uso da Lord

301. Lord Burlington
e William Kent,
*Chiswick House a
Londra*, 1725 ca.

302. *I giardini di
Stourhead nel Wiltshire*,
progettati a partire
dal 1741.

Burlington (1695-1753), grande arbitro del gusto e della moda, e decorata
dal suo amico William Kent (1685-1748), è indubbiamente l'imitazione
fedele della villa Rotonda del Palladio [232]. A differenza di Hildebrandt
e degli altri architetti dell'Europa cattolica contemporanea, a Chiswick ci
si fa scrupolo di non peccare contro le leggi del gusto classico. Il portico
maestoso ha la forma esatta di un antico frontone classico corinzio [67].
I muri dell'edificio sono semplici e disadorni, senza curve o volute, senza
statue a corona del tetto e senza decorazioni bizzarre.

Il canone del gusto nell'Inghilterra di Burlington e di Pope era anche il
canone della ragione. Il temperamento nazionale era contrario ai voli di
fantasia dei progetti barocchi e a un'arte tesa a impressionare e a suggestionare
gli animi. I parchi convenzionali alla maniera di Versailles, le cui infinite
siepi tosate e i cui viali avevano esteso la portata del disegno architettonico oltre i limiti della pura edilizia, fino alla campagna circostante, erano
condannati come assurdi e artificiosi. Un parco o un giardino dovevano
riflettere le bellezze della natura, componendo scenari armoniosi, capaci
di incantare l'occhio del pittore. Uomini come Kent inventarono il "giardino panoramico" inglese come sfondo ideale per le loro ville palladiane.
Come si appellavano all'autorità dell'architetto italiano per le norme della

razionalità e del gusto in architettura, così si volsero a un pittore meridionale per avere un modello di bellezza naturale. La loro immagine della natura ideale derivava in gran parte dalle visioni pittoriche di Claude Lorrain. È interessante confrontare la veduta dei graziosi giardini di Stourhead nel Wiltshire [302], che furono disegnati nella prima metà del Settecento, con le opere di questi due maestri. Il "tempio" nello sfondo ricorda di nuovo La Rotonda di Palladio (a sua volta modellata sul Pantheon), ma il panorama nel complesso, con il lago, il ponte e la rievocazione di strutture romane, conferma la mia osservazione sull'influenza che avrebbero avuto i quadri di Claude Lorrain [255], sulle bellezze del paesaggio inglese.

La posizione dei pittori e degli scultori inglesi sotto il dominio del gusto e della ragione non era sempre invidiabile. Si è visto come in Inghilterra la vittoria protestante e l'ostilità puritana verso le immagini e il lusso avessero inferto un grave colpo alla tradizione dell'arte inglese. Si chiedevano ormai quasi soltanto ritratti, e a soddisfare largamente questa esigenza erano artisti stranieri come Holbein il Giovane e Van Dyck, chiamati in Inghilterra dopo aver acquistato fama all'estero.

I gentiluomini alla moda del tempo di Lord Burlington non si opponevano alla pittura o alla scultura per motivi puritani, ma non davano volentieri

ordinazioni ad artisti inglesi che non si fossero fatti un nome in Paesi stranieri. Se desideravano un quadro per la loro villa, preferivano comprarne uno firmato da qualche celebre maestro italiano. Si vantavano di essere intenditori e fra di essi alcuni radunarono mirabili collezioni di antichi maestri, pur senza valersi granché dell'opera dei pittori contemporanei.

Questo stato di cose irritò grandemente un giovane incisore inglese costretto a guadagnarsi la vita illustrando libri. Si chiamava William Hogarth (1697-1764). Si sentiva la capacità di salire all'altezza dei maestri le cui opere venivano comprate all'estero per centinaia di sterline, ma sapeva che l'arte contemporanea, in Inghilterra, non aveva pubblico. Perciò si mise d'impegno a creare un nuovo tipo di pittura capace di fare presa sui suoi compatrioti. Sapeva che avrebbero potuto domandare: "A che cosa serve la pittura?" e capì che, per conquistare un popolo di tradizione puritana, l'arte doveva avere una destinazione evidente. Progettò quindi un certo numero di quadri che avrebbero illustrato al popolo i premi della virtù e le conseguenze del vizio, e ideò una *Carriera del libertino*, dalla corruzione e dall'ozio fino al delitto e alla morte, e *I quattro stadi della crudeltà*, dal ragazzo che tormenta un gatto fino al brutale omicidio di un adulto. Avrebbe dipinto queste storie edificanti e questi esempi ammonitori in una serie di quadri facilmente comprensibili a qualsiasi spettatore, con tutti gli aneddoti e gli insegnamenti in essi impliciti. Le pitture dovevano sembrare una rappresentazione silenziosa in cui tutti i personaggi hanno la loro parte fissa, e ne spiegano il significato tanto attraverso la mimica come sulla scena. Hogarth stesso paragonò questo nuovo tipo di pittura all'arte del commediografo e del regista. Fece di tutto per mettere in luce ciò che chiamava il "carattere" di ciascun personaggio, non solo nel volto ma anche nel costume e nel portamento. Ognuna delle sue sequenze figurative può essere letta come una narrazione, o piuttosto come un sermone. Da tale punto di vista quest'arte non era nuova come Hogarth credeva. Sappiamo che l'arte medievale usava le immagini a scopo didattico, e questa tradizione del sermone figurato si era tramandata nell'arte popolare fino ai tempi di Hogarth. Rozze xilografie erano state vendute alle fiere per mostrare la sorte degli ubriachi e i pericoli del gioco, e i cantori di ballate vendevano libretti con racconti del genere. Hogarth non fu però un artista popolare in questo senso. Studiò accuratamente i maestri del passato e la loro tecnica dell'effetto pittorico, conobbe i maestri olandesi del tipo di Jan Steen che riempivano i quadri con episodi ricchi di arguzia tratti dalla vita del popolo ed eccellevano nel riprodurre i caratteri [278]. Conobbe anche i metodi degli artisti italiani del tempo, dei pittori veneziani come Guardi [290], che gli insegnò l'arte di evocare una figura con pochi intensi tocchi di pennello.

La figura 303 mostra un episodio della *Carriera del libertino*: il poveretto è diventato pazzo ed è stato messo in catene nel manicomio di Bedlam.

303. William Hogarth, *La carriera del libertino: il libertino a Bedlam*, 1735, olio su tela, cm 62,5 × 75. Londra, Sir John Soane's Museum.

È una cruda scena di orrore, in cui sono rappresentati tutti i tipi di pazzi: nella prima cella il fanatico religioso si contorce sul letto di paglia come la parodia della pittura barocca di un santo; nella cella successiva il megalomane con la sua corona di re, l'idiota che, scarabocchiando sul muro di Bedlam, ritrae il mondo, il cieco con il telescopio di carta, il trio grottesco attorno alla scalinata, il violinista ghignante, il cantante pazzo e la figura commovente dell'apatico sempre lì seduto a guardare; e infine il gruppo del libertino in agonia, pianto solo dalla serva che egli aveva in passato trattato ignobilmente. Mentre si abbandona a terra morente, gli tolgono le catene, l'equivalente crudele della camicia di forza: non occorrono più, ormai. È una scena tragica, resa ancor più tragica dal nano grottesco che se ne fa beffe e dal contrasto con le due eleganti visitatrici che avevano conosciuto il libertino ai suoi bei tempi.

Ogni figura e ogni episodio del quadro hanno il loro compito nella storia che Hogarth narra, ma ciò non basterebbe a farne una buona pittura. Però è notevole in Hogarth, che, seppure preoccupato com'è del soggetto, riesce a rimanere un pittore, non solo per la pennellata e per l'abilità con cui distribuisce luci e colori ma anche per la sua bravura nella composizione dei gruppi. Il gruppo che circonda il libertino, nonostante tutto il suo grottesco orrore, ha l'accuratezza compositiva di qualsiasi pittura italiana di tradizione classica. Hogarth era molto fiero di sentirsi in questa tradizione ed era certo di avere scoperto la norma fondamentale della bellezza. Scrisse un libro intitolato *The Analysis of Beauty* in cui sostiene che la linea ondulata è stata sempre più bella della linea ad angolo. Anche Hogarth apparteneva al secolo della Ragione, e credeva nelle norme oggettive del gusto; non riuscì però a distogliere i suoi compatrioti dalla predilezione per i maestri antichi. È vero che le sue serie di quadri gli acquistarono gran fama e molto denaro, ma tale successo non era tanto dovuto ai quadri stessi quanto alle incisioni che egli ne ricavava, subito acquistate da un avido pubblico.

Come pittore non veniva preso sul serio dagli intenditori del tempo, e per tutta la vita egli condusse una campagna ostinata contro il gusto in voga.

Solo una generazione dopo nacque un pittore inglese la cui arte soddisfece la società elegante dell'Inghilterra settecentesca, Sir Joshua Reynolds (1723-1792). A differenza di Hogarth, Reynolds era stato in Italia e conveniva con gli intenditori del suo tempo che i grandi maestri del Rinascimento italiano (Raffaello, Michelangelo, Correggio e Tiziano) erano esempi incontrastati di autentica arte. Egli aveva assimilato l'insegnamento, attribuito a Carracci, secondo cui l'unica speranza per un artista era nello studio attento e nell'imitazione dei pregi maggiori dei maestri antichi: il disegno di Raffaello, il colore di Tiziano e così via. Più tardi, dopo aver avuto successo in Inghilterra ed essere diventato il primo presidente della Royal Academy of Art, appena fondata, Reynolds espose la sua dottrina "accademica" in una serie di *Discourses* che si leggono ancora con interesse, e che dimostrano come, tanto lui quanto i suoi contemporanei (quali il dottor Johnson), credessero nei canoni del gusto e nell'importanza dell'autorità in arte. Egli riteneva che la giusta tecnica potesse essere insegnata in larga misura, purché gli studenti avessero la possibilità di studiare i capolavori consacrati della pittura italiana. Le sue conferenze esortano continuamente alla ricerca di soggetti nobili e dignitosi, poiché Reynolds credeva che solo le raffigurazioni grandiose e solenni fossero degne del nome di grande arte. Scrisse Reynolds nel suo terzo *Discourse*: "L'autentico pittore invece di cercare di divertire l'umanità con la minuziosa eleganza delle sue imitazioni deve tentare di migliorarle con la grandiosità delle sue idee".

Da una simile citazione è facile dedurre che Reynolds fosse piuttosto noioso e pieno di boria: ma se leggiamo i suoi *Discourses* e guardiamo i suoi quadri respingiamo subito questo pregiudizio. Il fatto è che egli accettava le opinioni artistiche che trovava negli scritti degli illustri critici del Seicento, tutti molto preoccupati della dignità della cosiddetta "pittura storica".

Abbiamo visto come gli artisti abbiano dovuto lottare contro lo snobismo di chi disprezzava il lavoro manuale della pittura e della scultura. Sappiamo come gli artisti siano stati costretti a dire e a ripetere continuamente che il loro lavoro non era essenzialmente artigianato bensì opera intellettuale, e che non meno dei dotti o dei poeti erano degni di essere ricevuti in società. Fu attraverso tali polemiche che essi giunsero a mettere in luce l'importanza dell'invenzione poetica nell'arte, e l'altezza dell'argomento che occupava le loro menti. "Posto che ci sia" sostenevano "qualcosa di servile nel fare un ritratto o nel dipingere un paesaggio dove la mano si limita a copiare ciò che vede l'occhio, è certo però che il mestiere non basta: ci vuole erudizione e fantasia per dipingere un soggetto come l'*Aurora* del Reni [253], o *Et in Arcadia ego* del Poussin [254]".

Oggi sappiamo che questo ragionamento era sbagliato. Nessun genere di lavoro manuale può compromettere la dignità dell'uomo, e inoltre ci vuole più di un occhio capace e di una mano sicura per fare buoni ritratti o paesaggi. Ma ogni periodo e ogni società ha i suoi pregiudizi in fatto di arte e di gusto, non escluso ovviamente il nostro. Anzi, ciò che rende tanto interessante prendere in considerazione tali idee, che in passato le persone colte tenevano per certe, è appunto l'imparare in tale modo ad analizzare noi stessi.

Reynolds era un intellettuale, amico del dottor Johnson e della sua cerchia, ma accolto parimenti nelle eleganti case di campagna e nei palazzi cittadini dei ricchi e dei potenti. E benché egli credesse sinceramente nella superiorità della pittura d'argomento storico e sperasse di farla risorgere in Inghilterra, accettava il fatto che l'unico genere d'arte veramente richiesto in questi ambienti fosse la ritrattistica.

Van Dyck aveva stabilito un modello di ritratti di società che tutti i pittori alla moda delle generazioni successive tentarono di imitare. Reynolds poteva essere lusinghiero ed elegante quanto il migliore tra loro, ma si compiaceva di aggiungere un motivo di interesse in più ai suoi quadri, mettendo in evidenza il carattere delle persone e il loro ruolo in società. Così la figura 304 rappresenta un intellettuale della cerchia del dottor Johnson, Giuseppe Baretti, che aveva compilato un

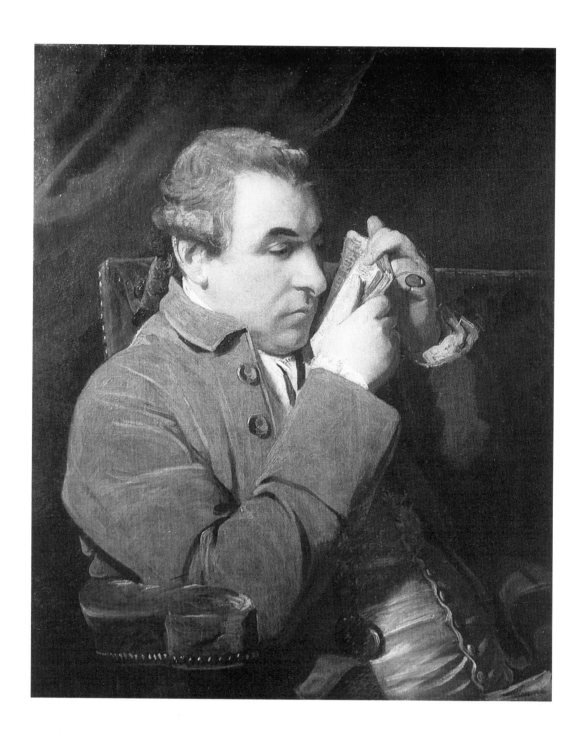

305. Sir Joshua Reynolds, *Miss Bowles con il suo cane*, 1775, olio su tela, cm 92 × 71. Londra, Wallace Collection.

304. Sir Joshua Reynolds, *Giuseppe Baretti*, 1773, olio su tela, cm 74 × 62. Collezione privata.

dizionario inglese-italiano e in seguito tradotto i *Discourses* di Reynolds in italiano. È un documento perfetto, un ritratto intimo senza essere irrispettoso, e per di più un ottimo quadro. Anche dovendo ritrarre un bambino, Reynolds tentava di far più di un semplice ritratto, ambientandolo con cura. La figura 305 mostra il ritratto di Miss Bowles con il suo cane.

Anche Velázquez aveva dipinto il ritratto di un fanciullo con il cane [267], ma a Velázquez interessavano i colori e gli orditi, mentre Reynolds mira a mostrarci il commovente affetto della bambina per il suo animaletto. È noto quanto egli si sia dato da fare per conquistarsi la confidenza della bimba prima di incominciare a farle il ritratto. Fu invitato in casa e a tavola sedette accanto a lei "e la divertì talmente con storie e giochetti che lo giudicò l'uomo più incantevole del mondo. Le fece fissare una cosa in distanza e le sottrasse il piatto, poi fece finta di cercarlo e alla fine trovò il modo di farlo tornare al suo posto senza che lei sapesse come. Il giorno seguente la bambina fu felice di essere accompagnata a casa del pittore, dove posò con un'espressione piena di gioia, l'espressione che egli colse immediatamente e non perse più". Non c'è da meravigliarsi che il risultato sia molto più impacciato, molto più studiato che non la semplice disposizione di Velázquez. È vero che se si confronta il trattamento pittorico e la resa della pelle viva e del pelo arruffato con quelli di Velázquez forse troveremo Reynolds deludente. Ma non sarebbe giusto aspettarsi da lui un effetto cui non mirava. Egli voleva mettere in evidenza il carattere dolce della bambina e far vivere per noi la sua gentilezza e il suo fascino. Oggi, abituati dai fotografi al trucco di osservare un bambino in una situazione del genere, forse troviamo difficile apprezzare in pieno l'originalità delle soluzioni di Reynolds. Ma non dobbiamo biasimare un maestro perché gli imitatori ne hanno sciupato i risultati. Reynolds non permise mai che l'interesse per il soggetto rovinasse l'armonia del quadro.

Nella Wallace Collection di Londra, dove figura il ritratto di Miss Bowles di Reynolds, c'è anche il ritratto di una ragazzina più o meno della stessa età, eseguito dal suo grande rivale nel campo della ritrattistica, Thomas Gainsborough (1727-1788), di soli quattro anni più giovane. È il ritratto di Miss Haverfield [306]. Gainsborough la dipinse nell'atto di allacciare il nastro del mantello, un atto di per sé non commovente o di particolare interesse. Immaginiamo che stia solo abbigliandosi per andare a passeggio. Ma Gainsborough seppe infondere in quel semplice movimento una tale grazia e un tale incanto che esso ci appaga quanto l'invenzione di Reynolds della fanciulla che abbraccia il cagnolino. A Gainsborough l'"invenzione" interessava assai meno che a Reynolds. Era nato nel rustico Suffolk con il dono naturale della pittura, e non sentì mai il bisogno di andare a studiare i grandi maestri in Italia. In contrasto con Reynolds e tutte le sue teorie sull'importanza della tradizione, Gainsborough si era fatto da sé. Qualcosa nel loro rapporto arieggia il contrasto fra l'erudito Annibale Carracci, desideroso di far rivivere la maniera di Raffaello, e il rivoluzionario Caravaggio, che non voleva riconoscere altro maestro all'infuori della natura. Reynolds, comunque, vide un po' Gainsborough in questa luce, come un genio che rifiutava di copiare i maestri, e, pur ammirandone l'abilità, si sentì in dovere di mettere in guardia i propri discepoli contro i princípi di lui. Oggi, dopo quasi due secoli, i due maestri non ci appaiono più tanto diversi. Forse più chiaramente di loro comprendiamo quanto entrambi dovessero alla tradizione di Van Dyck e alla moda dell'epoca. Ma se, tenendo presente questo contrasto, torniamo al ritratto di Miss Haverfield, comprendiamo le qualità particolari che distinguono l'orientamento semplice e scevro di cerebralismi di Gainsborough dallo stile più elaborato di Reynolds. Gainsborough, ci accorgiamo ora, non aveva nessuna intenzione di essere "sofisticato", voleva dipingere ritratti schietti e anticonvenzionali in cui dispiegare la pennellata brillante e il colpo d'occhio sicuro. Per questo riesce meglio proprio là dove Reynolds ci aveva delusi: il suo modo di rendere la carnagione fresca della fanciulla e la stoffa splendente del manto, il suo modo di trattare i nastrini e le gale del cappello mostrano un'abilità incomparabile nella riproduzione dei tessuti e della superficie degli oggetti. I colpi di pennello rapidi e impazienti ci ricordano i lavori di Frans Hals [270]. Ma Gainsborough era un artista meno vigoroso di Hals. In molti suoi ritratti si riscontra una delicatezza di ombre e una raffinatezza di tocco che ricordano piuttosto le visioni di Watteau [298].

Tanto Reynolds quanto Gainsborough non erano troppo contenti di tutte le ordinazioni di ritratti che piovevano quando essi avrebbero voluto dipingere altre cose. Ma mentre Reynolds sognava il tempo e l'agio di dipingere ambiziose scene mitologiche o episodi di storia antica, Gainsborough voleva dipingere proprio i soggetti disprezzati dal suo rivale. Voleva dipingere cioè paesaggi, poiché, a differenza di Reynolds, uomo di città, Gainsborough amava la tranquillità della campagna e l'unico

306. Thomas Gainsborough, *Miss Haverfield*, 1780 ca, olio su tela, cm 128 × 102. Londra, Wallace Collection.

svago che veramente prediligesse era la musica da camera. Sfortunatamente Gainsborough trovò pochi compratori per i suoi paesaggi, sicché la maggior parte dei quadri rimase allo stadio di schizzi fatti per suo personale piacere [307]. In essi combinava gli alberi e i colli della campagna inglese in scene pittoresche che ci ricordano come quella fosse l'epoca del disegnatore di giardini. Gli schizzi di Gainsborough, infatti, non sono vedute disegnate direttamente dal vero: sono composizioni panoramiche destinate a evocare o riflettere uno stato d'animo.

307. Thomas Gainsborough, *Scena campestre*, 1780 ca, gessetto nero e sfumino, lumeggiato con bianco, su carta colorata, cm 28 × 38. Londra, Victoria and Albert Museum.

308. Jean-Baptiste-Siméon Chardin, *Il Benedicite*, 1740, olio su tela, cm 49,5 × 38,5. Parigi, Louvre.

Nel Settecento, le istituzioni inglesi e il gusto inglese divennero l'ammirato modello per quanti, in Europa, auspicavano l'avvento del regno della Ragione. In Inghilterra l'arte non era stata usata per magnificare la potenza e la gloria di reggitori divini. Il pubblico cui Hogarth si rivolgeva era fatto di comuni mortali, e comuni mortali erano anche i modelli dei ritratti di Gainsborough e Reynolds. Ricordiamo che anche in Francia, nel primo Settecento, il grandioso barocco di Versailles aveva ceduto il passo agli accenti più intimi e delicati del rococò di Watteau [298]. Ora tutto questo trasognato mondo aristocratico cominciava a perdere importanza. I pittori presero a osservare la vita quotidiana degli uomini e delle donne del loro tempo, a disegnare scenette patetiche o divertenti, capaci di svilupparsi in un racconto. Il più grande di questi pittori fu Jean-Baptiste-Siméon Chardin (1699-1779), di due anni più giovane di Hogarth. La figura 308 mostra una delle sue incantevoli pitture, una semplice stanza con una donna che apparecchia la tavola per il pranzo e fa dire il *Benedicite* a due fanciulli. Chardin amava queste tranquille visioni della vita spicciola di ogni giorno. Somiglia al pittore olandese Vermeer [281], nel modo di sentire e di rendere la poesia di una scena casalinga, senza alcuna ricerca di effetti bizzarri o di spiritose allusioni. Anche il colore è calmo e moderato e, rispetto alle scintillanti pitture di Watteau, i suoi lavori possono sembrare opachi. Ma, studiandoli negli originali, ben presto scopriamo in essi una dissimulata maestria nella sottile gradazione tonale e nella disposizione (apparentemente priva di

309. Jean-Antoine Houdon, *Voltaire*, 1781, marmo, altezza cm 51. Londra, Victoria and Albert Museum.

artificio) della scena, che fa di lui uno dei pittori più amabili del Settecento. In Francia, come in Inghilterra, il rinnovato interesse per la gente comune, che andava sostituendo gli orpelli del potere, andò a beneficio dell'arte ritrattistica. Forse il più grande ritrattista francese non fu un pittore bensì uno scultore, Jean-Antoine Houdon (1741-1828). Nelle sue mirabili sculture, Houdon continuò la tradizione iniziata da Bernini più di cent'anni prima [284]. La figura 309 mostra il busto di Voltaire, e ci permette di vedere sul viso di questo grande campione della ragione lo spirito mordace, l'intelligenza penetrante e anche la profonda indulgenza di una mente eccezionale. Il gusto per gli aspetti "pittoreschi" della natura che ispirò gli schizzi di Gainsborough in Inghilterra ha i suoi rappresentanti anche nella Francia del Settecento. La figura 310 mostra un disegno di Jean-Honoré Fragonard

310. Jean-Honoré Fragonard, *Il parco di Villa d'Este a Tivoli*, 1760 ca, gessetto rosso su carta, cm 35 × 49. Besançon, Musée des Beaux-Arts et d'Archéologie.

(1732-1806) che apparteneva alla generazione di Gainsborough. Anche Fragonard era un pittore affascinante, seguace della tradizione di Watteau nella scelta di temi eleganti e mondani. In questi disegni di paesaggio era un maestro capace di ottenere risultati sorprendenti. La veduta di Villa d'Este a Tivoli dimostra come di fronte a una veduta reale egli riuscisse a cogliere un senso di incantevole grandiosità.

Johan Zoffany, *Scuola dal vero della Royal Academy con ritratti di artisti di primo piano, fra i quali Joshua Reynolds con il cornetto acustico*, 1771.

24

LA TRADIZIONE SI SPEZZA
Inghilterra, America e Francia. Tardo Settecento e primo Ottocento

Nei libri di storia, i tempi moderni cominciano con la scoperta dell'America per opera di Colombo nel 1492. Ricordiamo l'importanza di quel periodo nella storia dell'arte: era l'epoca del Rinascimento, quando il mestiere di pittore o di scultore cessava di essere un lavoro come un altro e cominciava a essere considerato come una particolare vocazione. Era anche il periodo in cui la Riforma, attraverso la lotta contro le immagini nelle chiese, ostacolava l'esposizione di quadri e sculture in gran parte d'Europa, obbligando gli artisti a cercare nuovi sbocchi commerciali. Ma per importanti che fossero, tutti questi avvenimenti non provocarono una frattura improvvisa. La gran massa degli artisti era ancora organizzata in corporazioni e compagnie, si valeva ancora di apprendisti come gli altri artigiani, e dipendeva per le ordinazioni dai ricchi aristocratici che si facevano decorare i castelli e le dimore di campagna, e volevano arricchire del proprio ritratto la galleria degli antenati. Insomma, anche dopo il 1492 l'arte mantenne il suo posto consueto fra la gente facoltosa, come una cosa di cui non si potesse fare a meno. Anche se le mode andavano mutando e gli artisti si proponevano problemi diversi (le armoniose combinazioni di figure, l'accostamento dei colori o la drammaticità dell'espressione), il fine della scultura e della pittura rimase immutato, e nessuno pensò seriamente di metterlo in discussione. Tale fine consisteva nel fornire di cose belle chi le voleva e le sapeva godere. C'erano, è vero, varie scuole che polemizzavano sul significato di "bellezza" e discutevano se bastasse l'imitazione abile della natura per cui erano diventati famosi uomini come il Caravaggio, i fiamminghi o Gainsborough; o se la vera bellezza non consistesse nella capacità "idealizzatrice" della natura che si supponeva avessero avuto uomini come Raffaello, Carracci, Reni o Reynolds. Ma queste polemiche non devono farci dimenticare quante affinità legavano tra loro gli antagonisti, e anche gli artisti di cui essi si facevano paladini. Anche gli "idealisti" riconoscevano che l'artista doveva studiare la natura e imparare a disegnare il nudo; d'altra parte pure i "naturalisti" erano d'accordo sull'insuperata bellezza delle opere dell'antichità classica. Verso la fine del Settecento molte affinità andarono a poco a poco scomparendo. Abbiamo raggiunto i tempi veramente moderni, sorti quando la Rivoluzione francese mise fine a tanti presupposti tacitamente accettati da secoli, se non da millenni. Dal "secolo della Ragione" deriva la Grande Rivoluzione, e insieme derivano molti cambiamenti nella concezione dell'arte. Il primo cambiamento è nell'attitudine dell'artista verso ciò che si chiama "stile". In una commedia di Molière c'è un personaggio che si stupisce quando gli viene detto che, senza saperlo, ha parlato in prosa tutta la vita. Qualcosa di simile accadde agli artisti del Settecento. Nei tempi precedenti, lo stile del periodo era semplicemente il modo con cui si facevano le cose, adottato perché ritenuto la via migliore per raggiungere determinati risultati. Nel secolo della Ragione la gente cominciò a prendere coscienza dei vari stili.

Molti architetti erano convinti, come abbiamo visto, che le regole stabilite nei libri del Palladio garantissero lo stile "giusto" per le costruzioni eleganti. Ma quando ci si appella ai testi per risolvere questioni del genere, è inevitabile che qualcuno insorga a domandare: "Perché proprio lo stile del Palladio?".

Ecco che cosa accadde in Inghilterra nel corso del Settecento: fra gli intenditori più sottili qualcuno cominciava a voler essere diverso dagli altri. Il più caratteristico di questi agiati gentiluomini, che passavano il loro tempo pensando allo stile e alle regole del gusto, fu il famoso Horace Walpole, figlio del capo del governo inglese. Walpole decise che sarebbe stato noioso costruire la sua villa estiva a Strawberry Hill come una delle tante corrette

312. John Papworth, *Dorset House a Cheltenham*, 1825 ca, facciata in stile Reggenza.

311. Horace Walpole, John Francis Bentley e John Chute, *Strawberry Hill a Twickenham, Londra*, 1750-1775 ca, una villa neogotica.

ville palladiane. Egli aveva il gusto dello strano e del romantico ed era noto per la sua stravaganza, per cui fu veramente degna di lui l'idea di costruire a Strawberry Hill una villa nello stile gotico come un castello del romantico passato [311]. A quel tempo, attorno al 1770, la villa gotica di Walpole fu considerata una bizzarria di chi voleva ostentare i propri gusti di conoscitore d'arte. Ma, vista alla luce di ciò che seguì, fu ben altro: fu il primo segno di una consapevolezza nuova, grazie alla quale la gente poteva ormai scegliersi uno stile architettonico come si sceglie una carta da parato.

Né rimase un sintomo isolato. Mentre Walpole sceglieva per la sua villa di campagna lo stile gotico, l'architetto William Chambers (1726-1796) studiava lo stile delle costruzioni e dei giardini cinesi, e costruì la pagoda cinese nei giardini di Kew. È vero che la maggior parte degli architetti rimase fedele alle forme classiche dell'architettura rinascimentale, ma anch'essi si preoccuparono sempre più della questione stilistica. Cominciarono a considerare con una certa sfiducia i procedimenti e la tradizione architettonica postrinascimentali. Trovarono che molti procedimenti usati non erano affatto sanciti dagli edifici della Grecia classica. Compresero, con un certo smarrimento, che quanto era stato accolto come regola dell'architettura classica dopo il Quattrocento era stato in realtà desunto da qualche rovina romana che risaliva più o meno alla decadenza. Ora viaggiatori zelanti riscoprivano e copiavano i templi dell'Atene periclea, che apparivano straordinariamente diversi dai disegni classici trovati nel volume del Palladio.

Ed ecco nascere negli architetti la preoccupazione dello stile corretto. Alla "reviviscenza gotica" di Walpole tenne dietro una "reviviscenza greca" che culminò durante la Reggenza (1810-1820). Fu allora che molte stazioni termali inglesi godettero della loro massima prosperità, e proprio in questi centri la reviviscenza greca può essere meglio studiata nelle sue forme. La figura 312 mostra una casa di Cheltenham felicemente ideata sul puro

stile ionico dei templi greci [60]. La figura 313 fornisce un esempio della rinascita dello stile dorico nella forma originale che noi conosciamo dal Partenone [50]. È un progetto per una casa di campagna del famoso architetto Sir John Soane (1752-1837). Se lo paragoniamo alla villa palladiana costruita da William Kent una ottantina d'anni prima [301], vediamo che la somiglianza superficiale non fa che metterne in risalto la diversità. Kent nel comporre il suo edificio aveva impiegato liberamente le forme tramandate dalla tradizione. Il progetto di Soane, al paragone, sembra un'esercitazione sull'uso corretto degli elementi stilistici greci.

Questa concezione dell'architettura come applicazione di norme rigide e severe doveva fatalmente attrarre i campioni del secolo della Ragione, il cui potere e la cui influenza continuavano a crescere in tutto il mondo. Così non sorprende che un uomo come Thomas Jefferson (1743-1826), terzo presidente e uno dei fondatori degli Stati Uniti, disegnasse personalmente la sua residenza, Monticello, in questo stile nitido, neoclassico [314], e che la città

313. Sir John Soane, *Progetto per una casa di campagna, da Sketches in Architecture, Londra 1798.*

314. Thomas
Jefferson, *Monticello in
Virginia*, 1796-1806.

di Washington, con i suoi edifici pubblici, venisse progettata secondo le forme della reviviscenza greca. Anche in Francia questo stile trionfò dopo la rivoluzione. La vecchia bonaria tradizione degli architetti e decoratori barocchi e rococò venne identificata col passato che era stato appena spazzato via; era lo stile dei castelli della regalità e della nobiltà, mentre gli uomini della rivoluzione amavano considerarsi liberi cittadini di una rinata Atene. Quando Napoleone, posando a campione delle idee rivoluzionarie, acquistò potere in tutta Europa, lo stile architettonico "neoclassico" divenne lo stile "impero". Non solo in Inghilterra, ma anche sul continente europeo esisteva una reviviscenza gotica fianco a fianco della nuova reviviscenza dello stile greco puro. Essa attraeva soprattutto quelle mentalità romantiche che dubitavano del potere della ragione per riformare il mondo e desideravano un ritorno a quella che chiamavano "l'età della Fede".

Nella pittura e nella scultura la frattura nella catena della tradizione, se anche meno immediatamente percepibile che in architettura, ebbe forse una risonanza maggiore. Pure qui le radici del mutamento affondano nel XVIII secolo. Si è visto come Hogarth fosse insoddisfatto della tradizione artistica quale gli si presentava, e come deliberatamente si accingesse a creare un nuovo genere di pittura per un nuovo pubblico. Ricordiamo come Reynolds, d'altro lato, fosse ansioso di difendere la tradizione, quasi la sentisse insidiata. E l'insidia stava nel fatto, al quale si è già accennato, che la pittura non era più un mestiere nel senso comune della parola, tramandato di generazione in generazione dal maestro all'apprendista. Era diventata materia da insegnare nelle accademie, come la filosofia. La stessa parola "accademia" suggerisce questo nuovo orientamento: deriva dal nome del luogo in cui il filosofo greco Platone conversava con i discepoli e fu in seguito usato per indicare i convegni dei dotti alla ricerca della saggezza. Gli artisti italiani del Cinquecento per primi chiamarono "accademie" i loro centri di raduno per sottolineare la loro parità con i dotti tanto ammirati; ma solo nel Settecento queste accademie assunsero gradualmente la funzione di scuole. Così i vecchi metodi con cui i grandi maestri del passato avevano imparato il loro mestiere, macinando i colori e aiutando i più anziani, erano tramontati. Non stupisce quindi che insegnanti accademici come Reynolds si sentissero in obbligo di consigliare ai giovani studenti l'attento studio dei capolavori del passato per assimilarne la perizia tecnica. Le accademie del Settecento venivano poste sotto il patronato reale, a significare l'interesse che il sovrano prendeva alle arti del suo regno. Ma perché le arti fioriscano non sono tanto importanti gli istituti reali che le insegnano, quanto la gente disposta a comprare le pitture o le sculture degli artisti contemporanei.

Fu qui che sorsero le principali difficoltà: la continua esaltazione dei grandi maestri del passato, favorita dalle accademie, rendeva propensi i mecenati ad acquistare piuttosto opere di maestri antichi che non a ordinare quadri di contemporanei. Come rimedio le accademie, prima a Parigi poi a Londra, cominciarono con l'allestire esposizioni annuali dei loro membri. Oggi siamo così abituati all'idea che i pittori e gli scultori creino le loro opere soprattutto in vista di un'esposizione dove attireranno l'attenzione dei critici d'arte e dove troveranno gli acquirenti, che difficilmente possiamo immaginare quale rivolgimento abbia allora rappresentato una simile novità. Le esposizioni annuali erano avvenimenti sociali al centro della conversazione del bel mondo, e consacravano o sconsacravano una fama. Invece di lavorare per mecenati individuali di cui potessero comprendere i desideri o per un generico pubblico dal gusto facilmente identificabile, gli artisti dovevano ora cercare il successo in una mostra dove c'era sempre il pericolo che le opere spettacolari e pretenziose mettessero in ombra quelle semplici e sincere. La tentazione di scegliere soggetti melodrammatici e di far leva, per sbalordire il pubblico, sugli effetti di colore e sulle dimensioni era assai forte negli artisti. Perciò non stupisce che molti pittori e scultori genuini disprezzassero l'arte "ufficiale" delle accademie, e che il contrasto delle opinioni fra quanti potevano per le loro doti attirare il consenso del pubblico e quanti invece si vedevano respinti minacciasse di minare il terreno comune su cui fino ad allora l'arte si era sviluppata.

Forse l'effetto più immediato e visibile di questa crisi profonda fu che ovunque gli artisti si misero alla ricerca di nuovi soggetti. Nel passato regnava un tacito accordo sul soggetto. Se giriamo per gallerie e musei scopriamo subito che molti dipinti ritraggono soggetti identici. La maggior parte dei quadri antichi rappresenta, naturalmente, episodi religiosi tratti dalla Bibbia e leggende di santi. Ma anche i quadri profani hanno una gamma di temi molto ristretta: storie mitologiche greche con amori e contrasti fra gli dèi; racconti eroici romani con esempi di valore e di sacrificio, e infine soggetti allegorici che personificano concetti astratti. È curioso notare come gli artisti prima della metà del Settecento raramente uscissero da questi angusti limiti illustrativi, come raramente dipingessero la scena tolta da un romanzo o un episodio di storia medievale o moderna. Tutto ciò subì un mutamento radicale al tempo della Rivoluzione francese. All'improvviso gli artisti si sentirono liberi di scegliere i loro soggetti: da una scena shakespeariana a un avvenimento particolarmente notevole, qualsiasi cosa, insomma, capace di richiamare l'attenzione e suscitare interesse. L'indifferenza verso i soggetti tradizionali dell'arte fu forse l'unico elemento che gli artisti coronati dal successo ebbero allora in comune con i ribelli solitari.

Non è un fatto accidentale che questo allontanamento dalle tradizioni consolidate dell'arte europea sia stato in parte attuato da artisti giunti in Europa da oltre Atlantico, da americani che lavoravano in Inghilterra. Evidentemente questi uomini, meno vincolati alle solide tradizioni del Vecchio Mondo, erano più liberi di tentare esperienze nuove. L'americano John Singleton

Copley (1737-1815) è il rappresentante tipico di tale gruppo. La figura 315 mostra una sua pittura di vaste dimensioni che fece rumore quando venne esposta la prima volta nel 1785. In verità il soggetto era piuttosto insolito. L'aveva suggerito al pittore lo studioso shakespeariano Malone, amico dello statista Edmund Burke, fornendogli insieme tutte le informazioni storiche del caso. Avrebbe dovuto rappresentare il celebre episodio di Carlo I che chiede al parlamento la consegna di cinque deputati incriminati, mentre il presidente, contestando l'autorità del re, rifiuta di consegnarli. Un simile episodio tratto dalla storia relativamente recente non aveva mai formato prima di allora il tema di un quadro di vaste dimensioni, e il metodo scelto da Copley per portare a termine la sua impresa era anch'esso senza precedenti. Il pittore volle ricostruire la scena con la massima accuratezza possibile, così come si sarebbe presentata agli occhi di un testimone del tempo. Non risparmiò fatiche per impadronirsi bene dei fatti storici. Consultò storiografi ed esperti sull'aspetto del parlamento nel Seicento e sui costumi di allora; viaggiò in campagna da una villa all'altra per raccogliere ritratti di uomini che in quel momento cruciale erano stati membri del parlamento. In breve, si comportò come farebbe oggi un regista coscienzioso dovendo ricostruire una scena del genere per un film o un dramma storico. Possiamo ritenere assurde o no tante preoccupazioni, ma sta di fatto che, per un centinaio d'anni, molti artisti grandi e piccoli ravvisarono il loro compito proprio in questo genere di ricerca erudita, utile a far rivivere l'immagine dei momenti essenziali del passato.

315. John Singleton Copley, *Carlo I chiede la consegna di cinque deputati nel 1641*, 1785, olio su tela, cm 233 × 312. Boston Public Library.

Nel caso di Copley, questo tentativo di rievocare il drammatico urto fra il re e i rappresentanti del popolo non fu soltanto la fredda opera di un erudito. Solo due anni prima re Giorgio III aveva dovuto subire la sfida dei coloniali firmando il trattato di pace con gli Stati Uniti. Burke, nella cui cerchia era sorta l'idea del quadro, era stato un tenace oppositore della guerra, da lui considerata ingiusta e disastrosa. Il significato della rievocazione di una precedente ripulsa alle pretese regali fu compreso benissimo da tutti. Si narra che la regina, allorché vide il quadro, volse il capo afflitta e sorpresa e, dopo un lungo, minaccioso silenzio, disse al giovane americano: "Signor Copley, non poteva scegliere un soggetto più infelice per esercitare il suo pennello". Ma la regina non poteva sapere *fino a che punto* quella rievocazione stava per diventare infelice. Chi ricorda la storia di allora rimarrà colpito dal fatto che, appena quattro anni dopo, la scena del quadro si sarebbe ripetuta in Francia. Sarebbe stato Mirabeau, questa volta, a negare al re il diritto di intervenire contro i rappresentanti del popolo, dando così l'avvio alla rivoluzione del 1789.

La Rivoluzione francese diede uno straordinario impulso all'interesse per le raffigurazioni storiche e alla pittura di soggetti eroici. Copley aveva cercato esempi nel passato nazionale inglese. C'era una vena romantica in questa

pittura storica che si potrebbe paragonare alla reviviscenza gotica in architettura. I rivoluzionari francesi amavano considerarsi greci e romani redivivi: i loro quadri, non meno dei loro edifici, riflettevano questo gusto per ciò che veniva chiamata grandezza romana. Il principale rappresentante di questo stile neoclassico fu il pittore Jacques-Louis David (1748-1825), l'"artista ufficiale" del governo rivoluzionario, ideatore di costumi e decorazioni per parate propagandistiche come la Festa dell'Ente Supremo, che vide Robespierre officiare nelle vesti di sedicente gran sacerdote. I francesi sentivano di vivere in tempi eroici e che gli avvenimenti di quegli anni erano degni dell'attenzione del pittore quanto gli episodi della storia greca e romana. Quando uno dei capi della rivoluzione, Marat, venne ucciso nel bagno da una giovane fanatica, David lo dipinse come un martire morto per la causa [316]. Marat aveva, evidentemente, l'abitudine di lavorare nel bagno, e alla vasca aveva adattato un leggio. L'assalitrice gli aveva porto una supplica ed egli era in procinto di firmarla quando venne colpito a morte. La situazione sembra inadatta a un quadro solenne e grandioso, eppure David riuscì a infonderle un'atmosfera eroica, pur aderendo strettamente ai particolari reali del rapporto di polizia. Dallo studio della scultura greco-romana egli aveva imparato la modellatura dei muscoli e dei tendini capace di infondere ai corpi nobiltà e bellezza; aveva altresì imparato dall'arte classica a tralasciare tutti i particolari non essenziali in vista dell'effetto principale, e a mirare alla semplicità. Non ci sono colori variegati o prospettive complicate nel quadro. Paragonata al vistoso dipinto di Copley, la pittura di David sembra austera. È la commovente commemorazione di un umile "amico del popolo" – secondo l'autodefinizione di Marat – che aveva subíto il martirio lavorando per il bene comune.

Fra gli artisti della generazione di David che rifiutarono i vecchi soggetti troviamo il grande pittore spagnolo Francisco Goya (1746-1828). Goya conosceva bene la migliore tradizione pittorica spagnola, che aveva prodotto El Greco [238] e Velázquez [264] e il suo gruppo sul balcone [317] dimostra che, a differenza di David, egli non rinuncia alla maestria di questa in favore della grandiosità classica. Il grande pittore veneziano del Settecento Giovanni Battista Tiepolo [288] aveva terminato i suoi giorni come pittore di corte a Madrid, e nella pittura di Goya vi è qualcosa della sua radiosità. Tuttavia le figure di quest'ultimo appartengono a un altro mondo. Le due donne che adocchiano i passanti in maniera provocatoria, mentre due bellimbusti alquanto sinistri si tengono in secondo piano, sono forse più vicine alla concezione di Hogarth. I ritratti di Goya che gli assicurarono il posto di pittore di corte [318] superficialmente paiono simili ai tradizionali ritratti ufficiali di Van Dyck [261] o di Reynolds. L'abilità con cui evocava lo splendore della seta e dell'oro ricorda Tiziano

316. Jacques-Louis David, *L'assassinio di Marat*, 1793, olio su tela, cm 165 × 128. Bruxelles, Musées Royaux des Beaux-Arts de Belgique.

317. Francisco Goya, *Gruppo su un balcone*, 1810-1815 ca, olio su tela, cm 195 × 126. New York, Metropolitan Museum of Art.

318. Francisco Goya, *Ferdinando VII di Spagna*, 1814 ca, olio su tela, cm 207 × 140. Madrid, Prado.

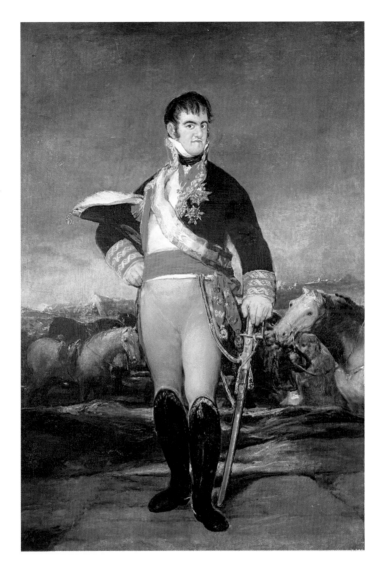

o Velázquez. Ma, per di più, egli guarda i suoi modelli con occhio diverso. Non che quei maestri avessero adulato i potenti, ma Goya pare non conoscere pietà. Egli fa sì che i loro tratti ne rivelino tutta la vanità e la bruttezza, la cupidigia e la vacuità [319]. Nessun pittore di corte prima o dopo di lui ha lasciato simili testimonianze dei propri mecenati.

Non solo come ritrattista Goya ribadì la propria indipendenza dalle convenzioni del passato. Come Rembrandt, egli ha lasciato molte acqueforti, di cui parecchie nella nuova tecnica chiamata acquatinta, che permette non

319. Particolare
di figura 318.

320. Francisco Goya,
Il gigante, 1818 ca,
acquatinta,
cm 28,5 × 21.

solo di tracciare linee ma anche zone d'ombra. Il fatto più importante è che le incisioni di Goya non sono illustrazioni di celebri fatti biblici, storici o di genere. Sovente si tratta di visioni fantastiche di streghe e di misteriose apparizioni, che non di rado vorrebbero essere accuse contro la stoltezza e la reazione, contro la crudeltà umana e l'oppressione che Goya aveva sperimentate in Spagna, ma talvolta sembrano soltanto dare forma ai suoi incubi. La figura 320 rappresenta uno dei suoi sogni più ossessionanti: la figura di un gigante seduto sull'orlo della terra. Possiamo misurarne le dimensioni colossali dal microscopico paesaggio in primo piano, in cui case e castelli sono ridotti a puntolini. Possiamo lasciare libera la nostra fantasia di giocare attorno a questa tremenda apparizione, disegnata con la nitidezza di linea di uno studio dal vero. Come un incubo maligno il mostro siede sul paesaggio rischiarato dalla luna. Pensava Goya al destino della patria oppressa dalle guerre e dalla umana follia? O creò semplicemente un'immagine come si crea una poesia? Ecco l'effetto più notevole dello spezzarsi della tradizione: gli artisti erano liberi di trasporre sulla carta le loro visioni più intime come, fino ad allora, solo i poeti avevano fatto.

L'esempio più notevole di questo nuovo orientamento artistico fu quello del poeta e mistico inglese William Blake (1757-1827), di undici anni più giovane di Goya. Blake era un uomo tutto chiuso in un suo mondo di profonda religiosità. Disprezzava l'arte ufficiale delle accademie e ne rifiutava i canoni. Alcuni lo ritenevano completamente pazzo, altri un innocuo lunatico: solo pochi dei suoi contemporanei credettero alla sua arte, salvandolo dalla miseria. Viveva facendo acqueforti, a volte per altri, a volte per illustrare le proprie poesie. La figura 321 rappresenta una delle illustrazioni del suo

poema *Europe, a Prophecy*. Si dice che Blake avesse visto questa enigmatica figura di vecchio, curvo a misurare il globo con un compasso, in una visione che gli apparve in cima a una scalinata, quando viveva a Lambeth. C'è un passo della Bibbia (*Proverbi* 8, 22-28) in cui parla la Sapienza:

> In Dio ero quale principio degli atti suoi, esistente prima ancor delle opere sue...
> Prima che sorgessero le maestose montagne, prima dei colli, io fui generata...
> Quando stabiliva i cieli, io ero presente, quando tracciava un cerchio sulla faccia
> dell'abisso; quando condensava in alto le nubi, quando distribuiva le sorgenti
> nel cuor della terra...

Blake illustrò questa grandiosa visione di Dio che misura con il compasso gli abissi. C'è qualcosa dell'immagine michelangiolesca del Padre Eterno [200], in questa immagine della Creazione, e Blake ammirava Michelangelo. Ma nelle sue mani la figura è divenuta fantastica, di sogno. Blake si era creato una sua mitologia e la figura della visione non è il Signore, ma un essere nato dalla sua immaginazione che egli chiamava Urizen. Per quanto Blake concepisse Urizen come creatore del mondo, essendo persuaso che il mondo fosse malvagio riteneva altresì malvagio il suo creatore. Di qui il carattere d'incubo della visione, in cui il compasso sembra il bagliore del fulmine in una notte scura e tempestosa.

Blake era a tal punto immerso nelle sue visioni che rifiutava di disegnare dal vero e si basava interamente sul suo occhio interiore. Sarebbe facile rilevare le sue pecche di disegno ma, se lo facessimo, rischieremmo di perdere il meglio della sua arte. Come gli artisti medievali, egli non si curava della rappresentazione accurata perché il significato di tutte le figure dei suoi sogni era così essenziale e travolgente che le mere questioni di esattezza gli sembravano trascurabili. Fu il primo artista, dopo il Rinascimento, a ribellarsi consapevolmente ai criteri tradizionali, e non possiamo criticare i suoi contemporanei che ne furono urtati. C'è voluto quasi un secolo prima che Blake venisse generalmente riconosciuto come uno dei maestri più importanti dell'arte inglese.

Un genere pittorico beneficiò largamente della nuova libertà dell'artista nella scelta del soggetto: il paesaggio, fino a quel tempo considerato un genere minore. Quei pittori che in particolare si erano guadagnati da vivere dipingendo "vedute" di case di campagna, parchi o scene pittoresche, non venivano presi sul serio come artisti. Questo atteggiamento mutò alquanto per influsso dello spirito romantico del tardo Settecento, e grandi artisti considerarono loro preciso compito elevare a nuova dignità questo tipo di pittura. Anche qui la tradizione poteva essere tanto un incentivo quanto un ostacolo, ed è interessante vedere come si siano comportati diversamente, di fronte alla soluzione di questo problema, due paesaggisti inglesi della stessa

321. William Blake, *L'Onnipotente*, 1794, acquaforte acquerellata, cm 23 × 17. Londra, British Museum.

generazione. L'uno era J.M. William Turner (1775-1851) e l'altro John
Constable (1776-1837). Il loro contrasto ricorda un poco quello fra Reynolds
e Gainsborough, ma nei cinquant'anni che dividono le due generazioni la
distanza fra le opposte opinioni si è assai accentuata. Turner, come Reynolds,
era artista di immenso successo, i cui quadri spesso destavano profonda impressione alla Royal Academy. Come Reynolds, egli era ossessionato dal
problema della tradizione, e ambiva raggiungere, se non sorpassare, i celebri
paesaggi di Claude Lorrain [255]. Quando lasciò alla nazione i suoi quadri
e i suoi schizzi, lo fece alla precisa condizione che uno di essi [322] dovesse
essere posto accanto a un'opera di Claude Lorrain. Turner non era giusto
verso sé stesso sollecitando il raffronto. La bellezza dei quadri di Claude
Lorrain sta nella loro serena semplicità e nella loro calma, nella chiarezza e
concretezza del suo mondo di sogno e nell'assenza di effetti chiassosi. Anche
Turner aveva visioni di un mondo fantastico, ricco di luce e splendente di
bellezza, ma non era un mondo calmo bensì dinamico, non di armoniosa
sobrietà bensì di fasto abbagliante. Egli sommava nei suoi quadri ogni effetto
atto ad accentuare la sorpresa e la drammaticità, e questo desiderio di fare
colpo sul pubblico avrebbe potuto avere risultati disastrosi se Turner non
fosse stato l'artista che era. Ma era un regista così grande e lavorava con tale
perizia e gusto che riuscì nell'intento: i suoi quadri ci offrono una visione
grandiosa della natura còlta nei suoi aspetti più romantici e sublimi. La
figura 323 mostra una delle più ardite pitture di Turner, una nave in piena
burrasca. Se paragoniamo questa vorticosa composizione con la marina di de

322. Joseph Mallord
William Turner,
Didone fonda Cartagine,
1815, olio su tela,
cm 156 × 232.
Londra, National
Gallery.

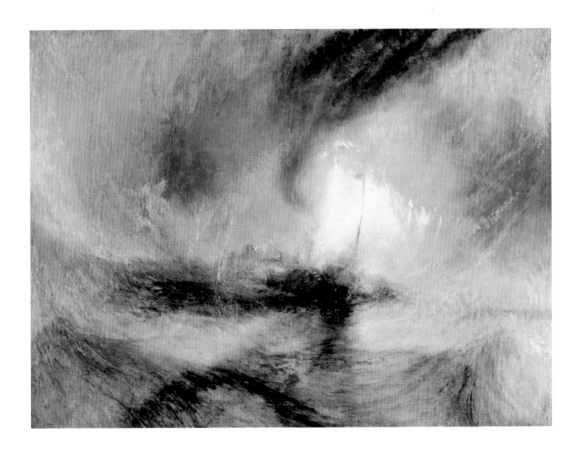

323. Joseph Mallord William Turner, *Bastimento nella tempesta*, 1842, olio su tela, cm 91,5 × 122. Londra, Tate Gallery.

Vlieger [271] possiamo misurare quanto coraggio richiedesse il tentativo di Turner. Il fiammingo del Seicento non dipingeva solo ciò che coglieva con un'occhiata ma, entro certi limiti, anche ciò che sapeva esserci nel soggetto. Conosceva la sagoma e l'attrezzatura di una nave, tanto che, guardando i suoi quadri, potremmo ricostruire quei vascelli, mentre nessuno, invece, potrebbe ricostruire un battello ottocentesco da un quadro di Turner. Egli si limita a darci l'impressione dello scafo scuro, della bandiera che sventola arditamente sul pennone, di una battaglia con il mare infuriato tra raffiche minacciose. Quasi ci sembra di sentire l'imperversare del vento e l'impeto delle ondate. Non abbiamo il tempo di cercare i particolari, inghiottiti dalla luce folgorante e dalle ombre oscure della nuvola tempestosa. Non so se una tempesta in mare abbia davvero questo aspetto. Ma so, per certo, che leggendo un poema romantico o ascoltando certa musica romantica ci immaginiamo una tempesta travolgente e terribile come questa. In Turner la natura riflette ed esprime sempre le emozioni dell'uomo. Ci sentiamo piccoli

324. John Constable, *Studio di tronchi*, 1821 ca, olio su carta, cm 25 × 29. Londra, Victoria and Albert Museum.

e sopraffatti dinanzi alle potenze che sfuggono al nostro controllo, e siamo costretti ad ammirare l'artista che sa tenere in pugno le forze della natura. Le idee di Constable erano assai diverse. Per lui la tradizione che Turner si proponeva di emulare e sorpassare non era che un intralcio. Ammirava i grandi maestri che lo avevano preceduto ma voleva dipingere ciò che vedeva con i suoi occhi, non con quelli di Claude Lorrain. Si può dire che ripartisse dal punto in cui Gainsborough si era fermato [307]. Ma anche Gainsborough aveva sempre scelto motivi "pittoreschi" secondo i canoni tradizionali. Aveva guardato ancora la natura come un piacevole sfondo per scene idilliache. A Constable tutto questo sembrava privo d'importanza: non voleva altro che la verità. Nel 1802 egli scriveva a un amico: "Vi è spazio sufficiente per un pittore naturale. Il grande difetto del giorno d'oggi è la *bravura*, il tentativo di fare qualcosa al di là del vero". I paesaggisti alla moda, che prendevano ancora a modello Claude Lorrain, avevano escogitato un certo numero di facili espedienti grazie ai quali qualsiasi dilettante poteva comporre un quadro piacevole ed efficace. Un albero maestoso in primo piano poteva ottimamente servire a far risaltare il remoto panorama che si schiudeva al centro. La gamma cromatica era nitidamente elaborata. Toni caldi, preferibilmente marrone e dorati, dovevano campeggiare in primo piano. Lo sfondo doveva sfumare in tinte azzurro pallido. C'erano prescrizioni per dipingere le nubi e trucchi speciali per imitare la corteccia di una quercia nodosa. Constable disprezzava tutti questi espedienti precostituiti. Si narra che quando un amico lo rimproverò per non avere dato al primo piano quel morbido tono marrone, da vecchio violino, che era prescritto, Constable pigliò un violino e lo posò sull'erba davanti a lui per mostrargli la differenza tra il verde fresco, così come lo vediamo noi, e i toni caldi voluti dalle convenzioni. Constable non voleva fare colpo con ardite innovazioni: voleva solo restare fedele alla propria visione. Andava spesso in campagna per fare schizzi dal vero, ed elaborava poi i disegni a tavolino. I suoi schizzi [324] sono spesso più arditi dei quadri compiuti, ma non era ancora giunto il momento di far accettare al pubblico una rapida impressione come opera degna di essere esposta. Eppure i suoi quadri finiti, quando furono esposti la prima volta, fecero rumore. La figura 325 mostra il quadro che rese celebre Constable quando fu esposto a Parigi nel 1824. Rappresenta una semplice

325. John Constable, *Il carro di fieno*, 1821, olio su tela, cm 130 × 185. Londra, National Gallery.

scena rustica: un carro di fieno che attraversa un fiume. Dobbiamo perderci
nel quadro, osservare le macchie di sole sui prati dello sfondo e contemplare
le nuvole vaganti; dobbiamo seguire il corso del fiume e indugiare accanto
al mulino, reso in modo tanto dimesso e semplice, per poter apprezzare
l'assoluta sincerità dell'artista, il suo rifiuto di calcare troppo la mano per
cercare l'effetto, la totale assenza di posa e di pretese.

Lo spezzarsi della tradizione aveva posto gli artisti di fronte a due possibilità, impersonate da Turner e Constable: diventare poeti della pittura,
cercando effetti mossi e drammatici, o decidersi a restare fedeli a un tema
scelto, esplorandolo con tutto lo scrupolo e la tenacia possibili. Ci furono
certamente grandi artisti fra i pittori romantici d'Europa, uomini come il
contemporaneo di Turner, il tedesco Caspar David Friedrich (1774-1840),
le cui pitture di paesaggi riflettono lo stato d'animo della lirica romantica
del tempo, a noi familiare soprattutto attraverso i Lieder di Schubert. Il
quadro, di un tetro scenario montano [326] può anche ricordarci lo spirito

326. Caspar David
Friedrich, *Paesaggio
montano in Slesia*,
1815-1820 ca, olio
su tela, cm 55 × 70.
Monaco, Neue
Pinakothek.

della paesaggistica cinese [98] tanto legata alla poesia. Ma, benché grande e meritato sia stato il successo che alcuni di questi pittori romantici ebbero in vita, oggi riteniamo che si procacciassero una fama meno caduca quanti, seguendo le orme di Constable, invece di evocare stati d'animo poetici tentarono di esplorare il mondo visibile.

François-Joseph Heim, *La nuova funzione delle mostre ufficiali: Carlo X di Francia distribuisce i premi al "Salon" parigino del 1824*, 1825-1827.

25

LA RIVOLUZIONE PERMANENTE
L'Ottocento

Quella che ho chiamato frattura della tradizione, corrispondente al periodo della Rivoluzione francese, doveva fatalmente mutare le condizioni di vita e di lavoro degli artisti. Le accademie e le esposizioni, i critici e gli intenditori avevano fatto del loro meglio per introdurre una distinzione fra l'Arte con l'A maiuscola e il puro mestiere, fosse questo del pittore o dell'architetto. Ora le basi che avevano sorretto l'arte fin dalle origini venivano minate per un altro verso. La rivoluzione industriale cominciava a distruggere le tradizioni stesse dell'artigianato, ormai sostituito dalla produzione meccanica; alla bottega succedeva la fabbrica.

I risultati più immediati di questo mutamento furono visibili in architettura, seriamente minacciata dalla mancanza di una salda competenza artigiana, e insieme dalla strana accentuazione dell'esigenza dello "stile" e della "bellezza". Sorsero più edifici nell'Ottocento che non in tutti i periodi precedenti messi insieme. Era il tempo della vasta espansione urbanistica in Europa e in America, che trasformò vaste distese di campagna in agglomerati urbani. Ma quest'epoca di instancabile attività edilizia non ebbe un suo stile proprio. Le regole dei prontuari e dei manuali, utilissime fino al periodo georgiano, venivano ormai scartate come troppo semplicistiche, troppo poco artistiche. L'uomo d'affari o la giunta municipale che progettavano una nuova fabbrica, una stazione ferroviaria, un edificio scolastico o un museo pretendevano l'Arte in cambio del loro denaro. Perciò, soddisfatti gli altri requisiti, si chiedeva all'architetto di fare una facciata in stile gotico, o di dare all'edificio l'apparenza di un castello normanno, di un palazzo del Rinascimento o, magari, di una moschea orientale. Certe convenzioni venivano più o meno rispettate, ma la questione restava la stessa. Le chiese si costruivano generalmente in stile gotico, perché era stato lo stile dominante nella cosiddetta "età della Fede". Si riteneva perlopiù adatto ai teatri lo scenografico stile barocco, mentre a palazzi e a ministeri sembravano conferire maggior dignità le forme solenni del Rinascimento italiano.

Sarebbe ingiusto credere che nell'Ottocento non esistessero architetti di genio. Indubbiamente ve ne furono, ma il momento non era favorevole. Quanto più diligentemente si sforzavano di imitare gli stili del passato, tanto meno i loro edifici avevano probabilità di adattarsi agli scopi cui erano

destinati. Se poi si inducevano a trascurare con disinvoltura le convenzioni dello stile adottato, il risultato non era meno infelice. Alcuni architetti
ottocenteschi riuscirono a trovare una via di mezzo fra le due alternative,
creando opere che non sono né falsi antichi né capricciose invenzioni. Sono
edifici ormai tipici delle città in cui sorgono, e si è finito con l'accettarli
quasi come parte dello scenario naturale. Così, per esempio, il Parlamento di
Londra [327], la cui storia illustra bene le difficoltà tra cui dovettero lavorare
gli architetti del tempo. Quando il vecchio palazzo venne distrutto dalle
fiamme nel 1834, fu bandito un concorso e la scelta della giuria cadde sul
progetto di Sir Charles Barry (1795-1860), un esperto dello stile rinascimentale. Ma si pensò che, essendo radicati i diritti civili inglesi nelle conquiste
del medioevo, era giusto e doveroso che il sacrario della libertà britannica
venisse edificato in stile gotico. Era un punto di vista, fra l'altro, ancora
universalmente accettato quando, dopo la Seconda guerra mondiale, venne
discussa la ricostruzione della Camera dei Comuni distrutta dai bombardieri
tedeschi. Barry dovette quindi ricorrere ai consigli di un esperto del gotico,
Augustus W.N. Pugin (1812-1852), un caloroso difensore della reviviscenza

327. Charles Barry
e Augustus Welby
Northmore Pugin,
Il Parlamento a Londra,
1835.

gotica. La loro collaborazione procedette più o meno così: a Barry erano affidate la struttura generale e la disposizione delle parti architettoniche, mentre Pugin si occupava della decorazione della facciata e dell'interno. Un modo di procedere in apparenza poco soddisfacente, ma il risultato non fu del tutto negativo. Vista da lontano, attraverso le nebbie londinesi, l'opera di Barry non manca di una certa dignità e, da vicino, i particolari gotici conservano ancora qualcosa del loro fascino romantico.

Nella pittura e nella scultura le convenzioni dello stile hanno una parte meno importante, e si potrebbe quindi pensare che la frattura della tradizione le pregiudicasse meno. Ma non fu così. La vita di un artista non era mai stata scevra di ostacoli e di ansietà, ma certo nei "bei tempi antichi" nessun artista era costretto a domandarsi perché mai fosse venuto al mondo. Il suo lavoro era ben definito quanto qualsiasi altro. C'erano sempre pale d'altare e ritratti da dipingere; la gente voleva quadri da appendere nei salotti oppure ordinava affreschi per le dimore di campagna. In tutti questi casi l'artista lavorava su falserighe prestabilite. Consegnava i prodotti che il mecenate si aspettava. È vero che poteva anche produrre opere prive di valore oppure opere di tale eccellenza da fare ormai considerare l'incarico come l'occasione del capolavoro. Ma la sua posizione nella vita era più o meno sicura. Fu appunto questo senso di sicurezza che gli artisti smarrirono nell'Ottocento. La frattura della tradizione aveva aperto uno sterminato campo di possibilità: stava a loro decidere se volevano dipingere paesaggi o scene drammatiche del passato, scegliere passi di Milton o classici per i loro soggetti, adottare la maniera misurata della reviviscenza classica di David o quella fantastica dei maestri romantici. Tuttavia, tanto maggiore era il campo delle possibili scelte e tanto più improbabile diventava la coincidenza del gusto dell'artista con quello del pubblico. Chi compra quadri, in genere, ha qualche preferenza: vuole un'opera che somigli a un'altra opera vista altrove. Nel passato questa richiesta veniva soddisfatta facilmente dagli artisti, perché, anche se il loro lavoro differiva assai per qualità intrinseche, le opere di uno stesso periodo avevano molti punti in comune. Ora che questa unità tradizionale era scomparsa, i rapporti dell'artista con il mecenate erano sovente tesi. Il gusto del mecenate aveva un certo orientamento e l'artista non si sentiva di soddisfarlo. Se vi era costretto per bisogno, sentiva di fare concessioni e perdeva la stima di sé oltre al rispetto degli altri. Se decideva di seguire solo l'intima voce della sua coscienza, escludendo ogni ordinazione inconciliabile con la sua idea dell'arte, correva il rischio di morire letteralmente di fame. Così nell'Ottocento si scavò un profondo solco fra gli artisti che per temperamento o convinzione si sentivano di ubbidire alle convenzioni in voga e di soddisfare le esigenze del pubblico, e quanti traevano un motivo di fierezza dal loro volontario isolamento. A peggiorare la situazione, la rivoluzione industriale e la decadenza dell'artigianato, il sorgere di un nuovo ceto medio che perlopiù mancava di tradizioni e lo smercio di prodotti volgari e a buon mercato gabellati per "arte" avevano determinato nel pubblico una decadenza del gusto.

Fra artisti e pubblico la sfiducia era reciproca. Agli occhi del prospero uomo d'affari, l'artista era poco meno di un impostore che chiedeva prezzi assurdi per un lavoro che quasi non si poteva chiamare serio. Fra gli artisti, d'altronde, divenne passatempo preferito "scandalizzare i borghesi" sicuri di sé, lasciandoli perplessi e confusi. Gli artisti cominciavano a considerarsi una razza a parte, si lasciavano crescere folte chiome e barbe, vestivano di velluto o di fustagno, portavano cappelli a larga tesa e cravatte svolazzanti, accentuando perlopiù il loro disprezzo per le convenzioni "rispettabili". Questo stato di cose non era ragionevole, ma, forse, era inevitabile. E bisogna riconoscere che, per quanto la carriera dell'artista fosse disseminata di insidie, la nuova situazione aveva i suoi vantaggi. Le insidie sono evidenti: l'artista che si vendeva, adulando il cattivo gusto degli ignoranti, era perduto. Così pure l'artista che drammatizzava la propria situazione ritenendosi un genio per la sola ragione di non trovare acquirenti. Ma la situazione appariva disperata solo ai caratteri deboli; infatti il vasto campo delle possibili scelte e l'indipendenza dai capricci del mecenate (raggiunta a così caro prezzo) offrivano anche i loro vantaggi. Forse per la prima volta si capì che l'arte è il miglior mezzo per esprimere l'individualità, purché l'artista abbia un'individualità da esprimere.

Per molti questo può suonare paradossale. Molti considerano che ogni arte sia un mezzo di "espressione", e fino a un certo punto hanno ragione. Ma la questione non è così semplice come a volte può apparire. È ovvio che un artista egizio aveva poche probabilità di poter esprimere la propria personalità. Le norme e le convenzioni stilistiche erano così rigide che gli rimaneva uno scarso margine di libertà. E dove non c'è libertà non c'è espressione. Un semplice esempio potrà essere d'aiuto. Se diciamo che una donna "esprime la sua personalità" nel modo di vestire, vogliamo dire che la scelta che ella fa ne dimostra il gusto e la fantasia. Osserviamo un'amica che acquista un cappello e tentiamo di scoprire perché ne sceglie uno e scarta l'altro. La sua scelta è sempre in funzione di come ella si vede e desidera che gli altri la vedano e ci dice qualcosa sulla sua personalità. Se dovesse indossare una uniforme, forse ci sarebbe ancora una possibilità di "espressione", ma evidentemente assai minore. Lo stile è appunto un'uniforme. Sappiamo che col progredire del tempo il margine di libertà concesso all'artista si è andato allargando, mentre si arricchivano i mezzi con cui l'artista stesso poteva esprimere la propria personalità. Tutti possono vedere che fra' Angelico era un uomo assai diverso da Masaccio, e che Rembrandt era di carattere ben diverso da Vermeer van Delft. Eppure nessuno di questi artisti scelse deliberatamente uno stile al fine di esprimere la propria personalità. Essi lo trovarono naturalmente, così come noi ci esprimiamo in tutto ciò che facciamo, accendendo la pipa o rincorrendo un autobus. L'idea che il vero fine dell'arte sia l'espressione della personalità poteva solo affermarsi quando l'arte si fosse liberata di ogni altro fine. Comunque, dato lo sviluppo preso dagli avvenimenti, si trattava di un'affermazione vera e valida, poiché ciò che la gente interessata all'arte cominciò a cercare nelle esposizioni e negli studi non fu più la rivelazione di una comune abilità (ormai troppo comune per interessare ancora) ma il contatto con uomini con cui valesse la pena di conversare, uomini la cui opera testimoniasse di una sincerità incorruttibile, artisti che non si accontentassero di effetti d'accatto, incapaci di stendere una pennellata senza una reale necessità artistica. Sotto questo punto di vista la storia della pittura ottocentesca è del tutto diversa dalla storia dell'arte quale si era svolta fino a quell'epoca. Nei periodi precedenti, infatti, erano di solito i maestri più importanti, artisti di eccezionale talento, che avevano incarichi di grande responsabilità e la cui fama quindi si spargeva. Basterebbe fare i nomi di Giotto, Michelangelo, Holbein, Rubens o anche Goya. Ciò non significava che tutto andasse sempre per il meglio o che un pittore ricevesse immancabilmente in patria i dovuti onori, ma in genere gli artisti e i loro clienti condividevano taluni presupposti e di conseguenza erano anche d'accordo su quanto costituiva l'*optimum*. Fu solo nell'Ottocento che si aprì un vero e proprio abisso tra gli artisti di successo (che contribuivano all'"arte ufficiale") e gli anticonformisti, apprezzati in genere solo dopo la morte. Il risultato costituisce uno strano paradosso. Perfino oggi ci sono pochi specialisti che abbiano una vasta conoscenza dell'"arte ufficiale" del XIX secolo. È vero che a molti di noi sono familiari alcuni dei suoi prodotti, i monumenti dedicati a uomini illustri sulle pubbliche piazze, le pitture murali nei municipi e le vetrate nelle chiese e negli edifici scolastici, ma per la maggior parte di noi hanno assunto un aspetto talmente anacronistico che non li degniamo della nostra attenzione, al pari delle stampe tratte dai quadri un tempo celebrati nelle esposizioni quando ci accade di trovarle appese nei saloni di alberghi antiquati.

Forse c'è una ragione per questa disattenzione diffusa. Nel discutere il ritratto, fatto da Copley, di Carlo I che affronta il parlamento [315], ho fatto notare come il suo sforzo di rendere con la massima precisione un momento drammatico della storia lasciasse un'impressione durevole, e come per un intero secolo tanti artisti si siano così adoperati nel dipingere quadri storici di maniera con celebri uomini del passato – Dante, Napoleone o George Washington – in qualche svolta cruciale della loro esistenza. Avrei potuto aggiungere che tali pitture scenografiche riscuotevano generalmente un grande successo presso il pubblico, anche se in breve persero il loro fascino. Le nostre idee sul passato tendono a cambiare molto in fretta. Le scene e i costumi elaborati appaiono ben presto poco convincenti, e la magniloquenza dei gesti risulta gigionesca. È assai probabile che in futuro questi artisti saranno rivalutati e sarà di nuovo possibile discernere tra chi è inequivocabilmente mediocre e chi è degno di attenzione, perché, contrariamente a quanto si tende a credere oggi, è evidente che non tutto era vacuo e convenzionale nelle loro opere. Ciò nonostante, si riterrà forse sempre, e giustamente, che da questa grande rivoluzione in poi la parola "arte" abbia assunto per noi un diverso significato e che la storia dell'arte nell'Ottocento non potrà mai divenire la storia dei maestri più contesi o meglio pagati del tempo, bensì quella di un gruppetto di uomini isolati che ebbero il coraggio e la tenacia di essere anticonformisti e di vagliare criticamente e senza timore le convenzioni allora predominanti, creando nuove possibilità alla loro arte.

Teatro di questi drammatici scontri fu il mondo artistico di Parigi, poiché nell'Ottocento Parigi era diventata un centro artistico su per giù come la Firenze del Quattrocento e la Roma del Seicento: attirava da tutto il mondo giovani desiderosi di studiare con i maggiori maestri e, soprattutto, di partecipare alle discussioni che fervevano nei caffè di Montmartre, dove a poco a poco si andavano formulando le nuove teorie sull'arte.

Il più importante pittore con tendenze conservatrici della prima metà dell'Ottocento fu Jean-Auguste-Dominique Ingres (1780-1867), allievo e seguace di Jacques-Louis David, di cui condivideva l'ammirazione per lo stile epico dell'antichità classica. Egli non si stancava di ammonire sulla necessità della più rigorosa precisione nello studio del vero e disprezzava l'improvvisazione e il disordine. La figura 328 mostra la sua maestria nel modellare le forme, e la nitidezza e l'armonia della composizione. È facile comprendere il motivo per cui molti invidiavano a Ingres la padronanza tecnica e lo stimavano anche quando ne disapprovavano le convinzioni, ma è altrettanto comprensibile che i contemporanei più sensibili ritenessero insopportabile tanta levigata perfezione.

Gli oppositori di Ingres esaltavano invece Eugène Delacroix (1798-1863), che apparteneva alla lunga serie di grandi rivoluzionari nati nel Paese stesso delle rivoluzioni. Carattere complesso, di vasti e mutevoli interessi, ci ha lasciato un bel diario che ci fa comprendere come egli non aspirasse a essere ritenuto un ribelle fanatico. Se assunse tale ruolo fu perché non poteva accettare i canoni accademici. Non tollerava i verbosi richiami ai greci e ai romani, l'importanza eccessiva attribuita al disegno esatto e la costante imitazione delle statue classiche. Riteneva che, in pittura, il colore fosse più importante del disegno, e la fantasia della tecnica. Mentre Ingres e la sua scuola coltivavano la maniera magniloquente e ammiravano Poussin e Raffaello, Delacroix scandalizzava gli intenditori preferendo i veneti e Rubens. Era stanco dei soggetti dotti che l'accademia voleva fare illustrare ai pittori, e andò nell'Africa settentrionale, nel 1832, a studiare i colori smaglianti e gli ornamenti romantici del mondo arabo. Quando vide i cavalli in

328. Jean-Auguste-Dominique Ingres, *La bagnante*, 1808, olio su tela, cm 146 × 97,5. Parigi, Louvre.

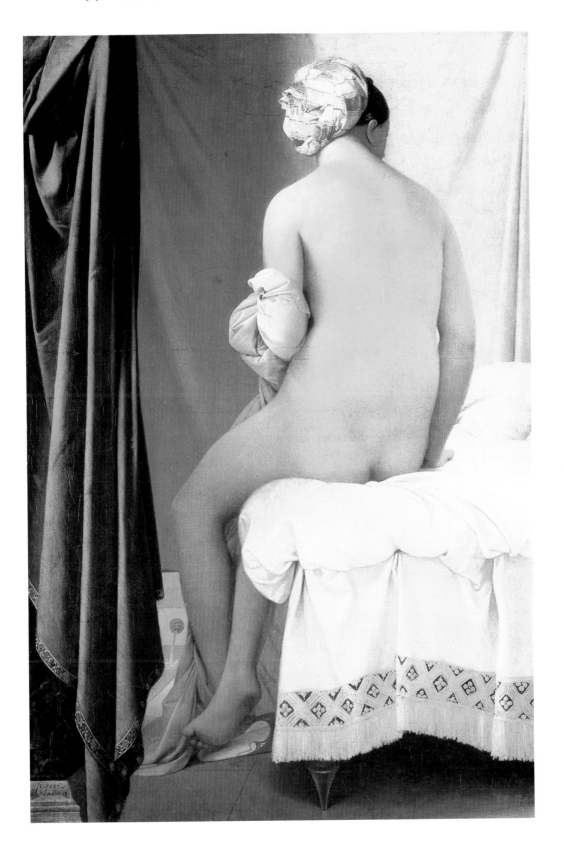

combattimento a Tangeri annotò nel diario: "Fin dall'inizio si impennarono e si batterono con una furia che mi fece tremare per i cavalieri, ma magnifica da dipingere. Sono sicuro di avere assistito a una scena straordinaria e fantastica, come quelle che... avrebbe potuto immaginare Rubens". La figura 329 mostra uno dei frutti del suo viaggio. Ogni particolare del quadro è una negazione di tutto ciò che avevano predicato pittori come David e Ingres. Non c'è traccia, in esso, di contorni nitidi, i nudi non sono modellati in toni accuratamente graduati di chiaroscuro, non ci sono preoccupazioni di equilibrio o di moderazione, e il soggetto non è né patriottico né edificante. Il pittore vuole soltanto farci partecipare a uno stato d'animo concitato e teso, farci sentire con lui il piacere di quel dinamismo e di quella drammaticità, dalla cavalleria araba che avanza al bel purosangue che si impenna in primo piano. Fu Delacroix a decretare il successo del quadro di Constable a Parigi [325], per quanto, data la sua personalità e la sua predilezione per i soggetti romantici, egli fosse più affine a Turner.

Sia come sia, sappiamo che Delacroix ha veramente ammirato un paesaggista francese della sua generazione la cui arte si può dire che abbia gettato un ponte fra queste contrastanti visioni della natura. Si tratta di Jean-Baptiste Camille Corot (1796-1875). Come Constable, Corot era partito con la determinazione di rendere il reale quanto più fedelmente possibile, ma la verità

329. Eugène Delacroix, *Carica della cavalleria araba*, 1832, olio su tela, cm 60 × 73. Montpellier, Musée Fabre.

330. Jean-Baptiste Camille Corot, *I giardini di Villa d'Este a Tivoli*, 1843, olio su tela, cm 43,5 × 60,5. Parigi, Louvre.

che voleva catturare era un po' diversa. La figura 330 mostra che, per rendere la calura e l'immobilità di un giorno d'estate nel Sud, egli non si concentrò tanto sui particolari quanto sull'insieme formale e tonale dei temi.

Si dà il caso che circa cent'anni prima anche Fragonard avesse scelto un soggetto dai giardini di Villa d'Este, vicino a Roma [310], e varrebbe la pena soffermarsi un momento e mettere a confronto queste e altre immagini, tanto più che la pittura di paesaggio stava affermandosi come genere dominante nell'arte del XIX secolo. Fragonard, è chiaro, prediligeva la varietà, mentre Corot cercava una chiarezza e un equilibrio tali da farci pensare vagamente a Poussin [254] e a Claude Lorrain [255], ma la radianza della luce e dell'atmosfera che pervade la pittura di Corot è ottenuta con mezzi ben differenti. Qui il paragone con Fragonard può di nuovo venirci in aiuto, perché la tecnica di Fragonard lo obbligava a concentrarsi sull'accurata gradazione del tono. Come disegnatore, tutto quanto aveva a disposizione era il bianco della carta e alcune sfumature di marrone; ma guardate, per esempio, la parete in primo piano e vedrete come questa basti a esprimere il contrasto fra ombra e luce solare. Corot ottenne effetti simili usando la tavolozza, e i pittori sanno bene che non è facile. La ragione è che sovente il colore entra in conflitto con le gradazioni tonali sulle quali poteva contare Fragonard.

È il caso di ricordare il consiglio che Constable ricevette, e respinse, di mettere in primo piano un pastoso marrone come avevano fatto Claude Lorrain e altri pittori. Quest'opinione convenzionale si basava sull'osservazione che i verdi accesi tendono a cozzare contro altri colori. Per quanto fedele una fotografia possa apparire ai nostri occhi (come la figura 302), i suoi colori intensi avrebbero senz'altro un impatto negativo su quella delicata gradazione tonale che servì anche a Caspar David Friedrich [326] per ottenere un effetto di distanza. E se guardiamo al *Carro di fieno* di Constable [325], constateremo che anche lui mutò il colore del primo piano e del fogliame per fedeltà a un'uniformità tonale. Corot sembra avere catturato la luce radiante e la foschia della scena con rinnovati mezzi della sua tavolozza. Si è tenuto all'interno di una gamma grigio-argento che non inghiotte i colori ma li collega armoniosamente senza che la verità oggettiva venga sacrificata. Sì, come Lorrain e come Turner, non esitò mai a popolare la scena con figure del passato classico o biblico, e fu proprio questa inclinazione poetica ad assicurargli un giorno la sua fama internazionale.

La serena maestria di Corot fu amata e ammirata anche dai suoi colleghi più giovani, che però non vollero seguirlo su questa strada. Infatti la rivoluzione successiva prese di mira soprattutto le convenzioni che reggevano la scelta del soggetto. Nelle accademie prevaleva ancora l'idea che pitture dignitose dovessero rappresentare personaggi dignitosi, e che lavoratori o contadini fossero soggetti adatti soltanto alle pitture di genere, secondo la tradizione dei maestri dei Paesi Bassi. Al tempo della rivoluzione del 1848, un gruppo di artisti si riunì nel villaggio di Barbizon in Francia per seguire il programma di Constable e guardare con occhio nuovo la natura. Uno di essi, Jean-François Millet (1814-1875), decise di estendere il proprio programma passando dai paesaggi alla figura. Volle dipingere scene di vita contadina così com'è in realtà, dipingere uomini e donne al lavoro nei campi. È curioso pensare che questo potesse sembrare rivoluzionario, ma nell'arte del passato i contadini in genere apparivano solo comici sempliciotti, come li aveva raffigurati Bruegel [246]. La figura 331 rappresenta il famoso quadro di Millet *Le spigolatrici*. Non accade in esso nulla di drammatico né di aneddotico. Sono soltanto tre persone, né belle né aggraziate, intente al loro duro lavoro in una pianura dove ferve il raccolto. Non v'è alcuna suggestione idillica e campestre in questo quadro. Le contadine, tutte prese dal lavoro, hanno movimenti lenti e pesanti. Millet ha fatto di tutto per accentuare le loro corporature quadrate e solide e i loro atteggiamenti decisi, modellandone con fermezza la semplice linea contro la pianura soleggiata. Così queste tre contadine furono investite di una dignità più naturale e convincente di quella degli eroi accademici. La disposizione, che a prima vista pare casuale, ribadisce questa impressione di tranquillo equilibrio. C'è un calcolato ritmo nel movimento e nella distribuzione delle figure che

331. Jean-Francois Millet, *Le spigolatrici*, 1857, olio su tela, cm 84 × 111. Parigi, Musée d'Orsay.

dà stabilità all'intero disegno e ci fa sentire come il pittore considerasse il raccolto una scena allusiva e solenne.

Fu il pittore Gustave Courbet (1819-1877) a dare il nome a questo movimento. Aprendo una mostra personale in un baraccone, a Parigi, nel 1855, la intitolò "Le réalisme, G. Courbet". Il suo "realismo" avrebbe segnato una rivoluzione nell'arte. Courbet non voleva essere allievo di nessuno se non della natura. In certo modo il suo carattere e il suo programma erano affini a quelli del Caravaggio [252]. Non voleva grazia, ma verità. Egli si è rappresentato in cammino attraverso la campagna con i suoi attrezzi da pittore sulla schiena, rispettosamente salutato dal suo amico e mecenate [332]. Intitolò il quadro *Bonjour, Monsieur Courbet*. A chi era abituato ai quadri d'effetto dell'arte accademica, questo doveva apparire decisamente puerile. Non ci sono pose aggraziate, né linee fluenti, né colori che colpiscano l'occhio. A paragone di questa sprovveduta disposizione, perfino la composizione di *Le spigolatrici* di Millet sembra calcolata. L'idea che un pittore si rappresentasse in maniche di camicia, come un vagabondo, doveva sembrare oltraggiosa ai pittori "rispettabili" e al loro seguito. Era questa, a ogni modo, l'impressione che Courbet voleva suscitare. Voleva che i suoi quadri fossero una protesta contro le convenzioni correnti del tempo, che scandalizzassero il borghese pieno di sufficienza, che proclamassero il valore dell'intransigenza e della spontaneità artistica contro l'abile rimaneggiamento dei paradigmi tradizionali. Indubbiamente i quadri di Courbet sono sinceri. "Spero" egli scrisse in una significativa lettera del 1854 "di guadagnarmi sempre da vivere con la mia arte senza deviare mai di un filo dai miei principi, senza mentire alla mia coscienza un solo istante, senza dipingere nemmeno un palmo di tela per compiacere qualcuno o per vendere più facilmente". La deliberata rinuncia di Courbet agli effetti facili e la sua decisione di rendere il mondo così come lo vedeva incoraggiarono molti a liberarsi dai pregiudizi e seguire soltanto la voce della coscienza artistica.

La stessa preoccupazione di spontaneità, lo stesso disprezzo per la teatrale pretenziosità dell'arte ufficiale che condusse il gruppo dei pittori di Barbizon e Courbet verso il "realismo" indusse un gruppo di pittori inglesi a prendere una strada ben diversa. Essi meditarono le cause per cui l'arte si era impigliata in una secca così pericolosa. Sapevano che le accademie pretendevano di rappresentare la tradizione di Raffaello e ciò veniva chiamata la "Grande Maniera". Se ciò era vero, l'arte doveva aver infilato una svolta sbagliata con Raffaello, che insieme ai suoi seguaci aveva esaltato l'"idealizzazione" della natura e il sacrificio della realtà in nome della bellezza. Se l'arte doveva essere riformata, era necessario risalire oltre Raffaello, al tempo in cui gli artisti erano artefici "probi agli occhi di Dio", facevano del loro meglio per copiare la natura, senza preoccuparsi della gloria terrena ma solo della gloria divina. Pensando che l'arte si fosse inquinata con Raffaello e che

332. Gustave Courbet, *L'incontro*, o *"Bonjour, Monsieur Courbet"*, 1854, olio su tela, cm 129 × 149. Montpellier, Musée Fabre.

stesse a loro di tornare all'"età della Fede", questo gruppo di amici si chiamò "Confraternita preraffaellita". Uno dei membri di maggior talento, Dante Gabriele Rossetti (1828-1882), era figlio di un profugo italiano. La figura 333 mostra la sua Annunciazione, un tema che generalmente veniva rappresentato secondo i modelli medievali, del tipo della figura 141. L'intenzione di Rossetti di risalire allo spirito dei maestri medievali non significava che egli volesse imitarne i quadri. Desiderava emularne l'atteggiamento, leggere la narrazione evangelica con cuore devoto, e vedersi davanti la scena dell'angelo che appare alla Vergine e la saluta, mentre ella, "turbata alle sue parole... si domandava cosa potesse significare quel saluto" (*Luca* 1, 29). Vediamo come Rossetti tendesse alla semplicità e alla schiettezza in questa nuova maniera, e quanto grande fosse il suo desiderio di farci vedere con occhi nuovi l'antica storia. Ma, nonostante tutti i suoi propositi di rendere la natura con la fedeltà degli ammirati quattrocentisti fiorentini, a qualcuno potrà sembrare che la Confraternita preraffaellita si prefiggesse uno scopo irraggiungibile. Un conto è ammirare la fede candida dei cosiddetti primitivi (come stranamente venivano allora chiamati i pittori del Quattrocento), e un conto è tender[vi] personalmente. È una virtù che nemmeno la miglior volontà del mondo può aiutarci a raggiungere. Così, se il punto di partenza era simile a quello di Millet e Courbet, il loro onesto proposito li cacciò in un vicolo cieco. Il desiderio di purezza da parte di maestri dell'età vittoriana era troppo contraddittorio in sé per avere successo. La speranza dei loro contemporanei francesi di esplorare il mondo visibile si rivelò assai più feconda per la generazione seguente.

La terza ondata rivoluzionaria in Francia (dopo la prima di Delacroix e la seconda di Courbet) fu iniziata da Édouard Manet (1832-1883) e dai suoi amici, che prendevano molto sul serio il programma di Courbet. Essi stavano in guardia contro le convinzioni pittoriche ormai trite e senza senso, e scoprirono che la pretesa dell'arte tradizionale di aver scoperto il modo di rappresentare la natura, così come la vediamo, era tutta basata su un malinteso. Concedevano, tutt'al più, che l'arte tradizionale avesse trovato un mezzo di rappresentare uomini o oggetti in condizioni quanto mai artificiali. I pittori facevano posare i modelli nei loro studi dove la luce entra dalla finestra e usavano il lento trapasso dalla luce all'ombra per suggerire l'idea del volume e della consistenza. Gli studenti delle accademie erano allenati fin da principio a basare i loro quadri su questo gioco di chiaroscuro. Dapprima in genere disegnavano ispirandosi a calchi di statue antiche, ombreggiando con cura la loro copia per ottenere intensità diverse di chiaroscuro. Imparato l'espediente, lo applicavano a qualunque oggetto. Il pubblico si era tanto abituato a vedere le cose rappresentate a questo modo che aveva dimenticato come all'aria aperta non sia possibile cogliere le gradazioni di passaggio tra l'ombra e la luce. Alla luce del sole i contrasti sono netti. Gli oggetti,

333. Dante Gabriele Rossetti, *Ecce Ancilla Domini*, 1849-1850, olio su tela, montato su legno, cm 73 × 42. Londra, Tate Gallery.

tolti dall'atmosfera artificiale dello studio, non appaiono a tutto tondo e modellati come i calchi delle opere antiche. Le parti illuminate sono assai più brillanti che non nello studio, e anche le ombre non sono così uniformemente grigie o nere, dato che la luce, riverberandosi dagli oggetti circostanti, influisce sul colore delle parti in ombra. Se ci affidiamo ai nostri occhi, e non al pregiudizio di come gli oggetti *dovrebbero* apparire secondo le regole accademiche, faremo scoperte emozionanti. Non sorprende che, sulle prime, tali idee fossero considerate stravaganti. Abbiamo visto, lungo tutto il corso della storia dell'arte, che siamo propensi a giudicare i quadri più da ciò che *sappiamo* che da ciò che *vediamo*. Ricordiamo come gli egizi trovassero inconcepibile rappresentare una figura senza mostrarne ogni parte sotto la visuale più caratteristica. *Sapevano* come "appariva" un piede, un occhio o una mano, e combinavano insieme parti diverse per formare un uomo completo. Rappresentare una figura con un braccio nascosto alla vista o un piede deformato dallo scorcio sarebbe parso loro assurdo. Non dimentichiamo che furono i greci a superare questo pregiudizio, introducendo lo scorcio [49], e che l'importanza della conoscenza riprese nuovamente il primo posto nell'arte protocristiana e medievale [87], per restarvi fino al Rinascimento. Anche allora l'importanza di conoscere teoricamente come il mondo *sarebbe dovuto* apparire fu piuttosto accentuata che attenuata dalle scoperte della prospettiva scientifica e dall'attenzione posta all'anatomia. I grandi artisti dei successivi periodi furono in grado, grazie a continue scoperte, di creare una rappresentazione persuasiva del mondo visibile; nessuno, però, aveva seriamente contestato la credenza per cui ogni oggetto ha nella natura quella forma e quel colore ben definiti e determinati che la pittura doveva chiaramente rendere. Si può dire dunque che Manet e i suoi seguaci provocarono nella cromatica una rivoluzione paragonabile quasi alla rivoluzione apportata dai greci al trattamento delle forme. Scoprirono che, guardando la natura all'aria aperta, noi non vediamo oggetti singoli, ciascuno con il suo colore, ma piuttosto una gaia mescolanza di toni che si fondono nel nostro occhio, o meglio, nella nostra mente.

Queste scoperte non furono tutte opera di un solo uomo. Però anche le prime pitture di Manet, in cui veniva abbandonato il metodo tradizionale dell'ombreggiatura morbida per forti e aspri contrasti, suscitarono le proteste degli artisti conservatori. Nel 1863 i pittori accademici rifiutarono di ammettere i suoi lavori al Salon. Ne seguì una tale agitazione da indurre le autorità a esporre le opere condannate dalla giuria in una mostra speciale detta "Salon des Refusés". Il pubblico vi accorse soprattutto per deridere i poveri novizi delusi che si erano ribellati al verdetto dei maggiori. Questo episodio fu il primo atto di una battaglia destinata a imperversare per circa trent'anni. È difficile per noi immaginare la violenza di queste polemiche fra artisti e critici, tanto più che i dipinti di Manet ci colpiscono ora per la loro essenziale conformità alla tradizione dei grandi maestri del passato come Frans Hals [270]. Anzi, Manet negava energicamente di voler essere un rivoluzionario. Egli cercava decisamente l'ispirazione nella grande tradizione dei maestri del pennello che i preraffaelliti avevano rifiutato, la tradizione iniziata dai grandi veneziani Giorgione e Tiziano e portata avanti con successo in Spagna da Velázquez [263-267] e via via fino all'Ottocento da Goya. Era stato evidentemente uno dei quadri di Goya [317] che lo aveva spronato a riprodurre un gruppo analogo su un balcone e ad analizzare il contrasto tra la luce piena dell'aria aperta e l'oscurità che inghiottisce le forme in un interno [334]. Ma Manet nel 1869 spinse la sperimentazione molto più avanti di quanto avesse fatto Goya sessant'anni prima. A differenza delle sue, le teste delle signore non sono modellate alla maniera tradizionale, come possiamo vedere paragonandole alla *Monna Lisa* di Leonardo[193], al ritratto della figlia di Rubens [257] o a *Miss Haverfield* di Gainsborough [306]. Per diversi che fossero i loro metodi, tutti questi pittori volevano dare il senso della solidità dei corpi, e vi riuscirono attraverso il gioco del chiaroscuro. In confronto, le teste di Manet sembrano piatte. La signora nello sfondo non ha nemmeno un naso correttamente disegnato. Possiamo ben capire che a quanti ignoravano le intenzioni di Manet questo procedimento poteva sembrare frutto di pura ignoranza. In realtà, però, all'aria aperta e in piena luce diurna le forme rotonde *appaiono* talvolta piatte, come semplici macchie di colore. Manet voleva approfondire proprio questi effetti. Ne viene di conseguenza che quando ci troviamo dinanzi a uno dei suoi quadri, esso ci appare più vivido di qualsiasi opera di un maestro antico. Abbiamo l'illusione di trovarci faccia a faccia con questo gruppo al balcone. L'impressione dell'insieme non è di piattezza, anzi, al contrario, di reale profondità. Una delle ragioni di questo effetto sorprendente è il colore ardito della ringhiera, dipinta in un verde smagliante, che taglia la composizione senza alcun riguardo alle tradizionali regole degli accordi

334. Edouard Manet, *Il balcone*, 1868-1869, olio su tela, cm 169 × 125. Parigi, Musée d'Orsay.

cromatici. Ne risulta che questa ringhiera sembri stagliarsi vigorosamente dinanzi alla scena, che così affonda dietro di essa.

Le nuove teorie non riguardavano soltanto il trattamento dei colori all'aria aperta (*en plein air*) ma anche l'impressione del movimento. La figura 335 mostra una delle litografie di Manet (la litografia è una riproduzione di disegni fatti direttamente sulla pietra, inventata ai primi dell'Ottocento). A prima vista forse non scorgiamo altro che uno scarabocchio confuso: rappresenta però una corsa di cavalli. Manet vuol dare un'impressione di luce, velocità e movimento, accennando a forme emergenti dalla confusione. I cavalli avanzano verso di noi a piena velocità, e le tribune sono fitte di folla eccitata. Questo esempio mostra più chiaramente di ogni altro come Manet, rappresentando le forme, si sottraesse all'influenza di quanto sapeva. Nessuno dei suoi cavalli ha quattro zampe, perché noi non le vedremmo dando uno sguardo rapido a una scena del genere, come non vedremmo i particolari degli spettatori. Circa quattordici anni prima il pittore inglese William Powell Frith (1819-1909) aveva dipinto *Il giorno del Derby* [336], molto popolare nell'epoca vittoriana perché vengono tratteggiati con umorismo dickensiano i vari tipi nella folla, e i vari incidenti della giornata. Simili quadri si godono soprattutto studiando a nostro piacere la composita vivacità di tutte le scenette che possono capitare. Ma dobbiamo renderci conto che nella vita reale tutte queste scene non possono apparirci contemporaneamente. Talvolta non riusciamo a vedere se non una macchia, e tutto il resto ci sembra un miscuglio di forme sconnesse. Possiamo *sapere* che cosa sono, ma non le *vediamo*. La litografia di una corsa di Manet, in questo senso, è assai più fedele al vero che non quella dell'umorista vittoriano. Essa ci trasporta per un attimo nel trambusto e nell'eccitazione della scena di cui il pittore fu testimone e di cui fissò solo quanto poteva garantire di avere veduto in quel preciso istante.

Fra i pittori che si unirono a Manet e collaborarono allo sviluppo di queste idee c'era un giovane povero e tenace di Le Havre, Claude Monet (1840-1926). Monet indusse gli amici ad abbandonare del tutto lo studio e a non dare una sola pennellata se non davanti al *motif*. Aveva fatto adattare a studio una barca per poter osservare le variazioni e gli effetti del paesaggio fluviale. Manet andò a visitarlo, si persuase della serietà dei metodi del giovane pittore, e volle fargli il ritratto mentre lavorava nel suo studio all'aria aperta [337]. È allo stesso tempo un'esercitazione nella nuova maniera propugnata da Monet, poiché l'idea di Monet che ogni pittura della natura debba essere finita sul posto non solo richiedeva un capovolgimento delle abitudini e una rinuncia alle comodità ma doveva fatalmente portare a nuove tecniche. La "natura" ovvero il *motif* muta a ogni istante a mano a mano che una nuvola oscura il sole

335. Edouard Manet, *Le corse a Longchamp*, 1865 ca, litografia, cm 36,5 × 51.

336. William Powell Frith, *Il giorno del Derby*, 1856-1858, olio su tela, cm 102 × 223,5. Londra, Tate Gallery.

o il vento increspa un riflesso nell'acqua. Il pittore che spera di cogliere un aspetto caratteristico non ha agio di mescolare e armonizzare i colori, e tanto meno stenderli a strati su un fondo marrone come facevano i maestri antichi: deve fissarli subito sulla tela a rapidi colpi, non curandosi tanto dei particolari quanto dell'effetto d'insieme. Fu questa mancanza di rifinitura, questa tecnica sommaria che fece perdere le staffe ai critici. Anche quando Manet ebbe ottenuto un certo riconoscimento da parte del pubblico per i suoi ritratti e i suoi gruppi di figure, i più giovani paesisti della cerchia di Monet provarono infinite difficoltà per far accettare le loro eretiche pitture al Salon. Nel 1874 si unirono e allestirono una mostra nello studio di un fotografo. Vi figurava un quadro di Monet che il catalogo definiva *Impression: soleil levant*, ed era una veduta di un porto tra le nebbie mattutine. Uno dei critici trovò particolarmente ridicolo il titolo e parlò dell'intero gruppo come degli "impressionisti". Voleva con ciò dire che i loro quadri non si

337. Edouard Manet, *Monet sulla sua barca mentre dipinge*, 1874, olio su tela, cm 83 × 105. Monaco, Neue Pinakothek.

basavano su una solida conoscenza e che reputavano sufficiente rappresentare un'impressione fuggevole. L'etichetta rimase. Il suo sottinteso ironico venne presto dimenticato, né più né meno del significato deprecativo di termini come "gotico", "barocco" o "manierismo". Dopo un certo tempo gli artisti accettarono di chiamarsi impressionisti, e come tali sono da allora conosciuti. È interessante riscontrare sui giornali del tempo l'accoglienza fatta alle prime esposizioni degli impressionisti. In un settimanale umoristico si leggeva nel 1876:

> La rue Le Peletier è la strada dei disastri. Dopo l'incendio dell'Opéra ecco adesso un'altra calamità. Si è appena aperta da Durand-Ruel un'esposizione che dovrebbe essere di pittura. Entro e i miei occhi inorriditi devono affrontare terribili cose. Cinque o sei pazzoidi, tra cui una donna, si sono riuniti per esporre le loro opere. Ho visto gente torcersi dalle risa davanti a quei lavori, ma a me, vedendoli, sanguinò il cuore. Questi sedicenti artisti si autodefiniscono rivoluzionari, "impressionisti". Pigliano un pezzo di tela, colori e pennello, vi buttano qualche tratto di colore a casaccio e firmano il risultato con il loro nome. È lo stesso senso di costernazione che proveremmo se i ricoverati in manicomio raccogliessero pietre per la strada, convinti di aver trovato diamanti.

Non era soltanto la tecnica pittorica a scandalizzare i critici ma anche il genere dei soggetti. Nel passato ci si aspettava dai pittori la scelta di un angolo di natura che a parere dei più fosse "pittoresco". Pochi si rendevano conto che questa richiesta era piuttosto assurda. Chiamiamo "pittoreschi" certi temi che abbiamo già visto in quadri precedenti. Se i pittori dovessero attenervisi, si ripeterebbero all'infinito. Fu Claude Lorrain a rendere "pittoresche" le rovine romane [255] e Jan van Goyen a trasformare in "motivi" i mulini olandesi [272]. Constable e Turner in Inghilterra avevano scoperto nuovi motivi d'arte. Il *Bastimento nella tempesta* di Turner [323] era tanto nuovo come maniera quanto come soggetto. Claude Monet conosceva le opere di Turner, avendole viste a Londra, dove era rimasto durante la guerra franco-prussiana (1870-1871), e furono esse a rafforzare in lui la convinzione che i magici effetti di luce e di atmosfera contavano in pittura più del soggetto. Comunque, un quadro come quello della figura 338, che rappresenta una stazione ferroviaria di Parigi, parve ai critici una vera impudenza. È l'"impressione" reale di una scena della vita di ogni giorno. A Monet la stazione ferroviaria non interessava in quanto luogo di incontri e di separazioni: lo affascinava l'effetto della luce che entra attraverso la tettoia di vetro per investire le nuvole di vapore e la forma delle locomotive e dei vagoni che emergono dalla confusione. Eppure non c'è nulla di casuale in questa testimonianza oculare del pittore. Monet ha equilibrato toni e colori con la coscienza di qualsiasi paesaggista del passato.

I pittori di questo giovane gruppo di impressionisti applicarono i loro nuovi princípi non solo al paesaggio ma anche a ogni scena della vita quotidiana. La figura 339 mostra un quadro di Pierre Auguste Renoir (1841-1919) che rappresenta un ballo all'aperto a Parigi, dipinto nel 1876. In una scena di questo genere Jan Steen [278] si era preoccupato di raffigurare i vari tipi divertenti. Watteau, nelle sue sognanti scene di feste aristocratiche [298], aveva voluto cogliere l'atmosfera di un'esistenza serena. Qualcosa dell'uno e dell'altro è presente in Renoir. Anch'egli ama cogliere il movimento allegro della folla e si lascia incantare dalla bellezza festosa. Ma il suo interesse principale è un altro: vuole evocare la gaia varietà dei colori brillanti e studiare l'effetto del sole sul turbinio della calca. Anche paragonato alla barca di Monet, dipinta da Manet, questo quadro pare soltanto "abbozzato", non finito. Solo la testa di qualche figura in primo piano è rappresentata con una certa ricchezza di particolari, ma l'insieme è quanto mai anticonformista e ardito. Gli occhi e la fronte della signora seduta scompaiono nell'ombra, mentre il sole le gioca sulla bocca e sul mento. Il suo gaio vestito è dipinto a pennellate sciolte, ancora più ardite di quelle usate da Frans Hals [270] o da Velázquez [267]. Ma queste sono le figure sulle quali concentriamo lo sguardo; dietro, le forme si sciolgono sempre più nell'atmosfera e nella luce solare. Ricordiamo la maniera con cui Francesco Guardi [290] aveva

338. Claude Monet, *La stazione Saint-Lazare*, 1877, olio su tela, cm 75,5 × 104. Parigi. Musée d'Orsay.

339. Pierre Auguste Renoir, *Ballo al Moulin de la Galette*, 1876, olio su tela, cm 131 × 175 Parigi, Musée d'Orsay.

evocato con pochi tratti di colore le figure dei vogatori veneziani. A un secolo di distanza ci riesce arduo capire perché questi quadri destassero una tale tempesta di derisione e indignazione. Comprendiamo subito che, anche se possono sembrare abbozzi, si tratta del risultato di una profonda esperienza pittorica, e non di trascuratezza. Se Renoir avesse dipinto ogni particolare, il quadro sarebbe risultato tedioso e privo di vita. Un conflitto simile, s'è detto, aveva già impegnato gli artisti del Quattrocento non appena si scoprì il modo di rispecchiare la natura: lo stesso può affermarsi del naturalismo e della prospettiva che conferivano alle figure una rigidezza e una legnosità che solo il genio di Leonardo riuscì poi a superare, diluendo le forme nell'oscurità delle ombre grazie al cosiddetto "sfumato" [193, 194]. Ma siccome le ombre scure leonardesche non si presentano all'aria aperta, agli impressionisti si chiuse anche questa strada tradizionale. Quindi, nella loro deliberata erosione dei contorni, dovettero procedere oltre le conquiste delle precedenti generazioni. Sapevano che l'occhio umano è uno strumento meraviglioso: basta dargli il suggerimento giusto e ricostruisce la forma come dev'essere. Ma bisogna saperle guardare, queste pitture. I primi visitatori dell'esposizione impressionista che si imbatterono in tali quadri non vi ravvisarono che una confusione di pennellate arbitrarie e pensarono che i pittori fossero pazzi.

Dinanzi a quadri come quello della figura 340, in cui uno dei più vecchi e metodici sostenitori del movimento, Camille Pissarro (1830-1903), evocava l'"impressione" di un boulevard parigino sotto la luce del sole, questa gente scandalizzata si domandava: "Forse faccio questa figura quando cammino per i boulevard? Perdo le gambe, gli occhi e il naso per trasformarmi in una macchia informe?". Ancora una volta la conoscenza di ciò che *appartiene* a un uomo interferiva nel giudizio su ciò che realmente appare.

Ci volle tempo per far capire al pubblico che, per apprezzare un quadro impressionista, bisogna allontanarsi di qualche passo, e gustare il miracolo di vedere queste macchie enigmatiche prendere forma e animarsi. Questo miracolo, nonché la trasmissione dell'esperienza visiva dal pittore allo spettatore, era il vero scopo dell'impressionismo.

Il nuovo senso di libertà e di potenza che questi artisti provavano doveva certo essere inebriante e doveva ripagarli dell'intensa ostilità e delle molte delusioni subite. All'improvviso il mondo intero offriva soggetti al pennello del pittore. Dovunque l'artista scoprisse una bella combinazione di toni, una configurazione interessante di colori e di forme, un gaio gioco di macchie di sole e di ombre variopinte poteva piantare il cavalletto e tentare di trasferire l'impressione sulla tela. Tutti i vecchi pregiudizi del "soggetto dignitoso", delle "composizioni bene equilibrate", del "disegno esatto" erano accantonati. Solo di fronte alla propria personale sensibilità l'artista era responsabile di quanto dipingeva e di come lo dipingeva. Ripensando a questo accanito contrasto, non è forse così sorprendente che le teorie di questi giovani artisti incontrassero resistenza invece di essere senz'altro accettate. Per quanto tenace e aspra fosse l'incomprensione del pubblico, il trionfo dell'impressionismo fu completo. Alcuni dei "ribelli", specialmente Monet e Renoir, ebbero la ventura di vivere abbastanza a lungo per godere i frutti di questa vittoria e divenire celebri e rispettati in tutta Europa: poterono vedere le loro opere entrare nelle pubbliche gallerie ed essere ambito possesso dei ricchi. Questa metamorfosi inoltre lasciò un segno durevole sia sugli artisti sia sui critici: i critici denigratori avevano dimostrato di non essere infallibili e se essi avessero acquistato le tele oggetto dei loro scherni avrebbero realizzato un capitale. La critica subì quindi una perdita di prestigio da cui non si riebbe più. La battaglia degli impressionisti divenne un mito favoloso per tutti gli artisti innovatori, che potevano sempre fare riferimento a questa clamorosa incapacità da parte del pubblico di comprendere metodi insoliti. In un certo senso tale evidente incapacità è altrettanto importante nella storia dell'arte della definitiva vittoria del programma impressionista. Forse i pittori non avrebbero raggiunto tale vittoria così rapidamente e così pienamente se non avessero avuto due alleati che aiutarono l'uomo

340. Camille Pissarro, *Boulevard des Italiens in un mattino soleggiato*, 1897, olio su tela cm 73 × 92. Washington, National Gallery of Art, Chester Dale Collection.

dell'Ottocento a vedere il mondo con occhio diverso. Uno di questi alleati fu la fotografia, usata soprattutto nei primi tempi per i ritratti. Le pose prolungate erano necessarie, e quanti si facevano fotografare dovevano, per poter stare fermi tanto tempo, assumere un atteggiamento rigido. Lo sviluppo della macchina portatile e dell'istantanea cominciò negli stessi anni in cui nacque la pittura impressionista. La fotografia aiutò a scoprire il fascino delle vedute casuali, prese da un'angolazione inattesa. Inoltre, lo sviluppo della fotografia avrebbe spinto necessariamente gli artisti ancora oltre sulla strada dell'esplorazione e dell'esperimento. Non era più necessario che la pittura adempisse alla stessa funzione che un ritrovato meccanico poteva svolgere meglio e a minor costo. Non dobbiamo scordare che, in passato, la pittura serviva a una quantità di fini utilitari: veniva usata per tramandare le sembianze di un notabile o per fissare la veduta di una villa in campagna. Il pittore era l'uomo capace di vincere la natura transeunte delle cose,

井戸浪の不二

341. Katsushika Hokusai, *Il Fujiyama visto dietro una cisterna*, 1835, matrice in legno dalle Cento vedute del Fujiyama, cm 23 × 15,5.

conservando l'aspetto di qualsiasi essere od oggetto per la posterità. Così non conosceremmo oggi l'aspetto del *didus ineptus* se un pittore secentesco olandese non avesse impiegato la sua perizia a ritrarne un esemplare poco prima che questa specie di uccello si estinguesse. Nell'Ottocento la fotografia stava per assorbire la funzione della pittura, e questo fu un colpo grave per gli artisti quanto l'abolizione delle immagini religiose a opera del protestantesimo. Prima dell'invenzione della fotografia, quasi tutte le persone di un certo rango posavano almeno una volta nella vita per il ritratto. Ora pochi si sottoponevano a un simile sacrificio, se non per aiutare o favorire un amico pittore. Così gli artisti furono costretti a poco a poco a esplorare ambiti inaccessibili alla fotografia. Senza tale sollecitazione l'arte moderna non sarebbe diventata quale oggi si presenta.

Il secondo alleato degli impressionisti, nella loro avventurosa ricerca di motivi nuovi e di nuovi schemi cromatici, furono le stampe colorate giapponesi. L'arte giapponese si era sviluppata sul ceppo di quella cinese, proseguendo sulla stessa falsariga per circa un millennio. Nel Settecento, però, forse sotto l'influsso di stampe europee, gli artisti giapponesi avevano abbandonato i motivi tradizionali dell'arte dell'Estremo Oriente, scegliendo scene della vita del popolo a soggetto delle loro xilografie colorate, di ardita fantasia e di impeccabile perfezione tecnica. Gli intenditori giapponesi non stimavano molto questi prodotti a buon mercato e preferivano l'austera maniera tradizionale. Quando il Giappone fu costretto, alla metà dell'Ottocento, a stabilire relazioni commerciali con l'Europa e l'America, queste stampe furono spesso usate come carta da imballaggio e si trovavano a basso prezzo nelle rivendite di tè. Gli artisti della cerchia di Manet furono i primi ad apprezzarne la bellezza, facendone avidamente collezione. In esse trovavano una tradizione non corrotta dalle regole accademiche e dai cliché da cui i pittori francesi anelavano liberarsi. Le stampe giapponesi li aiutarono a rendersi conto di quel peso di tradizioni europee da cui erano ancora inconsapevolmente aduggiati. I giapponesi si compiacevano di tutti gli aspetti inconsueti del mondo. Il loro maestro Hokusai (1760-1849) rappresentava il Fujiyama visto a caso dietro una cisterna [341]; Utamaro (1753-1806) non esitava a mostrare certe sue figure ritagliate dal margine di una stampa o di una cortina di bambù [342]. Gli impressionisti furono davvero colpiti da questa ardita elusione di una regola così elementare della pittura europea, nella quale essi vedevano l'ultimo rifugio della vecchia supremazia della conoscenza sulla visione. Perché un quadro avrebbe sempre dovuto mostrare una figura intera o almeno la parte rilevante di una figura?

Il pittore più profondamente colpito da tali possibilità fu Edgar Degas (1834-1917). Degas, di alcuni anni più vecchio di Monet e Renoir, apparteneva alla generazione di Manet, e, come lui, si teneva un poco a parte dal gruppo degli impressionisti, per quanto condividesse parecchie loro convinzioni. Degas si interessava appassionatamente di disegno, ed era un

342. Kitagawa Utamaro, *Arrotolare una tendina per vedere la fioritura del susino*, 1800 ca, matrice in legno, cm 20 × 51.

343. Edgar Degas, *Henri Degas e sua nipote Lucie*, 1876, olio su tela, cm 100 × 120. Chicago, The Art Institute of Chicago.

grande ammiratore di Ingres. Nei suoi ritratti [343] voleva dare risalto allo spazio e alla solidità delle forme viste dalle angolazioni più inattese. Ecco perché preferì trarre i suoi soggetti dal balletto piuttosto che dalle scene all'aria aperta. Alle prove egli aveva l'opportunità di osservare i corpi in ogni atteggiamento e da ogni lato. Guardando dall'alto il palcoscenico, poteva vedere le ballerine in azione o in riposo, e studiare la prospettiva complessa e l'effetto dell'illuminazione scenica sulla modellatura delle forme umane. La figura 344 mostra uno dei suoi schizzi a pastello. La disposizione non potrebbe essere, in apparenza, più fortuita; di alcune ballerine vediamo solo le gambe, di altre solo il corpo. Un'unica figura è vista per intero e in una posizione complicata, difficile da decifrare. La vediamo dall'alto, con la testa curva in avanti, la mano sinistra che stringe la caviglia, in uno stato di totale rilassamento. I quadri di Degas non raccontano una storia. Egli non si interessava delle ballerine in quanto belle ragazze, né dei loro stati d'animo. Le guardava con la spassionata oggettività con cui gli impressionisti guardavano il paesaggio. Ciò che gli interessava e premeva era il gioco di luci e ombre sulla forma umana, e la possibilità di esprimere dinamismo o spazio. Degas diede al mondo accademico la prova che, lungi dall'essere incompatibili con il perfetto disegno, i nuovi princípi dei giovani artisti ponevano problemi nuovi la cui soluzione sarebbe riuscita soltanto al più consumato maestro.

I princípi essenziali del nuovo movimento potevano trovare espressione solo in pittura, ma anche la scultura fu coinvolta nella battaglia pro o contro il "modernismo". Il grande scultore francese Auguste Rodin (1840-1917) nacque lo stesso anno di Monet. Era uno studioso appassionato delle statue classiche di Michelangelo, perciò non era necessario che si sviluppasse fra lui e l'arte tradizionale alcun conflitto di principio. Infatti Rodin divenne presto un maestro riconosciuto e godette di una fama pari, se non maggiore, a quella di qualsiasi altro artista del suo tempo. Ma anche i suoi lavori erano oggetto di violente polemiche fra i critici e venivano messi in un sol fascio con quelli dei ribelli impressionisti. La ragione appare chiara se osserviamo uno dei suoi ritratti [345]. Come gli impressionisti, Rodin disprezzava la rifinitura esteriore e preferiva lasciare un po' di margine alla fantasia dello spettatore. A volte lasciava intatto anche un pezzo della pietra che scolpiva,

344. Edgar Degas,
*In attesa del segnale
d'inizio*, 1879, pastello
su carta,
cm 100 × 120.
Collezione privata.

345. Auguste Rodin,
Lo scultore Jules Dalou,
1883, bronzo,
altezza cm 53.
Parigi, Musée Rodin.

346. Auguste Rodin,
La mano di Dio, 1898
ca, marmo, altezza
cm 93. Parigi,
Musée Rodin.

per dare l'impressione che la figura stesse a poco a poco emergendo e prendendo forma. Al pubblico medio parve un'eccentricità irritante, se non
una semplice pigrizia. Le obiezioni erano le stesse che erano state mosse al
Tintoretto. Perfezione artistica coincideva ancora, per quel pubblico, con
nitidezza e rifinitura.

Trascurando queste meschine convinzioni nell'esprimere il suo modo di
vedere il divino atto della Creazione [346] Rodin contribuì ad affermare
quello che Rembrandt aveva rivendicato come un proprio diritto: quello
di dichiarare compiuta la propria opera non appena il fine artistico fosse
stato raggiunto. Siccome nessuno poteva affermare che il suo procedimento
derivasse da ignoranza, la sua influenza contribuì grandemente a far accettare
l'impressionismo al di fuori della ristretta cerchia degli ammiratori francesi.
Artisti di tutto il mondo si riunivano a Parigi intorno al movimento

impressionista, portando poi via con sé le nuove scoperte, e anche il nuovo atteggiamento, ribelle alle convenzioni e ai pregiudizi della società borghese. Fuori della Francia uno degli apostoli più influenti del nuovo verbo fu l'americano James Abbott McNeill Whistler (1834-1903).

Whistler aveva preso parte alla prima battaglia del nuovo movimento, esponendo con Manet al "Salon des Refusés" nel 1863, e condivideva l'entusiasmo dei suoi colleghi pittori per le stampe giapponesi. Non era un impressionista, nello stretto senso della parola, più di quanto non lo fossero Degas o Rodin, poiché la sua preoccupazione essenziale non erano gli effetti di luce e di colore quanto piuttosto la composizione di delicati schemi pittorici. Aveva in comune con i pittori parigini il disprezzo per l'interesse del pubblico verso gli aneddoti sentimentali. Egli ribadì che in pittura non importa il soggetto, ma il modo con cui esso viene tradotto in forme e colori.

Uno dei più celebri dipinti di Whistler, e forse uno dei dipinti più popolari di ogni età, è il ritratto della madre [347]. È caratteristico il titolo con cui Whistler espose questo dipinto nel 1872: *Composizione in grigio e nero*. Egli rifuggì da ogni suggerimento "letterario" o sentimentale. Invero l'armonia di forma e colore cui egli tendeva non contraddice il sentimento che informa il soggetto.

È un accurato equilibrio di forme semplici che dona al quadro il suo carattere riposante, e i toni discreti del suo "grigio e nero", dai capelli e dalla veste dell'anziana signora alla parete e all'ambiente, non fanno che accentuare quell'espressione di rassegnata solitudine che costituisce la grande attrattiva dell'opera.

Eppure il pittore di questo quadro affettuoso e pieno di sensibilità era famoso per le sue maniere provocatorie e la sua abilità in quella che egli chiamava la "nobile arte di farsi dei nemici". Stabilitosi a Londra, si sentì in dovere di partecipare alla battaglia per l'arte moderna praticamente da solo.

L'abitudine di dare ai quadri titoli ritenuti eccentrici e la noncuranza delle convenzioni accademiche gli inimicarono John Ruskin (1819-1900), il grande critico che aveva difeso Turner e i preraffaelliti.

Nel 1877 espose certe visioni notturne alla maniera giapponese, stabilendone il prezzo a duecento ghinee l'una, cui diede il nome di *Notturni* [348]. Ruskin scrisse: "Non mi sarei mai aspettato che un buffone chiedesse duecento ghinee per gettare un vaso di colori in faccia al pubblico". Whistler lo citò per diffamazione e il processo ribadì la profonda frattura che separava il punto di vista dell'artista da quello del pubblico. Si parlò subito della questione della "rifinitura".

347. James Abbott McNeill Whistler, *Composizione in grigio e nero: ritratto della madre dell'artista*, 1871, olio su tela, cm 144 × 162. Parigi, Musée d'Orsay.

A Whistler fu domandato, durante il controinterrogatorio, se veramente aveva chiesto quella somma enorme "per il lavoro di due giorni"; egli replicò: "No, la chiedo per la conoscenza acquistata nel corso di un'intera vita". Eppure è strano vedere quanti punti gli avversari di questa triste vicenda giudiziaria avessero in comune. Entrambi erano profondamente insoddisfatti del loro ambiente squallido e brutto. Ma mentre Ruskin, più anziano, sperava di portare i propri contemporanei ad apprezzare meglio il bello, sollecitando il loro senso morale, Whistler divenne una figura di primo piano del cosiddetto "estetismo", secondo il quale la sensibilità artistica è l'unica cosa seria nella vita. Entrambe le opinioni crescevano d'importanza a mano a mano che la fine dell'Ottocento si avvicinava.

348. James Abbott McNeill Whistler, *Notturno in azzurro e argento: il vecchio ponte di Battersea*, 1872-1875 ca, olio su tela, cm 68 × 51. Londra, Tate Gallery.

Honoré Daumier, *Il pittore escluso dalla mostra esclama: "Mi hanno respinto questo… gli stupidi ignoranti!"*, 1859.

26

ALLA RICERCA DI NUOVI CANONI
Il tardo Ottocento

Esteriormente la fine dell'Ottocento fu un periodo di grande prosperità e perfino di generale soddisfazione. Ma gli artisti e gli scrittori che si sentivano isolati diventavano sempre più insofferenti delle tendenze e dei metodi che piacevano al pubblico. L'architettura, ridotta ormai a un'applicazione meccanica e vuota, era il bersaglio preferito delle loro accuse. Ricordiamo che i grandi isolati di case, le fabbriche e gli edifici pubblici delle città in rapida espansione erano stati costruiti in una varietà di stili del tutto estranei alla loro funzione. Spesso pareva che gli ingegneri avessero dapprima svolto il loro compito secondo le naturali esigenze della costruzione, e che solo in seguito un pizzico di "arte" fosse stato sparso sulla facciata, grazie a motivi decorativi tratti da un repertorio di "stili storici". È strano che la maggior parte degli architetti si sia accontentata per tanto tempo di simili procedimenti. Il pubblico voleva colonne, pilastri, cornicioni e modanature, e gli architetti lo accontentavano. Ma verso la fine dell'Ottocento l'assurdità di questa moda divenne palese a un numero sempre maggiore di persone. Particolarmente in Inghilterra i critici e gli artisti erano afflitti dalla generale decadenza dell'artigianato dovuta alla rivoluzione industriale, e detestavano le vistose imitazioni di questi ornamenti che una volta avevano avuto un significato e una nobiltà mentre ora costavano poco e si facevano a macchina. Uomini come John Ruskin e William Morris sognavano una riforma delle arti e dei mestieri, e la sostituzione dei prodotti sfornati in serie a basso prezzo con un lavoro manuale coscienzioso e intelligente. L'influsso delle loro critiche fu assai vasto, anche se l'umile artigianato da loro propugnato costituiva ormai uno dei più grandi lussi, date le condizioni della società moderna. La loro propaganda non riuscì ad abolire la produzione in serie, ma contribuì ad aprire gli occhi del pubblico su certi problemi, diffondendo il gusto del genuino, del semplice e "fatto in casa".
Morris e Ruskin avevano sperato che la rigenerazione si potesse ottenere risalendo alle tradizioni medievali, ma molti artisti si resero conto che ciò era impossibile. Essi agognavano un'"Arte nuova", basata sul senso del disegno e delle possibilità intrinseche di ogni materiale. Questo vessillo di un'arte nuova, o *art nouveau*, fu inalberato nell'ultima decade dell'Ottocento. Gli architetti sperimentarono nuovi materiali e nuovi motivi ornamentali.

Gli ordini greci si erano sviluppati dalle primitive costruzioni in legno e avevano fornito il campionario di decorazione architettonica dal Rinascimento in poi. Non era tempo ormai che la nuova architettura in ferro e vetro, sorta quasi inosservata nelle stazioni ferroviarie e nelle costruzioni adibite a uso industriale, costituisse uno stile ornamentale suo proprio? E se la tradizione occidentale era troppo legata ai vecchi metodi architettonici, l'Oriente sarebbe forse stato in grado di fornire nuovi modelli e nuovi spunti?

Così deve aver pensato l'architetto belga Victor Horta (1861-1947), la cui opera fece subito colpo. Egli aveva appreso dal Giappone a trascurare la simmetria e a gustare la sinuosità delle curve propria dell'arte orientale, ma non era soltanto un imitatore: traspose infatti questi elementi nelle strutture in ferro che si addicevano alle moderne esigenze [349]. Per la prima volta dal tempo di Brunelleschi gli architetti europei si trovavano di fronte uno stile del tutto nuovo. Non c'è da stupire che lo si denominasse *art nouveau*.

Questa consapevolezza stilistica e la speranza che il Giappone potesse aiutare l'Europa a uscire da un vicolo cieco non erano limitate alla sola architettura. Meno facilmente si spiega quel senso di inquietudine e di insoddisfazione per i risultati dell'arte ottocentesca da cui furono presi certi pittori verso la fine del secolo. Eppure è importante comprenderne le ragioni perché da lì sorsero i vari movimenti oggi chiamati, collettivamente, "arte moderna". Alcuni possono considerare gli impressionisti i primi artisti moderni, in quanto sfidarono alcune delle regole pittoriche insegnate dalle accademie. Ma sarà bene ricordare che gli impressionisti non erano troppo lontani, nei loro propositi, dalle tradizioni artistiche derivate dalla scoperta rinascimentale della natura. Anch'essi volevano dipingere la natura così come la vediamo, e il loro contrasto con i maestri tradizionalisti non era imperniato sugli scopi ma sui mezzi della pittura. La loro indagine sui riflessi dei colori, i loro esperimenti sugli effetti della pennellata sciolta miravano a ricreare in modo ancora più perfetto l'impressione visiva. Fu solo con l'impressionismo, infatti, che la conquista della natura fu attuata in pieno: tutto quanto si presentava all'occhio dell'artista divenne un eventuale oggetto di pittura, e il mondo della realtà nei suoi innumerevoli aspetti un argomento degno di studio. Fu forse questo perfezionamento definitivo del metodo a rendere esitanti alcuni artisti. Parve, per un certo momento, che tutti i problemi di un'arte volta a rendere l'impressione visiva fossero stati risolti e che nulla vi fosse ancora da guadagnare insistendo in quella direzione.

Ma si sa che in arte basta risolvere un problema perché uno stuolo di altri ne prenda il posto. Forse il primo a possedere una chiara nozione della natura di tali problemi fu un artista appartenente ancora alla generazione degli impressionisti: Paul Cézanne (1839-1906), di solo sette anni più giovane di Manet e di due più vecchio di Renoir. In gioventù Cézanne aveva partecipato alle esposizioni degli impressionisti, ma si era disgustato a tal segno

349. Victor Horta, *Scala dell'Hotel Tassel in rue Paul Emile Janson a Bruxelles*, 1893, edificio in stile art nouveau.

per l'accoglienza loro fatta che, ritiratosi nella nativa Aix-en-Provence, si diede allo studio dei problemi artistici lontano dal clamore della critica. Era finanziariamente indipendente e di abitudini metodiche. Non aveva bisogno di trovare acquirenti per i suoi quadri. Così poté dedicare tutta la vita ad approfondire i problemi estetici che si era posti e poté imporre al suo lavoro la più intransigente severità. Visse una vita apparentemente tranquilla e agiata, ma sostenne nel suo intimo una lotta costante per raggiungere in pittura quella perfezione ideale che si era prefissa. Non era proclive alle discussioni teoriche, ma, quando la sua fama crebbe, tentò qualche volta di spiegare in poche parole le sue intenzioni agli ammiratori. Una delle sue battute famose fu quella di voler "*faire du Poussin sur nature*". Con ciò intendeva dire che i classicisti come Poussin avevano raggiunto un equilibrio e una perfezione mirabili. Un dipinto come *Et in Arcadia ego* di Poussin [254] ci dà una composizione meravigliosamente armoniosa dove ogni forma sembra corrispondere a un'altra. Sentiamo che tutto è a posto, e che nulla resta in sospeso o viene affidato al caso. Ogni forma si staglia nitidamente, e ogni corpo appare ben solido e fermo. Tutto respira in una semplicità naturale e ha un aspetto riposante e tranquillo. Cézanne mirava a un'arte che avesse qualcosa di questa grandiosità e serenità, ma non riteneva che la si potesse più ottenere coi metodi di Poussin: i vecchi maestri, in fondo, avevano raggiunto il loro equilibrio e la loro solidità rinunciando a rispettare la natura così come la vedevano. I loro quadri sono piuttosto combinazioni di forme apprese dall'antichità classica. Perfino l'impressione di spazio e di solidità proveniva da salde regole tradizionali e non dall'oggetto osservato con occhio vergine. Cézanne era d'accordo con gli amici impressionisti che i metodi dell'arte accademica erano contrari alla natura, e ammirava le nuove scoperte nell'ambito del colore e del modellato. Anch'egli si voleva affidare alle proprie impressioni, dipingendo le forme e i colori che vedeva e non quelli che conosceva o intorno ai quali aveva imparato qualcosa. Ma l'indirizzo preso dalla pittura lo metteva a disagio. Gli impressionisti erano veri maestri nel dipingere la natura. Ma bastava? A che cosa erano valsi gli sforzi per giungere a un disegno armonioso, alla semplicità, alla solidità e al perfetto equilibrio che avevano contrassegnato i migliori dipinti del passato? Il compito consisteva nel dipingere *sur nature*, nel valersi delle scoperte degli impressionisti, ma nel contempo riconquistare quel senso dell'ordine e della necessità che era stato proprio dell'arte di Poussin.

In sé il problema non era nuovo. Ricordiamo che la conquista della natura e l'invenzione della prospettiva avevano messo a repentaglio nel Quattrocento italiano le nitide combinazioni della pittura medievale, creando un problema che solo la generazione di Raffaello aveva potuto risolvere. Ora la stessa esigenza, su un diverso piano, veniva riproposta. La dissoluzione dei contorni saldi nell'onda della luce e la scoperta delle ombre colorate da parte degli impressionisti avevano fatto sorgere un nuovo problema: com'era possibile conservare tali conquiste senza compromettere la chiarezza e l'ordine? In parole povere: i quadri impressionisti tendevano a essere luminosi, ma rischiavano di essere confusi. Cézanne aborriva dalla confusione. Eppure non voleva ritornare alle convenzioni accademiche del disegno e dell'ombreggiatura per creare l'illusione del volume così come non voleva ritornare ai paesaggi "ben composti" per ottenere disegni armoniosi. Si trovò di fronte a una questione ancora più urgente meditando sul retto uso del colore: egli desiderava colori intensi e forti non meno di quanto desiderava composizioni nitide. Gli artisti medievali avevano potuto soddisfare liberamente questo desiderio poiché non erano tenuti a rispettare l'apparenza reale delle cose. Ma da quando l'arte era ritornata all'osservazione della natura, i colori puri e splendenti delle vetrate e delle miniature medievali erano stati sostituiti da quelle morbide mescolanze di toni con le quali i più grandi pittori veneti e dei Paesi Bassi avevano cercato di suggerire luce e atmosfera. Gli impressionisti avevano rinunciato a mescolare i colori sulla tavolozza e li avevano applicati separatamente, a piccoli tocchi e trattini, sulla tela per rendere i riflessi baluginanti di una scena all'"aria aperta". I loro quadri erano molto più luminosi di quelli di qualsiasi predecessore, ma il risultato non soddisfaceva ancora Cézanne. Egli voleva comunicare i toni ricchi e continui della natura sotto i cieli del Sud, ma sentiva che ritornare senz'altro a intere campiture di colori puri primari poteva mettere a repentaglio l'illusione della realtà. I quadri così ottenuti somigliano a composizioni piatte e non giungono a dare l'impressione della profondità. Cosicché Cézanne si sentì stretto in una rete di antinomie. Il suo desiderio di assoluta fedeltà alle impressioni provate di fronte al soggetto pareva cozzare con il suo desiderio di ridurre, come diceva, "l'impressionismo a qualcosa di più solido e persistente, come l'arte dei musei". Non stupisce dunque che spesso giungesse all'orlo della disperazione e che lavorasse incessantemente senza mai interrompere gli esperimenti. Il vero miracolo è che abbia potuto ottenere nei suoi quadri un risultato apparentemente impossibile. Se l'arte fosse materia di calcolo egli non vi sarebbe riuscito ma, naturalmente, non lo è. L'equilibrio e l'armonia di cui si preoccupano gli artisti non sono l'armonia e l'equilibrio meccanico delle macchine. A un tratto l'equilibrio si produce e nessuno sa come e perché. Si è scritto parecchio sul segreto dell'arte di Cézanne. Si sono tentate spiegazioni di ogni genere su ciò che si proponeva e ciò che raggiunse. Ma sono spiegazioni inadeguate, a volte perfino contraddittorie. Tuttavia, anche se con i critici perdiamo la pazienza, restano i quadri a persuaderci. E il consiglio migliore, in questo come in ogni altro caso, è di andare a vedere gli originali.

Anche le nostre illustrazioni dovrebbero servirci a comprendere qualcosa della grandezza della vittoria di Cézanne. Il paesaggio della montagna

Sainte-Victoire nella Francia meridionale [350] è soffuso di luce, eppure è fermo e solido. Presenta una composizione nitida, pur dando un'impressione di grande profondità e di distanza. Dal modo come Cézanne ha tracciato la linea orizzontale del viadotto e della strada al centro, e le verticali della casa in primo piano, spira un gran senso di ordine e di riposo; ma non abbiamo mai l'impressione che questo ordine sia stato imposto da Cézanne alla natura. Anche le pennellate sono disposte in modo da rientrare nelle linee essenziali del disegno complessivo, rafforzando quel senso di naturale armonia. Come Cézanne abbia invertito la direzione della pennellata senza mai ricorrere al disegno dei contorni si può anche vedere nella figura 351

350. Paul Cézanne, *Mont Sainte-Victoire visto da Bellevue*, 1885 ca, olio su tela, cm 73 × 92. Merion, Pennsylvania, Barnes Foundation.

351. Paul Cézanne, *Monti della Provenza*, 1886-1890, olio su tela, cm 63,5 × 79,4. Londra, National Gallery.

in cui l'artista deliberatamente reagisce all'effetto troppo piatto che la metà superiore del quadro poteva generare, accentuando la forma palpabile e solida delle rocce in primo piano. Il suo meraviglioso ritratto della moglie [352] mostra come la concentrazione di forme semplici e nettamente delineate contribuisca a esprimere serenità. Paragonate a tali calmi capolavori, le opere degli impressionisti come il ritratto di Monet fatto da Manet [337] possono talora sembrare brillanti improvvisazioni.

Senza dubbio ci sono opere di Cézanne meno facilmente comprensibili. Una natura morta, come quella della figura 353, forse non persuade troppo in riproduzione. Anzi, sembrerà goffa se la paragoniamo alla sicurezza tecnica

352. Paul Cézanne, *Mme Cézanne*, 1883-1887, olio su tela, cm 62 × 51. Filadelfia, Museum of Art.

con cui il maestro secentesco olandese Kalf [280] rese un soggetto analogo. La fruttiera ha un disegno così incerto che il suo piede non è nemmeno al centro. La tavola non solo pencola da sinistra a destra, ma sembra perfino inclinata in avanti. Mentre l'olandese fu maestro nel rendere le superfici soffici e sfumate, Cézanne ci presenta un rappezzamento di macchie di colore che fanno sembrare di latta il tovagliolo. Non stupisce che le pitture di Cézanne siano state da principio derise come pietose croste, non è difficile però scoprire la ragione di questa goffaggine. Cézanne aveva deciso di non accettare per dato nessun metodo pittorico tradizionale, ha voluto ricominciare daccapo, come se non fosse esistita pittura prima di lui. Il maestro olandese aveva dipinto la sua natura morta per ostentare un meraviglioso virtuosismo. Cézanne aveva scelto i suoi motivi per studiare, attraverso essi, certi problemi particolari che gli premeva di risolvere; sappiamo che era affascinato dal rapporto fra colore e modellato. Una sfera rotonda, dai colori smaglianti come una mela, era un motivo ideale per approfondire questo problema. Sappiamo che cercava l'equilibrio nel disegno. Ecco perché allungò verso sinistra il piatto in modo da riempire un vuoto. Siccome voleva studiare nei loro rapporti tutte le forme disposte sulla tavola, inclinò la tavola stessa per farli venire in luce. Forse quest'esempio mostra perché Cézanne diventò il padre dell'arte moderna. Nel suo terribile sforzo di ottenere il senso della profondità senza sacrificare la lucentezza dei colori, e di giungere a una disposizione ordinata senza sacrificare il senso della profondità, in tutte queste lotte e questi tentativi c'era una cosa che egli era disposto a sacrificare se necessario: la convenzionale "esattezza" del contorno. Egli non si proponeva di deformare la natura, ma non gli importava che potesse riuscire deformata in qualche particolare minore se ciò poteva contribuire all'effetto desiderato. Non lo interessava molto la

353. Paul Cézanne, *Natura morta*, 1879-1882 ca, olio su tempera, 46 × 55. Collezione privata.

scoperta brunelleschiana della "prospettiva lineare", e la buttò a mare non appena si accorse che intralciava il suo lavoro. Dopotutto, la prospettiva scientifica era stata inventata per aiutare i pittori a raggiungere quell'illusione dello spazio che Masaccio aveva ottenuto nell'affresco di Santa Maria Novella [149]. Cézanne non mirava a creare un'illusione: voleva piuttosto esprimere il senso della solidità e della profondità, e capì di poterlo fare senza ricorrere al disegno convenzionale. Forse non si rendeva bene conto che questo suo esempio di indifferenza dinanzi al "disegno esatto" avrebbe provocato un franamento nella storia dell'arte.

Mentre Cézanne tentava di conciliare i metodi dell'impressionismo con il bisogno di ordine, un artista assai più giovane, Georges Seurat (1859-1891), si accingeva ad affrontare il problema quasi come se fosse un'equazione matematica. Servendosi dei sistemi degli impressionisti come punto di partenza, studiò la teoria ottico-scientifica dei colori e decise di dipingere i suoi quadri come un mosaico, mediante piccoli tocchi regolari di colori puri. Egli pensava che, così facendo, i colori si sarebbero fusi nella retina (o piuttosto nel cervello) senza perdere di intensità né di luminosità. Ma questa tecnica radicale, nota poi con il nome di *pointillisme*, comprometteva naturalmente la leggibilità dei suoi quadri, dato che evitava ogni contorno e frantumava le forme in zone composte di punti multicolori. Seurat fu così indotto a supplire alla complessità della sua tecnica pittorica con una semplificazione formale ancora più drastica di quanto mai Cézanne avesse elaborato [354]. Vi è qualcosa che ricorda gli egizi nel modo di sottolineare le linee verticali e quelle orizzontali che sempre più portò Seurat ad analizzare temi espressivi e avvincenti, allontanandolo dalla resa fedele delle apparenze sensibili. Nell'inverno del 1888, mentre Seurat incominciava ad attirare l'attenzione a Parigi e Cézanne dipingeva i suoi paesaggi e nature morte nel suo isolamento ad Aix, arrivò nella Francia meridionale un altro pittore, proveniente da Parigi, alla ricerca della luce e dei colori intensi del Sud. Era un giovane serio, di nome Vincent van Gogh, nato in Olanda nel 1853, figlio di un pastore protestante: profondamente religioso, aveva fatto il predicatore laico in Inghilterra e fra i minatori belgi. L'arte di Millet e il messaggio sociale in essa contenuto l'avevano tanto impressionato da indurlo a diventare anch'egli pittore. Suo fratello minore, Théo, impiegato nella bottega di un mercante d'arte, lo presentò agli impressionisti. Théo era uomo di eccezionali virtù: benché povero, fece tutto il possibile per il più anziano Vincent, pagandogli perfino il soggiorno ad Arles, nella Francia meridionale. Vincent sperava che, lavorando indisturbato per qualche anno, sarebbe forse stato in grado, un giorno, di vendere i suoi quadri e di ripagare le generosità del fratello. Nella sua volontaria solitudine di Arles, Vincent confidava nelle lettere a Théo (quasi un diario ininterrotto) tutte le sue idee e le sue speranze, e la corrispondenza di questo pittore umile e quasi autodidatta, ignaro della

354. Georges Seurat, *Ponte a Courbevoie*, 1886-1887, olio su tela, cm 46 × 55. Londra, Courtauld Institute Galleries.

celebrità che lo attendeva, è fra le più commoventi e interessanti di ogni letteratura. In essa sentiamo il senso della missione dell'artista, le sue lotte e i suoi trionfi, la sua disperata solitudine e la sua sete di amicizia; e comprendiamo la tensione immensa e la febbrile energia con cui lavorava. Dopo meno di un anno, nel dicembre del 1888, Van Gogh ebbe un collasso e fu colto da un accesso di pazzia. Nel maggio del 1889 fu ricoverato in una casa di cura, ma aveva ancora intervalli di lucidità durante i quali continuava a dipingere. L'agonia durò altri quattordici mesi. Nel luglio del 1890, aveva trentasette anni come Raffaello, Van Gogh metteva fine ai suoi giorni. La sua carriera di pittore era durata appena un decennio; i quadri su cui si fonda la sua fama vennero tutti dipinti in tre anni pieni di crisi e di disperazioni. Quasi tutti oggi conoscono qualche suo lavoro: i girasoli, la sedia vuota, i cipressi e alcuni ritratti sono diventati popolari nelle riproduzioni a colori e si possono vedere anche in molte stanze modeste. È proprio ciò che Van Gogh voleva. Voleva che i suoi quadri avessero l'effetto immediato e violento delle stampe colorate giapponesi da lui così ammirate. Bramava un'arte scevra di cerebralismi, che non richiamasse soltanto l'attenzione dei ricchi intenditori, ma desse gioia e consolazione a ogni creatura umana. Però nessuna riproduzione è perfetta: quelle più a buon mercato fanno apparire i quadri di Van Gogh più crudi di quanto non siano in realtà e, in certi casi, possono stancare. Quando ciò avvenga, risalire all'originale sarà una vera rivelazione, perché solo nell'originale si scopre quanto acuto e ponderato egli fosse anche negli effetti più forti.

Van Gogh aveva assimilato la lezione dell'impressionismo e del *pointillisme* di Seurat; egli amava la tecnica pittorica a tratti e puntini di colori puri, ma nelle sue mani essa divenne qualcosa di assai diverso da ciò che ne avevano

355. Vincent van Gogh, *Campo di grano con cipressi*, 1889, olio su tela, cm 72 × 91. Londra, National Gallery.

voluto fare gli artisti di Parigi. Van Gogh usava infatti le singole pennellate non solo per frantumare il colore ma anche per esprimere la sua concitazione. In una delle lettere da Arles descrive i momenti di ispirazione quando "le emozioni sono talvolta così forti che si lavora senza sapere di lavorare... e le pennellate si susseguono con una progressione e una coerenza simili a quelle delle parole in un discorso o in una lettera". Il paragone non potrebbe essere più calzante. In tali momenti egli dipingeva come altri scrivono. Come, nell'aspetto di una pagina manoscritta, le tracce lasciate dalla penna sulla carta rivelano qualcosa dei gesti dello scrivente (tanto che ci accorgiamo istintivamente quando una lettera è scritta in uno stato di grande emozione) così le pennellate di Van Gogh ci dicono qualcosa del suo stato d'animo. Nessun artista prima di lui si era valso di questo mezzo con tanta coerenza e tanta efficacia. Ricordiamo che anche in pitture precedenti vi sono pennellate ardite e sciolte, come nelle opere del Tintoretto [237], di Hals [270] e Manet [337]; ma mentre in queste esprimono la perizia sovrana dell'artista, la percezione rapida e l'abilità magica di evocare una visione, in Van Gogh esprimono l'esaltazione mentale del pittore. Van Gogh amava dipingere oggetti e scene capaci di offrire ampia possibilità ai nuovi mezzi, motivi nei quali potesse disegnare oltre che colorare con il pennello, e stendere il colore a strati spessi come uno scrittore sottolinea le parole. Ecco perché fu il primo a scoprire la bellezza delle stoppie, delle siepi e dei campi di grano, dei rami nodosi degli ulivi e delle sagome scure e guizzanti dei cipressi [355]. Van Gogh era posseduto da una tale frenesia creatrice da sentire il bisogno

356. Vincent van Gogh, *Veduta di Les Saintes-Maries-de-la-Mer*, 1888, penna d'oca e inchiostro di china su carta, cm 43,5 × 60. Winterthur, Sammlung Oskar Reinhart.

non solo di dipingere lo stesso sole raggiante [356] ma anche oggetti umili, riposanti e domestici che nessuno aveva giudicato degni di attirare l'interesse dell'artista. Dipinse la sua angusta stanza di Arles [357] e ciò che ne scrisse al fratello spiega mirabilmente le sue idee:

> Mi è venuta una nuova idea ed ecco l'abbozzo che ne ho fatto... Questa volta si tratta semplicemente della mia camera da letto, solo che qui il colore deve fare tutto, e accentuando, così semplificato, lo stile degli oggetti, dovrà suggerire il riposo, o il sonno in generale. In una parola, guardare il quadro dovrebbe riposare la mente, o meglio la fantasia.
>
> Le pareti sono viola pallido. Il pavimento è di mattonelle rosse. Il legno del letto e delle sedie ha il tono giallo del burro fresco, le lenzuola e i guanciali sono di un verde limone molto chiaro. La coperta è scarlatta. La finestra verde. La toeletta arancione, la bacinella-azzurra. Le porte lilla. Ecco tutto. Non c'è niente nella camera dalle imposte chiuse. Le ampie linee dei mobili devono anch'esse esprimere un riposo inviolabile. Ritratti alle pareti, uno specchio, un asciugamano e qualche vestito.
>
> La cornice, non essendovi bianco nel quadro, sarà bianca. Questo per compensarmi del forzato riposo.
>
> Ci lavorerò attorno ancora tutto il giorno, ma vedi come la concezione è semplice. Le ombre e i riflessi eliminati, tutto è dipinto a tratti liberi e piatti, come le stampe giapponesi...

357. Vincent van Gogh, *La stanza dell'artista ad Arles*, 1889, olio su tela, cm 57,5 × 74. Parigi, Musée d'Orsay.

È chiaro che la principale preoccupazione di Van Gogh non era la rappresentazione esatta. Usava forme e colori per esprimere ciò che sentiva nelle cose che andava a mano a mano dipingendo e ciò che voleva comunicare agli altri. Non gli importava granché di quella che chiamava "la realtà stereoscopica", cioè la riproduzione fotograficamente esatta della natura. Sarebbe arrivato perfino a forzare e a mutare l'aspetto delle cose, se questo avesse potuto aiutarlo nel suo scopo. Così, per diversa strada, era arrivato a un bivio simile a quello in cui si era trovato in quegli anni Cézanne. Entrambi fecero il passo decisivo abbandonando il proposito di "imitare la natura". Le ragioni erano ovviamente diverse. Cézanne, quando dipingeva una natura morta, intendeva esplorare i rapporti di forme e colori, e accettava solo quel tanto di "prospettiva esatta" che poteva essergli necessario per quel suo particolare esperimento. Van Gogh voleva che la sua pittura esprimesse ciò che egli sentiva, e se la deformazione poteva aiutarlo a raggiungere lo scopo, avrebbe usato la deformazione. Entrambi erano arrivati a questo punto senza aver respinto i vecchi canoni dell'arte. Non posavano a "rivoluzionari", non miravano a scandalizzare i critici pieni di sufficienza. Avevano pressoché rinunciato a sperare che

qualcuno si interessasse ai loro quadri: lavoravano perché dovevano lavorare. Diverso fu il caso di un terzo artista che pure si trovava nella Francia meridionale nel 1888, Paul Gauguin (1848-1903). Van Gogh, con il suo intenso desiderio di amicizia, aveva sognato una confraternita di artisti simile a quella fondata dai preraffaelliti in Inghilterra, e così persuase Gauguin, di cinque anni più vecchio, ad andare a stare con lui ad Arles. Gauguin era assai diverso da Van Gogh: non ne aveva l'umiltà né il senso della missione artistica, era, anzi, orgoglioso e ambizioso. Ma c'erano alcuni punti di contatto fra loro. Come Van Gogh, anche Gauguin aveva cominciato a dipingere a un'età piuttosto avanzata (era stato un facoltoso agente di cambio) e, come lui, era pressoché autodidatta. Comunque la vita in comune dei due finì disastrosamente. Van Gogh in un accesso di follia si avventò su Gauguin, che se ne fuggì a Parigi e due anni dopo lasciò l'Europa per trasferirsi in una delle favolose isole dei mari del Sud, Tahiti, alla ricerca della vita semplice. Infatti era sempre più persuaso che l'arte corresse il pericolo di diventare troppo tecnicamente abile ed esteriore, che tutta l'intelligenza e la conoscenza

358. Paul Gauguin, *Te Rerioa (sogno a occhi aperti)*, 1897, olio su tela, cm 95 × 130. Londra, Courtauld Institute Galleries.

accumulata in Europa avessero privato gli uomini del massimo dei doni: la forza e l'intensità del sentimento e la capacità di esprimerlo in forma diretta. Gauguin non fu, naturalmente, il primo artista a sentire la nausea della civiltà. Da quando gli artisti avevano raggiunto l'autocoscienza stilistica non si fidavano più delle convenzioni e si irritavano della mera abilità. Sognavano un'arte che ignorasse gli espedienti di scuola, e uno stile che non fosse soltanto uno stile ma una realtà robusta e possente, come la passione umana. Delacroix era andato ad Algeri in cerca di colori più intensi e di una vita più aperta. I preraffaelliti inglesi speravano di trovare immediatezza e semplicità nell'arte incorrotta dell'"età della Fede". Gli impressionisti ammiravano i giapponesi, ma la loro era un'arte cerebrale e complicata rispetto a quella sognata da Gauguin. Dapprima egli studiò l'arte contadina, ma quel fascino non durò a lungo. Doveva allontanarsi dall'Europa, vivere fra gli indigeni dei mari del Sud, come uno di loro, per potersi salvare. Le opere che riportò da quel viaggio resero perplessi taluni dei suoi precedenti amici. Sembravano selvagge e primitive, appunto ciò che Gauguin voleva. Era fiero di sentirsi chiamare "barbaro". Anche il suo colore e il suo disegno avrebbero dovuto essere barbari per essere all'altezza degli incorrotti figli della natura che aveva ammirato durante il soggiorno tahitiano. Guardando oggi uno dei suoi quadri [358], forse non arriviamo a cogliere questo stato d'animo. Ci siamo abituati a ben altra *sauvagerie* in fatto d'arte. Eppure non è difficile rendersi conto che Gauguin fece risonare una nota nuova. Non soltanto il soggetto è strano ed esotico: egli cercò infatti di penetrare nello spirito stesso degli indigeni e di vedere le cose con i loro occhi. Studiò i metodi degli artigiani indigeni, e sovente introdusse nei suoi quadri riproduzioni dei loro lavori. Tentò di armonizzare anche i suoi ritratti degli indigeni con questa arte "primitiva" e semplificò i contorni delle forme ricorrendo all'uso di larghe macchie di colore violento. A differenza di Cézanne, non si preoccupò che queste forme semplificate e questi schemi cromatici rendessero piatti i quadri. Volle beatamente ignorare i secolari problemi dell'arte occidentale, quando riteneva che ciò potesse aiutarlo a rendere la forza incorrotta dei figli della natura. Forse non riuscì sempre nel suo proposito di semplicità e di immediatezza. Ma la sua aspirazione era appassionata e sincera quanto in Cézanne quella di una nuova armonia, e in Van Gogh quella di un nuovo messaggio, poiché anche Gauguin sacrificò la vita per il suo ideale. Sentendosi incompreso in Europa, decise di tornare per sempre alle isole dei mari del Sud, dove, dopo anni di solitudine e di delusione, morì di malattia e di stenti.

Cézanne, Van Gogh e Gauguin erano tre uomini disperatamente soli che lavoravano con poca speranza di essere mai compresi. Ma i loro problemi artistici che tanto fortemente li impegnavano vennero condivisi da un numero crescente di giovani, insoddisfatti delle abilità tecniche acquistate

359. Pierre Bonnard,
A tavola, 1899,
olio su tavola,
cm 55 × 70. Zurigo,
Stiftung Sammlung
E.G. Bührle.

360. Ferdinand Hodler, *Il lago di Thun*, 1905, olio su tela, cm 80 × 100. Ginevra, Musée d'Art et d'Histoire.

nelle accademie. Essi avevano imparato a rappresentare la natura, a disegnare correttamente e a usare colori e pennello, avevano perfino assimilato le conquiste della rivoluzione impressionista riuscendo a cogliere con sagacia la vibrazione della luce solare e dell'atmosfera. Alcuni grandi artisti insistettero su questa strada, diffondendo i nuovi metodi nei Paesi dove era ancora forte la resistenza all'impressionismo, ma numerosi pittori dell'ultima generazione cercarono metodi originali per risolvere, o perlomeno evitare, le difficoltà cui Cézanne si era trovato di fronte. Queste nascevano essenzialmente dal contrasto, cui ho già accennato, fra l'esigenza di utilizzare la gradazione tonale per suggerire la profondità e il desiderio di preservare la bellezza dei colori. L'arte giapponese aveva persuaso questi giovani pittori che un quadro avrebbe suscitato una più profonda impressione se si fossero sacrificati la modellatura e altri dettagli a favore di un'audace semplificazione. Van Gogh e Gauguin avevano seguito questa via per un buon tratto, intensificando i colori e trascurando l'impressione di profondità, e Seurat li aveva superati sperimentando tecniche divisioniste. Pierre Bonnard (1867-1947) mostrò particolare abilità e sensibilità nel suggerire un senso di luce e di colore guizzanti sulla tela come su di un arazzo. Il suo dipinto di una tavola imbandita [359] rivela come egli evitasse l'enfasi sulla prospettiva e sulla profondità per dare risalto alla combinazione cromatica. Il pittore svizzero Ferdinand Hodler (1853-1918) accentuò ulteriormente la linearità del suo paesaggio nativo fino a dargli la luminosità di un manifesto [360].

La similitudine scelta per questo dipinto non è casuale, poiché l'approccio che l'Europa aveva appreso dai giapponesi si rivelò particolarmente adatto

all'arte della pubblicità. Prima dell'inizio del XX secolo il grande seguace di Degas, Henri de Toulouse-Lautrec (1864-1901), faceva ricorso alle tecniche che abbiamo descritto per creare una nuova forma artistica: il manifesto [361].

L'arte dell'illustrazione si avvantaggiò in ugual misura dell'evoluzione di queste tecniche. Ricordando la cura che le epoche del passato dedicavano alla creazione di libri, uomini come William Morris non vollero tollerare volumi e illustrazioni mal realizzati, che si limitavano alla descrizione di una vicenda senza curarsi dell'effetto ottenuto sulla pagina stampata. Ispirato da Whistler e dai giapponesi, il ragazzo prodigio Aubrey Beardsley (1872-1898) acquisì fama immediata in tutta l'Europa con le sue sofisticate illustrazioni in bianco e nero [362].

Il termine di elogio più diffuso nel periodo dell'*art nouveau* è "decorativo". Dipinti e stampe dovevano presentare un disegno piacevole alla vista prima ancora che si potesse cogliere ciò che rappresentavano. Lentamente, ma inesorabilmente, la moda della decorazione aprì la strada a un nuovo approccio all'arte: la fedeltà al tema o la rappresentazione di una storia toccante non avevano più grande importanza, purché l'effetto del quadro o della stampa fosse piacevole. Tuttavia alcuni artisti avvertivano in misura crescente che nel corso di questa lunga ricerca qualcosa era stato escluso dall'arte, qualcosa che ora essi tentavano disperatamente di ritrovare. Ricordiamo che Cézanne aveva avvertito la perdita dell'ordine e dell'equilibrio, che la preoccupazione

361. Henri de Toulouse-Lautrec, *Aristide Bruant*, 1892, litografia a colori, cm 141 × 98.

362. Aubrey Beardsley, *Illustrazione della "Salomé" di Oscar Wilde*, 1894, incisione al tratto e mezzatinta su pergamena giapponese, cm 34 × 27.

di riafferrare l'istante fuggitivo aveva travagliato gli impressionisti inducendoli a trascurare le forme solide e durevoli della natura. Van Gogh aveva sentito che, affidandosi alle impressioni visive ed esplorando soltanto le qualità ottiche della luce e del colore, l'arte correva il pericolo di smarrire l'intensità e la passione che sole rendono l'artista capace di esprimere il suo sentire e di comunicarlo ai suoi simili. Gauguin infine era assolutamente insoddisfatto della vita e dell'arte così come le aveva trovate e, agognando qualcosa di più semplice e immediato, sperò di trovarlo fra i primitivi. Ciò che chiamiamo "arte moderna" nacque da queste insoddisfazioni, e le varie soluzioni verso cui avevano volto i loro sforzi i tre pittori divennero gli ideali di tre movimenti. La soluzione di Cézanne portò al cubismo, nato in Francia; quella di Van Gogh all'espressionismo, che trovò più vasta accoglienza in Germania; e quella di Gauguin alle varie forme di primitivismo. Per "folli" che appaiano a prima vista questi movimenti, oggi non è difficile dimostrare che essi furono tentativi concreti di uscire dal vicolo cieco in cui gli artisti erano venuti a trovarsi.

Paul Gauguin,
Vincent van Gogh
dipinge i girasoli,
1888.

27

L'ARTE SPERIMENTALE
La prima metà del XX secolo

Dicendo "arte moderna", la gente pensa perlopiù a un tipo d'arte che ha rotto completamente con le tradizioni del passato e tenta di fare cose che mai prima un artista avrebbe sognato di fare. Alcuni amano l'idea del progresso e ritengono che anche l'arte si debba aggiornare. Altri preferiscono lo slogan del "buon tempo antico" e credono che l'arte moderna sia tutto un equivoco. Ma abbiamo visto che la situazione è veramente assai più complessa e che l'arte moderna, non meno dell'antica, nacque in risposta a certi problemi ben determinati. Coloro che deplorano la frattura della tradizione dovrebbero risalire a prima della Rivoluzione francese, e pochi lo reputerebbero possibile. Fu allora, come sappiamo, che gli artisti presero coscienza degli stili, cominciando a sperimentare e a lanciare nuovi movimenti che avevano per grido di battaglia una nuova dottrina. Stranamente, fu il ramo dell'arte che aveva più sofferto della generale confusione delle lingue quello che meglio riuscì a creare uno stile nuovo e durevole; l'architettura moderna fu lenta a prodursi, ma i suoi princípi sono ormai così fermamente stabiliti che pochi potrebbero ancora sfidarli seriamente. Ricordiamo come i tentativi di giungere a uno stile nuovo sia in architettura sia nei motivi ornamentali avessero portato agli esperimenti dell'art nouveau, in cui le nuove possibilità tecniche della costruzione in ferro si univano ancora a estrose decorazioni [349]. Ma non sarebbe nata da essi l'architettura del XX secolo. Il futuro apparteneva a chi avesse saputo ricominciare da capo, liberandosi della preoccupazione degli stili e delle decorazioni, vecchi o nuovi che fossero. Invece di aderire alla teoria dell'architettura come "arte bella", gli architetti della giovane generazione respinsero decisamente i motivi ornamentali e si prefissero di affrontare il loro compito in modo nuovo e dal punto di vista dello scopo cui deve servire un edificio.

Questo orientamento fu condiviso in diverse parti del mondo, ma soprattutto negli Stati Uniti, dove il progresso tecnico era assai meno ostacolato dal peso delle tradizioni. Era infatti evidente l'incongruenza di progettare i grattacieli di Chicago e di ornarli di motivi decorativi tratti dai repertori europei. Ma occorreva un architetto dalle idee chiare e di spiccato talento per riuscire a persuadere il cliente ad accettare una casa che si discostasse completamente dal tipo tradizionale. Tra coloro che ebbero un esito più favorevole fu l'americano Frank Lloyd Wright (1869-1959). Egli si rese conto che in una casa importavano le stanze, non la facciata. Se la casa era comoda, ben organizzata all'interno e adatta alle esigenze del proprietario avrebbe certo presentato un aspetto gradevole anche all'esterno. Ci può sembrare forse un punto di vista non troppo nuovo, ma in effetti lo fu, perché grazie a esso Wright si indusse a scartare tutte le vecchie parole d'ordine dell'architettura, specie la tradizionale esigenza di una rigorosa simmetria. La figura 363 mostra una delle sue prime case in un ricco sobborgo di Chicago in cui sono eliminati tutti i soliti accessori, le modanature e i cornicioni, e ogni elemento risponde alle esigenze del progetto. Eppure Wright non si considerava un tecnico, egli credeva in ciò che chiamava "architettura organica", cioè credeva che una casa si debba creare secondo le necessità degli abitanti e le caratteristiche ambientali, proprio come un organismo vivente. Possiamo comprendere la riluttanza di Wright ad approvare le rivendicazioni dei tecnici, tanto più che tali rivendicazioni incominciavano in quel periodo a farsi sentire con grande forza di persuasione; perché, se Morris aveva avuto ragione di ritenere che la macchina non sarebbe mai riuscita a emulare il lavoro compiuto dalle mani dell'uomo, la soluzione stava evidentemente

363. Frank Lloyd Wright, *540 Fairoaks Avenue, Oak Park, Illinois*, 1902, una casa senza uno "stile".

364. Andrew Reinhard, *Henry Hofmeister et al., Rockefeller Center a New York*, 1931-1939, stile architettonico modern.

nello scoprire ciò che la macchina poteva fare, regolando i nostri progetti in conseguenza.

Ad alcuni questo principio parve un oltraggio e un'offesa al gusto. Gli architetti moderni, eliminando tutti i motivi ornamentali, troncarono effettivamente i rapporti con una tradizione plurisecolare. Tutto un sistema di "ordini" fittizi (che risaliva al tempo di Brunelleschi), di modanature, svolazzi e pilastri posticci fu tolto di mezzo. Quando la gente vide per la prima volta queste case le trovò insopportabilmente nude. Ma tutti ci siamo

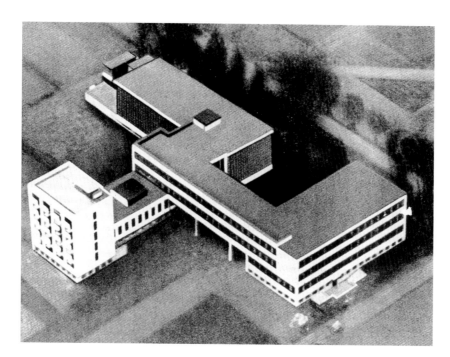

365. Walter Gropius, *La Bauhaus a Dessau*, 1926.

abituati al loro aspetto e abbiamo imparato a gustare i contorni netti e le forme semplici degli stili moderni [364]. Dobbiamo questa rivoluzione del gusto ad alcuni pionieri, i cui primi esperimenti nell'uso dei moderni materiali da costruzione furono spesso salutati dal generale dileggio e duramente avversati. La figura 365 mostra un edificio sperimentale che divenne uno degli epicentri della propaganda pro e contro l'architettura moderna. È la Bauhaus di Dessau, scuola d'architettura fondata dal tedesco Walter Gropius (1883-1969), poi chiusa e abolita dalla dittatura nazista. Fu costruita per dimostrare che arte e tecnica non dovevano necessariamente restare estranee l'una all'altra come nell'Ottocento poiché, al contrario, ciascuna poteva beneficiare dell'altra. Gli studenti collaboravano ai progetti di edifici e ai vari allestimenti. Venivano incoraggiati a usare la fantasia e a compiere arditi esperimenti senza mai però perdere di vista il fine cui il progetto tendeva. Fu in questa scuola che vennero inventate per la prima volta le sedie di acciaio tubolare e consimili suppellettili del nostro uso quotidiano. Le teorie difese dalla Bauhaus vengono talvolta condensate nel termine "funzionalismo", per il quale, se qualcosa è disegnato solo per adempiere al suo fine, la bellezza verrà da sé. C'è indubbiamente molta verità in questa credenza che, comunque, ha aiutato a liberarci di molte cianfrusaglie superflue e di pessimo gusto che l'Ottocento aveva disseminato nelle nostre città e nelle nostre case. Ma, come spesso accade, essa poggia in realtà su un eccesso di semplificazione, perché vi sono cose funzionalmente corrette eppure piuttosto brutte o almeno indifferenti. Le opere migliori dell'architettura moderna sono belle non solo perché adempiono alla funzione per cui furono erette, ma anche perché sono state progettate da uomini di gusto, capaci di costruire un edificio adatto al suo scopo eppure "gradevole alla vista". È necessaria una gran quantità di prove e di errori per scoprire queste segrete armonie. Gli architetti devono essere liberi di sperimentare proporzioni differenti e differenti materiali. Certi esperimenti possono condurli in un vicolo cieco, ma l'esperienza ricavata sarà spesso utile. Nessun artista può stare sempre "con le spalle protette", e nulla è più importante che comprendere la parte avuta da tentativi anche apparentemente stravaganti o eccentrici nello sviluppo di certi nuovi progetti che oggi fanno testo.

In architettura, il valore delle invenzioni e delle innovazioni ardite è riconosciuto abbastanza largamente, ma pochi comprendono che la situazione della pittura e della scultura è affine. Molti, che negano ogni valore a "questa robaccia ultramoderna", stupirebbero sapendo quanto di essa è già entrato nelle loro vite e quanto ha contribuito a plasmare gusti e preferenze. Forme e schemi cromatici sviluppati dai ribelli ultramoderni in pittura sono diventati prodotti comuni dell'arte applicata; e quando li incontriamo sui cartelloni pubblicitari, sulle riviste e sui tessuti ci sembrano perfettamente normali. Si può perfino dire che l'arte moderna è diventata un banco di prova per nuove combinazioni di forme e schemi.

Ma su che cosa deve sperimentare un pittore e perché non dovrebbe accontentarsi di mettersi di fronte alla natura e dipingerla quanto meglio lo consenta la sua abilità? La risposta potrebbe essere che l'arte ha smarrito l'orientamento perché gli artisti hanno scoperto che la semplice esigenza di "dipingere ciò che vedono" è contraddittoria. Si direbbe che questo è uno dei tanti paradossi con cui artisti e critici moderni si compiacciono di provocare il pubblico paziente; ma quanti hanno seguito questo libro dall'inizio dovrebbero comprenderlo senza difficoltà. L'artista primitivo, si è visto, era solito, per esempio, costruire una faccia con forme semplici piuttosto che copiare una faccia vera [25]; e abbiamo spesso citato gli egizi e i loro metodi di rappresentare tutto ciò che sapevano, piuttosto che tutto ciò che vedevano. L'arte greca e romana infuse la vita in queste forme schematiche; l'arte medievale le usò a sua volta per narrare la storia sacra, l'arte cinese le volse a fini contemplativi. Nessuna di esse esortava l'artista a "dipingere ciò che vedeva". L'idea si affacciò solo nel Rinascimento. Dapprima tutto parve favorevole. La prospettiva scientifica, lo sfumato, i colori dei veneti, il movimento e l'espressione si aggiunsero ai mezzi di cui l'artista disponeva per rappresentare il mondo circostante; ma ogni generazione scoprì che esistevano ancora "centri di resistenza" insospettati, roccheforti di convenzioni che portavano gli artisti ad applicare forme imparate invece di dipingere ciò che realmente vedevano. I ribelli dell'Ottocento proposero di fare piazza pulita di tutte queste convenzioni; l'una dopo l'altra esse vennero tutte affrontate, finché gli impressionisti proclamarono che i loro metodi consentivano di rendere sulla tela con "precisione scientifica" l'atto della visione.

I quadri nati nella scia di questa teoria furono opere d'arte assai affascinanti, ma ciò non dovrebbe impedirci di rilevare che l'idea su cui esse si basavano fosse solo una mezza verità. Da quei giorni abbiamo capito a poco a poco che non è possibile separare nettamente ciò che vediamo da ciò che sappiamo. Un cieco nato che acquisti più tardi la vista deve *imparare* a vedere. Con una certa autodisciplina e un certo spirito di osservazione, tutti possiamo scoprire per conto nostro che ciò che chiamiamo *vedere* è invariabilmente colorito e plasmato dalla nostra conoscenza (od opinione) di ciò che vediamo. Il che diviene abbastanza chiaro tutte le volte che tra le due cose c'è disaccordo. Ci capita di fare errori di vista. Per esempio, certe volte un oggetto piccolo, posto vicino ai nostri occhi, ci sembra grande come una montagna all'orizzonte; o scambiamo per un uccello un pezzo di carta svolazzante. Se ci accorgiamo dell'errore, non riusciamo più a vedere come prima. Se dovessimo dipingere questi oggetti, dovremmo usare forme e colori diversi onde rappresentarli prima e dopo la nostra scoperta. Infatti, appena pigliamo in mano una matita per disegnare, l'idea di arrenderci passivamente a ciò che si chiama impressione sensibile diventa veramente un'assurdità. Se guardiamo fuori della finestra, possiamo scorgere il panorama in mille maniere diverse. Quale di essa è la nostra impressione sensibile? Ma dobbiamo scegliere; dobbiamo cominciare da qualche parte, dobbiamo costruirci una certa immagine della casa di fronte e degli alberi dinanzi a essa. Qualsiasi cosa si faccia, dovremo sempre cominciare da certe linee o forme "convenzionali". L'"egizio" in noi può essere soppresso, ma mai totalmente sconfitto.

Questa, credo, è la difficoltà oscuramente presentita dalla generazione che volle seguire e superare gli impressionisti e che infine la stimolò a respingere tutta la tradizione occidentale. Poiché, se l'"egizio" o il fanciullo rimane ostinatamente in noi, perché non affrontare lealmente il problema fondamentale di ritrarre l'immagine? Gli esperimenti dell'*art nouveau* si erano valsi delle stampe giapponesi per cercare di risolvere la crisi; ma perché prodotti così recenti e sofisticati? Non era meglio risalire alle origini e attingere all'arte dei veri "primitivi", gli idoli dei cannibali e le maschere tribali? L'entusiasmo per la scultura negra fu comune ai giovani artisti delle più diverse tendenze durante questo movimento rivoluzionario che raggiunse l'apice negli anni precedenti la Prima guerra mondiale. Gli oggetti ammirati erano reperibili per pochi soldi nelle botteghe dei rigattieri e in tal modo alcune maschere tribali africane presero il posto del calco dell'Apollo del Belvedere [64], ornamento degli studi degli artisti accademici. Se guardiamo

366. *Maschera tribale dan (Africa occidentale)*, 1910-1920, legno con caolino attorno alle palpebre, altezza cm 17,5. Zurigo, Museum Rietberg, Collezione Von der Heydt.

uno dei capolavori della scultura africana [366] è facile comprendere perché tali immagini abbiano colpito così fortemente una generazione che cercava una via d'uscita dall'impasse dell'arte occidentale. Né la "fedeltà alla natura" né la "bellezza ideale", preoccupazioni costanti e inscindibili dell'arte europea, sembravano aver assillato questi artigiani, ma le loro opere possedevano proprio ciò che gli europei avevano smarrito in una lunga ricerca: forza espressiva, struttura lineare e tecnica semplice e immediata.

Sappiamo oggi che le tradizioni dell'arte tribale sono più complesse e meno "primitive" di quanto i suoi scopritori credessero; abbiamo visto che l'imitazione della natura è ben lungi dall'essere esclusa dagli intenti degli indigeni [23]. Ma lo stile di questi oggetti ritualistici poteva ancora servire come punto di riferimento comune per quella ricerca di espressività, struttura e semplicità che i nuovi movimenti avevano ereditato dagli esperimenti dei tre solitari ribelli: Van Gogh, Cézanne e Gauguin.

Bene o male, questi artisti del XX secolo dovevano farsi inventori. Per catturare l'attenzione essi dovevano privilegiare l'originalità anziché quella maestria che ammiriamo nei grandi artisti del passato. Qualsiasi scarto rispetto alla tradizione, tale da interessare i critici e dare vita a una corrente, veniva salutato come un nuovo "ismo" nel quale il futuro si sarebbe riconosciuto. Quel futuro non durò sempre a lungo, eppure la storia dell'arte del XX secolo deve tenere conto di questa inesausta sperimentazione, perché molti dei più dotati artisti del tempo si sono uniti in queste ricerche.

I metodi che vanno sotto il nome di "espressionismo" sono forse i più facili da spiegare a parole. Il termine probabilmente non è troppo felice, perché sappiamo di esprimerci tutti in ogni cosa che facciamo o tralasciamo di fare; ma fu scelto come utile etichetta perché lo si rammenta facilmente in quanto contrapposto a "impressionismo". In una delle sue lettere, Van Gogh spiegò come si accingesse a dipingere il ritratto di un amico a lui assai caro. La somiglianza convenzionale era solo il primo stadio. Dopo aver dipinto un ritratto "esatto", egli prendeva a mutare i colori e l'ambientazione:

Esagero il colore biondo dei capelli, piglio arancio, cromo, limone e dietro la testa non dipingo la banale parete della camera ma l'infinito. Stendo su uno sfondo semplice l'azzurro più intenso e ricco che la tavolozza può dare. La testa bionda e luminosa si staglia su questo sfondo di azzurro carico, misteriosamente, come una stella nel cielo. Ahimè, caro amico, il pubblico non vedrà altro che una caricatura in questa accentuazione. Ma che cosa ce ne importa?

Van Gogh aveva ragione quando diceva che il metodo da lui prescelto poteva paragonarsi a quello del caricaturista. La caricatura è sempre stata "espressionista", perché il caricaturista gioca con il ritratto della sua vittima, e la deforma per esprimere ciò che egli pensa del suo prossimo. Fin tanto che tali deformazioni della natura viaggiarono sotto la bandiera dell'umorismo, nessuno le trovò difficili da capire. L'arte umoristica era un campo in cui tutto era permesso, perché la gente non vi si rivolgeva con i pregiudizi riservati all'Arte con l'A maiuscola. Ma l'idea di una caricatura seria, di un'arte che mutasse a ragion veduta l'aspetto delle cose non per esprimere un senso di superiorità del soggetto bensì, forse, l'amore o l'ammirazione o la paura rappresentò davvero un ostacolo, come Van Gogh aveva previsto. Eppure in essa non v'è nulla di men che plausibile. È la nuda verità: le nostre sensazioni delle cose colorano il nostro modo di vederle e ancor più le forme che ricordiamo. Chiunque può aver sentito come lo stesso luogo ci appaia diverso a seconda del nostro stato d'animo.

Fra gli artisti che per primi esplorarono tali possibilità ancora più in là di Van Gogh, fu il pittore norvegese Edvard Munch (1863-1944). La figura 367 mostra una sua litografia del 1895 che intitolò *L'urlo*. Mira a esprimere come un'emozione improvvisa possa trasformare tutte le nostre impressioni sensibili. Tutte le linee paiono convergere verso l'unico centro della stampa, la testa urlante. È come se l'intera scena partecipasse all'angoscia e all'emozione di quell'urlo. Il volto della persona urlante è invero deformato caricaturalmente. Gli occhi fissi e le guance incavate ricordano un teschio. Qualcosa di terribile dov'essere avvenuto, e la stampa è tanto più sconvolgente perché non sapremo mai la causa di quell'urlo.

Ciò che disorientò il pubblico nell'arte espressionista non fu forse tanto la deformazione della natura quanto la violenza fatta alla bellezza. Era dato per scontato che il caricaturista potesse mostrare la bruttezza dell'uomo: era il suo compito. Non si permetteva invece a un artista che si considerava serio di imbruttire in luogo di idealizzare. Tuttavia Munch avrebbe potuto rispondere che un grido d'angoscia non è bello, e che sarebbe ipocrita guardare solo il lato piacevole della vita. Perché gli espressionisti sentivano così profondamente la sofferenza umana, la miseria, la violenza, la passione, da essere propensi a considerare poco onesta l'insistenza sull'armonia e la bellezza nell'arte. L'arte dei maestri classici, di un Raffaello, di un Correggio,

367. Edvard Munch, *L'urlo*, 1895, litografia, cm 35,5 × 25.

sembrava loro falsa e ipocrita. Volevano affrontare i crudi fatti dell'esistenza esprimendo la loro compassione per i diseredati e i brutti. Divenne quasi un punto d'onore, per gli espressionisti, evitare tutto ciò che sapesse di grazia e di rifinitura, scandalizzando i borghesi e scuotendone la compiaciuta soddisfazione, reale o immaginaria che fosse.

Non che l'artista tedesca Käthe Kollwitz (1867-1945) abbia creato le sue stampe e i suoi disegni soprattutto al fine di fare sensazione. Era molto sensibile nei confronti dei poveri e dei diseredati, e voleva farsi paladina della loro causa. La figura 368 fa parte di una serie di illustrazioni dell'ultimo decennio dell'Ottocento che si ispirano a un dramma sulla condizione degli operai tessili della Slesia in un periodo di disoccupazione e di rivolta sociale. A dire

368. Käthe Kollwitz, *Bisogno*, 1893-1901, litografia, cm 15,5 × 15.

369. Emil Nolde,
Il profeta, 1912,
xilografia, cm 32 × 22.

il vero la scena del bambino morente non appare nel dramma, ma nella composizione la suggestione se ne rafforza. Quando la serie fu proposta per ricevere una medaglia d'oro, il ministro responsabile sconsigliò l'imperatore di avallare l'iniziativa "considerato il soggetto dell'opera e la sua esecuzione realistica del tutto priva di eufemistici elementi conciliatori". E proprio queste erano state le intenzioni di Käthe Kollwitz. Al contrario di Millet [331], che nelle sue *Spigolatrici* voleva farci sentire la dignità del lavoro materiale, lei non vedeva altro sbocco se non la rivoluzione. Non c'è da sorprendersi che le sue opere abbiano ispirato tanti artisti e propagandisti del comunismo dell'Est, dove sono state più famose che in Occidente.

Anche in Germania si sentiva spesso l'esigenza di un cambiamento radicale. Nel 1906 un gruppo di pittori tedeschi fondò una società chiamata Die Brücke ("Il Ponte") per dare un taglio netto con il passato e lottare per una nuova idea. I loro scopi furono condivisi da Emil Nolde (1867-1956), anche se egli non fece a lungo parte del gruppo stesso. La figura 369 mostra una delle sue suggestive incisioni in legno, *Il profeta*, che illustra bene gli effetti forti, quasi da manifesto, ai quali questi artisti tendevano. Ma non era più l'effetto decorativo che essi perseguivano. La loro stilizzazione consisteva nel mettersi totalmente al servizio dell'enfasi espressiva, e così tutto si concentra nella contemplazione estatica del mistico.

Il movimento espressionista trovò il suo terreno più fertile in Germania, dove riuscì a provocare la collera e la sete di vendetta degli uomini meschini. Quando salirono al potere i nazionalsocialisti nel 1933, tutta l'arte moderna fu bandita e i maggiori esponenti del movimento furono esiliati o fu loro vietato di lavorare. Di questo destino fu vittima lo scultore espressionista Ernst Barlach (1870-1938), la cui scultura *Pietà!* è riprodotta nella figura 370. C'è una grande intensità espressiva nel semplice gesto delle mani vecchie e ossute di questa mendicante, e nulla permette alla nostra attenzione di sviarsi

370. Ernst Barlach, *"Pietà!"*, 1919, legno, altezza cm 38. Collezione privata.

da quel tema dominante. La donna si è coperta il capo con un mantello, e la forma semplificata della testa nascosta accentua in noi l'impressione del suo patetico richiamo. La questione se si debba chiamare brutta o bella un'opera del genere non ha importanza qui, come non ne ha nel caso di Rembrandt, di Grünewald o delle opere "primitive" più ammirate dagli espressionisti. Fra i pittori che scandalizzarono il pubblico rifiutando di vedere solo il lato piacevole delle cose, fu l'austriaco Oscar Kokoschka (1886-1980), le cui prime opere esposte a Vienna nel 1909 provocarono un'ondata d'indignazione. La figura 371 mostra uno di questi primi quadri, un gruppo di bambini che giocano. A noi sembra straordinariamente vivo e persuasivo, ma non è difficile capire perché questo tipo di ritratto suscitasse tanta opposizione. Se ripensiamo ai ritratti di fanciulli di grandi artisti come Rubens [257], Velázquez [267], Reynolds [305] o Gainsborough [306] comprendiamo le ragioni dello scandalo. Nel passato un bambino in un quadro doveva apparire grazioso e contento. Gli adulti non volevano saperne di dolori e angosce infantili, e si adombravano se queste cose venivano loro ricordate. Ma Kokoschka non voleva piegarsi a queste esigenze convenzionali.

Sentiamo la profonda simpatia e compassione con cui ha guardato questi bambini. Egli ne ha colto la pensosità e il carattere trasognato, la goffaggine dei movimenti e le disarmonie dei corpi in sviluppo. Per mettere in luce tutto ciò, egli non poteva valersi dei prodotti correnti del disegno esatto, ma la sua opera è tanto più simile al vero proprio per quello che le manca di esattezza convenzionale.

L'arte di Barlach o di Kokoschka si può difficilmente chiamare "sperimentale". Ma la dottrina dell'espressionismo in sé stessa incoraggiava indubbiamente l'esperimento se ci si doveva mettere alla prova. Se era esatto che ciò che importava in arte non era l'imitazione della natura ma l'espressione dei sentimenti mediante la scelta di linee e colori, era legittimo chiedersi se l'arte non si sarebbe elevata abbandonando ogni riferimento al mondo oggettivo e basandosi esclusivamente sugli effetti di toni e forme. L'esempio della musica, che può fare benissimo a meno dell'ausilio delle parole, ha spesso ispirato a critici e ad artisti l'idea di una pura musica visiva. Si rammenterà che Whistler aveva in un certo senso proceduto in questa direzione dando ai suoi quadri titoli che ricordano quelli delle composizioni musicali [348].

371. Oscar Kokoschka, *Bambini che giocano*, 1909, olio su tela, cm 73 × 108. Duisburg, Wilhelm Lehmbruck Museum.

Ma una cosa è parlare di tali possibilità in generale e un'altra esporre un quadro che non rappresenta alcun oggetto identificabile. Il primo pittore che a quanto sembra pervenne a questo fu Vasilij Kandinskij (1866-1944), che viveva in quegli anni a Monaco. Come molti dei suoi colleghi tedeschi, egli era in effetti un mistico che non apprezzava i valori del progresso e della scienza e ambiva a un mondo rinnovato mediante un'arte di pura "spiritualità". Nel suo appassionato, e talvolta confuso, saggio *Über das Geistige in der Kunst* (*Della spiritualità nell'arte*, 1912) egli pose in rilievo gli effetti psicologici del colore puro, il modo in cui il rosso vivo può colpirci come uno squillo di tromba. Era convinto che fosse possibile e necessario ottenere in tal modo un'intima relazione spirituale e questo lo incoraggiò a esporre i primi tentativi in cui il linguaggio musicale è applicato ai colori [372], dando inizio all'"arte astratta".

È stato spesso notato che la parola "astratto" non è troppo ben scelta, e sono stati proposti in sua vece termini come "non-oggettivo", "non-figurativo". Ma molte etichette che ricorrono nella storia dell'arte sono casuali: ciò che conta è l'opera d'arte, non l'etichetta. Si può discutere se i primi tentativi di Kandinskij che esprimevano visivamente emozioni musicali rappresentino senz'altro un successo, ma è facile intuire quanto interesse abbiano suscitato. Anche così è improbabile che l'astrattismo sia divenuto un movimento esclusivamente tramite l'espressionismo. Per comprenderne il successo e la metamorfosi subita dall'ambiente artistico negli anni precedenti la Prima guerra mondiale, dobbiamo ancora una volta rifarci a Parigi, culla del cubismo, un movimento che determinò un distacco ancora più radicale dalle tradizioni pittoriche occidentali degli accordi cromatici espressionisti di Kandinskij.

Eppure il cubismo non si proponeva di abolire la rappresentazione figurativa, bensì di revisionarla. Per intendere i problemi che i cubisti volevano cercare di risolvere con i loro esperimenti, dobbiamo ripensare ai sintomi di fermento e di crisi cui si è accennato nell'ultimo capitolo. Ricordiamo il senso di disagio causato dalla vivace confusione delle "istantanee" di vedute colte rapidamente dagli impressionisti, il desiderio di un maggior ordine, senso della struttura e del modello che aveva acceso gli illustratori dell'*art nouveau*, con il rilievo dato alla semplificazione "decorativa", e maestri come Seurat e Cézanne.

Vi fu specialmente un punto messo in luce da queste ricerche: il conflitto tra disegno e senso del volume. La resa del volume, come tutti sappiamo, è ottenuta tramite ciò che chiamiamo sfumatura, cioè il venir meno della luce. Un'ardita semplificazione delle forme poteva apparire al tempo stesso singolare ed elegante nei cartelloni di Toulouse-Lautrec o nelle illustrazioni di Beardsley [361, 362], ma l'assenza di modellato rende l'effetto piatto. Molti artisti di quel periodo adottarono questo sistema in quanto aggiungeva

372. Vasilij Kandinskij, *Cosacchi*, 1910-1911, olio su tela, cm 95 × 130. Londra, Tate Gallery.

interesse alla composizione come tale. Abbiamo visto che artisti come Hodler [360] o Bonnard [359] avrebbero gradito questa qualità in quanto dava nuova forza alle forme delle loro composizioni. Ma ignorando in tal modo l'impressione di solidità, essi cozzavano inevitabilmente con quel tipo di problema che era sorto nel Rinascimento con l'introduzione della prospettiva: il bisogno di riconciliare la rappresentazione della realtà con un segno incisivo.

Ora il problema era l'opposto: nel dare priorità all'elemento decorativo essi sacrificavano l'antica prassi della modellatura delle forme in luce e in ombra. Vero è che questo sacrificio poteva anche risultare una liberazione. La bellezza e la purezza dei colori luminosi, che un tempo aveva contribuito alla gloria delle vetrate istoriate del medioevo [121] e delle miniature, non risultavano più smorzate da ombre. Fu qui che si fece sentire l'influenza di Van Gogh e di Gauguin quando le loro opere incominciarono ad attrarre l'attenzione. Entrambi avevano incoraggiato gli artisti ad abbandonare le

sofisticherie di un'arte estremamente raffinata per forme e schemi cromatici schietti e immediati. Essi li spinsero ad amare intensamente i colori semplici e le audaci armonie "barbariche" e a disdegnare le sottigliezze. Nel 1905 un gruppo di giovani pittori conosciuti come *Les Fauves* (che significa "bestie feroci" o "selvaggi") allestì una mostra a Parigi. Dovevano il loro nome all'aperto rifiuto delle forme naturalistiche e al gusto dei colori violenti. In realtà c'era poco di selvaggio in loro. Il più celebre del gruppo, Henri Matisse (1869-1954), era di due anni più vecchio di Beardsley, e aveva un talento affine al suo per la semplificazione decorativa. Studiò gli schemi cromatici dei tappeti orientali e dello scenario naturale nordafricano, sviluppando uno stile che ha esercitato una grande influenza sul disegno moderno. La figura 373 mostra una delle sue pitture del 1908, *La Desserte*. Possiamo constatare che Matisse proseguiva lungo la via percorsa da Bonnard, ma mentre quest'ultimo voleva conservare l'impressione dello scintillio della luce, Matisse si spinse oltre nella trasformazione in ornamento dell'impressione visiva. Il gioco del disegno dei parati e del tessuto della tovaglia con gli oggetti disposti sulla tavola è il motivo essenziale del quadro. Anche la figura umana e il paesaggio visto attraverso la finestra sono diventati parti di questo schema così che la semplificazione dei contorni e perfino la distorsione delle forme della donna e degli alberi sono indispensabili agli effetti del loro inserimento tra i fiori della tappezzeria. Infatti l'artista chiamò la pittura un'"armonia in rosso", rammentandoci Whistler. C'è qualcosa dell'effetto decorativo dei disegni infantili nei colori smaglianti e nei contorni semplici di questi quadri, anche se Matisse stesso non rinunciò per un solo momento a un'intellettualistica raffinatezza. Questa era la sua forza, ma al tempo stesso il suo punto debole, perché egli fallì nel tentativo di indicare una via d'uscita. La via d'uscita fu trovata solo quando l'opera di Cézanne divenne nota e fu studiata in seguito alla grande mostra retrospettiva organizzata a Parigi dopo la sua morte, nel 1906.

Nessun altro artista fu così colpito da tale rivelazione come un giovane pittore spagnolo, Pablo Picasso (1881-1973). Picasso era figlio di un maestro di disegno ed era stato una specie di ragazzo prodigio alla scuola d'arte di Barcellona. A diciannove anni si era recato a Parigi dove aveva dipinto soggetti che sarebbero stati graditi agli espressionisti: mendicanti, reietti, vagabondi e artisti di circo equestre. Ma non era soddisfatto, e prese a studiare l'arte primitiva sulla quale Gauguin e forse anche Matisse avevano attirato l'attenzione. Possiamo immaginare ciò che apprese: imparò come sia possibile costruire l'immagine di un volto o di un oggetto con pochi semplicissimi elementi, il che era qualcosa di diverso dalla semplificazione dell'impressione visiva praticata dagli artisti precedenti. Essi avevano ridotto le forme della natura a uno schema piatto. Ma forse c'era modo di evitarlo, di costruire il quadro con oggetti semplici pur mantenendogli solidità e

373. Henri Matisse, *La Desserte*, 1908, olio su tela, cm 180 × 220. San Pietroburgo, Hermitage.

profondità. Fu questo problema che riportò Picasso a Cézanne. In una delle sue lettere a un giovane pittore, Cézanne l'aveva consigliato di guardare la natura in termini di sfere, coni e cilindri. Forse voleva dire che era necessario tenere sempre in mente queste forme di solidi fondamentali nell'organizzare i quadri. Ma Picasso e i suoi amici decisero di accettare il consiglio alla lettera. Suppongo che ragionassero più o meno così: "Abbiamo rinunciato da tempo alla pretesa di rappresentare le cose come appaiono all'occhio. Era un fuoco fatuo che era inutile inseguire. Non vogliamo fissare sulla tela l'immaginaria impressione di un attimo fuggente. Seguiamo l'esempio di Cézanne e costruiamo il quadro con i nostri motivi, il più solidamente e durevolmente possibile. Perché non essere coerenti e non accettare il fatto che la nostra vera meta è costruire qualcosa piuttosto che copiare? Se pensiamo a un oggetto, poniamo, un violino, esso non appare agli occhi della nostra mente così come lo vedremmo con i nostri occhi corporei. Infatti noi possiamo pensare ai suoi vari aspetti nel medesimo istante. Alcuni di essi si stagliano così chiaramente che sentiamo di poterli toccare e maneggiare; altri sono in qualche modo in ombra. Eppure questo strano miscuglio di immagini rappresenta meglio il violino 'vero' di qualunque istantanea o meticolosa pittura". Questo fu, suppongo, il ragionamento che portò a quadri come la natura morta di Picasso [374]. Per alcuni aspetti essa rappresenta un ritorno a quelli che abbiamo chiamato "princípi egizi", secondo i quali un oggetto era disegnato dall'angolo visivo atto a farne risaltare più chiaramente la forma caratteristica. La chiocciola e un bischero sono visti di lato, così come li immaginiamo se pensiamo a un violino. I buchi della cassa invece sono visti di fronte (di fianco non si vedrebbero). La curva del bordo è assai esagerata, dal momento che siamo propensi a sopravvalutare il grado d'inclinazione di certe curve, pensando alla sensazione provata facendo scorrere la mano sui fianchi dello strumento. L'archetto e le corde fluttuano nello spazio; le corde anzi appaiono due volte, la prima viste di fronte, la seconda di taglio, verso la chiocciola. Nonostante questa confusione apparente di forme sconnesse (e ve ne sono in maggior numero di quanto io non abbia indicato) il quadro non è caotico. L'artista lo ha costruito con parti più o meno uniformi, cosicché l'insieme risulta coerente come certe opere d'arte primitiva, per esempio il palo totemico degli amerindi [26]. Naturalmente in questo modo di costruire l'immagine di un oggetto si annidava un pericolo di cui erano ben consci i fondatori del cubismo. Esso è attuabile solo con forme più o meno familiari. Coloro che guardano un quadro devono sapere come appare un violino per poter mettere in rapporto l'uno con l'altro i vari frammenti dell'opera. Questa è la ragione per cui i pittori cubisti scelsero per lo più motivi comuni, chitarre, bottiglie, fruttiere o, a volte, una figura umana, in cui possiamo facilmente orientarci comprendendo il rapporto tra le varie parti. Non tutti gustano questo gioco

374. Pablo Picasso, *Natura morta con violino*, 1912, olio su tela, cm 51 × 61. New York, Museum of Modern Art.

e non c'è ragione che lo facciano. Ma si può, a ragione, pretendere che essi non fraintendano l'intenzione dell'artista. C'è gente che ritiene un insulto alla propria intelligenza la nostra pretesa di farle credere che un violino "abbia quest'aspetto". Ma non si tratta affatto di un insulto. Se mai, l'artista fa loro un complimento. Egli presume che essi sappiano quale sia l'aspetto di un violino e che non vengano dinanzi al suo quadro per ricevere questa informazione elementare; li invita a partecipare con lui a questo gioco cerebrale: costruire l'idea di un oggetto tangibile e solido mediante qualche piatto frammento esposto sulla tela. Sappiamo che gli artisti di tutte le epoche hanno tentato di risolvere a loro modo il paradosso essenziale della pittura, che è la rappresentazione della profondità su una superficie. Il cubismo rappresentò un tentativo di non avallare questo paradosso, ma piuttosto di volgerlo alla ricerca di nuovi effetti. Ma mentre i Fauves avevano sacrificato

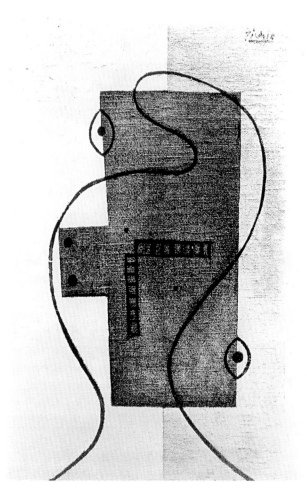

l'espediente dell'ombreggiatura al piacere del colore, i cubisti presero la strada opposta: fecero a meno di quel piacere giocando piuttosto a nascondino con l'espediente tradizionale del modellato "formale".

Picasso non ebbe mai la pretesa che il cubismo potesse sostituire tutti gli altri mezzi di rappresentazione del mondo visibile. Anzi! Egli amò mutare i suoi metodi tornando, di quando in quando, dagli esperimenti più arditi a varie forme tradizionali [11, 12]. Si può stentare a credere che la figura 375 e la figura 376 rappresentino una testa umana disegnata dallo stesso artista. Per comprendere la seconda dobbiamo risalire agli esperimenti dello "scarabocchio", al feticcio primitivo della figura 24 o alla maschera della figura 25. Evidentemente Picasso voleva scoprire fon dove si potesse spingere il tentativo di ricavare dalle forme e dai materiali più eterogenei l'immagine di una testa. Egli trasse la forma della "testa" da rozza materia, la incollò sulla superficie del disegno e quindi collocò ai margini gli occhi, trattati schematicamente, il più lontano possibile l'uno dall'altro, lasciò che una linea spezzata rappresentasse la bocca e la sua fila di denti, aggiunse infine una linea

375. Pablo Picasso, *Testa di ragazzo*, 1945, litografia, cm 29 × 23.

376. Pablo Picasso, *Testa*, 1928, collage e olio su tela, cm 55 × 33. Collezione privata.

377. Pablo Picasso, *Uccello*, 1948, piatto in ceramica, cm 32 × 38. Collezione privata.

ondulante a suggerire il contorno del viso. Ma da queste avventure spinte al limite dell'impossibile tornò a immagini salde, persuasive e commoventi come la figura 375. Nessun metodo o tecnica lo soddisfece a lungo. A volte abbandonò la pittura per la ceramica a mano. Pochi potrebbero indovinare a prima vista che il piatto della figura 377 è opera di uno dei più celebri maestri del nostro tempo. Forse è la sua sorprendente maestria nel disegno, il suo virtuosismo tecnico a infondere in Picasso una nostalgia della semplicità, dell'assenza di complicazioni. Dovette dargli una particolare soddisfazione buttare a mare tutta la sua abilità e intelligenza facendo con le sue mani qualcosa che ricordasse i lavori dei contadini e dei fanciulli.

Picasso stesso negò di fare esperimenti. Disse che non cercava, trovava. Rise di quanti vollero capire la sua arte. "Tutti vogliono capire l'arte. Perché non tentare di capire il canto di un uccello?" Certo aveva ragione. Nessun quadro può essere pienamente "spiegato" a parole. Ma le parole a volte servono come utili frecce indicative, aiutano a sgombrare il terreno dai malintesi e se non altro ci possono dare un indizio della situazione in cui si trova l'artista. Credo che la situazione che portò Picasso alle sue "scoperte" sia tipica dell'arte del XX secolo.

Il miglior modo, forse, per comprendere tale situazione è di considerare le sue origini. Gli artisti del "buon tempo antico" partivano in primo luogo dal soggetto: ricevuta l'ordinazione, poniamo, di una Madonna o di un ritratto, si mettevano al lavoro per condurlo a termine nel miglior modo possibile. Quando le ordinazioni di questo genere si fecero rare, gli artisti dovettero scegliere essi stessi i loro soggetti. Alcuni si applicarono a temi suscettibili di attrarre gli eventuali clienti: monaci che gozzovigliano, amanti al chiaro di luna o un avvenimento saliente della storia nazionale.

Altri artisti rifiutarono di diventare illustratori di questo genere. Dovendo scegliersi da soli il soggetto, l'avrebbero scelto in modo da approfondire qualche problema particolare della loro arte. Così gli impressionisti, interessati agli effetti luminosi all'aria aperta, scandalizzarono il pubblico dipingendo strade periferiche o covoni di fieno invece di scene di "letteraria" suggestione. *Chiamando Composizione in grigio e nero* [347] il ritratto della madre, Whistler ostentava il suo convincimento che per un artista ogni soggetto non è se non un pretesto per studiare l'equilibrio del colore e del disegno. Un maestro come Cézanne non dovette nemmeno proclamare questa verità. Ricordiamo come la sua natura morta [353] fosse comprensibile solo in quanto tentativo di approfondire alcuni problemi dell'arte pittorica. I cubisti ripresero il cammino al punto in cui Cézanne si era fermato. Da allora, un sempre maggior stuolo di artisti accettò per scontato che l'importante nell'arte è la scoperta di nuove soluzioni dei problemi cosiddetti "formali". Per tali artisti la "forma" è sempre più importante del "soggetto".

La miglior descrizione di questo procedimento fu data dal pittore e musicista svizzero Paul Klee (1879-1940), amico di Kandinskij ma anche profondamente impressionato dagli esperimenti cubisti con cui era venuto in contatto nel 1912 a Parigi. Tali esperimenti gli indicarono non tanto la strada verso nuovi metodi di rappresentazione della realtà, quanto nuove possibilità di giocare con le forme. In una conferenza alla Bauhaus egli narrò come aveva cominciato a mettere in rapporto fra loro linee, ombre e colori, accentuando in un punto, alleggerendo in un altro per ottenere infine quella sensazione di "tutto a posto", cioè di equilibrio, che è il fine di ogni artista. Descrisse come, emergendo a poco a poco sotto il suo tratto, le forme suggerissero alla sua immaginazione un soggetto reale o fantastico, e come egli seguisse tali suggerimenti se sentiva che il completamento dell'immagine, così "trovata", non avrebbe compromesso la sua armonia. Era sua convinzione che questo modo di creare le immagini fosse più "fedele al vero" di qualsiasi copia servile, poiché, egli sosteneva, la natura stessa crea tramite l'artista; è ancora vivo nella mente dell'artista, a farne scaturire le sue creature, quel misterioso potere che plasmò le magiche forme degli animali preistorici e il mondo fatato della fauna sottomarina. Come Picasso, Klee godeva della varietà di immagini che si poteva produrre in tal modo, ed è invero difficile apprezzare la ricchezza della sua fantasia da una sola delle sue opere. Ma la figura 378 offre almeno un'idea del suo ingegno e del suo gusto raffinato. Il quadro venne intitolato *La breve favola del nano* e siamo in grado di seguire la fiabesca metamorfosi del protagonista, poiché la sua testa può anche identificarsi con la parte inferiore del viso più grosso che la sovrasta.

È improbabile che Klee abbia escogitato tale espediente prima di iniziare il quadro. Ma la libertà quasi onirica del suo gioco con le forme lo condusse a questa trovata che egli allora sviluppò. Possiamo, naturalmente, essere certi che anche i maestri del passato si erano a volte affidati all'ispirazione momentanea e al caso, ma nonostante fossero ben lieti di tali fortunate eventualità, cercavano sempre di controllarsi il più possibile. Molti artisti moderni che condividono la fiducia di Klee nella natura creativa ritengono sia erroneo anche solo aspirare a questo deliberato controllo. Per loro l'opera deve "svilupparsi" secondo leggi sue proprie. Questa teoria ricorda ancora una volta i nostri scarabocchi su un pezzo di carta assorbente, quando ci lasciavamo

378. Paul Klee, *La breve favola del nano*, 1925, acquerello su tavola, verniciato, cm 43 × 35. Collezione privata.

sorprendere dal risultato degli oziosi ghirigori tracciati dalle nostre penne, con la differenza che l'artista moderno prende molto sul serio il suo lavoro. È superfluo aggiungere che era e rimaneva in gran parte una questione di temperamento e di gusto del singolo artista addentrarsi più o meno in simili fantasie mediante l'elaborazione formale. I quadri dell'americano Lyonel Feininger (1871-1956), che lavorò per un certo tempo alla Bauhaus, sono una buona testimonianza del modo con cui gli artisti moderni scelgono il loro soggetto in funzione di determinati problemi formali. Come Klee, Feininger era stato a Parigi nel 1912, quando l'ambiente artistico era sconvolto dai tentativi dei cubisti. Egli si accorse che questo movimento aveva sviluppato nuove soluzioni per un antichissimo problema della pittura, quello di rappresentare la profondità spaziale su una superficie piatta senza compromettere la nitidezza del disegno. Egli escogitò una sua tecnica personale costruendo il quadro a triangoli sovrapposti che paiono trasparenti e quindi suggeriscono una successione di strati, più o meno come i leggeri velari che talora si usano a teatro. Tali forme, apparendo l'una dietro l'altra, danno l'idea della profondità e permettono all'artista di semplificare i contorni degli oggetti senza che il quadro sia piatto. Feininger amava scegliere motivi come le strade di città medievali su cui sporgono tetti spioventi, o gruppi di

379. Lyonel Feininger, *Barche a vela*, 1929, olio su tela, cm 43 × 72. Detroit, Detroit Institute of Arts, donazione di Robert H. Tannahil.

380. Constantin
Brancusi, *Il bacio*, 1907,
pietra, altezza cm 28.
Craiova (Romania),
Muzeul de Art.

barche a vela che gli davano la possibilità di impiegare triangoli e diagonali.
Il quadro con una regata di barche a vela [379] indica come i suoi metodi
non gli consentirono solo di dare un senso di spazio ma anche di moto.
Lo stesso interesse per ciò che ho chiamato problemi formali poté indurre
uno scultore come il rumeno Constantin Brancusi (1876-1957) ad abbandonare la perizia che aveva acquisito alla scuola d'arte e come assistente
di Rodin per cercare di raggiungere il massimo della semplificazione. Per
parecchi anni lavorò all'idea di un gruppo che rappresentasse un bacio nella
forma di un cubo [380]. Per quanto la sua soluzione sia stata così radicale da
farci pensare ancora a una caricatura, il problema che egli voleva risolvere
non era del tutto nuovo. Ricordiamo che l'idea di Michelangelo circa la
scultura era di estrarre la forma dormiente nel blocco di marmo dando vita
e movimento alle figure pur rispettando la semplice struttura della pietra.
Brancusi deve aver deciso di affrontare il problema dall'altro capo. Voleva

381. Piet Mondrian, *Composizione in rosso, nero, blu, giallo e grigio*, 1920, olio su tela, cm 32 × 50. Amsterdam, Stedelijk Museum.

scoprire quanto lo scultore potesse conservare della pietra originale pur trasformandola allo stesso tempo in un suggestivo gruppo umano.

Fu pressoché inevitabile che l'interesse crescente per i problemi formali determinasse un nuovo modo di considerare gli esperimenti nel campo dell'"arte astratta" che Kandinskij aveva iniziato in Germania. Ricordiamo che queste teorie erano nate dall'espressionismo e tendevano a un tipo di pittura che potesse diventare "espressione pura" come la musica. Sotto l'influenza degli studi cubisti sulla struttura altri pittori a Parigi, in Russia, e ben presto anche in Olanda tentarono esperimenti affini partendo dal presupposto che la pittura è costruzione, come l'architettura. L'olandese Piet Mondrian (1872-1944) voleva costruire i suoi quadri con gli elementi più semplici: linee rette e colori puri [381]. Tendeva a un'arte la cui chiarezza e disciplina riflettesse in certo qual modo l'oggettività delle leggi della natura. Perché Mondrian, come Kandinskij e Klee, era un mistico e voleva che la sua pittura rivelasse la realtà immutabile delle cose al di là delle sempre mutevoli forme dell'apparenza sensibile.

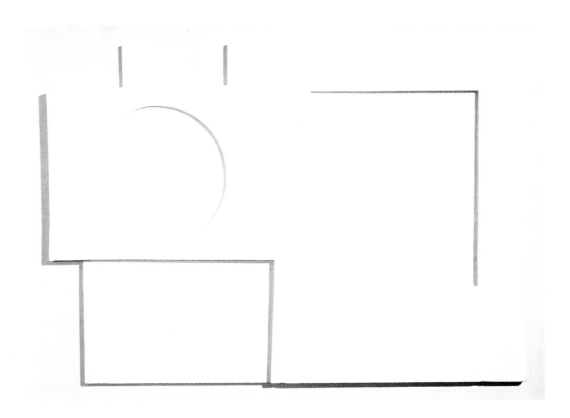

382. Ben Nicholson,
1934, 1934, olio
su tavola incisa,
cm 72 × 96,5. Londra,
Tate Gallery.

In questa stessa ottica l'artista inglese Ben Nicholson (1894-1982) si immerse nei problemi inerenti alla sua scelta. Ma mentre Mondrian esplorava il rapporto dei colori elementari, Nicholson si occupò del rapporto fra le forme semplici, quali il cerchio e il rettangolo, e perlopiù li incise su basi bianche, dando a ciascuno una profondità un po' diversa [382]. Anche lui espresse la convinzione che ciò che stava cercando fosse "realtà", e che per lui l'arte e l'esperienza religiosa fossero la stessa cosa.

Qualsiasi obiezione si possa fare a questa filosofia, non è tanto difficile immaginare la disposizione mentale di un artista che si dedica così a fondo al complesso problema di giungere ad armonizzare siffatte forme e tonalità finché tutto non sia "a posto". È possibilissimo che un quadro composto di due soli quadrati abbia causato più preoccupazione all'autore che non una Madonna a un artista del passato. Infatti il pittore della Madonna sapeva che cosa voleva ottenere, aveva per guida la tradizione: il numero delle possibili scelte era limitato. Il pittore astratto, con i suoi due quadrati, è in una situazione meno invidiabile. Può spostarli sulla tela, tentare un numero

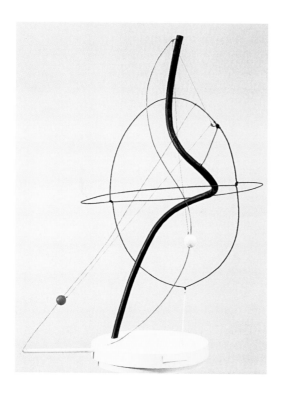

383. Alexander Calder, *Un universo*, 1934, mobile a motore, tubo di ferro dipinto, cavi e legno con corda, altezza cm 103. New York, Museum of Modern Art., dono di Abby Aldrich Rockefeller.

infinito di possibilità senza mai sapere dove e quando fermarsi. Anche se non condividiamo i suoi interessi, non per questo dobbiamo schernire le fatiche che egli affronta.

Vi fu un artista che trovò un modo molto personale per uscire da questa situazione: lo scultore americano Alexander Calder (1898-1976). Calder aveva studiato da ingegnere ed era stato molto impressionato dall'arte di Mondrian quando ne aveva visitato lo studio a Parigi, nel 1930. Anch'egli anelava a un'arte che riflettesse le leggi matematiche dell'universo, ma a suo avviso non poteva essere un'arte rigida e statica. L'universo è in un movimento continuo, ma tenuto insieme da misteriose forze equilibratrici, ed è questo concetto dell'equilibrio che per primo ispirò a Calder l'idea di costruire le sue composizioni mobili (*mobiles*) [383]. Egli appese sagome di varie forme e colori e le fece girare e oscillare nello spazio. Qui la parola "armonia" non è più una semplice figura retorica. Occorrevano grande studio e sperimentazione per creare questo delicato equilibrio. Ovviamente, una volta inventato il trucco, lo si poteva usare per produrre giocattoli alla moda. Pochi tra coloro che si divertono con un *mobile* pensano ancora all'universo, come coloro che hanno applicato le composizioni rettangolari di Mondrian ai disegni per copertine non pensano più alla sua filosofia. Eppure gli enigmi dell'equilibrio e del metodo, per quanto sottili e impegnativi, lasciavano in loro un senso di vuoto che tentavano disperatamente di superare. Come Picasso, essi si protesero verso qualcosa di meno cerebrale e di

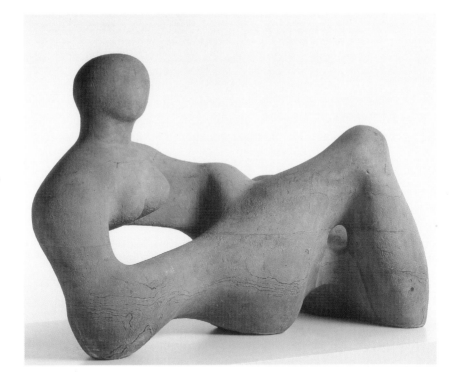

384. Henry Moore,
Figura sdraiata, 1938,
pietra, altezza cm 133.
Londra, Tate Gallery.

meno arbitrario. Ma se l'interesse non sta nel "soggetto", come una volta,
né nella "forma", come più di recente, che cosa dovrebbero rappresentare
queste opere?

La risposta è più presto intuita che espressa, poiché queste spiegazioni de-
generano facilmente in una falsa profondità o in mera follia. Ma, se debbo
dirlo, credo che la vera risposta sia che l'artista moderno vuole creare
oggetti. Bisogna ribadire *tanto* il termine creare *quanto* il termine oggetti:
l'artista vuole fare qualcosa che non esisteva prima. Non una semplice copia
di un oggetto reale, per abile che possa essere, non una decorazione, per
quanto sapiente, ma qualcosa di più pertinente e durevole di entrambi,
qualcosa che egli senta essere più reale degli squallidi oggetti della nostra
esistenza quotidiana. Per comprendere questa disposizione mentale dobbiamo rifarci alla nostra infanzia, quando sentivamo ancora di poter creare
qualcosa con mattoni o sabbia, quando trasformavamo un manico di scopa
in una bacchetta magica, e qualche pietra in un castello incantato. A volte
ciò che costruivamo acquistava per noi un'importanza immensa, forse la
stessa importanza che ha l'immagine per i primitivi. Credo che sia questo
sentimento dell'unicità irripetibile dell'oggetto dovuto alla virtù magica
delle mani dell'uomo che lo scultore Henry Moore (1898-1986) volle
comunicarci con le sue creazioni [384]. Moore non cominciava l'opera
guardando il suo modello: cominciava invece guardando la pietra. Voleva
ricavarne qualcosa non frantumandola, ma avanzando circospetto, tentando

di scoprire che cosa la pietra "vuole". Se essa si trasforma in un'allusione alla figura umana, tanto meglio. Ma in tale figura egli voleva conservare qualcosa della solidità e semplicità di una roccia. Non vuole fare una donna di pietra, ma una pietra che suggerisca una donna. È questo l'atteggiamento che ha dato agli artisti del XX secolo un nuovo concetto dei valori insiti nell'arte dei primitivi. Alcuni, effettivamente, invidiavano gli artigiani tribali le cui immagini sono ritenute pervase di magico potere e sono destinate a sostenere un ruolo fondamentale nelle cerimonie sacre della tribù. Gli arcani idoli antichi e i remoti feticci risvegliano l'aspirazione romantica a fuggire una civiltà sospettata di essere corrotta dallo spirito commerciale. L'uomo primitivo è forse selvaggio e crudele, ma sembra almeno privo del fardello dell'ipocrisia. La stessa romantica nostalgia aveva condotto nell'Africa settentrionale Eugène Delacroix e nei mari del Sud Paul Gauguin.

In una delle sue lettere da Tahiti, Gauguin aveva scritto che sentiva di dover tornare indietro, oltre i cavalli del Partenone, fino al cavallo a dondolo della sua infanzia. È facile schernire questa preoccupazione del semplice e dell'infantile propria dell'artista moderno, eppure non dovrebbe essere difficile comprenderla. Gli artisti infatti sentono che immediatezza e semplicità sono le uniche cose che non si possono imparare. Si possono padroneggiare tutti i trucchi del mestiere, ogni effetto può essere facilmente imitato, dopo che si dimostra come è possibile ottenerlo. Molti artisti ritengono che i musei e le esposizioni abbondano di opere così facili e abili che non c'è nulla da guadagnare a proseguire su quella falsariga; se non ritornano bambini si sentono in pericolo di perdere l'anima, trasformandosi in scaltri produttori di pitture e sculture.

Il primitivismo propugnato da Gauguin esercitò sull'arte moderna un'influenza ancora più duratura dell'espressionismo di Van Gogh o dell'indirizzo cubista suggerito da Cézanne. Esso provocò una rivoluzione totale nel gusto che cominciò attorno al 1905, l'anno della prima mostra dei Fauves. Fu solo attraverso questa rivoluzione che i critici cominciarono a scoprire la bellezza delle opere del primo medioevo, come quelle delle figure 106 e 119. Fu allora, si è visto, che gli artisti presero a studiare i lavori dei selvaggi con lo stesso zelo con cui gli artisti accademici si dedicavano alla scultura greca. Fu anche questo mutamento del gusto che all'inizio del Novecento portò alcuni giovani artisti di Parigi a scoprire l'arte di un pittore dilettante, un impiegato del dazio che conduceva una vita tranquilla in periferia. Questo pittore, Henri Rousseau (1844-1910), diede loro la prova che, lungi dall'essere mezzo di salvezza, il tirocinio del pittore professionista può anche rovinare le sue possibilità artistiche. Infatti Rousseau non sapeva nulla di disegno esatto o degli espedienti degli impressionisti. Dipingeva, con colori semplici, puri e a contorni nitidi, ogni singola foglia su di un albero e ogni stelo d'erba su un prato [385]. Eppure nei suoi quadri, per goffi che possano

385. Henri Rousseau, *Ritratto di Joseph Brummer*, 1909, olio su tela, cm 116 × 88,5. Collezione privata.

apparire a un raffinato, c'è qualcosa di così vigoroso, semplice e poetico che si deve riconoscere in lui un maestro.

Nella strana corsa all'ingenuità e all'antintellettualismo che ora si iniziava, gli artisti che, come Rousseau, avevano un'esperienza di prima mano della vita semplice avevano un vantaggio naturale. Marc Chagall (1887-1985), per esempio, un pittore venuto a Parigi da un piccolo ghetto provinciale russo avanti la Prima guerra mondiale, non lasciò offuscare le sue impressioni d'infanzia dalla dimestichezza con gli esperimenti moderni. Le sue pitture di scene e macchiette di villaggio, come quella del musicante che è diventato tutt'uno con lo strumento [386], sono riuscite a conservare qualcosa del sapore e dell'incanto infantile della vera arte popolare.

L'ammirazione per Rousseau e per la maniera ingenua e autodidattica dei "pittori della domenica" portò altri artisti a rinunciare alle complicate teorie dell'espressionismo e del cubismo, che ormai apparivano inutile zavorra. Volevano uniformarsi all'ideale dell'"uomo della strada", dipingendo quadri chiari e sinceri in cui si potessero contare tutte le foglie di un albero e ogni solco dei campi. Fu loro orgoglio essere "terra terra" e "concreti", dipingendo quadri che anche l'uomo comune potesse comprendere. Tanto nella Germania nazionalsocialista quanto nella Russia comunista questa tendenza fu calorosamente appoggiata dagli uomini politici: cosa che non prova nulla pro o contro di essa. L'americano Grant Wood (1892-1942), che era stato a Parigi e a Monaco, celebrò la bellezza del suo nativo Iowa con voluta semplicità. Per il quadro *Risveglio primaverile* [387] egli fece perfino un modellino in creta che gli consentiva di studiare la scena da un punto di vista inatteso, conferendo all'opera qualcosa dell'incanto di un giocattolo che riproduce un paesaggio.

Possiamo provare simpatia per il gusto di tutto ciò che è immediato e genuino negli artisti moderni, eppure sentire che fatalmente lo sforzo di

386. Marc Chagall, *Il musicante*, 1939, olio su tela, cm 100 × 73. Collezione privata.

387. Grant Wood, *Risveglio primaverile*, 1936, olio su tavola, cm 46 × 102. Winston-Salem (North Carolina), Reynolda House Museum of American Art.

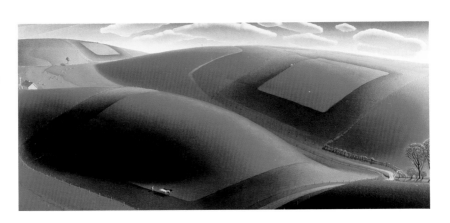

388. Giorgio de Chirico, *Canto d'amore*, 1914, olio su tela, cm 73 × 59. New York, Museum of Modern Art, lascito Nelson A. Rockefeller.

voler essere ingenui e semplici doveva condurli a contraddirsi. Non ci è consentito di diventare "primitivi" a nostro arbitrio. La voglia smodata di infantilismo indusse qualcuno di questi artisti a un puro e semplice esercizio di stupidità programmata.

C'era però una strada che era stata solo raramente esplorata in passato: creare immagini di fantasia e di sogno. C'erano state, è vero, figure di diavoli o di esseri demoniaci, come quelle in cui aveva eccelso Hieronymus Bosch [229, 230], e anche figure grottesche come nella finestra dello Zuccari [231], ma forse soltanto Goya riuscì a rendere del tutto convincente la sua misteriosa visione di un gigante seduto sull'orlo del mondo [320].

Fu ambizione di Giorgio de Chirico (1888-1978), greco di genitori italiani, catturare quel senso di estraneità che ci può invadere nell'impatto con

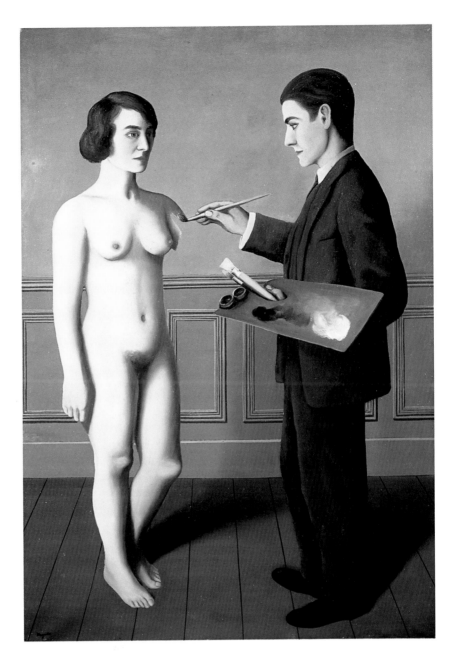

389. René Magritte,
Tentando l'impossibile,
1928, olio su tela,
cm 106 × 81.
Collezione privata.

l'imprevisto e con l'enigma totale. Impiegando le tecniche tradizionali di
rappresentazione, egli mise insieme una monumentale testa classica e un
grosso guanto di gomma in una città deserta, che intitolò *Canto d'amore* [388].
Ci dicono che quando il pittore belga René Magritte (1898-1967) vide per
la prima volta una riproduzione di quel quadro sentì, come scrisse in seguito,
"che rappresentava un taglio netto con le abitudini mentali di artisti prigionieri del talento, dei virtuosismi e di tutti i piccoli estetismi consolidati: un
nuovo modo di vedere". Fu fedele a questo indirizzo per quasi tutta la vita,
e molte delle sue immagini oniriche, dipinte con accuratezza meticolosa e

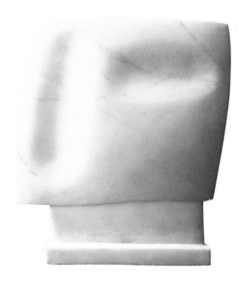

presentate con titoli inquietanti, sono memorabili proprio in quanto inspiegabili. La figura 389, dipinta nel 1928, ha per titolo *Tentando l'impossibile*. Potrebbe quasi servire come epigrafe a questo capitolo. Dopotutto abbiamo visto come la fuorviante pretesa che gli artisti debbano dipingere semplicemente ciò che vedono fu ciò che li spinse sempre più verso la sperimentazione. L'artista di Magritte (ed è un autoritratto) si cimenta nell'impegno tipico delle accademie, dipingere un nudo, rendendosi però conto che non sta copiando la realtà bensì creando una nuova realtà, proprio come facciamo nei sogni. Come questo sia possibile noi non lo sappiamo.

390. Alberto Giacometti, *Testa*, 1927, marmo, altezza cm 41. Amsterdam, Stedelijk Museum.

391. Salvador Dalí, *Apparizione di un volto e di una fruttiera su una spiaggia*, 1938, olio su tela, cm 114 × 143. Hartford (Connecticut), Wadsworth Atheneum.

Magritte era un eminente membro di un gruppo di artisti che si chiamarono "surrealisti". Questo nome venne coniato nel 1924 per esprimere la voglia di tanti giovani talenti, qui già nominati, di creare qualcosa che fosse più reale della stessa realtà. Uno dei primi membri del gruppo fu il giovane scultore italo-svizzero Alberto Giacometti (1901-1966), la cui scultura di una testa [390] ci può far pensare all'opera di Brancusi, sebbene non fosse tanto la semplificazione che egli perseguiva quanto il raggiungimento dell'espressione con mezzi minimi. Ciò che si può vedere nella lastra non consiste che in due incavi, è vero, uno verticale e uno orizzontale, ma essa ci guarda fissamente proprio come quei prodotti dell'arte tribale di cui si è parlato nel primo capitolo [24].

Molti surrealisti furono assai colpiti dagli scritti di Sigmund Freud e dalle teorie secondo cui, quando il nostro autocontrollo è attenuato, prende il sopravvento in noi il fanciullo o il selvaggio. Fu quest'idea a indurre il surrealismo a proclamare che l'arte non può mai essere il prodotto della ragione pienamente desta. I surrealisti possono ammettere che la ragione ci possa dare la scienza, ma affermano che solo l'irrazionale può darci l'arte. Anche questa teoria non è nuova come parrebbe sulle prime. Gli antichi parlavano della poesia come "sacra follia" e scrittori romantici come Coleridge e De Quincey sperimentarono deliberatamente l'oppio e altre droghe per sopraffare la ragione e lasciare libero campo alla fantasia. Anche i surrealisti vanno alla ricerca di stati mentali in cui possa affiorare ciò che è profondamente sepolto nell'inconscio. Sono d'accordo con Klee che l'artista

non può determinare la sua opera, ma deve lasciarla maturare da sola. A un estraneo il risultato può apparire sconcertante, ma, se mette da parte i pregiudizi e lascia libero gioco alla fantasia, può giungere a partecipare allo strano sogno dell'artista.

Non credo che questa teoria sia giusta e nemmeno che essa corrisponda alle idee di Freud. Comunque, valeva la pena di fare l'esperimento di dipingere i sogni a occhi aperti. Nei sogni sperimentiamo sovente la strana sensazione che persone e cose si fondano e cambino posto. Il nostro gatto può essere al tempo stesso una zia e il nostro giardino l'Africa. Uno dei principali pittori surrealisti, lo spagnolo Salvador Dalí (1904-1989), che ha trascorso molti anni negli Stati Uniti, ha tentato di imitare la magica confusione della nostra esistenza onirica. In alcuni dei suoi quadri egli mescola frammenti sorprendenti e incoerenti del mondo reale (dipinti con la medesima dettagliata accuratezza con cui Grant Wood dipingeva i suoi paesaggi) dandoci la sensazione ossessionante che questa apparente follia debba avere un senso. Guardando più da vicino la figura 391, per esempio, scopriamo che il paesaggio di sogno dell'angolo superiore destro, la baia con le sue onde e la montagna con la sua galleria, rappresenta al tempo stesso il muso di un cane il cui collare è anche un viadotto ferroviario sul mare. Il cane è sospeso a mezz'aria e la parte centrale del suo corpo è formata da una fruttiera con pere, fusa a sua volta con il viso di una ragazza i cui occhi sono formati da strane conchiglie su una spiaggia costellata di enigmatiche apparizioni. Come in un sogno, certe cose quali la corda e il panno, si stagliano con chiarezza inattesa, mentre altre forme restano vaghe e ambigue.

Un quadro come questo ci spiega ancora una volta perché gli artisti moderni non possono accontentarsi di rappresentare semplicemente "ciò che vedono". Sono diventati troppo consapevoli dei numerosi problemi che implica una simile esigenza. Sanno che l'artista desideroso di "rappresentare" un oggetto vero o immaginario non comincia con l'aprire gli occhi e guardarsi attorno, bensì prendendo colori e forme e costruendo l'immagine voluta. La ragione per cui spesso dimentichiamo questa semplice verità sta nel fatto che in passato ogni forma e ogni colore significavano un solo oggetto naturale: le pennellate marroni rappresentavano i tronchi degli alberi, i punti verdi le foglie. La coincidenza, in Dalí, di varie cose in ogni singola forma può attirare la nostra attenzione sui diversi significati possibili del colore e della forma, più o meno come un felice bisticcio verbale può renderci consapevoli della funzione e del significato delle parole. La conchiglia di Dalí che è anche un occhio, la sua fruttiera che è anche la fronte e il naso di una ragazza possono riportare i nostri pensieri al primo capitolo di questo libro, al dio delle piogge azteco Tlaloc, le cui fattezze erano composte da serpenti a sonagli [30].

Eppure se torniamo veramente a guardare l'antico idolo, possiamo sentircene impressionati: com'è lontano lo spirito, per simili che possano sembrare i metodi! Le due immagini possono essere emerse da un sogno, ma sentiamo che Tlaloc fu il sogno di un intero popolo, l'immagine d'incubo del potere tremendo che signoreggiava il suo destino; il cane e la fruttiera di Dalí riflettono il sogno inafferrabile di una sola persona, e, per penetrarlo, ci manca la chiave. Sarebbe certo ingiusto dare la colpa all'artista per questa differenza. Essa scaturisce dalle circostanze totalmente diverse in cui le due opere vennero create.

Per produrre una perla perfetta, l'ostrica ha bisogno di un corpo estraneo, come un granello di sabbia o una piccola scheggia, attorno a cui secernere il proprio succo. Senza un tale nucleo la perla può diventare una massa informe. Se il senso del colore e della forma deve cristallizzarsi in un'opera perfetta, anche l'artista ha bisogno di un "nucleo", un compito definito per il quale egli possa profondere le sue doti.

Sappiamo che nel passato più remoto tutte le opere d'arte presero forma attorno a un nucleo vitale del genere. Era la comunità che impartiva il suo compito all'artista, fosse la costruzione di maschere rituali o di cattedrali, la pittura di ritratti o l'illustrazione di libri. Ha poca importanza se proviamo, o meno, simpatia per questi vari compiti; si può non approvare la caccia al bisonte per mezzo della magia, l'esaltazione di guerre criminose o l'ostentazione della ricchezza e del potere, e ammirare le opere d'arte costruite per servire a tali scopi. La perla ricopre interamente il "nucleo". Il segreto dell'artista consiste nel compiere tanto bene il proprio lavoro che quasi ci dimentichiamo di domandare quali fossero in origine le sue intenzioni, tanta è l'ammirazione che il risultato ci ispira. Siamo abituati a questo genere di spostamento del centro d'attrazione in casi più banali: se diciamo a un ragazzo che egli ha fatto della vanteria un'arte o che è un artista nel marinare la scuola, vogliamo dire precisamente che egli dispiega una tale ingegnosità e una tale fantasia nel perseguire i suoi poco meritevoli scopi che siamo obbligati ad ammirarne l'abilità anche disapprovandone i motivi. Fu un momento decisivo nella storia dell'arte quello in cui il pubblico fissò a tal segno la propria attenzione sulla tecnica altamente artistica sviluppata dai pittori e dagli scultori da dimenticare di dare loro compiti più determinati. Sappiamo che il primo passo in tale direzione fu fatto nel periodo ellenistico e di nuovo nel Rinascimento. Ma, per sorprendente che questo possa risultare, tale passo non privò ancora gli artisti di quel "nucleo" vitale, di quel compito che solo poteva accendere la loro fantasia. Anche quando gli incarichi precisi si fecero più rari, rimase uno stuolo di problemi nella cui soluzione l'artista poteva dispiegare la sua maestria. Là dove tali problemi non erano proposti dalla comunità, venivano posti dalla tradizione. Era la tradizione figurativa che introduceva gli indispensabili granelli di sabbia. Sappiamo che l'esigenza di riprodurre la natura era piuttosto frutto di tradizione che intrinseca necessità dell'arte. L'importanza di tale esigenza nella storia, da Giotto agli impressionisti, non sta nel fatto che – come a volte si pensa – l'imitazione del mondo reale sia l'"essenza" o l'"imperativo" dell'arte. Non è nemmeno vero che questa esigenza sia, d'altra parte, del tutto irrilevante; in quanto fu appunto essa a proporre all'artista quel tipo di problema insolubile che ne stimola, sfidandola, l'ingegnosità, e lo spinge alla conquista dell'impossibile. Abbiamo inoltre visto come ogni soluzione di tali problemi, per strabiliante che sia stata, ha sempre fatto scaturire altri problemi in altri campi, dando ai giovani, a loro volta, l'opportunità di mostrare ciò che essi erano in grado di trarre da forme e colori. Infatti, anche l'artista in rotta con la tradizione deve a essa lo stimolo che dà un senso ai suoi sforzi.

Ecco la ragione per cui ho tentato di narrare la storia dell'arte come la storia di una continua tessitura e trasformazione di tradizioni, dove ogni lavoro accenna al futuro e ricorda il passato. Non c'è aspetto della storia più affascinante di questo: una catena vivente collega ancora l'arte dei

nostri giorni a quella dell'età delle piramidi. Le eresie di Ekhnaton, i secoli
agitati dell'alto medioevo, la crisi artistica del periodo della Riforma, la
rottura con la tradizione al tempo della Rivoluzione francese furono tutte
minacce alla continuità di quella catena, e spesso il pericolo fu vivissimo;
dopo tutto si conoscono casi in cui l'arte si è estinta presso intere nazioni
e intere civiltà non appena spezzatosi l'ultimo legame. Ma in un modo o
nell'altro il disastro definitivo è stato sempre scongiurato. Spariti i vecchi
compiti ne sorsero di nuovi, dando agli artisti quella direttiva e quella
finalità senza le quali le grandi opere non nascono. In architettura credo
che questo miracolo si sia ancora una volta ripetuto: dopo le goffaggini e
le esitazioni dell'Ottocento, gli architetti moderni hanno trovato il loro
orientamento. Sanno che cosa vogliono e il pubblico ha cominciato ad
accettare la loro opera come un fatto normale. Nella pittura e nella scultura la crisi non ha ancora oltrepassato la svolta pericolosa. Nonostante
alcuni esperimenti promettenti, rimane ancora una triste frattura tra ciò
che viene chiamata "arte commerciale o applicata", che ci attornia nella
vita quotidiana, e l'arte "pura" delle mostre e delle gallerie che tanti di
noi trovano così arduo intendere.

È altrettanto avventato essere favorevoli come essere contrari all'arte moderna. La situazione in cui si è sviluppata è stata creata da noi tanto quanto
dagli artisti. Vivono oggi pittori e scultori che avrebbero onorato qualsiasi
epoca. Se non chiediamo loro nulla di preciso, che diritto abbiamo di
rimproverarli se la loro opera appare oscura e priva di senso?

Il pubblico medio si è fatto l'idea che l'artista sia un produttore d'arte
più o meno come il calzolaio lo è di scarpe. Con ciò esso intende che gli
artisti dovrebbero produrre cose simili a quelle che ha già visto etichet-
tate in precedenza come opere d'arte. Si può comprendere questa vaga
richiesta, ma, ahimè, è proprio quanto l'artista non può fare. Ciò che è
stato fatto anteriormente non costituisce più un problema. Non vi è nulla
che metta alla prova l'artista. E anche i critici e i "raffinati" si rendono
a volte colpevoli di un simile equivoco, propensi come sono a chiedere
anch'essi che gli artisti "producano" l'arte e a considerare quadri e sculture
quali esemplari per i musei del futuro. L'unico compito che essi additano
all'artista è la creazione di "qualcosa di nuovo": se potessero concretare
il loro desiderio, ogni opera rappresenterebbe un nuovo stile, una nuova
teoria. Mancando fini più determinati, anche i più dotati tra gli artisti
odierni sembrano talvolta arrendersi a queste imposizioni. Le soluzioni da
loro avanzate per risolvere il problema dell'originalità sono talvolta acute
e vivaci, ma, alla lunga, questa non è un'esigenza che valga la pena di
soddisfare. Ecco la ragione ultima, a mio parere, per cui gli artisti moderni
si lasciano tanto spesso sedurre dalle più disparate teorie, vecchie e nuove,
sulla natura dell'arte. Dire "l'arte è espressione" o "l'arte è costruzione"

vale probabilmente quanto dire, all'antica, "l'arte è imitazione della natura". E qualsiasi teoria, anche la più oscura, può contenere quel proverbiale
granello di sabbia che potrà originare la perla.

Eccoci, infine, tornati al nostro punto di partenza. Non c'è una cosa che
si possa chiamare Arte. Vi sono soltanto gli artisti, uomini e donne, cioè,
che hanno avuto il mirabile dono di equilibrare forme e colori fin quando
non siano state "a posto" e, cosa ancora più rara, che hanno un'integrità di
carattere tale da rifiutare ogni soluzione parziale e sono pronti a rinunciare a
tutti i facili effetti e a ogni superficiale successo pur di affrontare il travaglio
e la fatica necessari a un lavoro sincero. Confidiamo nella continua nascita
di nuovi artisti. Ma dipende in buona misura da noi che formiamo il pubblico, se l'arte potrà sopravvivere. Possiamo decidere la partita con il nostro
interessamento o con la nostra indifferenza, con la nostra comprensione
o i nostri pregiudizi. Siamo noi che dobbiamo provvedere affinché non
si strappi il filo della tradizione e si preservi per gli artisti l'opportunità di
arricchire quel prezioso vezzo di perle che è il retaggio del nostro passato.

Pablo Picasso,
*Il pittore e la sua
modella*, 1927,
(illustrazione per
l'edizione di
*Le Chef-d'oeuvre
inconnu* di Honoré
de Balzac pibblicata
da Ambroise
Vollard nel 1931).

28

UNA STORIA SENZA FINE
Il trionfo del modernismo

Questo libro è stato scritto subito dopo la fine della Seconda guerra mondiale ed è stato pubblicato per la prima volta nel 1950. A quel tempo la maggior parte degli artisti nominati nel capitolo finale era ancora in vita, e alcune delle opere illustrate erano assai recenti. Non stupisce quindi che, con il passare del tempo, mi si imponesse la necessità di aggiungere un altro capitolo per coprire gli sviluppi ulteriori. Le pagine a disposizione del lettore sono state quindi molto ampliate nell'undicesima edizione sotto la voce originaria *Postscriptum 1966*. Ma anche quella data, a sua volta, si è allontanata nel passato, e quindi ho cambiato il titolo in *Una storia senza fine*.

Confesso che ora rimpiango questa decisione perché ho pensato che induca a confondere la storia dell'arte, come qui si intende, con la cronaca delle varie mode. Non che questa confusione ci sorprenda enormemente. Dopotutto basta soltanto sfogliare le pagine di questo libro per ricordare le tante volte in cui le opere d'arte hanno riflesso l'eleganza e la raffinatezza delle mode del tempo, sia che guardiamo le graziose signore del *Libro d'Ore* dei De Limbourg che celebra l'avvento di maggio [144] sia il mondo onirico del rococò di Antoine Watteau [298]. Ma nell'apprezzare queste opere non dobbiamo dimenticare con quale rapidità siano invecchiate le mode che esse riflettono, mentre i dipinti hanno mantenuto il loro fascino: la coppia Arnolfini, nella sua eleganza vistosa così com'è ritratta da Jan van Eyck [158], avrebbe fatto una figura ben buffa alla corte spagnola ritratta da Diego Velázquez [266], e l'*Infanta*, nella rigidezza dei suoi merletti, sarebbe stata a sua volta crudelmente presa in giro dai bambini ritratti da Sir Joshua Reynolds [305].

Ciò che fu detta "la girandola della moda" continuerà senz'altro a girare finché c'è intorno gente con denaro e tempo sufficienti per cercare di stupire gli altri con eccentricità sempre nuove, e questa può veramente essere "una storia senza fine". Ma le riviste di moda, che indicano a quanti vogliano restare sulla cresta dell'onda che cosa si indossa oggi, sono fonti di attualità tanto quanto i giornali quotidiani. Gli avvenimenti del giorno si tramutano in "storia" quando si sia frapposta una distanza sufficiente per sapere quale effetto, se effetto c'è stato, essi abbiano provocato sugli sviluppi successivi. Applicare simili riflessioni alla storia dell'arte, come è stato detto in queste pagine, non ha bisogno di ulteriori precisazioni. La storia degli artisti può essere soltanto raccontata quando si sia chiarito, dopo un certo lasso di tempo, l'influenza che le loro opere hanno avuto sulle altre, e quali contributi abbiano offerto alla storia dell'arte come tale. Così ho cercato di sceglierne un numero esiguo, nel grande novero di edifici, sculture e pitture di cui abbiamo ancora notizia dopo migliaia di anni, degne di apparire in una storia dedicata soprattutto alle soluzioni di certi problemi artistici, soluzioni che abbiano determinato il corso degli sviluppi successivi.

Più ci avviciniamo ai nostri tempi, più difficile inevitabilmente diventa distinguere le mode passeggere dai risultati durevoli. La ricerca di alternative al rispetto della verosimiglianza naturale, come ho detto nelle pagine precedenti, doveva fatalmente portare a eccentricità tali da stuzzicare l'attenzione del pubblico, ma apriva anche un vasto campo di sperimentazioni del colore e della forma che è tutto da esplorare. Con quali risultati non sappiamo ancora. È per questa ragione che mi sento a disagio di fronte all'idea che si possa scrivere la storia dell'arte "fino al giorno d'oggi". Si registrano, è vero, e si discutono le ultime correnti, gli artisti che nel momento in cui si scrive sembrano più in vista, ma soltanto una persona dotata di spirito profetico sarebbe in grado di affermare che questi stessi artisti saranno "consegnati alla storia" e, tutto considerato, i critici non sono mai stati buoni profeti. Cerchiamo di raffigurarci un critico impegnato e di larghe vedute che nel 1890 si fosse posto il compito di portare la storia dell'arte "fino a oggi". Con la migliore volontà egli non avrebbe potuto sapere che i tre protagonisti dell'arte del suo tempo erano Van Gogh, Cézanne e Gauguin; il primo, un olandese paranoico e non più giovanissimo, lavorava nella Francia meridionale; il secondo, un signore riservato e benestante, aveva smesso di partecipare alle esposizioni; e il terzo, un agente di cambio divenuto pittore nella maturità, era subito dopo emigrato nei mari del Sud. Il problema non è tanto se il nostro critico apprezzasse le opere di questi tre uomini, quanto se ne avesse addirittura sentito parlare.

Ogni storico che sia vissuto abbastanza a lungo per fare l'esperienza di che cosa avviene a mano a mano che il presente diventa passato ha una storia da raccontare sul modo in cui la visione cambia con l'aumentare della distanza. L'ultimo capitolo di questo libro ne è un esempio: quando scrissi del surrealismo, non ero al corrente del fatto che in Inghilterra, nella regione dei laghi, viveva ancora un attempato emigrato tedesco la cui opera si sarebbe dimostrata di maggiore importanza negli anni seguenti. Alludo a Kurt Schwitters (1887-1948), che consideravo un simpatico originale noto negli anni immediatamente successivi al 1920. Schwitters raccoglieva biglietti d'autobus, ritagli di giornale, brandelli di stoffa e altri scarti, e li incollava insieme creando composizioni estrose e gradevoli [392]. Il rifiuto di servirsi dei convenzionali metodi di pittura e della tela tradizionale era connesso alle teorie propugnate da un movimento estremista sorto a Zurigo durante

392. Kurt Schwitters, *Inchiostro invisibile*, 1947, collage su carta, cm 25 × 20. Proprietà dell'artista.

la Prima guerra mondiale. Avrei potuto parlare di questo gruppo, detto dei "Dada", nella parte dell'ultimo capitolo dedicata al primitivismo. Ho citato la lettera di Gauguin in cui dichiara che avrebbe dovuto tornare indietro, oltre i cavalli del Partenone, fino al cavallo a dondolo dei suoi primi anni di vita, e le sillabe infantili "da-da" possono alludere a questo giocattolo. Certamente questi artisti desideravano divenire simili a bambini e si beffavano della solennità enfatica dell'Arte con l'A maiuscola. Non è difficile comprenderli, ma mi è sempre parso piuttosto assurdo documentare, analizzare e spiegare tali manifestazioni di "anti-arte" con quella stessa solennità, per non dire ampollosità, che essi si proponevano di schernire ed eliminare. Nemmeno così posso accusarmi di avere trascurato o ignorato gli impulsi emotivi che animavano questi movimenti. Ho cercato di descrivere lo stato d'animo in cui le cose quotidiane nel mondo di un bambino possono assumere un significato intenso. Vero è che non avevo previsto fino a che punto questo ritorno alla mentalità dei bambini potesse appianare la differenza tra opere d'arte e altri manufatti. L'artista francese Marcel Duchamp (1887-1968) acquistò fama e notorietà per avere preso un qualsiasi oggetto, che lui chiamò "preconfezionato", firmandolo con il suo nome. In Germania, Joseph Beuys

(1921-1986) seguì le sue orme dichiarando di avere allargato o esteso la nozione di "arte".

Spero sinceramente di non avere contribuito a questa moda – perché moda divenne – aprendo le pagine di questo libro con l'osservazione che "non esiste in realtà una cosa chiamata arte". Quello che intendevo, naturalmente, era che la parola "arte" ha significato cose diverse in tempi diversi. In Estremo Oriente, per esempio, la calligrafia è la più rispettata delle "arti". Ma ho anche asserito che parliamo di arte ogni volta che una cosa è fatta in modo così superlativo da farci dimenticare, per la pura ammirazione che ci ispira, la domanda sul suo significato. Ho mostrato come questo sia avvenuto per la pittura in misura crescente. Gli sviluppi successivi alla Seconda guerra mondiale ne hanno dato conferma. Se per pittura intendiamo soltanto l'applicazione del colore sulla tela, possiamo trovare esperti che badano esclusivamente al modo con cui ciò è fatto. Anche in passato erano stati apprezzati il colore ben dosato, le pennellate sapienti o la raffinatezza del tocco, ma in genere nel più vasto ambito dell'effetto complessivo in tal maniera raggiunto. Guardiamo ancora una volta la figura 213 per ammirare la tecnica di Tiziano nel rendere il merletto intorno al collo del modello, o la figura 260 per gustare la pennellata esperta di Rubens nel dipingere la barba del fauno. Consideriamo il virtuosismo del cinese Kao K'o-kung [98], la cui gamma raffinata di sfumature è disposta armoniosamente sulla seta senza la minima confusione. Fu soprattutto in Cina che si apprezzò e si discusse più che altrove la maestria della pennellata. Ricordiamo che i cinesi ambivano acquistare una tale disinvoltura nell'uso del pennello e dell'inchiostro da poter registrare l'immagine mentre l'ispirazione era ancora fresca, allo stesso modo in cui i poeti scrivono di getto i loro versi. Scrittura e pittura cinesi, infatti, hanno molti punti in comune. Ho appena alluso all'arte cinese della "calligrafia", ma in realtà i cinesi non ammirano tanto la bellezza formale degli ideogrammi quanto la maestria e l'ispirazione che devono pervadere ogni linea.

Ecco quindi un aspetto della pittura che non sembrava essere ancora stato esplorato: la disposizione dei colori come fine a sé stessa, trascurando qualsiasi altro motivo o scopo. La corrente che concentrava il suo interesse sul segno o macchia lasciata dal pennello fu chiamata in Francia, dalla parola *tache* (macchia), *tachisme*. Fu soprattutto l'americano Jackson Pollock (1912-1956) a suscitare interesse con i suoi nuovi modi di applicare il colore. Pollock si era dapprima avvicinato al surrealismo, ma a poco a poco abbandonò le arcane visioni che avevano predominato nei suoi quadri per esercitarsi nell'arte astratta. Intollerante ormai dei sistemi convenzionali, pose la tela sul pavimento e vi fece gocciolare e colare i colori in modo da formare sconcertanti raffigurazioni [393]. Probabilmente egli rammentava che, a quanto si dice, i pittori cinesi avevano usato tali metodi poco ortodossi e

393. Jackson Pollock, *Uno (numero 31, 1950)*, 1950, olio e vernice su tela, cm 269,5 × 531. New York, Museum of Modern Art, Sidney and Harriet Janis Collection Fund.

394. Franz Kline,
Forme bianche,
1955, olio su tela,
cm 189 × 128.
New York, Museum
of Modern Art, dono
di Philip Johnson.

aveva forse presente anche le abitudini degli amerindi con i loro segni nella sabbia a scopo magico. Il groviglio di linee che ne risulta soddisfa le due opposte aspirazioni dell'arte del XX secolo: la nostalgia per la semplicità e la spontaneità infantile, che evoca il ricordo degli scarabocchi dei bambini nel periodo precedente quello in cui incominciano anch'essi a formare immagini, e, all'altro estremo, il cerebrale interesse ai problemi della "pittura pura". Pollock è stato perciò salutato come uno degli iniziatori di un nuovo stile denominato *action painting* o espressionismo astratto. Non tutti i pittori appartenenti a questa corrente usano i metodi drastici di Pollock, ma tutti sono convinti dell'esigenza di cedere all'impulso più schietto. Come per i cinesi, tali dipinti devono essere eseguiti rapidamente e di getto, non devono essere premeditati, ma essere simili a uno sfogo spontaneo. Non c'è dubbio che, nel patrocinare tale metodo, artisti e critici siano stati di fatto non solo influenzati dall'arte cinese ma dal misticismo dell'Estremo Oriente in generale, specie nella forma diffusasi in Occidente sotto la denominazione di "buddismo zen". Anche sotto questo aspetto, il nuovo movimento ha continuato la precedente tradizione dell'arte del XX secolo. Come ricordiamo, Kandinskij, Klee e Mondrian erano mistici che volevano lacerare il

395. Pierre Soulages,
3 aprile 1954,
1954, olio su tela,
cm 195 × 130. Buffalo
(N.Y.), Albright-Knox
Art Gallery, donazione
della famiglia Kootz
nel 1958.

velo frapposto dall'apparenza sensibile per giungere a una più alta verità, e i surrealisti aspiravano alla "sacra follia". Fa parte della dottrina zen (benché non ne costituisca uno dei punti fondamentali) la teoria che solo dopo esserci liberati da ogni logica convenzionale siamo in grado di essere illuminati. Nel capitolo precedente ho sottolineato che non è indispensabile accettare le teorie di un artista per apprezzarne l'opera. Se si ha abbastanza pazienza e interesse per dedicarsi alla contemplazione di molti quadri di questo genere, si giungerà certo a preferirne alcuni piuttosto che altri, valutando gradatamente i problemi che gli autori si sono posti. Può non essere inutile, per esempio, paragonare un quadro dell'americano Franz Kline (1910-1962), con uno del *tachiste* francese Pierre Soulages (nato nel 1919) [394, 395]. Si deve notare che Kline intitolò il quadro *Forme bianche* con lo scopo evidente di richiamare l'attenzione dello spettatore non solo sulle sue linee ma anche sulla tela che in qualche modo esse modificano. Per sobrie che siano le sue pennellate, si risolvono in un senso di disposizione spaziale, come se la metà inferiore del quadro si allontanasse verso il centro del medesimo. Però, a me sembra più interessante il quadro di Soulages: anche dalle sfumature delle sue vigorose pennellate deriva il senso delle tre dimensioni, ma al tempo stesso la qualità pittorica mi sembra più gradevole, benché tali differenze si possano cogliere difficilmente nell'illustrazione di un libro. Può darsi anche che alcuni artisti contemporanei siano attirati proprio dalla refrattarietà alla riproduzione fotografica; vogliono che la loro opera sia davvero irripetibile, il prodotto delle loro mani, in un mondo in gran parte meccanizzato e standardizzato. Alcuni si dedicano a tele gigantesche che si impongono soltanto per le dimensioni e che, riprodotte, non possono rendere, evidentemente, tale caratteristica. Perlopiù, tuttavia, questi artisti subiscono il fascino di ciò che chiamano il "mezzo", la levigatezza o la ruvidezza, la trasparenza o la densità della materia. Alcuni hanno quindi abbandonato gli strumenti consueti per altri: il fango, la segatura o la sabbia.

396. Zoltan Kemeny, *Flottazioni*, 1959, ferro e rame, cm 130 × 64. Collezione privata.

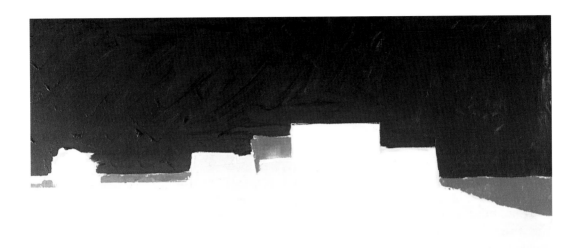

397. Nicolas de Staël, *Agrigento*, 1953, olio su tela, cm 73 × 100. Zurigo, Kunsthaus.

Ecco uno dei motivi del risveglio d'interesse per i collage di Schwitters e degli altri dadaisti. La ruvida tela da sacco, la lucente materia plastica, il ferro arrugginito possono essere sfruttati in nuovi modi, in opere che stanno tra la pittura e la scultura. Così l'ungherese Zoltan Kemeny (1907-1965), vissuto in Svizzera, componeva le sue astrazioni in metallo [396]. Nel renderci consapevoli della varietà e delle sorprese che l'ambiente urbano circostante può offrire ai sensi della vista e del tatto, opere di tal genere possono aspirare a fare per noi ciò che la pittura di paesaggio faceva per gli intenditori del XVIII secolo, preparandoli alla scoperta diretta delle bellezze "pittoresche" della natura [303].

Credo che nessuno dei miei lettori penserà, tuttavia, che questi pochi esempi esauriscano le possibilità e la gamma di variazioni in cui ci si imbatte in ogni mostra d'arte contemporanea. Per esempio, vi sono artisti particolarmente interessati agli effetti ottici di forme e colori, che possono esercitare un'azione reciproca sulla tela producendo inattesi bagliori o guizzi (un movimento che è stato chiamato "op art"). Perlopiù, comunque, sarebbe ingannevole presentare il panorama dell'arte contemporanea come se fosse interamente e unicamente dominato dagli esperimenti di colore, forme o materia. È vero che per imporsi sull'ultima generazione un artista deve padroneggiare quei mezzi in modo interessante e personale. Ma alcuni dei pittori che hanno attratto di più l'attenzione nel dopoguerra sono di tanto in tanto ritornati

398. Marino Marini,
Uomo a cavallo, 1947,
bronzo, altezza
cm 164. Londra,
Tate Gallery.

399. Giorgio Morandi,
Natura morta,
1960, olio su tela,
cm 35,5 × 40,5.
Bologna,
Museo Morandi.

all'immagine dalle loro esplorazioni nel campo dell'arte astratta. Alludo soprattutto all'emigrato russo Nicolas de Staël (1914-1955), le cui semplici eppure esperte pennellate si compongono spesso in convincenti evocazioni di paesaggi, che ci danno miracolosamente il senso della luce e della lontananza senza farci dimenticare la qualità della fattura [397], proseguendo le ricerche nell'ambito della resa delle immagini discusse nel capitolo precedente.

Altri artisti di questo dopoguerra si sono concentrati su un'unica immagine che ha colpito e ossessionato la loro fantasia. Lo scultore Marino Marini (1901-1980) è divenuto famoso per le innumerevoli variazioni di un motivo che gli si impresse durante il periodo bellico: la vista di tarchiati contadini italiani in fuga dai loro paesi su cavalli da soma durante le incursioni aeree [398]. Il contrasto tra questi esseri in preda al panico e la tradizionale epica raffigurazione di cavalieri come il Colleoni del Verrocchio [188] conferisce un *pathos* speciale alle sue opere.

Il lettore avrebbe ben ragione di domandarsi se questi esempi peregrini offrano qualcosa alla continuazione della storia dell'arte, o piuttosto se ciò

che una volta era un fiume possente non si sia nel frattempo disperso in tanti canali e rivoletti. Non sapremmo come rispondere, ma possiamo consolarci considerando la grande molteplicità degli sforzi. Da questo punto di vista non possiamo davvero essere pessimisti. Alla fine del capitolo precedente ho espresso la convinzione che ci saranno sempre artisti, "uomini e donne, cioè, che hanno avuto il mirabile dono di equilibrare forme e colori fin quando non siano 'a posto' e, cosa ancora più rara, che hanno un'integrità di carattere tale da rifiutare ogni soluzione parziale e sono pronti a rinunciare a tutti i facili effetti e a ogni superficiale successo pur di affrontare il travaglio e la fatica necessari a un lavoro sincero".

Un artista che si rispecchia perfettamente in tale descrizione è stato un altro italiano, Giorgio Morandi (1890-1964). Morandi era stato per breve tempo influenzato dalla pittura di de Chirico [388], ma ben presto giunse a rifiutare qualsiasi associazione con correnti di moda per concentrarsi ostinatamente sui problemi di base della propria arte. Gli piaceva dipingere o incidere semplici nature morte che rappresentassero una quantità di vasi e recipienti, che aveva nello studio, visti da differenti angolature e luci [399]. Fece questo con tale sensibilità che lentamente ma sicuramente si guadagnò il rispetto degli altri artisti, dei critici e del pubblico per la sua ricerca unidirezionale della perfezione.

Non c'è ragione di pensare a Morandi come unico maestro del suo secolo capace di dedicarsi ai problemi da lui stesso posti senza badare agli "ismi" che pretendevano a gran voce l'attenzione. Ma non ci sorprende che altri nostri contemporanei fossero tentati di seguire, o meglio di lanciare, una nuova moda.

Prendiamo il movimento noto come "pop art". Le teorie su cui si basa non sono di difficile comprensione: vi ho già accennato quando ho parlato della "triste frattura tra ciò che viene chiamata "arte commerciale o applicata", che ci attornia nella vita quotidiana, e l'arte "pura" delle mostre e delle gallerie che tanti di noi trovano così arduo intendere". È naturale che questa frattura stimolasse gli studiosi d'arte, i quali sono giunti a ritenere che occorre sempre parteggiare per ciò che è disprezzato dalla gente "raffinata". Tutte le altre forme di rivolta all'"Arte" erano ormai divenute materia per intellettuali, condividendo con l'aborrita idea di "Arte" l'esclusività e le pretese misticheggianti. Perché nel campo musicale era diverso? Un tipo di musica aveva di recente conquistato le masse e assorbito l'attenzione fino al fanatismo e all'isterismo: la musica "pop". Non si poteva avere anche un'arte "pop" e non la si poteva ottenere servendosi semplicemente delle immagini a tutti familiari tratte dai fumetti o dalla pubblicità? È compito dello storico chiarire quanto realmente accade, ed è compito del critico criticare ciò che accade. Uno dei problemi più gravi quando si tenta di scrivere la storia dell'epoca presente è dato dal fatto che le due mansioni si confondono. Per fortuna ho già avvertito nella prefazione che intendevo eliminare "tutto quanto fosse interessante solo come esempio di gusto o di moda". Non ho ancora visto alcun risultato degli esperimenti che, a mio avviso, non rientrano in quella norma. Tuttavia non sarà difficile per il lettore farsi un'idea per conto proprio perché attualmente si organizzano mostre dedicate a queste tendenze recenti un po' dovunque. Anche questo è un progresso, e molto positivo. Nessuna rivoluzione artistica ha avuto maggiore successo di quella iniziata precedentemente alla Prima guerra mondiale. Quelli tra noi che hanno conosciuto qualcuno tra i pionieri di tali movimenti, e ne ricordano il coraggio e anche l'amarezza quando sfidavano la stampa ostile e il pubblico beffardo, non credono ai propri occhi nel vedere le esposizioni di questi ex ribelli organizzate sotto il patrocinio delle autorità e assediate da una folla avida di imparare e assimilare i nuovi linguaggi. Questo è un avvenimento storico da me vissuto e in un certo senso questo stesso libro documenta tale cambiamento. Quando ho pensato e scritto per la prima volta l'introduzione e il capitolo sull'arte sperimentale, davo per scontato che fosse dovere del critico e dello storico spiegare e giustificare tutte le sperimentazioni artistiche di fronte a una critica ostile. Adesso la questione è invece che lo scandalo è tramontato e qualsiasi esperimento pare accettabile alla stampa e al pubblico. Oggi ha bisogno di patrocinio solo l'artista che evita atteggiamenti ribelli. Sono convinto che è questa drammatica trasformazione piuttosto che un particolare movimento a rappresentare l'evento più importante nella storia dell'arte di cui sono stato testimone da quando questo libro è uscito per la prima volta nel 1950. Gli osservatori più disparati hanno recentemente incominciato a commentare la piega inaspettata assunta dagli avvenimenti.

Il professor Quentin Bell nel suo libro *The Crisis in the Humanities* (pubblicato nel 1964) scrive sull'arte:

> Nel 1914, quando lo si classificava indiscriminatamente come "cubista", "futurista" o "modernista", il postimpressionista era considerato un pazzo o un ciarlatano. I pittori e gli scultori conosciuti e ammirati dal pubblico si opponevano accanitamente alle innovazioni radicali. Il denaro, l'ascendente e i clienti erano tutti sull'altra sponda. Oggi è più o meno esatto affermare che la situazione si è capovolta. Gli enti pubblici... la radiotelevisione, l'alta finanza, la stampa, la Chiesa, il cinema e la pubblicità parteggiano tutti per ciò che, poco appropriatamente, è denominato arte anticonformista... il pubblico accetta qualsiasi cosa, o perlomeno vi è una vasta e influente parte di esso che lo fa ... non esiste forma di eccentricità che possa esasperare o solamente stupire i critici.

E l'autorevole esponente della pittura americana contemporanea, Harold Rosenberg, che coniò la denominazione *action painting*, commenta quanto si svolge sull'altra sponda dell'Atlantico riflettendo, in un articolo del 6 aprile 1963 apparso sul "New Yorker", sulla differenza di reazione da parte dei visitatori della prima mostra dell'arte d'avanguardia a New York nel 1913 (l'*Armory Show*) e da parte di un nuovo tipo di pubblico che egli definisce "d'avanguardia":

> ... il pubblico d'avanguardia è aperto a tutto. I suoi zelanti esponenti, direttori e amministratori di musei, educatori, mercanti, si precipitano a organizzare mostre e a fornire etichette esplicative prima ancora che il colore si sia asciugato sulla tela o la materia plastica indurita. I critici cooperano perlustrando gli studi come segugi, pronti a scoprire l'arte del futuro e a prendere l'iniziativa nel consolidare reputazioni. Gli storici dell'arte stanno sul chi vive, provvisti di macchine fotografiche e di taccuini per essere certi che nessun particolare insolito sfugga alla documentazione. La tradizione del nuovo ha ridotto tutte le altre tradizioni a banalità.

Rosenberg ha ragione nell'affermare che noi storici dell'arte abbiamo contribuito al mutamento della situazione. Penso infatti che chi scriva ora una storia dell'arte, e in particolare d'arte contemporanea, abbia il dovere di richiamare l'attenzione su questo involontario risultato della sua attività. Nella mia introduzione ho accennato all'eventuale danno che un libro del genere potrebbe arrecare, e ho parlato della tentazione di indulgere in sottili disquisizioni sull'arte. Ma tale rischio è irrilevante in confronto alla ingannevole impressione che può dare una simile rassegna, ossia che tutto ciò che conta in arte è il mutamento e la novità. È l'interesse al mutamento che ha accelerato in modo vertiginoso il mutamento stesso. Naturalmente non sarebbe giusto bandirne tutte le indesiderabili conseguenze (come quelle desiderabili) dalla storia dell'arte. In un certo senso il nuovo interesse alla storia dell'arte è in sé stesso una conseguenza di innumerevoli fattori che hanno mutato la posizione dell'arte e degli artisti nella nostra società e reso l'arte ancora più affascinante di quanto sia mai stata in passato. Vorrei, per concludere, elencarne alcuni.

1

Il primo è senza dubbio connesso con la già citata esperienza di progresso e mutamento fatta da ciascuno. Questo ci ha consentito di vedere la storia dell'umanità come una serie di periodi che si susseguono culminando nella nostra epoca e oltre, nel futuro. Abbiamo sentito parlare di età della pietra e di età del ferro, di feudalesimo e di rivoluzione industriale, e forse siamo meno ottimisti sul corso delle cose, essendo consci dei vantaggi come degli svantaggi causati da queste successive trasformazioni, che ora ci hanno condotto nell'età spaziale. Ma dall'Ottocento in poi si è saldamente radicata la convinzione dell'ineluttabilità di questa marcia delle "età", si è sentito che l'arte, come le scienze economiche o la letteratura, è sottoposta alle leggi di questo irreversibile processo, ed è infatti considerata come la più significativa "espressione del proprio tempo". Specialmente lo sviluppo della storia dell'arte (e anche un libro come il presente) ha la sua parte nel diffondere tale credenza. Non proviamo la sensazione, esaminando i vari periodi, che un tempio greco, un teatro romano, una cattedrale gotica o un moderno grattacielo "esprimano" una mentalità diversa e simbolizzino un tipo differente di società? Vi è una parziale verità in questa convinzione, se con ciò ci limitiamo a intendere che i greci non avrebbero potuto costruire il Rockefeller Center e non potevano voler costruire Notre-Dame. Ma troppo spesso si intende affermare che le condizioni del loro tempo, o meglio, come si suol dire, lo spirito di esso, li costringessero a estrinsecarsi nel Partenone, che il feudalesimo non potesse fare a meno di erigere cattedrali e che noi siamo destinati a costruire grattacieli. Da questo punto di vista, che io non condivido, è naturalmente futile e assurdo non accettare l'arte della propria epoca. Basta così che uno stile o un esperimento sia proclamato "attuale" perché il critico si senta in obbligo di comprenderlo e appoggiarlo. È a causa di questa teoria del mutamento che i critici non hanno più il coraggio di criticare e sono divenuti invece semplici cronisti. Hanno cercato di giustificare tale cambiamento di abitudini adducendo il noto fallimento di critici precedenti nell'individuare e nell'accettare il sorgere di nuovi stili. Fu specialmente l'accoglienza ostile riservata in un primo tempo agli impressionisti, assurti in seguito a così vasta fama e i cui quadri hanno raggiunto prezzi iperbolici, che portò a questo disorientamento. Si è creato il mito che gli artisti migliori siano stati sempre respinti e derisi dai contemporanei e così il pubblico si è assoggettato al lodevole sforzo di non respingere né deridere più alcuno. L'opinione che gli artisti rappresentano l'avanguardia del futuro, e che saremmo noi e non essi ad apparire ridicoli se non li apprezzassimo a dovere, si è impossessata almeno di una vasta minoranza.

2

Un secondo elemento che ha contribuito all'attuale situazione è connesso con lo sviluppo della scienza e della tecnica. Sappiamo tutti che le teorie della scienza moderna sembrano spesso estremamente astruse e difficilmente comprensibili, cionondimeno dimostrano il loro valore. L'esempio più convincente e più noto è la teoria della relatività di Einstein, che sembrava contraddire tutte le nozioni più sensate sul tempo e sullo spazio, ma che portò all'equazione di massa ed energia da cui derivò la bomba atomica. Artisti e critici, straordinariamente impressionati dal potere e dal prestigio della scienza, ne hanno tratto una salutare fiducia negli esperimenti, ma anche una fiducia meno salutare in tutto ciò che appare astruso. Tuttavia, ahimè, la scienza è diversa dall'arte, perché lo scienziato è in grado di separare l'astruso dall'assurdo mediante metodi razionali. L'artista o il critico non può servirsi di distinzioni così nette, eppure sente che non è più possibile chiedere tempo per riflettere se un esperimento nuovo abbia un significato o no. Se lo fa, può rimanere indietro. Ciò contava poco per i critici del passato, ma oggi in genere si è convinti che quanti rimangono attaccati a teorie superate e rifiutano di evolversi saranno sopraffatti. In economia ci hanno più volte ripetuto che dobbiamo adattarci o perire. Dobbiamo essere di larghe vedute e offrire la possibilità di affermarsi ai nuovi metodi che ci sono offerti. Nessun industriale può correre il rischio di essere bollato come conservatore: egli non solo deve procedere con i tempi ma deve anche ostentarlo, e il modo migliore per farlo è ornare l'ufficio con opere delle correnti in voga, e più queste sono rivoluzionarie, meglio è.

3

Il terzo elemento nella situazione attuale sembra a prima vista contraddire quanto precede, perché l'arte non solo vuole procedere di pari passo con la scienza e la tecnica ma vuole anche cercare una via di scampo per sottrarsi a questi "mostri". Perciò, come si è visto, gli artisti sono giunti a evitare il razionale e il meccanico, e molti tra loro aderiscono alla mistica teoria che esalta il valore della spontaneità e della individualità. È facile intuire come ci si possa sentire minacciati dalla meccanizzazione e dall'automazione, dalla superorganizzazione e dalla standardizzazione delle nostre esistenze e dal piatto conformismo che ne deriva. Sembra che l'arte rappresenti l'unico rifugio dove sono ancora ammessi e perfino altamente apprezzati l'estro e le iniziative personali. Fin dall'Ottocento più di un artista ha sostenuto di battersi per la giusta causa contro il soffocante convenzionalismo *en épatant le bourgeois*. Ahimè, il "borghese" ha nel frattempo scoperto che è molto divertente essere sbalordito. Non proviamo forse una certa soddisfazione alla vista di gente che rifiuta di diventare adulta e trova tuttavia modo di inserirsi nel mondo contemporaneo? E non è un ulteriore vantaggio proclamare di non essere legati a pregiudizi rifiutando di stupirci e di scandalizzarci? Il mondo dell'efficienza tecnica e quello dell'arte hanno così raggiunto un *modus vivendi*. L'artista si può ritirare nel suo mondo particolare e occuparsi dei misteri della sua professione e dei sogni della sua infanzia, purché, almeno, i suoi prodotti siano conformi alle nozioni del pubblico sulla natura dell'arte.

4

Queste nozioni sono fortemente influenzate da alcuni presupposti psicologici sull'arte e sugli artisti di cui abbiamo visto lo sviluppo nel corso del libro: la teoria dell'autoespressione, che si ricollega al periodo romantico, e l'influsso decisivo delle scoperte freudiane, che si supponeva implicassero un rapporto più diretto tra arte e travaglio psichico di quanto lo stesso Freud ritenesse. Insieme alla sempre più ferma convinzione che l'arte è "l'espressione del proprio tempo", ciò portava a concludere che l'artista ha non soltanto il diritto ma anche il dovere di abbandonare ogni autocontrollo. Se il risultato non ha un aspetto gradevole, neanche la nostra epoca lo ha: ciò che conta è far fronte a questa dura realtà che ci aiuta a diagnosticare il nostro stato. La teoria opposta, cioè che solo l'arte sarebbe in grado di offrirci un barlume di perfezione in questo imperfettissimo mondo, è in genere condannata come un'"evasione dalla realtà". La psicologia ha fatto sorgere interessi che hanno indubbiamente portato sia gli artisti sia il loro pubblico a esplorare zone della psiche umana considerate in precedenza con ripugnanza o come tabù. Il desiderio di sottrarsi alla critica di "evadere dalla realtà" ha impedito a molti di distogliere gli occhi da spettacoli che le precedenti generazioni avrebbero evitato.

5

I quattro fattori elencati hanno influenzato la situazione tanto in letteratura e musica quanto in pittura e scultura. Gli altri cinque che intendo esaminare sono più o meno attinenti all'esercizio dell'arte, poiché l'arte differisce dalle altre forme di creazione in quanto è meno legata a intermediari. I libri devono essere stampati e pubblicati, drammi e composizioni musicali devono essere rappresentati; e la necessità di un apparato pone un certo freno a esperimenti radicali. Fra tutte le arti, la pittura ha dimostrato quindi di essere maggiormente suscettibile alle innovazioni più ardite. Potete fare a meno del pennello se preferite versare il colore sulla tela, e se siete un neodadaista potete inviare alle mostre qualsiasi cosa sfidando gli organizzatori a respingerla. Comunque agiscano, vi divertirete. È vero che in definitiva anche l'artista ha bisogno di un intermediario, il mercante che espone e diffonde le sue opere; è ovvio che questo costituisce un problema, ma tutte le influenze finora discusse agiscono probabilmente più sul mercante che sul critico e sull'artista. Se qualcuno deve tenere d'occhio il barometro che segna le variazioni del gusto, osservare le tendenze e scegliere le giovani promesse, questo è proprio il mercante: se punta sul cavallo vincente non solo può crearsi una fortuna, ma i suoi clienti gliene saranno eternamente grati. I critici conservatori dell'ultima generazione erano soliti lamentarsi che "quest'arte moderna" era tutta opera dei mercanti. Ma i mercanti hanno sempre cercato di realizzare un profitto e non sono i padroni, bensì i servitori del mercato. Possono esserci stati momenti in cui un'esatta valutazione ha conferito a un singolo mercante potere e prestigio per un periodo di tempo sufficiente a creare o a distruggere la reputazione di un artista, ma i mercanti non sono in grado di provocare brezze favorevoli o contrarie più di quanto lo possa un mulino a vento.

6

Le cose cambiano per l'insegnamento dell'arte, che mi sembra costituire il sesto e importantissimo punto della situazione attuale. Proprio nell'insegnamento dell'arte ai fanciulli si è avvertito il primo mutamento rivoluzionario dell'educazione moderna. All'inizio del Novecento gli insegnanti d'arte incominciarono a rendersi conto che potevano ottenere molto di più dagli allievi abbandonando gli abbrutenti metodi tradizionali. Era l'epoca, beninteso, in cui tali metodi erano in ogni caso divenuti sospetti dato il successo dell'impressionismo e gli esperimenti dell'*art nouveau*. I pionieri di questo movimento di liberazione, in particolare Franz Cizek (1865-1946) a Vienna, volevano che il talento dei fanciulli si esplicasse liberamente finché essi non fossero in grado di valutare i canoni artistici. I risultati ottenuti da Cizek furono così sorprendenti che artisti esperti incominciarono a invidiare l'originalità e il fascino dei lavori infantili. Inoltre gli psicologi sottolineavano contemporaneamente in senso favorevole il piacere che provano i bambini nell'usare il colore e la plastilina. Fu innanzi tutto nelle scuole che apprezzarono l'ideale dell'"autoespressione". Oggi si usa il termine "arte infantile" come una cosa ovvia, senza neppure rendersi conto che è in contraddizione con tutte le nozioni sull'arte sostenute dalle generazioni precedenti. Gran parte del pubblico è stata condizionata da questa educazione, che l'ha indotta a una nuova tolleranza. Molti hanno gustato la soddisfazione di creare liberamente e di praticare la pittura come uno svago. Il rapido aumento dei dilettanti incide sull'arte in vari modi: pur avendo alimentato un interesse bene accetto agli artisti, molti di loro sono anche ansiosi di sottolineare la differenza che intercorre fra il modo di un professionista di trattare il colore e quello di un dilettante. La mistica della pennellata sapiente può averci qualcosa a che fare.

7

Eccoci giunti al settimo fattore, che potevamo anche, altrettanto opportunamente, porre al primo posto: la discussione della fotografia come rivale della pittura. Non che la pittura del passato abbia sempre ambìto interamente ed esclusivamente all'imitazione della realtà, ma, come si è visto, il legame con la natura costituiva una specie di punto di riferimento, un problema stimolante che occupò per secoli i migliori artisti e offrì almeno ai critici una norma approssimativa. La fotografia fu inventata nel primo decennio dell'Ottocento, ma il suo uso attuale non può essere paragonato con quanto accadeva agli inizi. Esistono ai nostri giorni in ogni Stato occidentale milioni e milioni di proprietari di macchine fotografiche, il numero di fotografie a colori effettuate durante i periodi di vacanza deve aggirarsi intorno ai miliardi e, tra queste, molti esemplari riusciti possono essere altrettanto belli ed evocativi di parecchi quadri medi di paesaggio, o espressivi e indimenticabili come certi ritratti dipinti. Non c'è da stupirsi quindi se "fotografico" è divenuto un dispregiativo nella valutazione di artisti e docenti d'arte. Le ragioni addotte talvolta per tale condanna possono essere ritenute infondate e ingiuste, ma la tesi che l'arte deve ora cercare di offrire un'alternativa alla rappresentazione della natura è per molti plausibile.

8

Non dobbiamo dimenticare, come ottavo punto della situazione, che in vaste parti del mondo è impedito agli artisti di cercare alternative. Le teorie marxiste, così com'erano interpretate nell'ex Unione Sovietica, consideravano gli esperimenti artistici del XX secolo un evidente sintomo di decadenza della società capitalistica. In una sana società comunista, l'arte doveva celebrare le gioie del lavoro fecondo ritraendo agricoltori sorridenti alla guida di un trattore o robusti minatori. Naturalmente questo tentativo di controllo dall'alto ci ha reso edotti dei vantaggi insiti nella libertà artistica, e ha anche, sfortunatamente, trascinato le arti sul terreno politico, mutandole in un'arma durante la guerra fredda. La pubblicità ufficiale fatta a ribelli estremisti nel campo occidentale non sarebbe stata così zelante se non fosse stato per

l'opportunità di volgere a proprio vantaggio questo effettivo contrasto tra
una società libera e una dittatura.

9

Siamo arrivati al nono punto dell'attuale situazione, in quanto si può trarre
una morale dalla differenza tra la monotona uniformità dei Paesi a regime
totalitario e la vivace varietà di una società libera. Chiunque osservi il panorama attuale con simpatia e comprensione deve ammettere che perfino la
sete di novità del pubblico e la sua sensibilità ai capricci della moda rendono
la vita più piacevole, stimolando nell'arte e nel disegno industriale la fantasia
e un senso di avventurosa gaiezza che la vecchia generazione può bene invidiare alla nuova. A volte siamo tentati di respingere l'ultimo successo nel
campo della pittura astratta definendolo una "gradevole stoffa per tende",
ma non dobbiamo dimenticare come sono divenuti attraenti i ricchi e vari
tessuti per tende, grazie all'influenza degli esperimenti astratti. La maggiore
tolleranza, la prontezza con cui critici e fabbricanti hanno reso possibili nuove
trovate e nuove combinazioni di colori hanno certamente allargato il nostro
orizzonte, e contribuisce al divertimento il rapido avvicendarsi delle mode.
È con tale spirito, penso, che molti giovani guardano a ciò che ritengono
essere l'arte del loro tempo senza lasciarsi soverchiamente impressionare
dall'oscura mistica delle prefazioni ai cataloghi delle mostre. Tutto questo
rientra nell'ordine delle cose: se il piacere è reale, possiamo essere contenti
di esserci liberati di un po' di zavorra.
Non occorre, d'altra parte, sottolineare il pericolo insito nell'abbandono incondizionato alla moda, che può menomare l'autentica libertà di cui godiamo.
Non si tratta di una minaccia poliziesca (e di ciò dobbiamo essere lieti), ma
delle pressioni del conformismo, del timore di lasciarsi superare e di essere
ritenuti "ottusi" o di qualsiasi cosa comporti un altro aggettivo equivalente.
Recentemente un giornale avvertì i suoi lettori di tenere presente le mostre
personali in corso se volevano "partecipare alla gara di corsa dell'arte". Non
esiste una corsa del genere, ma, se vi fosse, sarebbe opportuno ricordare la
favola della tartaruga e della lepre.
È davvero stupefacente fino a quale punto nell'arte contemporanea l'atteggiamento che Harold Rosenberg ha definito "la tradizione del nuovo" sia
ormai dato per scontato. Chiunque avanzi delle perplessità è considerato un
visionario che nega l'evidenza. Tuttavia è bene ricordare che l'idea che gli
artisti debbano essere all'avanguardia non è assolutamente condivisa da tutte
le culture: in molte epoche e in numerose parti del globo si ignora questa
ossessione. L'artefice del magnifico tappeto che abbiamo illustrato alla figura
91 sarebbe rimasto sorpreso dalla richiesta di creare un motivo originale: senza
dubbio egli desiderava semplicemente realizzare un tappeto. Non sarebbe
una fortuna se questa attitudine si diffondesse anche nella nostra epoca?

D'altro canto il mondo occidentale deve molto all'ambizione degli artisti di prevalere sugli altri: senza quest'ambizione la mia *Storia dell'arte* non avrebbe avuto ragione di esistere. È più che mai necessario tenere presente fino a che punto l'arte differisce dalla scienza e dalla tecnica. È vero che la storia dell'arte può a volte indicare la via nella soluzione di taluni problemi, e nel presente libro si è cercato di chiarirli. Ma si è anche cercato di dimostrare che in arte non è possibile parlare di "progresso" in quanto tale, perché ogni vantaggio in un senso è suscettibile di essere controbilanciato da una perdita nell'altro, e ciò è vero per il presente come lo era per il passato. È evidente che quanto si guadagna in tolleranza implica una perdita di canoni e che la ricerca di nuove eccitanti sensazioni compromette al tempo stesso quella perseveranza per cui gli amatori d'arte del passato "corteggiarono" i capolavori riconosciuti fino a carpire una parte del loro segreto. Pur ammettendo che il culto del passato aveva i suoi inconvenienti quando portava a disdegnare gli artisti viventi, non abbiamo garanzie che la nostra nuova sensibilità non ci indurrà a disdegnare un autentico genio contemporaneo, che superi gli altri senza badare alla moda e alla pubblicità. Inoltre, essendo tutti assorti nel presente, potremmo facilmente rimanere tagliati fuori da ciò che è il nostro retaggio se giungessimo a considerare l'arte del passato come un semplice sfondo contro il quale le nuove conquiste acquistano risalto e significato. In senso paradossale, musei e libri di storia dell'arte possono aumentare il rischio, perché, raggruppando insieme pali totemici, statue greche, vetrate di cattedrali, opere di Rembrandt e di Jackson Pollock, troppo facilmente si dà l'impressione che tutto questo sia "Arte" con l'A maiuscola, quantunque risalga a periodi diversi. La storia dell'arte incomincia ad avere un significato soltanto quando notiamo per quale ragione non lo è; e perché pittori e scultori rispondessero a situazioni, istituzioni e teorie diverse in maniera opposta. È per tale motivo che mi sono soffermato in questo capitolo sulla situazione, le istituzioni e le teorie cui gli odierni artisti verosimilmente sono sensibili. Quanto al futuro, chi lo sa?

Un nuovo cambio di rotta

Poiché nel 1966 avevo concluso la precedente sezione di questo capitolo con una domanda, sentivo la necessità di dare una risposta quando le prospettive future di allora si fossero trasformate in passato, e nel 1989 diedi inizio alla stesura di una nuova edizione. Nel frattempo la "tradizione del nuovo", che aveva esercitato una profonda influenza sull'arte del XX secolo, non si era certo indebolita, ma proprio per questa ragione il movimento moderno, ormai universalmente accettato e rispettato, si rivelava antiquato e fuori moda. Era il momento per un nuovo cambio di rotta, e le aspettative si cristallizzarono nell'inedito termine "postmodernismo", definizione certo inadeguata, che si limita a rivelare come i sostenitori di questa tendenza ritengano il modernismo cosa del passato.

Avendo citato in precedenza le opinioni di critici illustri per documentare l'indiscusso trionfo del movimento moderno, vorrei ora riportare alcuni passi dell'editoriale uscito nel dicembre 1987 sulla rivista pubblicata dal Museo Nazionale d'Arte Moderna di Parigi (*Les Cahiers du Musée National d'Art Moderne, a cura di Yves Michaud*):

> Non è difficile percepire i sintomi di un periodo postmoderno. I cubi minacciosi dei moderni progetti di edilizia suburbana tendono a trasformarsi in costruzioni che conservano l'aspetto di cubi, ma sono disseminate di decorazioni stilizzate. L'ascetismo puritano – o semplicemente noioso – dei vari stili di pittura astratta (*hard-edged, colour field* o *post-painterly*) ha lasciato il posto a dipinti allegorici o manieristici, spesso di carattere figurativo ... con frequenti allusioni alla tradizione e alla mitologia. Nella scultura oggetti composti, *high-tech* o ironici, hanno sostituito le opere che perseguivano la verità della materia o sfidavano la tridimensionalità. Gli artisti non inorridiscono più di fronte alla narrazione, alla predica o al discorso moralizzante ... Parallelamente amministratori e burocrati del mondo artistico, gestori di musei, storici e critici d'arte hanno perduto o abbandonato le loro profonde convinzioni sulla storia di forme che avevano di recente identificato con la pittura astratta americana, e bene o male si sono aperti a una diversità che non mostra più di apprezzare le avanguardie.

L'11 ottobre 1988, John Russell Taylor scriveva sul "Times":

> Quindici o vent'anni fa conoscevamo abbastanza bene il significato del termine "moderno", e sapevamo più o meno cosa aspettarci di vedere in un'esposizione che dichiarava la propria adesione all'avanguardia; ora viviamo in un mondo pluralistico nel quale sovente ciò che è più avanzato – e che probabilmente si identifica con il postmoderno – rischia di apparire più tradizionale e retrogrado.

È facile citare dichiarazioni di insigni critici che suonano come orazioni funebri sulla tomba dell'arte moderna, ma parallelamente si può richiamare la nota battuta di Mark Twain, secondo il quale la notizia della sua morte era stata alquanto esagerata: in ogni caso, è innegabile che le antiche certezze hanno subíto un parziale ridimensionamento.

Il lettore attento non sarà eccessivamente sorpreso da questa evoluzione: nella prefazione ebbi occasione di affermare che "ogni generazione è a un certo momento in rivolta contro i canoni dei predecessori; ogni opera d'arte

400. Philip Johnson e John Burgee, *Palazzo AT&T a New York*, 1978-1982.

401. James Stirling e Michael Wilford, *Entrata della Clore Gallery, alla Tate Gallery di Londra,* 1982-1986.

deriva il suo fascino nei confronti dei contemporanei non solo da ciò che fa ma anche da ciò che lascia da fare". A quel tempo intendevo semplicemente dire che il trionfo del modernismo di cui parlavo non poteva durare in eterno: la stessa idea di progresso e di avanguardia sembrava alquanto futile e tediosa ai nuovi arrivati sulla scena. E chi può dire che questo libro non abbia favorito questo mutamento di umore?

Il termine "postmodernismo" fu introdotto nel dibattito nel 1975 da Charles Jencks, un giovane architetto stanco della dottrina del funzionalismo che si identificava allora con l'architettura moderna e che ho illustrato e discusso in precedenza. In quella sede ho dichiarato che tale dottrina "ha aiutato a liberarci di molte cianfrusaglie superflue e di pessimo gusto che l'Ottocento aveva disseminato nelle nostre città e nelle nostre case". Tuttavia, come tutti gli slogan, anche questo si fonda su un'eccessiva semplificazione: le decorazioni possono essere frivole e prive di gusto, ma sono talvolta fonte di un piacere che i "puritani" del movimento moderno intendevano negare al pubblico. Se queste decorazioni scandalizzavano i critici più anziani, tanto meglio, poiché per costoro lo scandalo rappresentava di fatto un segno di originalità. È nella natura delle cose che, come già avvenne con il funzionalismo, anche l'impiego di forme giocose possa apparire razionale o frivolo secondo le doti dell'artista.

In ogni caso, confrontando la figura 400 con la 364 non ci si può stupire che il progetto per un grattacielo a New York, realizzato da Philip Johnson (nato nel 1906), abbia provocato una notevole agitazione non solo fra i critici ma persino sulla stampa quotidiana. Anziché impiegare le consuete costruzioni squadrate con tetti a terrazza, il progetto ripropone la soluzione

402. Stan Hunt, *"Perché fai l'anticonformista come tutti gli altri?"*, 1958, disegno dal New Yorker.

tradizionale del frontone, che richiama vagamente la facciata realizzata da Leon Battista Alberti intorno al 1460 [162]. Come ho già avuto modo di dire, questa provocatoria deviazione dal funzionalismo puro affascinò gli industriali, desiderosi di mostrarsi al passo con i tempi. La stessa considerazione si applica, per ragioni che è inutile ripetere, ai direttori dei musei. Un esempio significativo è la Clore Gallery di James Stirling (1926-1992), che ospita la Turner Collection della Tate Gallery di Londra [401]: l'architetto ha rifiutato l'aspetto austero e minaccioso di edifici come la Bauhaus [365] a favore di una costruzione più leggera, vivace e invitante.

Il mutamento non ha investito soltanto l'immagine esterna di numerosi musei ma anche le raccolte in esposizione. In tempi recenti le forme di arte ottocentesca cui il movimento moderno si ribellava erano ancora condannate all'esclusione: in particolare, l'arte ufficiale del Salon era confinata ai depositi sotterranei dei musei. In precedenza mi sono azzardato a suggerire che questa consuetudine non era destinata a durare, e che sarebbe giunto il momento in cui le opere sarebbero state riportate alla luce. Nonostante ciò, per molti di noi fu una sorpresa l'apertura a Parigi del Musée d'Orsay, collocato in una stazione ferroviaria *art nouveau*, nel quale dipinti di stile conservatore sono esposti accanto a quadri moderni, in modo da permettere ai visitatori di formulare un'opinione personale e di rivedere antichi pregiudizi. Molti scoprirono con stupore che per la pittura non è degradante illustrare un aneddoto o celebrare un evento storico, e che ciò può essere fatto con maggiore o minore abilità.

Ci si poteva ragionevolmente attendere che la nuova ventata di tolleranza investisse anche il modo di vedere degli artisti praticanti. Nel 1966 terminai la sezione precedente di questo libro con una battuta tratta dal "New Yorker" [402]. Non c'è da meravigliarsi che in un certo senso la domanda che la donna esasperata pone al pittore barbuto prefiguri lo stato d'animo attuale: è ormai chiaro da tempo che ciò che ho definito il trionfo del modernismo ha messo in luce le contraddizioni degli anticonformisti. Era del tutto comprensibile che i giovani studenti d'arte si sentissero provocati dalle

403. Lucian Freud,
Due piante, 1977-1980,
olio su tela,
cm 150 × 120. Londra,
Tate Gallery.

convenzioni artistiche a produrre "anti-arte", ma non appena questa ebbe
ottenuto il sostegno ufficiale divenne Arte con l'A maiuscola, e non rimase
altro da sfidare.

Come abbiamo visto, gli architetti possono ancora sperare di creare sensazione allontanandosi dal funzionalismo, ma quanto si definisce genericamente
"pittura moderna" non ha mai adottato una regola unica. L'unico tratto
comune dei movimenti e delle tendenze affacciatisi alla ribalta nel XX secolo
è il rifiuto di dedicarsi allo studio delle sembianze esteriori della natura. Non
tutti gli artisti del periodo erano disposti a sostenere questo atto di rottura, ma
la maggioranza dei critici era persuasa che soltanto le deviazioni più radicali
dalla tradizione potessero condurre al progresso. Le considerazioni sulla situazione attuale dell'arte riportate all'inizio del capitolo rivelano chiaramente
che questa convinzione ha perso terreno. Una conseguenza positiva di questa

404. Henri Cartier-Bresson, *Aquila degli Abruzzi*, 1952, fotografia.

maggiore tolleranza è il fatto che gli acuti contrasti fra la società occidentale e quella orientale in materia di arte si sono notevolmente addolciti. Al giorno d'oggi la varietà di posizioni critiche offre a un numero crescente di artisti l'opportunità di un riconoscimento: alcuni di loro si sono riavvicinati all'arte figurativa e – come affermato nel brano più sopra – "non inorridiscono più di fronte alla narrazione, alla predica o al sermone moralizzante". John Russell Taylor intendeva anche questo parlando di "un mondo pluralistico in cui spesso ciò che è più avanzato ... rischia di apparire più tradizionale". Non tutti gli artisti di oggi che godono di questo nuovo diritto alla diversità sarebbero disposti ad accettare l'etichetta di postmoderno. È per questa ragione che ho preferito parlare di "uno stato d'animo mutato" anziché di

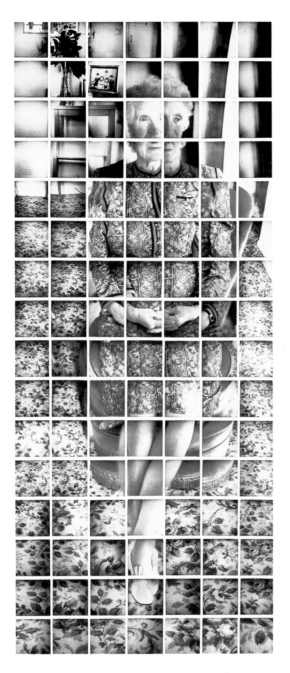

405. David Hockney, *Mia madre a Bradford, nello Yorkshire, il 4 maggio 1982*, 1982, collage con Polaroid, cm 142 × 60. Collezione dell'artista.

un nuovo stile: è sempre fuorviante vedere gli stili in successione come soldati in parata. Va riconosciuto che i lettori e gli autori di volumi riguardanti la storia dell'arte potrebbero preferire una sequenza così ordinata, ma ora è più ampiamente concesso agli artisti il diritto di scegliere la propria strada. Rispetto al 1966 è meno attendibile l'affermazione "colui che ha maggior bisogno di sostenitori è l'artista che rifugge dai gesti ribelli". Un esempio degno di nota è il pittore Lucian Freud (nato nel 1922) che non ha mai rifiutato lo studio delle sembianze naturali. Il suo quadro dal titolo *Due piante* [403] può far pensare a quello di Albrecht Dürer, *Zolla erbosa*, del 1503 [221]: entrambi i dipinti mostrano l'artista assorto di fronte alla bellezza delle piante comuni, ma mentre l'acquerello di Dürer era uno studio per uso personale, il grande dipinto a olio di Freud è un'opera a pieno titolo ed è ora esposto presso la Tate Gallery di Londra.

Nel capitolo precedente ho affermato fra l'altro che per i maestri di valutazione artistica il termine "fotografico" rappresentava un insulto. Nel frattempo l'interesse per la fotografia è aumentato vertiginosamente e i collezionisti rivaleggiano per ottenere stampe di fotografi celebri, del presente e del passato. Si potrebbe affermare che un artista come Henri Cartier-Bresson (1908-2004) goda oggi di altrettanta stima di qualsiasi pittore vivente. Certo, numerosi turisti hanno fotografato un pittoresco paese dell'Italia, ma è assai improbabile che qualcuno di loro sia riuscito a ottenere un'immagine persuasiva quanto quella di Aquila degli Abruzzi colta da Cartier-Bresson [404]. Con la sua piccola macchina fotografica sempre pronta allo scatto, l'artista ha sperimentato l'eccitazione del cacciatore appostato, con il dito sul grilletto, in attesa del momento giusto per "colpire"; tuttavia egli ha confessato una parallela "passione per la geometria" che lo ha costretto a comporre ogni scena con il mirino. Il risultato è che ci sentiamo *nella* foto, avvertiamo l'andirivieni delle donne che trasportano pagnotte su per il ripido declivio, e rimaniamo incantati dalla composizione – gli steccati, i gradini, la chiesa, le case lontane – che supera per interesse molti quadri elaborati.

In tempi recenti gli artisti si sono interessati alla fotografia come mezzo per creare nuovi effetti che prima erano appannaggio esclusivo dei pittori. Così David Hockney (nato nel 1937) si è divertito a creare con la macchina fotografica numerose immagini che ricordano i quadri cubisti come *Natura morta con violino* di Picasso, dipinto nel 1912 [374]. Il suo ritratto della madre [405] è un mosaico di fotografie scattate da angolature lievemente diverse e segue i movimenti della testa. Si potrebbe pensare che una tale combinazione dia luogo a una confusa mescolanza, ma il ritratto è sicuramente evocativo. Dopotutto, quando osserviamo una persona i nostri occhi non rimangano mai fermi, e l'immagine che si forma nella nostra mente quando pensiamo a qualcuno ha sempre carattere composito: è questa l'esperienza che Hockney ha abilmente catturato nei suoi esperimenti fotografici.

L'opinione più diffusa è che la riconciliazione fra il fotografo e l'artista andrà assumendo sempre maggiore importanza negli anni a venire; è vero che anche i pittori dell'Ottocento hanno fatto spesso uso di fotografia, ma questa pratica è ora ufficialmente riconosciuta e va affermandosi parallelamente alla ricerca di nuovi effetti.

Questi recenti sviluppi ci hanno nuovamente aperto gli occhi sul fatto che nell'arte ci sono tendenze di gusto non meno di quanto ci siano tendenze di stile nell'abbigliamento e nella decorazione. È innegabile che molti degli antichi maestri che ammiriamo e molti stili del passato non hanno ricevuto apprezzamento dai critici sensibili e bene informati delle passate generazioni. È altresì innegabile che nessun critico può essere del tutto immune da pregiudizi ma credo sia sbagliato trarre la conclusione che i valori artistici sono assolutamente relativi. Pur ammettendo che raramente ci fermiamo a considerare i meriti oggettivi di opere o stili che non hanno suscitato in noi una immediata approvazione, ritengo che ciò non dimostri che le nostre valutazioni sono interamente soggettive; sono infatti persuaso che possiamo riconoscere la maestria nell'arte, e che questa capacità ha poco a che fare con i nostri gusti personali. Un lettore di questo libro può ammirare Raffaello e aborrire Rubens o viceversa, ma il libro fallirebbe il suo intento se i lettori non riconoscessero che entrambi questi artisti furono maestri straordinari.

Nuove scoperte

La nostra conoscenza della storia è sempre incompleta: la scoperta di fatti nuovi può modificare di continuo la nostra immagine del passato; questa mia

Storia dell'arte non ha mai voluto essere altro che una selezione, ma, come ho già avuto modo di far osservare, anche un libro semplice come questo può definirsi una relazione su una vasta schiera di studiosi di epoche diverse che ci sono stati di aiuto nel delineare certi periodi, certi stili, certe personalità. Allo stesso tempo vale la pena chiedersi in che epoca sono venute a nostra conoscenza le opere su cui mi sono intrattenuto. Fu nel Rinascimento che gli estimatori dell'antico cominciarono a cercare in maniera sistematica i resti dell'arte classica: le scoperte del *Laocoonte* [69] nel 1506, e dell'*Apollo del Belvedere* [64] nello stesso periodo, produssero una profonda impressione su artisti e appassionati d'arte. Nel XVII secolo, sull'onda del fervore religioso suscitato dalla Controriforma, furono esplorate, per la prima volta con metodo, le più antiche catacombe cristiane [84], seguì quindi nel XVIII secolo la scoperta di Ercolano (1719), di Pompei (1748) e delle altre città sepolte dalle ceneri del Vesuvio, che ci avrebbero restituito tanti pregevoli dipinti [70, 71]. Stranamente la bellezza delle pitture sui vasi greci, molti dei quali scoperti in Italia, non fu apprezzata nella giusta misura fino al XVIII secolo [48, 49, 58].

La campagna napoleonica in Egitto del 1801 schiuse le porte di quel paese agli archeologi, il cui successo nella decifrazione dei geroglifici permise di comprendere appieno il significato e la funzione di questi documenti, divenuti poi oggetto di appassionanti ricerche cui presero parte studiosi di numerosi Paesi [31-37]. All'inizio del XIX secolo la Grecia faceva ancora parte dell'impero ottomano e non era facilmente accessibile ai viaggiatori. All'interno del Partenone, sull'Acropoli, era stata costruita una moschea e le sculture classiche erano in stato di abbandono quando Lord Elgin, ambasciatore inglese a Costantinopoli, ottenne il permesso di portarne alcune in Inghilterra [56, 57]. Poco dopo, nel 1820, fu scoperta per caso sull'isola di Milo una Venere [65] che, portata al Louvre, acquistò immediatamente fama. A metà del secolo il diplomatico e archeologo Sir Austin Layard ebbe un ruolo di guida negli scavi della Mesopotamia [45]. Nel 1870 un "dilettante" tedesco, Heinrich Schliemann, partì per cercare i luoghi celebrati nei poemi omerici e scoprì le tombe di Micene [41]. Da allora in poi gli archeologi non gradirono che questo lavoro fosse svolto da non professionisti; accademie governative e nazionali si spartirono le località disponibili e organizzarono scavi sistematici, seguendo il principio per cui la prima spedizione arrivata sul luogo ne avrebbe avuto la concessione. Fu allora che un gruppo tedesco cominciò a portare alla luce i resti di Olimpia, dove fino ad allora c'erano stati scavi non sistematici dei francesi [52], e trovò nel 1875 la statua di Ermete [62, 63]. Quattro anni più tardi, un'altra missione tedesca scoprì l'altare di Pergamo [68] e lo portò a Berlino; nel 1892 i francesi cominciarono a scavare l'antica Delfi [47, 53, 54], pur dovendo a questo scopo traslocare un intero villaggio.

Persino più appassionante è la storia della scoperta dei dipinti preistorici nelle caverne: quando, nel 1880, si ebbe la prima notizia del rinvenimento di una grotta ad Altamira [19], solo una piccola parte di studiosi fu disposta ad ammettere che la storia dell'arte era stata sospinta indietro di molte migliaia di anni. Tutto questo senza dire che le nostre conoscenze sull'arte del Messico e del Sudamerica [27, 29, 30], dell'India del Nord [80, 81] e dell'antica Cina [93, 94], non meno delle scoperte delle tombe vichinghe a Oseberg [101], sono dovute a uomini di grande erudizione e intraprendenza.

Fra i ritrovamenti fatti successivamente in Medio Oriente e riportati in questo volume vorrei ricordare il monumento alla Vittoria [44] ritrovato in Persia dai francesi intorno al 1900, i ritratti ellenistici rinvenuti in Egitto [79], i ritrovamenti di Tell el-Amarna fatti da gruppi di ricercatori tedeschi e inglesi [39, 40], certamente il sensazionale ritrovamento del tesoro nella tomba di Tutankhamon, a opera di Lord Carnavon e Howard Carter nel 1922 [42] e le antiche necropoli sumere di Ur [43] esplorate dal 1926 da Leonard Woolley. Le scoperte più recenti che ho potuto includere nel volume all'epoca in cui lo scrissi furono gli affreschi murali della sinagoga di Dura-Euròpo, portati alla luce nel 1932-1933 [82], le caverne di Lascaux, scoperte per caso nel 1940 [20, 21] e almeno una delle meravigliose teste in bronzo, di cui nel frattempo altri esemplari venivano alla luce, proveniente dalla Nigeria [23].

Questo elenco incompleto contiene una omissione volontaria: i ritrovamenti fatti da Sir Arthur Evans agli inizi del 1900 a Creta. Il lettore attento avrà notato che queste scoperte sono in realtà citate nel testo ma per una volta mi sono allontanato dalla regola di mostrare tutto quello di cui parlavo. Coloro che hanno visitato Creta possono essersi risentiti per questo apparente errore, perché sicuramente sono stati colpiti dal palazzo di Cnosso e dai suoi grandi affreschi. Anch'io ne ho riportato una grande impressione, ma ho esitato a riprodurli in questo volume perché non ho potuto fare a meno di domandarmi quanto di quello che vediamo oggi fosse visto dagli antichi cretesi. Non è un biasimo rivolto a coloro che fecero questa scoperta e che nell'intento di rievocare i passati splendori del palazzo chiesero al pittore svizzero Émile Gillieron e a suo figlio di ricostruire gli affreschi dai frammenti ritrovati. Queste pitture certamente danno più piacere alla maggior parte dei visitatori nella loro forma attuale piuttosto che nello stato in cui furono rinvenuti, tuttavia il dubbio rimane.

È particolarmente benvenuto quindi il ritrovamento di un affresco simile, molto ben conservato, fatto durante gli scavi iniziati nel 1967 dall'archeologo greco Spyros Marinatos nell'isola di Santorini, l'antica Tera. La figura del pescatore [406] conferma l'impressione che ricavai dagli affreschi ritrovati precedentemente: uno stile libero e pieno di grazia, molto meno rigido dell'arte egizia. Questi artisti erano ovviamente meno legati alle convenzioni religiose e, sebbene non anticipassero la ricerca sistematica dei greci nella

406. *Pescatore*, 1500 a.C. ca, pittura murale rinvenuta nell'isola greca di Santorini (antica Tera). Atene, Museo Archeologico Nazionale.

407. Particolare
di figura 409.

408, 409. *Bronzi di
Riace (eroi o atleti)*,
V sec. a.C., ripescati
al largo della costa
calabrese, bronzo,
entrambi alti cm 197.
Reggio Calabria,
Museo Archeologico.

resa della prospettiva e tanto meno delle luci e delle ombre, le loro creazioni
non potevano essere lasciate fuori dalla storia dell'arte.

Nel discutere il grande periodo delle scoperte nella Grecia antica ho tenuto
particolarmente a ricordare che le nostre idee in tema di arte greca sono distorte perché, per comprendere come fossero le statue in bronzo di maestri
come Mirone, siamo costretti a riferirci a copie più tarde in marmo eseguite
per collezionisti romani [55]. Per questa ragione ho scelto l'auriga di Delfi, cui
sono stati aggiunti gli occhi [53, 54], piuttosto che lavori più noti: per evitare
l'impressione di una certa mollezza nella bellezza scultorea greca. Nell'agosto
del 1972 una coppia di figure da far risalire al V secolo a.C. furono ripescate
dal mare presso Riace, all'estremità meridionale dell'Italia: esse si rivelano
di grande interesse per verificare su documenti precisi la questione, figure
408, 409. I bronzi, a grandezza naturale, di due eroi o atleti potrebbero
essere stati trasportati dalla Grecia su una nave dai romani e gettati in mare
durante una tempesta. Gli archeologi non hanno ancora dato un verdetto
definitivo riguardo alla probabile data o al luogo di provenienza, ma il loro
aspetto ci convince della qualità artistica e del vigore. Non abbiamo dubbi
sulla maestria di chi ha modellato questi corpi muscolosi e le teste virili adorne
di barba. Il riprodurre così accuratamente, con materiali diversi, gli occhi,
le labbra e persino i denti [407] può essere stato uno shock per quegli

estimatori dell'arte greca sempre alla ricerca dell'ideale, ma, come tutte le grandi opere d'arte, questi ritrovamenti respingono i dogmi della critica e dimostrano che quanto più si generalizza sull'arte tanto più è facile sbagliare. Nella nostra conoscenza c'è uno spazio vuoto che ogni studioso d'arte greca lamenta: non conosciamo i lavori dei grandi pittori su cui gli antichi autori scrivono con tanto entusiasmo. Il nome di Apelle, vissuto al tempo di Alessandro Magno, è rimasto proverbiale, ma di lui non possediamo nulla. Ciò di cui ci serviamo per conoscere la pittura greca è il suo riflesso sull'arte della ceramica [46, 48, 49, 58] e le copie o le varianti rinvenute a Roma o in Egitto [70-72, 79]. Questa situazione è ora drasticamente mutata grazie al ritrovamento della tomba reale a Vergina, nel nord della Grecia, la terra di Alessandro Magno un tempo chiamata Macedonia. Ci sono tutti gli indizi per pensare che il corpo ritrovato nella stanza principale della tomba sia quello di Filippo II, padre di Alessandro, ucciso nel 336 a.C. I preziosi ritrovamenti del professor Manolis Andronikos, negli anni Settanta, comprendono non solo mobili, gioielli e persino tessuti ma anche affreschi che è necessario attribuire a vari maestri. Uno degli affreschi, sulla parete esterna di una stanza laterale minore, rappresenta l'antico mito del ratto di Persefone, o Proserpina come la chiamavano i romani. Secondo il racconto, Plutone, dio degli Inferi, durante una delle rare visite nel mondo dei vivi vide una fanciulla che coglieva fiori primaverili con le sue compagne, la rapì e la portò nel suo regno come sua sposa, concedendole il permesso di tornare durante la primavera e l'autunno presso la madre Demetra, o Cerere. Questo tema, evidentemente adatto alla decorazione di una tomba, è il soggetto dell'affresco di cui la figura 410 mostra la sezione centrale. L'intera composizione è descritta dal professor Andronikos in una conferenza su *Le tombe reali di Vergina* tenuta alla British Academy nel novembre 1979:

410. *Il ratto di Persefone*, 366 a.C. ca, sezione centrale di una pittura murale in una tomba reale a Vergina, nella Grecia settentrionale.

> La composizione è svolta su una superficie di 3 metri e 50 centimetri di lunghezza e un metro e un centimetro di larghezza, con eccezionale libertà, audacia e facilità di disegno. Nell'angolo in alto a sinistra si può scorgere qualcosa che somiglia a un lampo (il fulmine di Giove); Ermete corre davanti al carro con il caduceo fra le mani. Il carro, trainato da quattro destrieri bianchi, è rosso; Plutone regge lo scettro e le redini con la mano destra e afferra Persefone per la vita con la sinistra. Ella slancia in fuori le braccia e getta indietro il corpo in un moto di disperazione. Il dio posa il piede destro sul carro mentre il sinistro tocca ancora il suolo, dove si possono vedere i fiori che Persefone e la sua compagna Kyane stavano cogliendo... Dietro il carro Kyane è ritratta in ginocchio in preda al terrore.

Può non essere facile riconoscere subito il particolare qui descritto, eccetto che per la testa di Plutone, magistralmente dipinta, le ruote di scorcio e

il fluente drappeggio della veste della sua vittima; ma dopo un momento scorgiamo il corpo seminudo di Proserpina, stretto con la sinistra da Plutone, con le braccia buttate in fuori in un gesto di disperazione. Questo gruppo ci dà almeno un'idea della potenza e della passione di cui erano capaci questi grandi maestri del IV secolo a.C.

Mentre venivamo a conoscenza della tomba del potente re di Macedonia, che con la sua politica gettò le basi per il vasto impero del figlio Alessandro Magno, alcuni archeologi fecero una scoperta sorprendente nel nord della Cina presso la città di Hsian, vicino alla tomba di un imperatore persino più potente, il primo imperatore della Cina, il cui nome è a volte scritto Shi Huang-ti, ma che i cinesi preferiscono chiamare Qin Shi Huangdi. Questo formidabile signore della guerra, che regnò dal 221 al 210 a.C., circa un centinaio di anni dopo Alessandro Magno, per primo unificò la Cina e, con l'intento di difendere i suoi domini dalle incursioni dei nomadi provenienti dall'Occidente, costruì la Grande Muraglia. Diciamo che "egli" la costruì, ma dovremmo dire più realisticamente che fece erigere dai suoi sudditi questa enorme linea di fortificazioni. L'osservazione è rilevante: i più recenti ritrovamenti portano a pensare che abbia dovuto fare meno uso di uomini per la Grande Muraglia rispetto a quelli impiegati per il cosiddetto "esercito

411. *Parte dell'"esercito di terracotta" dell'imperatore Qin Shi Huangdi,* 210 a.C. ca, rinvenuto presso la città di Hsian, nella Cina settentrionale.

412. *Testa di un soldato dell'"esercito di terracotta"*, 210 a.C. ca.

di terracotta", un gran numero di soldati in terracotta a grandezza naturale schierati intorno alla sua tomba, che non è ancora stata aperta [411].

Parlando delle piramidi egizie [31] ho ricordato i grandi sacrifici che tali sepolture devono aver richiesto alla popolazione e le credenze religiose che hanno indotto a queste incredibili imprese. Ho accennato anche al fatto che la parola egizia "scultore" è sinonimo di "colui che mantiene in vita" e che le sculture nelle tombe erano forse sostituti di servitori e schiavi un tempo sacrificati per accompagnare il loro potente signore nella terra dei defunti. Nel discutere delle tombe cinesi del periodo Han, che seguì all'impero di Qin Shi Huangdi, ho fatto osservare che simili usanze funebri ricordavano quelle egizie; ma nessuno avrebbe immaginato che un solo uomo potesse ordinare ai suoi artigiani di foggiare un esercito al completo di circa settemila uomini con cavalli, armi, uniformi e insegne e nessuno poteva supporre che la vivida raffigurazione della testa di un Lohan [96] in quella scala straordinaria risalisse a 1200 anni prima. Come le statue greche scoperte recentemente, queste immagini di soldati erano rese anche più realistiche dall'uso dei colori, le cui tracce sono ancora visibili [412]. Tanta perizia e qualità non era voluta perché suscitasse l'ammirazione dei comuni mortali, ma per soddisfare le attese di un uomo che si giudicava al di là dei limiti umani e non poteva

accettare di avere nella morte un avversario con cui non poteva competere. Anche l'ultima delle scoperte cui farò cenno riporta alla universale fiducia nel potere delle immagini, di cui parlo nel capitolo *Strani inizi*. Mi riferisco all'odio irrazionale provocato da immagini che si pensa incarnino forze ostili. Parecchie sculture della cattedrale di Notre-Dame a Parigi [122, 125] furono vittime di questo odio al tempo della Rivoluzione francese. Nell'illustrazione che riproduce la facciata della cattedrale [125], notiamo la fila orizzontale di figure disposte sopra i tre portali. Queste statue raffiguravano i re dell'Antico Testamento, e per questo hanno le corone in testa. Più tardi furono credute sventuratamente simboli dei re di Francia e inevitabilmente incorsero nelle ire dei rivoluzionari e furono decapitate, proprio come Luigi XVI. Quelle che vediamo ora sull'edificio sono il risultato di un restauro del XIX secolo, opera di Viollet-le-Duc, che spese vita ed energie per restituire la forma originaria agli edifici medievali della Francia, spinto da motivi non dissimili da quelli di Sir Arthur Evans nel restauro degli affreschi di Cnosso.

Chiaramente la perdita di queste statue fatte per la cattedrale di Parigi, da far risalire a circa il 1230, fu e resta un serio vuoto nella nostra conoscenza, per cui gli storici dell'arte hanno avuto ragione a rallegrarsi quando, nell'aprile del 1977, gli operai che scavavano le fondamenta di una banca nel centro di Parigi trovarono per caso un mucchio di 364 frammenti che, naturalmente, erano stati abbandonati in quel luogo dopo le distruzioni del XVIII secolo [413]. Pur fortemente danneggiate, queste teste meritano un attento studio per le tracce di colore che vi hanno lasciato i loro artisti e per lo stile, che evoca una dignità e una serenità che richiamano alla memoria le più antiche statue di Chartres [127] e quelle quasi contemporanee della cattedrale di Strasburgo [129]. Proprio la loro distruzione, per strano che possa sembrare, ci ha conservato una caratteristica comune ad altri due ritrovamenti, attraverso elementi di colore che non avrebbero potuto sopravvivere a ulteriori esposizioni alla luce. È effettivamente probabile che altri monumenti di scultura medievale, non meno di molta architettura di quell'epoca [124], fossero in origine colorati, e che le nostre idee sull'aspetto delle opere medievali come quelle sulla scultura greca abbiano bisogno di una revisione. Ma non è forse proprio questo costante bisogno di revisione uno stimolo allo studio del passato?

413. *Testa di un re dell'Antico Testamento*, 1230 ca, frammento originariamente sulla facciata di Notre-Dame a Parigi (vedi figura 125), pietra, altezza cm 65. Parigi, Musée de Cluny.

UNA NOTA SUI LIBRI D'ARTE

Mi sono sentito in dovere, nel corso della mia esposizione, di non spazientire il lettore con ripetuti richiami ai numerosi aspetti che la mancanza di spazio mi ha impedito di descrivere o discutere. Devo ora violare questa regola per precisare, con rammarico, che mi è assolutamente impossibile menzionare nelle pagine che seguono tutte le persone autorevoli verso le quali mi sento in debito. Le nostre idee sul passato sono il risultato di un immenso sforzo collettivo e persino un semplice libro come questo può essere considerato il resoconto del lavoro di una vasta équipe di storici, del presente e del passato, che ha contribuito a rendere più chiari i lineamenti di periodi, stili e personaggi. Quanti fatti, quante formule espositive e quante opinioni possiamo aver preso da altri senza saperlo! Casualmente ricordo di dover essere grato per le mie osservazioni sulle radici religiose dei giochi greci, a un programma di Gilbert Murray, trasmesso nel corso dei Giochi Olimpici di Londra del 1948, ma fu soltanto rileggendo il libro di D.F. Tovey, *The Integrity of Music* (Oxford U.P., London 1941), che mi resi conto di quante idee ne avessi tratto per la mia introduzione.

Benché non abbia l'opportunità di elencare tutti i testi che posso aver letto o consultato, ho espresso nella prefazione la mia speranza che questo volume possa fornire ai neofiti gli strumenti per consultare testi più specializzati, traendone maggior vantaggio. Non resta quindi che passare all'elenco dei volumi. Devo aggiungere, tuttavia, che la situazione è radicalmente cambiata da quando questo mio libro fu pubblicato per la prima volta: il numero dei titoli è considerevolmente aumentato, e così pure la necessità di una selezione.

Potrà essere utile iniziare con alcune suddivisioni generiche, per distinguere i numerosi tipi di libri d'arte che affollano gli scaffali delle nostre biblioteche e librerie. Ci sono libri da leggere, libri da consultare e libri da esaminare. Nel primo gruppo ho collocato i libri che si apprezzano per i loro autori: opere che mai potranno essere "datate", perché anche quando i giudizi e le interpretazioni che propongono non sono più in voga, restano valide come testimonianze della loro epoca e come espressioni di una personalità. Per ovvie ragioni ho elencato libri in lingua inglese, ma i lettori in grado di consultare i testi nella versione originale si renderanno sicuramente conto che le traduzioni non possono che essere dei surrogati imperfetti. A coloro che desiderano approfondire la loro conoscenza del mondo dell'arte in generale, senza volersi trasformare in esperti di un particolare campo, consiglierei innanzitutto i libri destinati alla lettura. Tra questi sceglierei in particolare le raccolte di documenti del passato, libri di artisti o scrittori che si trovavano a stretto contatto con ciò

che descrivevano. Non tutti sono di facile lettura, ma ogni sforzo necessario a migliorare la conoscenza di un mondo di idee tanto diverse dalle nostre sarà pienamente ricompensato da una più accurata e profonda comprensione del passato.

Si è deciso di suddividere questa nota in cinque sezioni. Le monografie riguardanti singoli periodi o artisti sono elencate nella quinta sezione sotto il titolo del capitolo corrispondente (vedi pp. 646-654). I testi di argomento più generale si trovano in corrispondenza dei vari sottotitoli delle prime quattro sezioni. Nella citazione dei titoli mi sono ispirato a considerazioni di natura puramente pratica, senza pretese di coerenza. È superfluo ricordare che molti altri buoni libri potrebbero essere inclusi in questi elenchi, e che l'omissione di un'opera non intende denunciarne una scarsa qualità.

Un asterisco (*) indica che il libro è disponibile in edizione economica.

Fonti

Per coloro che intendono immergersi nel passato e leggere testi scritti dai contemporanei degli artisti esaminati in questo libro, esistono numerose antologie di buon livello che possono costituire la migliore introduzione al periodo. Un'ampia selezione di scritti di questo genere è stata compilata da Elizabeth Holt, che ha elencato anche le traduzioni in lingua inglese. La sua opera in tre volumi *A Documentary History of Art* (nuova edizione, Princeton U.P., 1981-88*) si estende dal medioevo all'impressionismo. La stessa autrice ha raccolto un gran numero di testi da giornali e da altre fonti, allo scopo di documentare il ruolo sempre più importante svolto dalle esposizioni e dai critici nel XIX secolo in una nuova opera in tre volumi, *The Expanding World of Art 1874-1902*. Il primo volume è intitolato *Universal Exhibitions and State-Sponsored Fine Art Exhibitions* (Yale U.P., New Haven - London 1988*). Di carattere più specifico è la serie di volumi di fonti e documenti pubblicata da Prentice-Hall (a cura di H.W. Janson). Si tratta di antologie organizzate in base a periodi, Paesi e persino stili, con materiale selezionato da una vasta gamma di fonti – tra cui descrizioni e critiche dell'epoca, documenti legali e lettere – spiegate e commentate dai singoli compilatori.

I volumi includono *The Art of Greece, 1400-31 BC*, a cura di J.J. Pollitt (1965; 1990[2]); *The Art of Rome, 753 BC - 337 AD*, a cura di J.J. Pollitt (1966); *The Art of the Byzantine Empire, 312-1453*, a cura di Cyril Mango (1972); *Early Medieval Art, 300-1150*, a cura di Caecilia Davis-Weyer (1971); *Gothic Art, 1140-c.1450*, a cura di Teresa G. Frisch (1971); *Italian Art, 1400-1500*, a cura di Creighton Gilbert (1980); *Italian Art, 1500-1600*, a cura di Robert Enggass e Henri Zerner (1966); *Northern Renaissance Art, 1400-1600*, a cura di Wolfgang Stechow (1966); *Italy and Spain, 1600-1750*, a cura di Robert Enggass e Jonathan Brown (1970); *Neoclassicism and Romanticism*, a cura di Lorenz Eitner (2 voll., 1970); *Realism and Tradition in Art, 1848-1900* (1966) e *Impressionism and Post-Impressionism, 1874-1904* (1966), entrambi a cura di Linda Nochlin. Un'antologia di documenti originali del Rinascimento, *Patrons and Artists in the Italian Renaissance* (Macmillan, London 1970), è stata compilata da D.S. Chambers, mentre *Artists on Art*, di Robert Goldwater e Marco Treves (Routledge & Kegan Paul, London 1947), rappresenta una selezione di più ampio respiro.

Utili antologie di documenti del periodo moderno sono *Nineteenth-Century Theories of Art*, a cura di Joshua C. Taylor (California U.P., Berkeley 1987); *Theories of Modern Art:*
A Source Book by Artists and Critics, a cura di Herschel B. Chipp (California U.P., Berkeley 1968; rist. 1970*) e *Art in Theory: An Anthology of Changing Ideas*, a cura di Charles Harrison e Paul Wood (Blackwell, Oxford 1992*).

Ecco una selezione di testi disponibili in lingua inglese: *Vitruvius on Architecture* (orig. lat. *De architectura*), autorevolissimo trattato di un architetto dell'epoca di Augusto, è in commercio nella versione inglese di M.H. Morgan (Dover, New York 1960*). Per il mondo classico si vedano anche i *Capitoli sulla storia dell'arte greca e romana* nella *Naturalis historia* di Plinio il Vecchio, tradotti da K.J. Bleake, con un commento di E. Setters; pubblicati originariamente nei 1896, sono ora disponibili separatamente nella traduzione, curata da H. Rackham per la Loeb Classical Library, della *Naturalis historia* di Plinio, vol. IX, libri 33-35 (Heinemann, London 1952). Si tratta della più importante fonte di informazioni sulla pittura e la scultura greche e romane realizzata a partire dai testi più antichi del celebre studioso, che morì durante la distruzione di Pompei. *L'Itinerario della Grecia* di Pausania è stato tradotto e curato da J.G. Frazer (6 voll., Macmillan, London 1898) ed è disponibile anche in edizione economica con il titolo *Guide to Greece*, a cura di Peter Levi (2 voll., Penguin, Harmondsworth 1971*). Antichi testi d'arte cinesi sono facilmente reperibili in un volume della collana *Wisdom of the East*, dal titolo *The Spirit of the Brush*, tradotto da Shio Sakanishi (John Murray, London 1939). Il documento più significativo sui celebri costruttori di cattedrali del medioevo è il resoconto dell'abate Suger sulla costruzione della prima grande chiesa gotica, disponibile in *model edition*, *Abbot Suger on the Abbey Church of Saint Denis and its Art Treasures*, tradotto, curato e commentato da Erwin Panofsky (Princeton U.P., 1946; ed. riv. 1979*). *Le varie arti* di Teofilo è stato tradotto e commentato da C.R. Dodwell (Nelson 1961; Oxford U.P., 1986[2]) Chi fosse interessato alle tecniche e all'addestramento dei pittori tardomedievali può ora consultare l'edizione ugualmente esaustiva del *Libro dell'Arte* di Cennino Cennini, realizzata da Daniel V. Thompson Jr (2 voll., Yale U.P., New Haven - London 1932-33; rist. Dover, New York 1954*). Gli interessi matematici e classici della prima generazione rinascimentale sono esemplificati dagli studi *De statua* e *De pictura* di Leon Battista Alberti, tradotti e curati da Cecil Grayson (Phaidon, London 1972; rist. Penguin, Harmondsworth 1991*). L'edizione dei principali scritti di Leonardo è *The Literary Works of Leonardo da Vinci*, di J.P. Richter (Oxford U.P., 1939; rist. con nuove illustrazioni Phaidon, London 1970*) Coloro che studiano in modo approfondito gli scritti leonardeschi dovrebbero inoltre consultare il Commento a Richter di Carlo Pedretti, in due volumi (Phaidon, Oxford 1977). *Il Trattato di pittura* di Leonardo, tradotto e commentato da A. Philip McMahon (Princeton U.P., 1956), è basato su un'importante raccolta di appunti del maestro risalenti al XVI secolo, alcuni dei quali non esistono più nel formato originale. *Leonardo on Painting,* a cura di Martin Kemp (Yale U.P., New Haven - Dindon 1989*), è un'eccellente antologia. Le lettere di Michelangelo sono state tradotte e pubblicate in edizione completa da E.H. Ramsden (2 voll., Peter Owen, London 1964); sono inoltre disponibili i *Complete Poems and Selected Setters of Michelangelo,* tradotti da Creighton Gilbert (Princeton U.P., 1980*). È di utile consultazione *The Poetry of Michelangelo,* che include sia il testo originale sia la traduzione di James M. Saslow (Yale U.P., New Haven London 1991*). Per una biografia di Michelangelo scritta da un suo contemporaneo si veda di Ascanio Condivi *Vita di Michelangelo,* tradotta da Alice Sedgwick Wohl e curata da Hellmut Wohl (Louisiana State U.P., Baton Rouge 1976).

La raccolta *The Writings of Albrecht Dürer* è stata tradotta e curata da W.M. Conway, con un'introduzione di Alfred Werner (Peter Owen, London 1958); esiste inoltre un'edizione del *Painter's Manual* di Dürer realizzata da W.L. Strauss (Abaris, New York 1977).

Indubbiamente la fonte più importante sull'arte del Rinascimento italiano è le *Vite de' più eccellenti pittori scultori e architettori* di Giorgio Vasari, disponibile in quattro volumi nella Everyman's Library, a cura di William Gaunt (Dent, London 1963*); la casa editrice Penguin ne ha pubblicato una valida selezione in due volumi curata da George Bull (Harmondsworth 1987*). Il testo originale, edito per la prima volta nel 1550, fu riveduto e ampliato nel 1568. L'opera può essere letta come una raccolta di aneddoti e novelle, alcuni dei quali possono anche rispondere a verità, ma la lettura risulterà ancor più proficua e piacevole se la si considererà un interessante documento del periodo corrispondente al manierismo, quando gli artisti divennero fin troppo consapevoli della pesante influenza che le grandi opere del passato avevano sulla loro arte. L'altro affascinante testo scritto da un artista fiorentino in quel periodo inquieto, l'autobiografia di Benvenuto Cellini, è disponibile in numerose edizioni in lingua inglese, tra le quali quella curata da George Bull (Penguin, Harmondsworth 1956*), cui si aggiungono: John Pope-Hennessy (a cura di), *The Life of Benvenuto Cellini,* Phaidon, London 1949; 1995²*); Charmes Hope (a cura di), *The Autobiography of Benvenuto Cellini,* edizione abbreviata e illustrata, Phaidon, Oxford 1983. *La vita di Brunelleschi,* dal testo di Antonio Manetti, è stato pubblicato nella traduzione di Catherine Enggass, a cura di Howard Saalman (Pennsylvania State U.P., University Park 1970); della stessa

autrice è la *Vita di Bernini,* di Filippo Badinucci (*The Life of Bernini,* Pennsylvania State U.P., University Park 1966). Le biografie di altri artisti del XVII secolo sono contenute in *Dutch and Flemish Painters,* di Carel van Manager, tradotto e curato da Constant van de Wall (McFarlane, New York 1936; rist. Arno, New York 1969), e in *Lives of the Eminent Spanish Painters and Sculptors,* di Antonio Palomino, tradotto da Nina Mallory (Cambridge U.P., 1987). L'edizione delle lettere di Peter Paul Rubens è stata tradotta e curata da Ruth Saunders Magurn (Harvard U.P., Cambridge, Mass. 1955; nuova edizione Northwestern U.P., Evanston, Illinois 1991*).

La tradizione accademica del XVII e del XVIII secolo, temperata da saggezza e buonsenso notevoli, è presentata in *Sir Joshua Reynolds: Discourses on Art,* a cura di Robert R. Wark (Huntington Library, San Marino, California 1959; rist. Yale U.P., New Haven - London 1981*). Il non ortodosso *The Analysis of Beauty* di William Hogarth (1753) è disponibile in ristampa anastatica (Garland, New York 1973). L'atteggiamento altrettanto indipendente di Constable nei confronti della tradizione accademica è chiaramente percebile nelle sue lettere e conferenze, raccolte nei *Memoirs of the Life of John Constable,* di C.R. Leslie (Phaidon, London 1951; 1995³); di questo artista è disponibile anche la corrispondenza completa, in otto volumi, a cura di R.B. Beckett (SuVolk Records Society, Ipswich 1962-75).

Il punto di vista romantico è espresso con grande chiarezza dai bellissimi *Journals of Eugène Delacroix,* tradotti da Lucy Norton (Phaidon, London 1951; 1995³*); esiste anche un'edizione in volume unico delle lettere, scelte e tradotte da Jean Stewart (Eyre & Spottiswode, London 1971). Gli scritti sull'arte di Goethe sono stati raccolti tradotti e pubblicati a cura di John Gage in *Goethe on Art* (California U.P., Berkeley 1980). La recente traduzione delle lettere del pittore realista Gustave Courbet è stata curata da Petra ten-Doesschate Chu (Chicago U.P., 1993). Una raccolta di documenti sugli impressionisti, scritti da un mercante d'arte che in molti casi li conosceva di persona, è *Manet and the French Impressionists,* di Théodore Duret (Lippincott, Condor 1910); tuttavia molti lettori riterranno più gratificante lo studio delle loro lettere. Sono disponibili traduzioni in lingua inglese delle lettere di Camille Pissarro, scelte e curate da John Rewald (Kegan Paul, London 1944; 1980⁴); di Degas, a cura di Marcel Guérin (Cassirer, Oxford 1947); di Cézanne, a cura di John Rewald (Cassirer, London 1941; 1977⁴). Per un resoconto personale sulla figura di Renoir si veda *Renoir, my Father,* di Jean Renoir, tradotto da Randolph e Dorothy Weaver (Collins, London 1962; rist. Columbus, London 1988*). La raccolta *The Complete Letters of Vincent Van Gogh* è stata pubblicata in inglese in tre volumi (Thames

& Hudson, London 1958). Le lettere di Gauguin sono disponibili in una antologia tradotta da Bernard Denvir (Collins & Brown, London 1992), mentre un'edizione di *Noa Noa*, opera semiautobiografica del pittore, è *Noa Noa: Gauguin's Tahiti, the Original Manuscript*, a cura di Nicholas Wadley (Phaidon, Oxford 1985). *The Gentle Art of Making Enemies*, di Whistler, fu pubblicato per la prima volta nel 1890 (rist. Dover, New York 1968*). Le autobiografie più recenti comprendono quella di Oskar Kokoschka, dal titolo *My Life* (Thames & Hudson, London 1974) e *Diary of a Genius*, di Salvador Dalí (Hutchinson, London1966; 1990²*). *I Collected Writings* di Frank Lloyd Wright sono stati recentemente pubblicati in due volumi (Rizzoli, New York 1992*). Una conferenza di Walter Gropius su *The New Architecture and the Bauhaus* è disponibile nella traduzione di P. Morton Shand (Faber, London 1965), mentre *Bauhaus: Master and Students by Themselves* (Conran Octopus, London 1992) presenta una più ampia scelta di documenti.

Tra i pittori moderni che hanno scritto opere illustrando il loro credo artistico si possono menzionare Paul Klee, il cui studio *On Modern Art* è stato tradotto da P. Findley (Faber, London 1948; nuova edizione 1966*), e Hilaire Hiler con *Why Abstract?* (Falcon, London, 1948), che contiene un resoconto chiaro e intelligibile della conversione di un'artista americana alla pittura "astratta". Le due collane edite a cura di Robert Motherwell, *Documents of Modern Art* (Wittenborn, New York 1944-61) e *Documents of 20th-Century Art* (Thames & Hudson, London 1971-73) pubblicano ristampe (in lingua originale e in traduzione) di saggi e discorsi di numerosi altri artisti "astratti" e surrealisti, tra cui *Concerning the Spiritual in Art* di Kandinskij, pubblicato anche singolarmente (Dover, New York 1986). Si vedano anche *Matisse on Art*, tradotto e curato da J. Elam (Phaidon, London 1973; Oxford 1978²; rist. 1990*) e *Kandinskij: The Complete Writings on Art*, a cura di Kenneth Lindsay e Peter Vergo (Faber, London 1982). La collana *World of Art* (Thames & Hudson, London) comprende un volume sul Dada di H. Richter (1966) e i documenti programmatici del surrealismo in *Surrealism*, di P. Waldberg (1966). *The Cubist Painters: Aesthetic Meditations*, di Guillaume Apollinaire, pubblicato per la prima volta nel 1913, è incluso nella collana *Documents on Modern Art*, nella traduzione di Lionel Abel (Wittenborn, New York 1949; rist. 1977*), mentre *Surrealism and Painting* di André Breton è stato tradotto da Simon Watson Taylor (Harper & Row, New York 1972). *Modern Artists on Art*, a cura di Robert L. Herbert (Prentice-Hall, New York 1965*), contiene dieci saggi, due dei quali di Mondrian, e numerosi discorsi di Henry Moore, per il quale si veda anche *Henry Moore on Sculpture*, di Philip James (Macdonald, Dindon 1966).

PRINCIPALI TESTI CRITICI

Questa categoria di libri, che dovrebbero essere letti tanto per il prestigio dei loro autori quanto per le informazioni che contengono, include un buon numero di opere scritte da grandi critici. Le opinioni sui loro meriti relativi possono variare, e l'elenco che segue dovrebbe essere considerato una semplice guida.

Coloro che intendono chiarirsi le idee sui temi dell'arte e arricchirsi intellettualmente con gli entusiasmi del passato possono consultare i voluminosi scritti dei principali critici d'arte del XIX secolo, come John Ruskin – la cui opera *Modern Painters* è stata pubblicata in edizione ridotta, a cura di David Barrie (Deutsch, London 1987) –, William Morris o Walter Pater, il rappresentante dell'*aesthetic movement* in Inghilterra. Lo studio più importante di Pater, *The Renaissance*, è disponibile con introduzione e note di Kenneth Clark (Fontana, London 1961; rist. 1971*), autore tra l'altro di un'interessante antologia dei numerosi scritti di Ruskin dal titolo *Ruskin Today* (John Murray, London 1964; rist. Penguin, Harmondsworth 1982*). Si veda inoltre *The Lamp of Beauty: Writings on Art by John Ruskin*, raccolti e curati da Joan Evans (Phaidon, London 1959; 1995³*). La raccolta *The Letters of William Morris to His Family and Friends* è stata pubblicata a cura di Philip Henderson (Longman, London 1950). I critici francesi dello stesso periodo si mostrano più vicini al nostro punto di vista e gli scritti sull'arte di Charles Baudelaire, di Eugène Fromentin e dei fratelli Edmond e Jules de Goncourt, sono legati alle trasformazioni della pittura francese. Due volumi degli scritti di Baudelaire, tradotti e curati da Jonathan Mayne, sono stati pubblicati da Phaidon Press: *The Painter of Modern Life* (London 1964; 1995²*) e *Art in Paris* (London 1965; 1995³*). Phaidon ha inoltre pubblicato in traduzione *The Masters of Past Time* di Fromentin (London 1948; 1995³*) e *French Eighteenth-Century Painters* di Edmond e Jules de Goncourt (London 1948; 1995³*). È in commercio un'antologia del *Journal* dei fratelli De Goncourt, tradotta e curata da Robert Baldick, autore anche dell'introduzione (Oxford U.P., 1962; rist. Penguin, Harmondsworth 1984*). Per i profili di questi e di altri grandi scrittori d'arte francesi il lettore potrà consultare *Genius of the Future* di Anita Brookner (Phaidon, London 1971; rist. Cornell U.P., Ithaca 1988*). Il portavoce del postimpressionismo in Inghilterra fu Roger Fry, di cui ricordiamo, tra l'altro, *Vision and Design* (Chatto & Windus, London 1920; nuova ed. a cura di T.B. Bullen, Oxford U.P., London 1981*), *Cézanne: a Story of his Development* (Hogarth Press, London 1927; nuova ed. Chicago U.P., 1989*) e *Last Lectures* (Cambridge U.P., 1939). Il più accanito sostenitore dell'arte "sperimentale" in Inghilterra dagli anni Trenta agli anni Cinquanta fu Sir Herbert Read, in opere come *Art Now* (Faber, London 1933;

19685*) e *The Philosophy of Modern Art* (Faber, London 1931; rist. 1964*). I difensori dell'*action painting* americano furono Harold Rosenberg, autore di *The Tradition of the New* (Horizon Press, New York 1959; Thames & Hudson, London 1962; rist. Paladin, London 1970*) e di *The Anxious Object: Art Today and its Audience* (Horizon Press, New York 1964; Thames & Hudson, London 1965), e Clement Greenberg, autore di *Art and Culture* (Beacon Press, Boston 1961; Thames & Hudson, London 1973).

IL BACKGROUND FILOSOFICO

Come lettura iniziale, per facilitare la comprensione delle discussioni filosofiche che stanno alla base della tradizione classica e accademica, si consigliano i seguenti testi: Anthony Blunt, *Artistic Theory in Italy 1450-1600*, Oxford U.P., 1940*; Michael Baxandall, *Giotto and the Orators*, Oxford U.P., 1971, rist. 1986*; Rudolf Wittkower, *Architectural Principles in the Age of Humanism*, Warburg Institute, London 1949, nuova ed. Academy, London 1988; Erwin Panofsky, *Idea: A Concept in Art Theory*, Harper & Row, New York 1975.

Approcci metodologici alla storia dell'arte

La storia dell'arte è un ramo della storia, parola derivata originariamente dal termine greco che sta per "ricerca". Perciò quelli che talvolta vengono definiti "metodi" diversi di ricerca storico-artistica, dovrebbero essere considerati sforzi per rispondere alle numerose domande che ci possiamo porre riguardo al passato. Quali di queste domande privilegiamo in un determinato momento dipende da noi e dai nostri interessi, mentre la risposta dipenderà dalle testimonianze che lo storico è in grado di portare alla luce.

L'APPROCCIO DEGLI INTENDITORI

In relazione a ogni opera d'arte è frequente il desiderio di conoscere quando e dove essa sia stata realizzata, e, se possibile, da chi. Coloro che hanno raffinato i propri metodi allo scopo di rispondere a tali domande sono detti intenditori. Questa categoria comprende le figure imponenti di un'epoca ormai trascorsa, la cui parola riguardo all'"attribuzione" era (ed è ancora) legge. *Italian Painters of the Renaissance*, di Bernard Berenson (Clarendon Press, Oxford 1930; Phaidon, Oxford 1980³*) è divenuto una sorta di classico. Dello stesso autore è disponibile *Drawings of the Florentine Painters* (John Murray, London 1903; ed. ampl. Chicago U.P., 1970). Il testo *Art and Connoisseurship* di Max J. Friedländer (Cassirer, London 1942) rappresenta la migliore introduzione allo studio di questo gruppo.

Siamo in debito con molti dei principali intenditori dei nostri giorni per la compilazione dei cataloghi di collezioni pubbliche o private e di esposizioni, i migliori dei quali consentono al lettore di esaminare le ragioni che li hanno condotti ai risultati ottenuti.

Il nemico nascosto contro il quale gli intenditori devono combattere è il falsario. Una concisa introduzione a questo campo è *Fakes*, di Otto Kurz (Dover, New York 1967*); si veda anche il bel catalogo di un'esposizione al British Museum, a cura di Mark Jones: *Fake? The Art of Deception* (British Museum, London 1990*).

TESTI DI STORIA DELLO STILE

Sono sempre esistiti storici dell'arte desiderosi di andare oltre le domande poste dagli intenditori e di spiegare o interpretare i mutamenti nello stile, che sono anche l'argomento di questo libro.

L'interesse per questo tema divenne d'attualità nella Germania del XVIII secolo, quando Johann Joachim Winckelmann pubblicò la prima storia dell'arte antica nel 1764. Al giorno d'oggi pochi desiderano cimentarsi nella lettura di questo libro ma dello stesso autore sono disponibili in inglese *Reflections on the Imitation of Greek Works in Painting and Sculpture* (Orpen, London 1987) e un'antologia a cura di David Irwin, *Writings on Art* (Phaidon, London 1972). La tradizione che Winckelmann aveva inaugurato fu continuata con vigore nei Paesi di lingua tedesca nel corso del XIX e del XX secolo. Un prezioso compendio di queste svariate teorie e idee è *The Critical Historians of Art*, di Michael Podro (Yale U.P., New Haven - London 1982*). Il miglior approccio ai problemi riguardanti la storia degli stili è tuttora rappresentato dagli scritti dello storico svizzero Heinrich Wölfflin, un maestro della descrizione comparata; molti suoi libri sono attualmente disponibili in traduzione: *Renaissance and Baroque*, con un'istruttiva introduzione di Peter Murray (Fontana, London 1964*); *Classic Art: an Introduction to the Italian Renaissance* (Phaidon, London 1952; 1994⁵*); *Principles of Art History* (Bell, London 1932; rist. Dover, New York 1986*) e *The Sense of Form in Art* (Chelsea, New York 1958). Una psicologia dello stile fu tentata da Wilhelm Worringer, la cui opera *Abstraction and Empathy* (traduzione in lingua inglese edita da Routledge & Kegan Paul, London 1953) si rivelò in sintonia con il movimento espressionista. Tra gli studiosi francesi dello stile merita di essere ricordato Henri Focillon, autore di *The Life of Forms* in Art, tradotto da C.B. Hogan e G. Kubler (Wittenborn, Schulz, New York 1948; rist. Zone Books, New York 1989).

LO STUDIO DEL SOGGETTO

L'interesse per i contenuti religiosi e simbolici dell'arte nacque nella Francia del XIX secolo ed ebbe il suo culmine nell'opera di Emile Male. Il suo libro *Religious Art in France: the Twelfth Century* fu pubblicato in traduzione inglese commentata (Princeton U.P., 1978), così come avvenne per *Religious Art in France: the Thirteenth Century* (Princeton U.P., 1984). Capitoli tratti da altri volumi sono inclusi in *Religious Art from the Twelfth to the Eighteenth Century* (Routledge & Kegan Paul, London 1949). La migliore introduzione allo studio dei temi mitologici nell'arte, iniziato da Aby Warburg e dalla sua scuola, è il testo di Jean Seznec *The Survival of the Pagan Goals* (Princeton U.P., 1953; rist. 1972*). L'interpretazione del simbolismo nell'arte del Rinascimento è brillantemente illustrata da Erwin Panofsky negli *Studies in Iconology* (Harper & Row, New York 1972*) e in *Meaning in the Visual Arts* (Doubleday, New York 1957; rist. Penguin, Harmondsworth 1970*), così come da Fritz Saxl in *A Heritage of Images* (Penguin, Harmondsworth 1970*). Su questo tema ho pubblicato un volume di saggi dal titolo *Symbolic Images* (Phaidon, London 1972; Oxford 1985³; rist. London 1995*).

Esistono inoltre numerosi dizionari utili a chi fosse interessato al simbolismo cristiano e pagano; tra gli altri, il *Dictionary of Subjects and Symbols in Art* di James Hall (John Murray, London 1974*) e *Signs and Symbols in Christian Art* di G. Ferguson (Oxford U.P., 1954).

Lo studio di singoli temi e motivi nella storia dell'arte occidentale è stato arricchito e ravvivato da Kenneth Clark, in particolare nel suo libro *Landscape into Art* (John Murray, London 1949; ed. riv. 1979*) e in *The Nude* (John Murray, London 1956; rist. Penguin, Harmondsworth 1985*). A questa categoria appartiene anche lo studio di Charles Sterling, *Still Life Painting: From Antiquity to the Twentieth Century*, tradotto da James Emmons (Harper & Row, London 1981).

STORIA SOCIALE

Gli storici di ispirazione marxista hanno spesso sollevato questioni riguardo alle condizioni sociali che diedero origine a stili e a movimenti particolari. Il più esauriente è Arnold Hauser, autore di *A Social History of Art* (2 voll., Routledge & Kegan Paul, London 1951; nuova edizione, 4 voll., 1990*), sul quale si veda anche il mio articolo in *Meditations on a Hobby Horse* (Phaidon, London 1963; Oxford 1985⁴; rist. London 1994*). Studi più specifici in questo campo sono quelli di Frederick Antal, *Florentine Painting and its Social Background* (Routledge & Kegan Paul, London 1947) e di T.J. Clark, *Image of the People: Gustave Courbet and the Revolution of 1848* (Thames & Hudson, London 1973*). Tra le questioni sollevate più di recente è quella del ruolo delle donne nell'arte: si vedano *The Obstacle Race* di Germaine Greer (Secker & Warburg, London 1979; rist. Pan, London 1981*) e *Vision and DiVerence: Femininity, Feminism and the Histories of Art* di Griselda Pollock (Routledge, London 1988). Alcuni storici dell'epoca recente, enfatizzando la necessità di concentrarsi sugli aspetti sociali, hanno adottato la definizione di *New Art History*: ne è un esempio l'antologia che porta lo stesso titolo, a cura di A.L. Rees e Frances Borzello (Camden, London 1986*). Si potrebbe obiettare che, nel loro proposito di rifuggire dalle valutazioni estetiche in quanto troppo soggettive, questi studiosi siano stati di gran lunga preceduti dagli archeologi, che hanno l'abitudine di esaminare i manufatti del passato per scoprire ciò che essi possono rivelarci su una determinata cultura. Si veda anche la più recente antologia *Art in Modern Culture*, a cura di Francis Frascina e Jonathan Harris (Phaidon, London 1992; rist. 1994*).

TEORIE PSICOLOGICHE

Poiché esistono numerose scuole di psicologia, le domande poste variano di conseguenza. Ho discusso le teorie di Freud e le loro ripercussioni sull'arte in vari saggi: *Psycho-Analysis and the History of Art*, in *Meditations on a Hobby Horse* (Phaidon, London 1963; Oxford 1985⁴; rist. London 1994*), pp. 30-44; *Freud's Aesthetics*, in *Reflections on the History of Art* (Phaidon, Oxford 1987), pp. 221-239; e *Verbal Wit as a Paradigm of Art: the Aesthetic Theories of Sigmund Freud (1856-1939)*, in *Tributes: Interpreters of our Cultural Tradition* (Phaidon, Oxford 1984), pp. 93-115. Peter Fuller, in *Art and Psychoanalysis* (Hogarth Press, London 1988), adotta un approccio freudiano, mentre *Painting as Art* di Richard Wollheim (Thames & Hudson, London 1987*) si ispira alle modifiche apportate da Melanie Klein alle teorie di Freud. L'opera di Adrian Stokes, appartenente alla stessa scuola, rimane di grande interesse: ne è un esempio il suo *Painting and the Inner World* (Tavistock, London 1963). I problemi della psicologia della percezione visiva, cui ho fatto frequente riferimento nel corso della mia esposizione, sono esaminati in modo più approfondito nei miei libri *Art and Illusion* (Phaidon, London 1960; Oxford 1977⁵; rist. London 1994*), *The Sense of Order* (Phaidon, Oxford 1979; rist. London 1994) e *The Image and the Eye* (Phaidon, Oxford 1982; rist. London 1994*). Il testo di Rudolf Arnheim, *Art and Visual Perception* (California U.P., Berkeley 1954*) è basato sulla teoria della percezione elaborata dalla Gestalt, che fa riferimento a princípi di equilibrio formale. *The Power of Images: Studies in the History and Theory of Response*, di David Freedberg (Chicago U.P., 1989*) discute il ruolo delle immagini nei riti, nella magia e nella superstizione.

GUSTO E RACCOLTE

L'ultima delle questioni che vanno menzionate in questa sede riguarda la storia delle raccolte e del gusto; l'opera più esauriente su questo argomento è *The Rare Art Tradition: The History of Art Collecting and its Linked Phenomena* (Princeton U.P., 1981). Francis Haskell e Nicholas Penny, nel loro *Taste and the Antique* (Yale U.P., New Haven - London 1981*), ripercorrono la storia di un tema particolare. Singoli periodi sono trattati nelle seguenti opere: Michael Baxandall, *Painting and Experience in Fifteenth-Century Italy*, Oxford U.P., 1972, 1988²*; Martin Wackernagel, *The World of the Florentine Renaissance Artist: Projects and Patrons, Workshop and Art Market*, tradotto da Alison Luchs, Princeton U.P., 1981; Francis Haskell, *Patrons and Painters*, Chatto & Windus, London 1963, ed. riv. e ampl. Yale U.P., New Haven - London 1980*, e *Rediscoveries in Art*, Phaidon, London 1976, rist. Oxford 1980*. Sulle stravaganze del mercato dell'arte si veda Gerald Reitlinger, *The Economics of Taste*, 3 voll., Barrie & Rockliff, London 1961-70.

TECNICHE ARTISTICHE

Ecco alcuni esempi di opere che trattano gli aspetti tecnici e pratici dell'arte: Rudolf Wittkower, *Sculpture*, Penguin, Harmondsworth 1977*, il miglior studio di carattere generale; Sheila Adams, *The Techniques of Greek Sculpture*, Thames & Hudson, London 1966; Ralph Mayer, *The Artist's Handbook of Materials and Techniques*, Faber, London 1951, 1991⁵*; A.M. Hind, *An Introduction to the History of Woodcut*, 2 voll., Constable, London 1935, rist. unico vol. Dover, New York 1963*, e *A History of Engraving and Etching*, Constable, London 1927, rist. Dover, New York [s.d.]; Francis Ames-Lewis e Joanne Wright, *Drawing in the Italian Renaissance Workshop*, Victoria & Albert Museum, London 1983*; John Fitchen, *The Construction of Gothic Cathedrals*, Oxford U.P., 1961. La National Gallery di Londra ha inserito nella serie *Art in the Making*, riguardante le tecniche di pittura svelate per mezzo di esami scientifici, tre cataloghi di esposizioni: *Rembrandt* (1988*), *Italian Painting before 1400* (1989*) e *Impressionism* (1990*). Anche lo studio *Giotto to Dürer: Early Renaissance Painting in the National Gallery* (1991*) tratta questioni tecniche, oltre a numerosi altri temi.

Manuali e studi di stili e periodi

È facile mostrare la via che porta ai testi la cui lettura o consultazione è indispensabile per reperire informazioni su un determinato periodo, malgrado possano essere necessari un po' di impegno e di esercizio per percorrerla fino in fondo. Esiste un crescente numero di ottimi manuali che riportano i fatti essenziali e aprono la strada a ulteriori letture. Tra le numerose collane disponibili la più importante è la Pelican History of Art, curata originariamente da Nikolaus Pevsner, e pubblicata ora dalla Yale U.P. La maggior parte dei volumi è disponibile in edizione economica, e parecchi in edizione riveduta. Alcuni offrono il miglior panorama generale degli argomenti trattati in ambito editoriale. La collana è integrata dall'*Oxford History of English Art*, a cura di T.S.R. Boase, pubblicata in 11 volumi. La Phaidon Colour Library offre un'autorevole ma accessibile introduzione a una vasta schiera di artisti e di movimenti, con illustrazioni a colori di buona qualità, così come la serie *World of Art*, pubblicata dalla casa editrice Thames & Hudson.

Nella miriade di autorevoli manuali in lingua inglese, ritengo siano da segnalare le seguenti pubblicazioni: Hugh Honour e John Fleming, *A World History of Art*, Macmillan, London 1982, Laurence King, London 1987[3]*; H.W. Janson, *A History of Art*, Thames & Hudson, London e Abrams, New York 1962, 1991[4]; Nikolaus Pevsner, *An Outline of European Architecture*, Penguin, London 1943, 1963[7]*; Patrick Nuttgens, *The Story of Architecture*, Phaidon, Oxford 1983, rist. London 1994*. Per quanto riguarda la scultura si veda John Pope-Hennessy, *An Introduction to Italian Sculpture*, 3 voll., Phaidon, London 1955-63, 1970-72[2], rist. Oxford 1985*. Lo studio dell'arte orientale è compendiato in *The Heibonsha Survey of Japanese* Art, 30 voll., Heibonsha, Tokyo 1964-69 e Weatherhill, New York 1972-80.

Normalmente lo studioso in cerca di informazioni dettagliate e aggiornate non si rivolge ai libri per reperirle. Il suo terreno di caccia favorito è costituito dai numerosi periodici, dagli annuari e dalle pubblicazioni mensili e trimestrali delle varie istituzioni e associazioni erudite in Europa e in America. I principali sono il *Burlington Magazine* e l'*Art Bulletin*, sui quali gli esperti scrivono rivolgendosi ad altri esperti e pubblicano i documenti e le interpretazioni che vanno a formare il mosaico della storia dell'arte. Questo genere di letture può essere reperito soltanto nelle biblioteche più importanti: qui lo studioso può essere certo di trovare, disposti a scaffale aperto, un gran numero di volumi di consultazione che gli serviranno costantemente da guida. Uno di essi è l'*Encyclopedia of World Art*, originariamente di pubblicazione italiana, edita in lingua inglese da McGraw-Hill, New York 1959-68. Si segnala inoltre l'*Art Index*, un indice cumulativo – ordinato per autore e per soggetto – a una selezione di eccellenti periodici d'arte e bollettini di musei, di pubblicazione annuale. Quest'ultimo è integrato dall'*International Repertory of the Literature of Art* (RILA), noto fin dal 1991 con il titolo di *Bibliography of the History of Art*.

DIZIONARI

Tra i dizionari e i testi di consultazione di maggiore utilità si segnalano: Peter e Linda Murray, *The Penguin Dictionary of Art and Artists*, Penguin, Harmondsworth 1959, 1989[6]*; John Fleming e Hugh Honour, *The Penguin Dictionary of Decorative Arts*, Penguin, Harmondsworth 1979, nuova ed. 1989*; John Fleming e Nikolaus Pevsner, *The Penguin Dictionary of Architecture*, Penguin, Harmondsworth 1966, 1991[4]*; Harold Osborne (a cura di), *The Oxford Companion to Art* e *The Oxford Companion to the Decorative Arts*, Oxford U.P., 1970, 1975. È di prossima pubblicazione il *Macmillan Dictionary of Art*, progettato in più di 30 volumi, che comprenderà un vastissimo repertorio di materiale informativo aggiornato.

Viaggi

È quasi superfluo ricordare che un ambito di studio per il quale la lettura non è sufficiente a maturare una conoscenza approfondita è sicuramente quello della storia dell'arte. Ogni appassionato di studi artistici cerca l'opportunità di viaggiare e di passare più tempo possibile osservando di persona monumenti e opere d'arte. Non è possibile né consigliabile elencare in questa sede tutte le guide disponibili, ma è necessario menzionarne alcune: le *Companion Guides* (pubblicate da Collins), le *Blue Guides* (A. & C. Black) e le *Phaidon Cultural Guides*. Per quanto riguarda l'architettura inglese è di fondamentale importanza la collana *The Buildings of England*, a cura di Nikolaus Pevsner, pubblicata da Penguin, con una suddivisione per province.
Per il resto, *bon voyage!*

Bibliografia per capitoli

I titoli sono generalmente elencati nell'ordine in cui gli artisti e i soggetti sono stati trattati all'interno di ogni capitolo.

1

STRANI INIZI
Popoli preistorici e primitivi. L'America antica

Forge, Anthony, Primitive Art and Society, Oxford U.P., London 1973

Fraser, Douglas, Primitive Art, Thames & Hudson, London 1962

Boas, Franz, Primitive Art, Peter Smith, New York 1962

2

L'ARTE CHE SFIDA IL TEMPO
Egitto, Mesopotamia, Creta

Smith, W. Stevenson, *The Art and Architecture of Ancient Egypt*, Penguin, Harmondsworth 1958; ed. riv. da William Kelly Simpson,1981²*

Schafer, Heinrich, *Principles of Egyptian Art*, trad. di J. Baines, Oxford U.P., 1974

Lange, Kurt e Hirmer, Max, *Egypt: Architecture, Sculpture, Painting*, Phaidon, London 1956; 1968⁴; rist. 1974

Frankfort, Henri, *The Art and Architecture of the Ancient Orient*, Penguin, Harmondsworth 1954; 1970⁴*

3

IL GRANDE RISVEGLIO
La Grecia (VII-V secolo a.C.)

Richter, M.A. Gisela, *A Handbook of Greek Art*, Phaidon, London 1959; Oxford 1987⁹; rist. London 1994*

Robertson, Martin, *A History of Greek Art*, 2 voll., Cambridge U.P., 1975

Robertson, Martin, *A Shorter History of Greek Art*, Cambridge U.P., 1981*

Stewart, Andrew, *Greek Sculpture*, 2 voll., Yale U.P., New Haven - London 1990

Boardman, John, *The Parthenon and its Sculptures*, Thames & Hudson, London 1985

Ashmole, Bernard, *Architect and Sculptor in Classical Greece*, Phaidon, London 1972

Pollitt, J.J., *Art and Experience in Classical Greece*, Cambridge U.P., 1972

Cook, R.M., *Greek Painted Pottery*, Methuen, London 1960; 1972[2]

Rolley, Claude, *Greek Bronzes*, Sotheby's, London 1986

4

IL REGNO DELLA BELLEZZA

La Grecia e il mondo greco (IV secolo a.C. - I secolo d.C.)

Bieber, Margarete, *Sculpture of the Hellenistic Age*, Columbia U.P., New York 1955; ed. riv. 1961

Onians, J., *Art and Thought in the Hellenistic Age*, Thames & Hudson, London 1979

Pollitt, J.J., *Art in the Hellenistic Age*, Cambridge U.P., 1986*

5

I CONQUISTATORI DEL MONDO

Romani, buddisti, ebrei e cristiani (I-IV secolo d.C.)

Henig, Martin (a cura di), *A Handbook of Roman Art*, Phaidon, Oxford 1983; rist. London 1992*

Bianchi Bandinelli, Ranuccio, *Rome: the Centre of Power*, Thames & Hudson, London 1970

Bianchi Bandinelli, Ranuccio, *Rome: the Late Empire*, Thames & Hudson, London 1971

Brilliant, Richard, *Roman Art: From the Republic to Constantine*, Phaidon, London 1974

Macdonald, *William, The Pantheon*, Penguin, Harmondsworth 1976*

Kleiner, Diana E.E., *Roman Sculpture*, Yale U.P., New Haven - London 1993

Ling, Roger, *Roman Painting*, Cambridge U.P., 1991

6

LA STRADA SI BIFORCA

Roma e Bisanzio (V-XIII secolo)

Krautheimer, Richard, *Rome, Profile of a City*, 312-1308, Princeton U.P., 1980

Demus, Otto, *Byzantine Art and the West*, Weidenfeld & Nicolson, London 1970

Kitzinger, Ernst, *Byzantine Art in the Making*, Faber, London 1977

Kitzinger, Ernst, *Early Medieval Art in the British Museum*, British Museum, London 1940*

Beckwith, John, *The Art of Constantinople*, Phaidon, London 1961; 19682

Krautheimer, Richard, *Early Christian and Byzantine Art and Architecture*, Penguin, Harmondsworth 1965; 1986[4]*

7

GUARDANDO VERSO ORIENTE

Islam, Cina (II-XIII secolo)

Dodds, Jerrilyn D. (a cura di), *Al-Andalus: The Art of Islamic Spain*, Metropolitan Museum of Art, New York 1992

Grabar, Oleg, *The Alhambra*, Allen Lane, London 1978

Grabar, Oleg, *The Formation of Islamic Art*, Yale U.P., New Haven - London 1973; ed. riv. 1987*

Goodwin, Godfrey, *History of Ottoman Architecture*, Thames & Hudson, London 1971; rist. 1987*

Gray, Basil, *Persian Painting*, Batsford, London 1947; rist. 1961

Ferrier, R.W. (a cura di), *The Arts of Persia*, Yale U.P., New Haven - London 1989

Harle, J.C., *Art and Architecture of the Indian Subcontinent*, Penguin, Harmondsworth 1986*

Blurton, T. Richard, *Hindu Art, British Museum*, London 1992*

Cahill, James, *Chinese Painting*, Skira, Geneva 1960; rist. Skira/Rizzoli, NewYork 1977*

Willetts, W., *Foundations of Chinese Art*, Thames & Hudson, London 1965

Watson, William, *Style in the Arts of China*, Penguin, Harmondsworth 1974*

Sullivan, Michael, *Symbols of Eternity*, Oxford U.P., 1980

Sullivan, Michael, *The Arts of China*, California U.P., Berkeley 1967; 1984[3]*

Fong, Wen C., *Beyond Representation*, Yale U.P., New Haven - London 1992

8

L'ARTE OCCIDENTALE NEL CROGIOLO DI FUSIONE

Europa (VI-XI secolo)

Wilson, David, *Anglo-Saxon Art*, Thames & Hudson, London 1984

Wilson, David, *The Bayeux Tapestry*, Thames & Hudson, London 1985

Backhouse, Janet, *The Lindisfarne Gospel*, Phaidon, Oxford 1981; rist. London 1994*

Hubert, Jean et al., *Carolingian Art*, Thames & Hudson, London 1970

9

LA CHIESA MILITANTE
Il XII secolo

Schapiro, Meyer, *Romanesque Art*, Chatto & Windus, London 1977

Zarnecki, George (a cura di), *English Romanesque Art 1066-1200*, Royal Academy, London 1984

Swarzenski, Hanns, *Monuments of Romanesque Art: the Art of Church Treasures in North-Western Europe*, Faber, London 1954; 1967[2]

Pacht, Otto, *Book Illumination in the Middle Age*, Harvey Miller, London 1986

De Hamel, Christopher, *A History of Illuminated Manuscripts*, Phaidon, Oxford 1986; London 1994[2]

Alexander, J.J.G., *Medieval Illuminators and their Methods*, Yale U.P., New Haven - London 1992

10

LA CHIESA TRIONFANTE
Il XIII secolo

Focillon, Henri, *The Art of the West in The Middle Ages*, 2 voll., Phaidon, London 1963; Oxford 1980[3]*

Evans, Joan, *Art in Medieval France*, Oxford U.P., London 1948

Branner, Robert, *Chartres Cathedral*, Thames & Hudson, London 1969; rist. W.W. Norton, New York 1980*

Henderson, George, *Chartres*, Penguin, Harmondsworth 1968*

Sauerlander, Willibald, *Gothic Sculpture in France 1140-1270*, trad. di Janet Sondheimer, Thames & Hudson, London 1972

Bony, Jean, *French Gothic Architecture of the 12th and 13th Centuries*, California U.P., Berkeley 1983*

Stubblebine, James H., *Giotto, the Arena Chapel Frescoes*, Thames & Hudson, London 1969; 1993[2]

Alexander, Jonathan e Binski, Paul (a cura di), *Age of Chivalry: Art in Plantagenet England 1200-1400*, Royal Academy, London 1987*

11

CORTIGIANI E BORGHESI
Il XIV secolo

Bony, Jean, *The English Decorated Style*, Phaidon, Oxford 1979

Martindale, Andrew, *Simone Martini*, Phaidon, Oxford 1988

Meiss, Millard, *French Painting in the Time of Jean de Berry:*

The Limbourgs and their Contemporaries, 2 voll., Braziller, New York 1974

Longnon, Jean et al., *The Très Riches Heures of the Duc de Berry*, Thames & Hudson, London 1969; rist. 1989

12

LA CONQUISTA DELLA REALTÀ
Il primo Quattrocento

Battisti, Eugenio, *Brunelleschi: the Complete Work*, Thames & Hudson, London 1981

Cole, Bruce, *Masaccio and the Art of Early Renaissance Florence*, Indiana U.P., Bloomington 1980

Baldini, Umberto e Casazza, Ornella, *The Brancacci Chapel Frescoes*, Thames & Hudson, London 1992

Joannides, Paul, *Masaccio and Masolino*, Phaidon, London 1993

Janson, H.W., *The Sculpture of Donatello*, Princeton U.P., 1957

Bennett, Bonnie A. e Wilkins, David G., *Donatello*, Phaidon, Oxford 1984

Morand, Kathleen, *Claus Sluter: Artist of the Court of Burgundy*, Harvey Miller, London 1991

Dhanens, Elizabeth, *Hubert and Jan van Eyck*, Fonds Mercator, Antwerp 1980

Panofsky, Erwin, *Early Netherlandish Painting: Its Origin and Character*, 2 voll., Harvard U.P., Cambridge, Mass. 1953; rist. Harper & Row, New York 1971*

13

TRADIZIONE E RINNOVAMENTO: I
Il tardo Quattrocento in Italia

Borsi, Franco, *L.B. Alberti: Complete Edition*, Phaidon, Oxford 1977

Krautheimer, *Richard, Lorenzo Ghiberti*, Princeton U.P., 1956; ed. riv. 1970

Pope-Hennessy, John, *Fra Angelico*, Phaidon, London 1952; 1974[2]

Pope-Hennessy, John, *Uccello*, Phaidon, London 1950; 1969[2]

Lightbown, Ronald, *Mantegna*, Phaidon-Christie's, Oxford 1986

Martineau, Jane (a cura di), *Andrea Mantegna*, Thames & Hudson, London 1992

Clark, Kenneth, *Piero della Francesca*, Phaidon, London 1951; 1969[2]

Lightbown, Ronald, *Piero della Francesca*, Abbeville, New York 1992

Ettlinger, L.D., *Antonio and Piero Pollaiuolo*, Phaidon, Oxford 1978

Horne, H., *Botticelli: Painter of Florence*, Bell, London 1908; ed. riv. Princeton U.P., 1980

Lightbown, Ronald, *Botticelli*, 2 voll., Eleck, London 1978; ed. riv., *Sandro Botticelli: Life and Work*, Thames & Hudson, London 1989

Per *La Primavera* e *La nascita di Venere* vedi il mio saggio sulle mitologie di Botticelli in: Gombrich, Ernst H., *Symbolic Images*, Phaidon, London 1972; Oxford 1985³; rist. London 1995*, pp. 31-81

14
TRADIZIONE E RINNOVAMENTO: II
Il Quattrocento nordico

Harvey, John, *The Perpendicular Style*, Batsford London 1978

Davies, Martin, *Rogier van der Weyden: An Essay, with a Critical Catalogue of Paintings ascribed to him and to Robert Campin*, Phaidon, London 1972

Baxandall, Michael, *The Limewood Sculptors of Renaissance Germany*, Yale U.P., New Haven - London 1980

Bialastocki, Jan, *The Art of the Renaissance in Eastern Europe*, Phaidon, Oxford 1976

15
L'ARMONIA RAGGIUNTA
La Toscana e Roma. L'inizio del Cinquecento

Bruschi, Arnaldo, *Bramante*, trad. di Peter Murray, Thames & Hudson, London 1977

Clark, Kenneth, *Leonardo da Vinci*, Cambridge U.P., 1939; ed. riv. da Martin Kemp, Penguin, Harmondsworth 1988

Popham, A.E. (a cura di), *Leonardo da Vinci: Drawings*, Cape, London 1946; ed. riv. 1973

Kemp, Martin, *Leonardo da Vinci: The Marvellous Works of Nature and Man*, Dent, London 1981*

Vedi anche i miei saggi in: Gombrich, Ernst H., *The Heritage of Apelles*, Phaidon, Oxford 1976; rist. London 1993*, pp. 39-56, e in Gombrich, Ernst H., *New Light on Old Masters*, Phaidon, Oxford 1986; rist. London 1993⁴*, pp. 32-88

Von Einem, Herbert, *Michelangelo*; ed. riv. ingl., Methuen, London 1973

Hibbard, Howard, *Michelangelo*, Penguin, Harmondsworth 1975; 1985²* (questo lavoro e il precedente sono utili introduzioni generali)

Wilde, Johannes, *Michelangelo: Six Lectures*, Oxford U.P., 1978⁴*

Goldscheider, Ludwig, *Michelangelo: Paintings, Sculpture, Architecture*, Phaidon, London 1953; 1995⁶*

Hirst, Michael, *Michelangelo and his Drawings*, Yale U.P., New Haven - London 1988*

Per cataloghi completi sull'opera di Michelangelo vedi:

Hart, Frederick, *The Paintings of Michelangelo*, Abrams, New York 1954

Hart, Frederick, *Michelangelo: The Complete Sculpture*, Abrams, New York 1970

Hart, Frederick, *Michelangelo Drawings*, Abrams, New York 1970

Sulla Cappella Sistina vedi:

Seymour, Charles (a cura di), *Michelangelo: The Sistine Ceiling*, W.W. Norton, New York 1972

Pietrangeli, Carlo (a cura di), *The Sistine Chapel: Michelangelo Rediscovered*, Muller, Blond & White, London 1986

Pope-Hennessy, John, *Raphael*, Phaidon, London 1970

Jones, Roger e Penny, Nicholas, *Raphael*, Yale, New Haven - London 1983*

Dussler, Luitpold, *Raphael: A Critical Catalogue of his Pictures, Wall-Paintings and Tapestries*, Phaidon, London 1971

Joannides, Paul, *The Drawings of Raphael, with a Complete Catalogue*, Phaidon, Oxford 1983

Sulla Stanza della Segnatura, vedi il mio saggio in: Gombrich, Ernst H., *Symbolic Images*, Phaidon, London 1972; Oxford 1985³; rist. London 1995*, pp. 85-101

Sulla Madonna della Sedia vedi il mio saggio in: Gombrich, Ernst H., *Norm and Form*, Phaidon, London 1966; Oxford 1985⁴; rist. London 1995*, pp. 64-80

16
LUCE E COLORE
Venezia e l'Italia settentrionale nel primo Cinquecento

Howard, Deborah, *Jacopo Sansovino*, Yale U.P., New Haven - London 1975*

Boucher, Bruce, *The Sculpture of Jacopo Sansovino*, 2 voll., Yale U.P., New Haven - London 1992

Wilde, Johannes, *Venetian Art from Bellini to Titian*, Oxford U.P., 1974

Robertson, Giles, *Giovanni Bellini*, Oxford U.P., 1968

Pignatti, Terisio, *Giorgione: Complete Edition*, Phaidon, London 1971

Wethey, Harold, *The Paintings of Titian*, 3 voll., Phaidon, London 1969-75

Hope, Charles, *Titian*, Jupiter, London 1980

Gould, Cecil, *The Paintings of Correggio*, Faber, London 1976

Popham, A.E., *Correggio's Drawings*, British Academy, London 1957

17

DIFFUSIONE DELLE NUOVE
  CONQUISTE CULTURALI
Germania e Paesi Bassi nel primo Cinquecento

Panofsky, Erwin, *The Life and Art of Albrecht Dürer*, Princeton
  U.P., 1943; 1955[4]; rist. 1971*
Pevsner, Nikolaus e Meier, Michael, *Grünewald*, Thames &
  Hudson, London 1948
Scheja, G., *The Isenheim Altarpiece*, DuMont, Cologne, e
  Abrams, New York, 1969
Friedlander, Max J. e Rosenberg, Jakob, *The Paintings of Lucas
  Cranach*, trad. di Heinz Norden Sotheby's, London 1978
Gibson, Walter S., *Hieronymus Bosch*, Thames & Hudson,
  London 1973; vedi anche il mio saggio in *The Heritage
  of Apelles*, Phaidon, Oxford 1976; rist. London 1993*,
  pp. 79-90
Marijnissen, R.H., *Hieronymus Bosch: The Complete Works*,
  Tatard, Antwerp 1987

18

UNA CRISI DELL'ARTE
Europa. Tardo Cinquecento

Ackerman, James, *Palladio*, Penguin, Harmondsworth 1966*
Shearman, John, *Mannerism*, Penguin, Harmondsworth 1967*
Pope-Hennessy, John, *Cellini*, Macmillan, London 1985*
Freedberg, Sydney J., *Parmigianino: His Works in Painting*, 2
  voll., Harvard U.P., Cambridge, Mass. 1950
Popham, A.E., *Catalogue of The Drawings of Parmigianino*, 3
  voll., Yale U.P., New Haven - London 1971
Avery, Charles, *Giambologna*, Phaidon-Christie's, Oxford
  1987; rist. Phaidon, London 1993*
Tietze, Hans, *Tintoretto: The Paintings and Drawings*, Phaidon,
  London 1948
Wethey, Harold E., *El Greco and his School*, 2 voll., Princeton
  U.P., 1962
Rowlands, John, Holbein, *The Paintings of Hans Holbein the
  Younger*, Phaidon, Oxford 1985
Strong, Roy, *The English Renaissance Miniature*, Thames &
  Hudson, London 1983*, contenente saggi su Nicholas
  Hilliard e Isaac Oliver
Grossmann, F., *Pieter Bruegel: Complete Edition of the Paintings*,
  Phaidon, London 1955; 1973[3]
Munz, Ludwig, *Bruegel: The Drawings*, Phaidon, London 1961

19

VISIONE E VISIONI
L'Europa cattolica. Prima metà del Seicento

Wittkower, Rudolf, *Art and Arthitecture in Italy 1600-1750*,
  Penguin, Harmondsworth 1958; 1973[3]*
Waterhouse, Ellis, *Italian Baroque Painting*, Phaidon, London
  1962; 1969[2]
Posner, Donald, *Annibale Carracci: A Study in the Reform of
  Italian Painting around 1590*, 2 voll., Phaidon, London 1971
Friedlander, Walter, *Caravaggio Studies*, Princeton U.P., 1955*
Hibbard, Howard, *Caravaggio*, Thames & Hudson, London
  1983*
Pepper, D. Stephen, *Guido Reni: A Complete Catalogue of his
  Works with an Introductory Text*, Phaidon, Oxford 1984
Blunt, Anthony, *The Paintings of Poussin*, 3 voll., Phaidon,
  London 1966-67
Röthlisberger, Marcel, *Claude Lorrain: The Paintings*, 2 voll.,
  Yale U.P, New Haven - London 1961
Held, Julius S., *Rubens: Selected Drawings*, 2 voll., Phaidon,
  London 1959; in unico vol. Oxford 1986[2]
Held, Julius S., *The Oil Sketches of Peter Paul Rubens: A Critical
  Catalogue*, 2 voll., Princeton U.P 1980
Corpus Rubenianum Ludwig Burchard, Phaidon, London e
  Harvey Miller, London, 1968; 27 parti progettate, di cui
  15 pubblicate.
Jaffé, Michael, *Rubens and Italy*, Phaidon, Oxford 1977
White, Christopher, *Peter Paul Rubens: Man and Artist*, Yale
  U.P., New Haven - London 1987
Brown, Christopher, *Van Dyck*, Phaidon, Oxford 1982
Brown, Jonathan, *Velázquez*, Yale U.P., New Haven London
  1986
Harris, Enriqueta, *Velázquez*, Phaidon, Oxford 1982
Brown, Jonathan, *The Golden Age of Painting in Spain*, Yale
  U.P., New Haven - London 1991

20

LO SPECCHIO DELLA NATURA
L'Olanda nel Seicento

Fremantle, Katharine, *The Baroque Town Hall of Amsterdam*,
  Dekker & Gumbert, Utrecht 1959
Haak, Bob, *The Golden Age: Dutch Painters of the Seventeenth
  Century*, trad. di E. Williams-Freeman, Thames & Hudson,
  London 1984
Slive, Seymour, *Frans Hals*, 3 voll., Phaidon, London 1970-74
Slive, Seymour, *Jakob van Ruisdael*, Abbeville, New York
  1981

Schwarz, Gary, *Rembrandt: His Life, his Paintings*, Penguin, Harmondsworth 1985*

Rosenberg, Jakob, *Rembrandt: Life and Work*, 2 voll., Harvard U.P., Cambridge, Mass. 1948; Phaidon, Oxford 1980[4]*

Bredius, A., *Rembrandt: Complete Edition of the Paintings*, Phaidon, Vienna 1935; ed. riv. da Horst Gerson, Phaidon, London 1971[4]*

Benesch, Otto, *The Drawings of Rembrandt*, 6 voll., Phaidon, London 1954-57; ed. riv. 1973

White, Christopher e Boon, K.G., *Rembrandt's Etchings: An Illustrated Critical Catalogue*, 2 voll., Van Ghendt, Amsterdam 1969

Brown, Christopher; Kelch, Jan e Van Thiel, Pieter, *Rembrandt: The Master and his Workshop*, 2 voll., Yale U.P., New Haven - London 1991*

Kirschenbaum, Baruch D., *The Religious and Historical Paintings of Jan Steen*, Phaidon, Oxford 1977

Stechow, Wolfgang, *Dutch Landscape Painting of the Seventeenth Century*, Phaidon, London 1966; Oxford, 1981[3]*

Alpers, Svetlana, *The Art of Describing: Dutch Art in the Seventeenth Century*, John Murray, London 1983*

Gowing, Lawrence, *Vermeer*, Faber, London 1952

Blankert, Albert, *Vermeer of Delft: Complete Edition of the Paintings*, Phaidon, Oxford 1978

Montias, John Michael, *Vermeer and his Milieu*, Princeton U.P., 1980*

21

POTENZA E GLORIA: I

Italia. Tardo Seicento e Settecento

Blunt, Anthony (a cura di), *Baroque and Rococo Architecture and Decoration*, Elek, London 1978

Blunt, Anthony (a cura di), *Borromini*, Penguin, Harmondsworth 1979; nuova ed. Harvard U.P., Cambridge, Mass. 1990*

Wittkower, Rudolf, *Gian Lorenzo Bernini*, Phaidon, London 1955; Oxford 1981[4]

Enggass, Robert, *The Painting of Baciccio: Giovanni Battista Gaulli 1639-1709*, Pennsylvania State U.P., University Park 1964

Levey, Michael, *Giambattista Tiepolo*, Yale U.P., New Haven - London 1986

Levey, Michael, *Painting in Eighteenth Century Venice*, Phaidon, London 1959; Yale U.P., New Haven - London 1994[3]

Held, Julius S. e Posner, Donald, *Seventeenth and Eighteenth Century Art*, Abrams, New York London 1972

22

POTENZA E GLORIA: II

Francia, Germania e Austria. Tardo Seicento e primo Settecento

Walton, G., *Louis XIV and Versailles*, Penguin, Harmondsworth 1986

Blunt, Anthony, *Art and Architecture in France 1500-1700*, Penguin, Harmondsworth 1953; 1980[4]*

Hitchcock, Henry-Russell, *Rococo Architecture in Southern Germany*, Phaidon, London 1968

Hempel, Eberhard, *Baroque Art and Architecture in Central Europe*, Penguin, Harmonsworth 1965*

Roland Michel, Marianne, *Watteau: An Artist of the Eighteenth Century*, Trefoil, London 1984

Posner, Donald, *Antoine Watteau*, Weidenfeld & Nicolson, London 1984

23

IL SECOLO DELLA RAGIONE

Inghilterra e Francia nel Settecento

Downes, Kerry, *Sir Christopher Wren*, Granada, London 1982

Paulson, Ronald, *Hogarth: His life, Art and Times*, 2 voll., Yale U.P., New Haven - London 1971; ed. rid., unico vol. 1974*

Bindman, David, *Hogarth*, Thames & Hudson, London 1981

Waterhouse, Ellis, *Reynolds*, Phaidon, London 1973

Penny, Nicholas (a cura di), *Reynolds*, Royal Academy, London 1986*

Hayes, John, *Gainsborough: Paintings and Drawings*, Phaidon, London 1975; rist. Oxford 1978

Hayes, John, *The Landscape Paintings of Thomas Gainsborough: A Critical Text and Catalogue Raisonné*, 2 voll., Sotheby's, London 1982

Hayes, John, *The Drawings of Thomas Gainsborough*, 2 voll., Zwemmer, London 1970

Hayes, John, *Thomas Gainsborough*, Tate Gallery, London 1980*

Wildenstein, Georges, *Chardin, a Catalogue Raisonné*, Cassirer, Oxford 1969

Conisbee, Philip, *Chardin*, Phaidon, Oxford 1986

Arnason, H.H., *The Sculptures of Houdon*, Phaidon, London 1975

Cuzin, Jean-Pierre, *Jean-Honoré Fragonard: Life and Work, Complete Catalogue of the Oil Paintings*, Abrams, New York 1988

Millar, Oliver, *Zoffany and his Tribuna*, Routledge & Kegan Paul, London 1967

24

LA TRADIZIONE SI SPEZZA

Inghilterra, America e Francia. Tardo Settecento e primo Ottocento

Crook, J. Mordaunt, *The Dilemma of Style*, John Murray, London 1987

Prown, J.D., *John Singleton Copley*, 2 voll., Harvard U.P., Cambridge, Mass. 1966

Brookner, Anita, *Jacques-Louis David*, Chatto & Windus, London 1980*

Gassier, Paul e Wilson, Juliet, *The Life and Complete Work of Francisco Goya*, Reynal, New York 1971; ed. riv. 1981

Tomlinson, Janis, *Goya*, Phaidon, London 1994

Bindman, David, *Blake as an Artist*, Phaidon, Oxford 1977

Butlin, Martin, *The Paintings and Drawings of William Blake*, 2 voll., Yale U.P., New Haven - London 1981

Butlin, Martin e Joll, Evelyn, *The Paintings of J.M.W. Turner, a Catalogue*, 2 voll., Yale. U.P., New Haven - London 1977; ed. riv. 1984*

Wilton, Andrew, *The Life and Work of J.M.W. Turner*, Academy, London 1979

Reynolds, Graham, *The Late Paintings and Drawings of John Constable*, 2 voll., Yale U.P., New Haven - London 1984

Cormack, Malcolm, *Constable*, Phaidon, Oxford 1986

Friedländer, Walter, *From David to Delacroix*, Harvard U.P., Cambridge, Mass. 1952*

Vaughan, William, *German Romantic Painting*, Yale U.P., New Haven - London 1980*

Borsch-Supan, Helmut, Caspar David Friedrich, Thames & Hudson, London 1974; Prestel, Munich 1990[4]

Honour, Hugh, *Neo-classicism*, Penguin, Harmondsworth 1968*

Honour, Hugh, *Romanticism*, Penguin, Harmondsworth 1981*

Clark, Kenneth, *The Romantic Rebellion*, Sotheby's, London 1986*

25

LA RIVOLUZIONE PERMANENTE

L'Ottocento

Rosenblum, Robert, *Ingres*, Thames & Hudson, London 1967

Rosenblum, Robert e Janson, H.W., *The Art of the Nineteenth Century*, Thames & Hudson, London 1984

Johnson, Lee, *The Paintings of Eugène Delacroix*, 6 voll., Oxford U.P., 1981-89

Clarke, Michael, *Corot and the Art of Landscape*, British Museum, London 1991

Galassi, Peter, *Corot in Italy: Open-Air Painting and the Classical Landscape Tradition*, Yale U.P., New Haven - London 1991

Herbert, Robert, *Millet*, Grand Palais, Paris e Hayward Gallery, London 1975*

Courbet, Grand Palais, Paris e Royal Academy, London 1977*

Nochlin, Linda, *Realism*, Penguin, Harmondsworth 1971*

Surtees, Virginia, *The Paintings and Drawings of Dante Gabriel Rossetti*, Oxford U.P., 1971

Boime, Albert, *The Academy and French Painting in the Nineteenth Century*, Phaidon, London 1971; rist. Yale U.P., New Haven - London 1986*

Manet, Grand Palais, Paris e Metropolitan Museur of Art, New York 1983

House, John, *Monet*, Phaidon, Oxford 1977; London 1991[3]*

Hayes Tucker, Paul, *Monet in the '90s: The Series Painting*, Yale U P., New Haven - London 1989*

Renoir, Grand Palais, Paris; Hayward Gallery, London e Museum of Fine Arts, Boston 1985*

Pissarro, Hayward Gallery, London; Grand Palais Paris e Museum of Fine Arts, Boston 1981*

Hillier, J., *The Japanese Print: A New Approach*, Bell, London 1960

Lane, Richard, *Hokusai: Life and Work*, Barrie & Jenkins, London 1989

Sutherland Boggs, Jean et al., *Degas*, Grand Palais Paris; National Gallery of Canada, Ottawa e Metropolitan Museum of Art, New York 1988*

Rewald, John, *The History of Impressionism*, Museum of Modert Art, New York 1946; Secker & Warburg, London 1973[4]*

Herbert, Robert L., *Impressionism: Art, Leisure and Parisian Society*, Yale U.P., New Haven - London 1988*

Elsen, Albert, *Rodin*, Metropolitan Museum of Art New York 1963

Lampert, Catherine, *Rodin: Sculptures and Drawings*, Hayward Gallery, London 1986*

Maclaren Young, Andrew (a cura di), *The Paintings of James McNeill Whistler*, Yale U.P., New Haven - London 1980

Maison, K.E., *Honoré Daumier: Catalogue of Paintings, Watercolours and Drawings*, 2 voll., Thames & Hudson, London 1968

Bell, Quentin, *Victorian Artists*, Routledge & Kegan Paul, London 1967

Reynolds, Graham, *Victorian Painting*, Studio Vista, London 1966

26

ALLA RICERCA DI NUOVI CANONI
Il tardo Ottocento

Schmutzler, Robert, *Art Nouveau*, trad. di E. Roditi, Thames & Hudson, London 1964; ed. rid. 1978

Fry, Roger, *Cézanne: A Study of his Development*, Hogarth Press, London 1927; nuova ed. Chicago U.P., 1989*

Rubin, William (a cura di), *Cézanne: The Late Work*, Thames & Hudson, London 1978

Rewald, John, *Cézanne: The Watercolours*, Thames & Hudson, London 1983

Russell, John, *Seurat*, Thames & Hudson, London 1965*

Thomson, Richard, *Seurat*, Phaidon, Oxford 1985; rist. 1990*

Pickvance, Ronald, *Van Gogh in Arles*, Metropolitan Museum of Art, New York 1984*

Pickvance, Ronald, *Van Gogh in Saint Rémy and Auvers*, Metropolitan Museum of Art, New York 1986*

Hoog, Michel, *Gauguin*, Thames & Hudson, London 1987

Gauguin, Grand Palais, Paris; Art Institute, Chicago e National Gallery of Art, Washington 1988*

Watkins, Nicholas, *Bonnard*, Phaidon, London 1994

Götz, Adriani, *Toulouse-Lautrec*, Thames & Hudson, London 1987

Götz, Adriani, *Post-Impressionism: From Van Gogh to Gauguin*, Museum of Modern Art, New York 1956; Secker & Warburg, London 1978[3]*

27

L'ARTE SPERIMENTALE
La prima metà del XX secolo

Rosenblum, Robert, *Cubism and Twentieth-Century Art*, Thames & Hudson, London 1960; ed. riv. Abrams, New York 1992

Golding, John, *Cubism: A History and an Analysis, 1907-1914*, Faber, London 1959; 1988[3]*

Myers, Bernard S., *Expressionism*, Thames & Hudson, London 1963

Grosskamp, Walter (a cura di), *German Art in the Twentieth Century: Painting and Sculpture 1905-1985*, Royal Academy, London 1985

Wingler, Hans Maria, *The Bauhaus*, MIT Press, Cambridge, Mass. 1969

Bayer, H.; Gropius, W. e Gropius, I. (a cura di), *Bauhaus 1919-1928*, Secker & Warburg, London 1975

Curtis, William J.R., *Modern Architecture since 1900*, Phaidon, Oxford 1982; 1987[2]; rist. London 1994*

Lynton, Norbert, *The Story of Modern Art*, Phaidon, Oxford 1980; 1989[2]; rist. London 1994*

Hughes, Robert, *The Shock of the New: Art and the Century of Change*, BBC, London 1980; ed. riv. e ampl. 1991

Rubin, William (a cura di), *"Primitivism" in 20th Century Art: Affinity of the Tribal and the Modern*, 2 voll., Museum of Modern Art, New York 1984

Heller, Reinhold, *Munch: His Life and Work*, John Murray, London 1984

Zigrosser, C.D., *Prints and Drawings of Käthe Kollwitz*, Constable, London e Dover, New York 1969

Haftmann, Werner, *Emil Nolde*, trad. di N. Guterman, Thames & Hudson, London 1960

Calvocoressi, Richard (a cura di), *Oskar Kokoschka 1886-1980*, Tate Gallery, London 1987*

Overy, Paul, *Kandinskij: The Language of the Eye*, Elek, London 1969

Roethel, Hans K. e Benjamin, Joan K., *Kandinskij: Catalogue Raisonné of the Oil Paintings*, 2 voll. Sotheby's, London 1982-84

Grohmann, Will, *Wassily Kandinskij: Life and Work*, Abrams, New York 1958

Ringbom, Sixten, *The Sounding Cosmos*, Academia. Abo 1970

Flam, Jack, *Matisse: The Man and his Art, 1869-1918*, Thames & Hudson, London 1986

ElderWeld, John (a cura di), *Henri Matisse*, Museum of Modern Art, New York 1992*

Pablo Picasso: A Retrospective, Museum of Modern Art, New York 1980*

Hilton, Timothy, *Picasso*, Thames & Hudson, London 1975*

Verdi, Richard, *Klee and Nature*, Zwemmer, London 1984*

Plant, Margaret, *Paul Klee: Figures and Faces*, Thames & Hudson, London 1978

Luckhardt, Ulrich, *Lyonel Feininger*, Prestel, Munich 1989

Hultén, Pontus; Dumitresco, Nataliae Istrati, Alexandre, *Brancusi*, Faber, London 1988

Milner, John, *Mondrian*, Phaidon, London 1992

Lynton, Norbert, *Ben Nicholson*, Phaidon, London 1993

Compton, Susan (a cura di), *British Art in the Twentieth Century: The Modern Movement*, Royal Academy, London 1987*

Marter, Joan M., *Alexander Calder, 1898-1976*, Cambridge U.P., 1991

Alan Bowness (a cura di), *Henry Moore: Sculptures and Drawings*, 6 voll., Lund Humphries, London 1965-67

Compton, Susan (a cura di), *Henry Moore*, Royal Academy, London 1988

Le Douanier Rousseau, Museum of Modern Art New York 1985

Compton, Susan (a cura di), *Chagall*, Royal Academy, London 1985

Sylvester, David (a cura di), *René Magritte, Catalogue Raisonné*, 2 voll., The Menil Foundation Houston e Philip Wilson, London 1992-93

Bonnefoy, Yves, *Giacometti*, Abbeville, New York 1991

Descharnes, Robert, *Dalí: The Work, the Man*, trad. di E.R. Morse, Abrams, New York 1984

Ades, Dawn, *Salvador Dalí*, Thames & Hudson, London 1982*

28

UNA STORIA SENZA FINE

Il trionfo del modernismo. Un nuovo cambio di rotta.
Nuove scoperte

Elderfield, John, *Kurt Schwitter*, Thames & Hudson, London 1985*

Sandier, Irving, *Abstract Espressionism: The Triumph of American Painting*, Pall Mall, London 1970

Landau, Ellen G., *Jackson Pollock*, Thames & Hudson, London 1989

Johnson Sweeney, James, *Pierre Soulages*, Ides et Calendes, Neuchâtel 1972

Cooper, Douglas, *Nicolas de Staël*, Weidenfeld & Nicolson, London 1962

Waldburg, Patrick; Read, Herbert e De San Luzzaro, Giovanni (a cura di), *Complete Works of Marino Marini*, Tudor Publishing, New York 1971

Pasquali, Marilena (a cura di), *Giorgio Morandi 1890-1964*, Electa, London 1989

Adams, Hugh, *Art of the Sixties*, Phaidon, Oxford 1978

Jencks, Charles e Keswick, Maggie, *Architecture Today*, Academy, London 1988

Gowing, Lawrence, *Lucian Freud*, Thames & Hudson, London 1982

Rosenblum, Naomi, *A World History of Photography*, Abbeville, New York 1989*

Cartier-Bresson, Henri, *Cartier-Bresson Photographer*, Thames & Hudson, London 1980*

Hockney on Photography: Conversations with Paul Joyce, Jonathan Cape, London 1988

Tuchman, Maurice e Barron, Stephanie (a cura di), *David Hockney: A Retrospective*, Los Angeles County Museum of Art, Los Angeles e Thames & Hudson, London 1988

Tavole cronologiche

pagine 656–663

Come già indicato nella prefazione alla tredicesima edizione, le tavole cronologiche che seguono hanno lo scopo di facilitare il confronto tra i periodi di tempo corrispondenti ai movimenti artistici e agli stili di cui si tratta in questo libro. La tavola n. 1 riguarda gli ultimi cinque millenni (dal 3000 a.C. in poi), con l'inevitabile esclusione delle pitture preistoriche rinvenute nelle caverne.

Le altre tavole illustrano più dettagliatamente gli ultimi 2500 anni: si osservi che, nelle rappresentazioni grafiche degli ultimi 650 anni, la scala è stata modificata. Sono inclusi soltanto gli artisti e le opere di cui è fatta menzione nel testo, e lo stesso criterio è stato adottato, con rare eccezioni, per la selezione di fatti e personaggi storici posta in fondo a ciascuna tavola. In tutti i casi è stata utilizzata una retinatura grigia per evidenziare queste sezioni storiche.

Cartine

pagine 664–669

Se le tavole cronologiche hanno la funzione di aiutare il lettore a mettere in relazione eventi e nomi menzionati in questo libro con il trascorrere del tempo, questa scelta di cartine dell'Europa occidentale e del bacino del Mediterraneo dovrebbe contribuire alla definizione delle loro relazioni spaziali. Osservando le cartine è bene ricordare che le caratteristiche fisiche del territorio hanno costantemente influenzato i processi di civilizzazione: le catene montuose ostacolavano le comunicazioni, i fiumi navigabili e le linee costiere favorivano i commerci, le pianure fertili incoraggiavano la crescita delle città, molte delle quali durarono secoli malgrado i rivolgimenti politici ciò che questi comportavano sulle frontiere e persino sui nomi degli stati.

Nell'epoca attuale il trasporto aereo ha annullato le distanze, ma non dobbiamo dimenticare che gli artisti che in passato si recavano in questi luoghi in cerca di lavoro, o che si aprivano la strada per l'Italia attraverso le Alpi alla ricerca dell'ispirazione, generalmente viaggiavano a piedi.

3000 a.C.   2000 a.C.   1000 a.C.

MESOPOTAMIA ———————————————————— Sumeri

EGITTO   ———————— Prime dinastie
                                ———————— Regno Antico
                                         ———————— Regno Medio
                                                  ———————— Regno Nuovo

GRECIA   ———————— Età del bronzo cretese-minoica
                                                  ———————— Età del bronzo
                                                            greco-micenea

ROMA   Fondazione di Roma •

MEDIO ORIENTE

ORIENTE   • Inizio dell'età del bronzo in Cina

EUROPA MEDIEVALE

EUROPA MODERNA
E AMERICA

1 d.C.   1000 d.C.   2000 d.C.

Impero assiro

——— Periodo Tardo

Periodo arcaico
——— Periodo classico
————————— Periodo ellenistico

————————————— Impero romano

• Fondazione di Costantinopoli
————————————— Impero bizantino
• Nascita dell'Islam

Nascita del buddismo in India
• Unificazione della Cina

• Inizio dell'Impero Mogul in India

——— Età carolingia
• Nascita del Sacro Romano Impero
——— Romanico
• Battaglia di Hastings
————— Gotico
• Scoperta dell'America

——— Rinascimento
——— Manierismo
——— Barocco
——— Rococò
——— Neoclassicismo
——— Romanticismo
- Preraffaelliti
- Impressionismo
- *Art-nouveau*
- Fauvismo
- Cubismo
- Dadaismo
- Surrealismo
- Espressionismo astratto
- Pop Art
- Op art
- Postmodernismo

500 a.C.   400 a.C.   300 a.C.   200 a.C.   100 a.C.   1 d.C.   100   200   300   400

Vasi a figure nere
Vasi a figure rosse
- *Auriga di bronzo*, Delfi
- *Tempio di Zeus a Olimpia*
- Mirone: *Discobolo*
- Itkinos: *Partenone*
- Fidia: *Athena Parthènos*
- *Fregi del Partenone*
- *Eretteo*
- *Dea della Vittoria*
- *Stele funeraria di Egèso*
- Invenzione dell'ordine corinzio
- *Apollo del Belvedere*
- Prassitele: *Ermete con Dioniso fanciullo*
- *Tombe reali*, Vergina
- Lisippo: *Testa di Alessandro Magno*
- *"Esercito di terracotta" cinese*
- *Venere di Milo*
- *Laoconte*
- *Grande altare di Zeus*, Pergamo
- *Arco trionfale di Tiberio*
- *Pinture pompeiane*
- *Colosseo*
- *Colonna Traiana*
- *Pantheon*
Pitture tombali cinesi
Pitture romane
catacombali
- *Dura-Euròpo*
Mesopotamia

- Nascita di Buddha
Pericle
- Morte di Confucio
- Morte di Socrate
- Alessandro Magno
Teocrito (poeta)
- La Grecia diventa una provincia romana
- Giulio Cesare in Britannia
- Fine dell'età repubblicana a Roma e inizio dell'impero
Tiberio
- Morte di Cristo
- Gerusalemme è devastada dai romani
Vespasiano

- Distruzione di Pompei
Traiano
Costantino
- Libertà di
culto per
i cristiani
- Fundazion

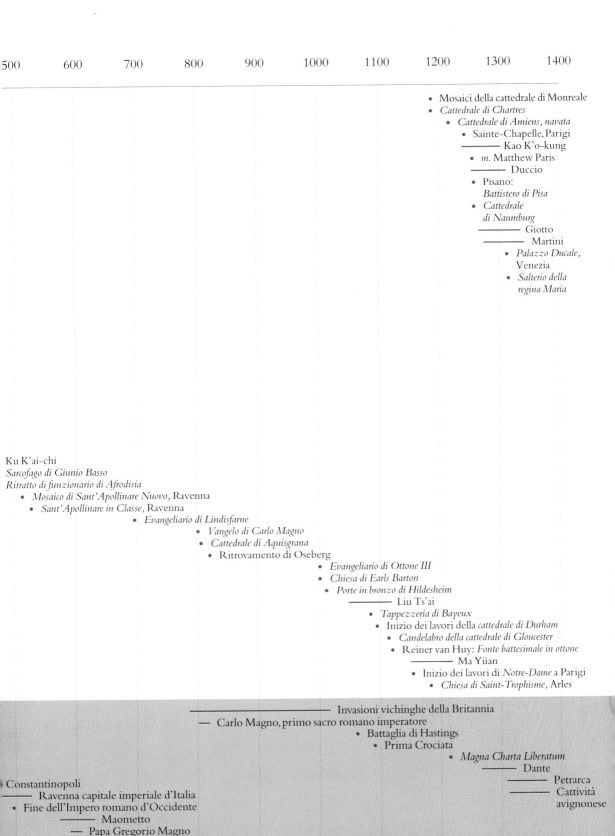

500	600	700	800	900	1000	1100	1200	1300	1400

• Mosaici della cattedrale di Monreale
• *Cattedrale di Chartres*
  • *Cattedrale di Amiens, navata*
    • Sainte-Chapelle, Parigi
    ——————— Kao K'o-kung
    • *m.* Matthew Paris
    ——————— Duccio
  • Pisano:
    Battistero di Pisa
  • *Cattedrale*
    di Naumburg
    ——————— Giotto
    ——————— Martini
      • *Palazzo Ducale,*
        Venezia
      • *Salterio della*
        regina Maria

Ku K'ai-chi
Sarcofago di Giunio Basso
Ritratto di funzionario di Afrodisia
  • *Mosaico di Sant'Apollinare Nuovo*, Ravenna
  • *Sant'Apollinare in Classe*, Ravenna
    • *Evangeliario di Lindisfarne*
      • *Vangelo di Carlo Magno*
      • *Cattedrale di Aquisgrana*
        • Ritrovamento di Oseberg
            • *Evangeliario di Ottone III*
            • *Chiesa di Earls Barton*
          • *Porte in bronzo di Hildesheim*
            ——————— Liu Ts'ai
              • *Tappezzeria di Bayeux*
            • Inizio dei lavori della *cattedrale di Durham*
              • *Candelabro della cattedrale di Gloucester*
                • Reiner van Huy: *Fonte battesimale in ottone*
                  ——————— Ma Yüan
                • Inizio dei lavori di *Notre-Dame* a Parigi
                  • *Chiesa di Saint-Trophisme*, Arles

——————————————————— Invasioni vichinghe della Britannia
—— Carlo Magno, primo sacro romano imperatore
                                    • Battaglia di Hastings
                                  • Prima Crociata
                                      • *Magna Charta Liberatum*
                                        ——————— Dante
                                                ——————— Petrarca
• Constantinopoli
    —— Ravenna capitale imperiale d'Italia   ——————— Cattività
• Fine dell'Impero romano d'Occidente   avignonese
    ——————— Maometto
      —— Papa Gregorio Magno
              ——————— Conquiste arabe
                ——————— Iconoclastia bizantina

1350	1400	1450	1500

Parler il Giovane

Brunelleschi

- *Alhambra*, Granada

Ghiberti

Donatello

Fra' Angelico

Van Eyck

- *Dittico di Wilton House*

Uccello

Pisanello

Van der Weyden

Witz

Masaccio

Alberti

- Sluter: *Pozzo di Mosè*, Digone
  - Fratelli De Limbourg: *Libro d'Ore*

Lochner

Piero della Francesca

Fouquet

Gozzoli

Mantegna

Bellini

A. Pollaiuolo

Verrocchio

Bramante

Botticelli

Perugino

- *Capella del King's College*

Ghirlandaio

Leonardo da

Schongauer

Zuccari

Dürer

Giorgione

- *m*. Van der Goes
- *Palazzo di Giutizia*, Rouen

Raffaello

- *m*. Bosch

- Grünewald:

Chaucer

Riccardo II d'Inghilterra

Gutenberg

Invenzione della tecnica xilografica

- Caduta di Costantipoli

Lorenzo de' Medici

- Scorperta dell'America

Massimilia

Papa Giulio II

Papa Leo

- Riforma

550   1600   1650   1700

Tintoretto

Bruegel

Giambologna

m. Stoss

Della Porta

El Greco

Hilliard

A. Carracci

• *m.* Goujon

Caravaggio

Reni

Rubens

Hals

Callot

Poussin

Van Goyen

Bernini

Borromini

Van Dyck

Velázquez

Claude Lorrain

de Vlieger

Rembrandt

Kalf

Steen

Ruisdael

Vermeer

Wren

Gaulli

• *Versailles*

'inci

Caradosso

Cranach

Michelangelo

Mabuse

Altdorfer

Tiziano

Sansovino

Correggio

Holbein

Cellini

Parmigianino

Palladio

Pala d'altare di Isenheim

X

Francesco I di Francia

Lutero

Carlo V imperatore

Nascita della Compagnia di Gesù

Province Unite d'Olanda

Erasmo

Filippo II di Spagna

I

Elisabetta I d'Inghilterra

Shakespeare

Enrico VIII d'Inghilterra

Guerra dei Trent'anni

Vasari

Carlo I d'Inghilterra

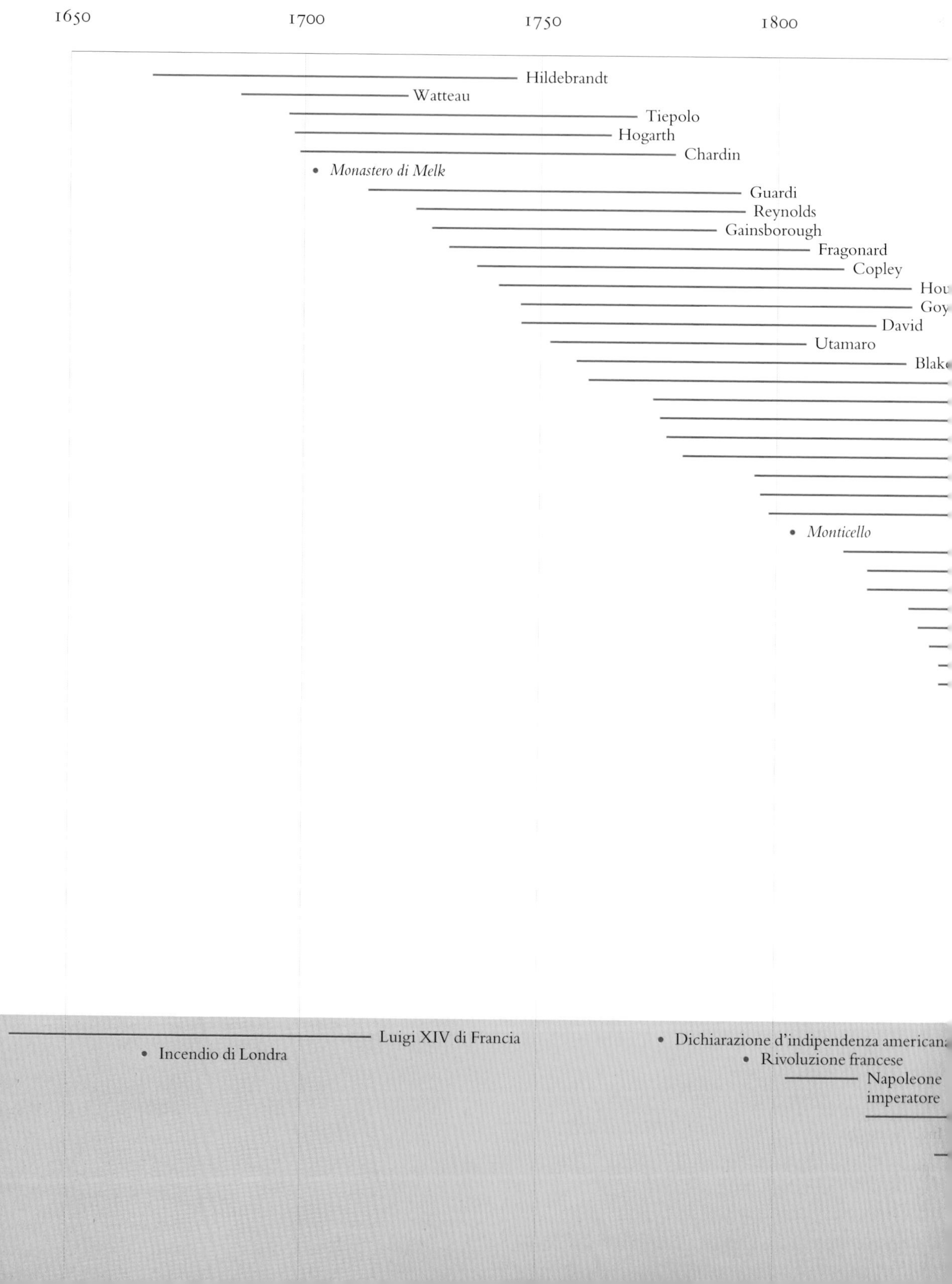

1650   1700   1750   1800

Hildebrandt

Watteau

Tiepolo

Hogarth

Chardin

• *Monastero di Melk*

Guardi

Reynolds

Gainsborough

Fragonard

Copley

Hou

Goy

David

Utamaro

Blake

• *Monticello*

Luigi XIV di Francia

• Incendio di Londra

• Dichiarazione d'indipendenza americana

• Rivoluzione francese

Napoleone imperatore

850 1900 1950 2000

Barlach
Feininger
Mondrian
Beardsley
Brancusi
Klee
Picasso
Gropius
Kokoschka
Schwitters
Chagall
De Chirico
Morandi
Wood
Nicholson
Magritte
Calder
Moore
Hokusai
iedrich
Giacometti
Turner
Marini
Constable
Dalí
Ingres
n. Johnson
Barry
Corot
Kemeny
Delacroix
n. Cartier-Bresson
Kline
Millet
Pollock
Courbet
De Staël
Frith
Rossetti
n. Soulages
n. Lucian Freud
Pissarro
Stirling
Manet
Whistler
n. Hockney
Degas
Cézanne
Rodin
Monet
Renoir
Rousseau
Gauguin
Van Gogh
Hodler
Seurat
Munch
Toulouse-Lautrec
Kandinsky
Kollwitz
Bonnard
Nolde
Matisse
Wright

Ruskin
Invenzione della fotografia (primi dagherrotipi)
William Morris
Il Quarantotto
Sigmund Freud
Prima guerra mondiale
Seconda guerra mondiale

■ Capitali e città principali

● Localitá citate
  nel testo

── Confini

── Fiumi

GROENLANDIA

ALASKA

CANADA

NORVEGL

Vancouver

Montreal

Missouri

Oak Park

New York

San Francisco

Washington

STATI UNITI

Los Angeles

Mississippi

Monticello

New Orleans

MESSICO

OCEANO ATLANTICO

Città del Messico

NIGER

Lagos

*Rio delle
Amazzoni*

PERÚ

BRASIL

Lima

TAHITI

OCEANO PACIFICO

Rio de Janeiro

Paraná

Buenos Aires

ARGENTINA

FINLANDIA

VEZIA

ccolma

San Pietroburgo

RUSSIA

Volga

Vladivostok

Pechino

Huang He

GIAPPONE

Tokyo

IRAN

CINA

Xi'an

Nanchino

Shanghai

Delhi

Gange

Yangtze

Bombay

INDIA

Hong Kong

OCEANO PACIFICO

ARABIA
SAUDITA

Nilo

MALAYSIA

Singapore

Congo

KENYA

Nairobi

INDONESIA

PAPUA
NUOVA
GUINEA

OCEANO INDIANO

AUSTRALIA

Perth

Sydney

NUOVA
ZELANDA

SUDAFRICA

Città del Capo

Melbourne

Wellington

ANTARTIDE

0   150 km

■ Capitali e città principali

● Località citate nel testo

── Confini

── Fiumi

Earls Barton
Gloucester ● ● Cheltenham   ● Cambridge
                                     ● Blenheim Palace
Tamigi   ● Oxford
                    Twickenham ● ■ Londra
Exeter ●   ● Stourhead
                              REGNO UNITO

La Manica

                                        Amiens ●
                              ● Le Havre
         Bayeux ●   ● Rouen
              ● Caen
                              ■ Parig
                    Versailles ●
              Chartres ●   Barbizon

                              Loira

                              FRANCIA

Golfo di Biscaglia

                    ● Lascaux

Altamira ●

Ebro   *Garonna*

        PIRENEI   Arles

SPAGNA

Elba

Haarlem
■ Amsterdam
Leida
L'Aia
Delft
PAESI BASSI

Berlino ■

• Hildesheim

• Dessau

Bruges
Gand
• Anversa
Hertogenbosch

• Colonia

• Naumburg

Bruxelles
Tournai
Liegi
Aquisgrana
(Aix-la-Chapelle)

GERMANIA

Rheim
BELGIO

LUSSEMBURGO

Reno

REPUBBLICA
CECA

Senna

Aschaffenburg
• Pommersfelden

• Norimberga

Strasburgo

Danubio

Regensburg

Colmar
Murbach

• Augsburg
• Monaco

Digione

Basilea

■ Berna
SVIZZERA

AUSTRIA

Ginevra

ALPI

Rodano

ALPI

SLOVENIA

• Milano

Po
ITALIA
Vicenza
• Venezia
• Padova

Orange

Mantova

Avignone

• Genova

• Parma
• Bologna

Aix-en-Provence

• Ravenna

Carrara

*MARE
ADRIATICO*

Pisa
• Firenze
Siena
• Arezzo
• Urbino

MAR MEDITERRANEO

ELENCO DELLE ILLUSTRAZIONI PER COLLOCAZIONE

I numeri si riferiscono alle illustrazioni

INDICE ANALITICO

I termini tecnici e i movimenti artistici sono in *corsivo*. I numeri in **grassetto** si riferiscono al numero delle illustrazioni.

Ringraziamenti

Gli editori intendono ringraziare i privati,
i musei, le gallerie, le librerie e tutte le
altre istituzioni che hanno permesso la
riproduzione fotografica delle opere presenti
nelle loro collezioni. Si ringraziano inoltre
(i numeri in **grassetto** si riferiscono alle
illustrazioni):

Albright-Knox Art Gallery, Buffalo, New
York, donazione di Mr e Mrs Samuel
M. Kootz, 1985 **395**
Per gentile concessione del Department of
Library Services, American Museum of
Natural History, New York **26**
Archaeological Receipts Fund, Atene **41,
52, 59, 62, 406**
Archiv für Kunst und Geschichte, Londra
66, 115
Archivi Alinari, Firenze **72**
Artephot, Parigi **111** (foto Brumaire),
297 (Nimatallah), **386** (A. Held)
Arti Galleria Doria Pamphili, srl **264**
Art Institute of Chicago **29** (Bucking
Fund, 1955.2339), **343** (Mr e Mrs Lewis
Larned Coburn Memorial Collection,
1933.429)
Artothek, Peissenberg **3, 202, 227,
326, 337**
Foto © 1995 della Barnes Foundation,
tutti i diritti riservati **350**
Bastin & Evrard, Bruxelles **349**
Bavaria Bildagentur, Monaco **104**
(© Jeither), **295**
Bayerische Staatsbibliothek, Monaco **107**
Con l'autorizzazione della città di Bayeux,
foto Michael Holford **109, 110**
Bibliothèque Municipale, Besançon **131**
Bibliothèque Municipale, Epernay **106**
Bibliothèque Royale, Bruxelles **177**
Bildarchiv Preussischer Kulturbesitz,
Berlino **28, 30, 39, 40, 68, 226, 256**
Bildarchiv Preussischer Kulturbesitz,
Berlino, foto Jörg P. Anders **2, 178, 243**
Osvaldo Bohm, Venezia **208**
I curatori della Boston Public Library,
Massachusetts **315**
Bridgeman Art Library, Londra **5, 144,
159, 244, 263, 361**
Con l'autorizzazione della British Library,
Londra **103, 140**
Copyright British Museum, Londra **22, 23,
24, 25, 27, 33, 38, 43, 79, 95, 186, 216,
321, 368**
Stiftung Sammlung E.G. Bührle, Zurigo,
foto W. Drayer **359**
Collezione Six, Amsterdam **274**

The Master and Fellows of Corpus Christi
College, Cambridge **132**
Courtauld Institute Galleries, Londra
354, 358
William Curtis **363**
Detroit Institute of Arts, donazione
di Robert H. Tannahill **379**
Ekdotike Athenon, S.A., Atene **51,
54, 410**
English Heritage, Londra **270**
Ezra Stoller © Esto Photographics,
Mamaroneck, New York **364**
Fabbrica di San Pietro in Vaticano **83**
Archivio Werner Forman, Londra **34**
Foto Marburg **116, 128, 154, 268**
Frans Halsmuseum, Haarlem **269**
Giraudon, Parigi **42, 124, 155, 156, 157,
174, 248, 253, 373, 389**
Graphische Sammlung Albertina, Vienna **1,
9, 10, 18, 221, 245**
Sonia Halliday e Laura Lushington **121**
André Held, Ecublens **58**
Colorphoto Hanz Hinz, Allschwill **21**
Hirmer Verlag, Monaco **108, 126, 127,
129, 182**
David Hockney 1982 **405**
Michael Holford Photographs, Loughton,
Essex **31, 45, 74**
Angelo Hornak Photographic Library,
Londra **299, 300, 327**
Index, Firenze **84, 133, 135, 136, 231,
282, 283, 286**
Index, Firenze, foto P. Tosi **8, 284**
Museo Indiano, Calcutta **80**
Institut Royal du Patrimoine Artistique,
Bruxelles **118**
A.F. Kersting, Londra **60, 100, 113, 114,
175, 311**
Ken Kirkwood **301**
Koninklijk Museum voor Schone Kunsten,
Anversa **6**
Kunsthaus, Zurigo, Society of Zurich
Friends of Art **397**
Kunsthistorisches Museum, Vienna **17, 32,
233, 246, 247, 258, 267, 273**
Magnum Photos ltd, Londra **404**
Marlborough Fine Art (Londra) ltd **392**
Metropolitan Museum of Art, New York
199 (acquisto 1924, Joseph Pulitzer
Bequest, 24.197.2 © 1980 The
Metropolitan Museum of Art), **238**
(Rogers Fund, 1956.56.48 © 1979
The Metropolitan Museum of Art),
317 (H.O. Havemeyer Collection,
Bequest of Mrs H.O. Havemeyer,
1929.29.100.10 © 1979 The
Metropolitan Museum of Art), **320**
(Harris Brisbane Dick Fund, 1935.35.42
© 1991 The Metropolitan Museum
of Art)

Musée d'Art et d'Histoire, Ginevra
161, 360
Musée des Beaux-Arts et d'Archéologie,
Besançon **310**
Musée Fabre, Montpellier **329, 332**
Musée d'Unterlinden, Colmar **224**
Musée Rodin, Parigi **345** (© Adam
Rzepka), **346** (© Bruno Jarret)
Musées Royaux des Beaux-Arts de
Belgique, Bruxelles **316**
Museo Morandi, Bologna **399**
Museu del Prado, Madrid **179, 229, 230,
265, 266, 318, 319**
Per gentile concessione del Museum
of Fine Arts, Boston, Isaac Sweetser
Fund **239**
Museum of Modern Art, New York
369 (Emil Nolde, *Il profeta*, 1912,
xilografia, cm 32 × 22, foto © 1995
Museum of Modern Art, New York),
374 (Pablo Picasso, *Natura morta con
violino* (primavera-estate 1912), olio
su tela, cm 51 × 61, lascito Mrs David
M. Levy, foto © 1995 Museum of
Modern Art, New York), **383**
(Alexander Calder, *Un universo*,
1934, mobile a motore, tubo di ferro
dipinto, cavi e legno con corda, altezza
cm 103, donazione di Abby Aldrich
Rockefeller, foto © 1995 Museum of
Modern Art, New York), **388** (Giorgio
de Chirico, *Canto d'amore*, 1914, olio
su tela, cm 73 × 59, lascito Nelson A.
Rockefeller, foto © 1995 Museum of
Modern Art, New York), **393** (Jackson
Pollock, *Uno (numero 31, 1950)*, 1950,
olio e vernice su tela, cm 269,5 × 531,
Sidney and Harriet Janis Collection
Fund, foto © 1995 Museum of Modern
Art, New York), **394** (Franz Kline,
Forme bianche, 1955, olio su tela,
cm 189 × 128, donazione di Philip
Johnson, foto © 1995 Museum of
Modern Art, New York)
Museum Rietberg, Zurigo, foto Wettstein
& Kauf **366**
Narodni Galerie, Praga **228**
Riprodotto per gentile concessione dei
curatori, National Gallery, Londra **143,
158, 159, 160, 166, 167, 171, 237, 259,
260, 262, 271, 272, 279, 280, 322, 325,
351, 355**
National Gallery of Art, Washington **88**
(Andrew W. Mellon Collection), **340**
(Chester Dale Collection)
National Palace Museum, Taipei, Taiwan
97, 98
National Trust, Londra, foto J. Whitaker
255
Ann Paludan, Gilsland, Cumbria **94**

Philadelphia Museum of Art, Filadelfia
99 (The Simkhovitch Collection), **352**
(The Henry P. McIlhenny Collection in
memoria di Frances P. McIlhenny)
Oskar Reinhart Sammlung, Winterthur **356**
Réunion des Musées Nationaux, Parigi
**7, 13, 44, 65, 139, 145, 193, 201, 254,
261, 275, 308, 328, 330, 331, 334, 338,
339, 347, 357, 413**
Reynolda House Museum of American
Art, Winston-Salem, North
Carolina **387**
Rheinisches Bildarchiv, Colonia **176**
Rijksmuseum-Stichting, Amsterdam **281**
Rijksmuseum voor Volkenkunde,
Leida **341**
Robert Harding Picture Library, Londra
20, 90, 137, 292, 302, 411
Collezione reale di sua maestà la regina
© 1995 **190, 241**
Sammlungen des Fürsten von
Liechtenstein **257**
Scala, Firenze **8, 16, 19, 46, 47, 53, 55, 61,
69, 70, 71, 77, 78, 85, 86, 87, 89, 123,
125, 130, 134, 138, 141, 146, 147, 148,
149, 151, 163, 164, 165, 168, 170, 172,
173, 187, 192, 195, 196, 203, 204, 205,
206, 207, 209, 210, 211, 212, 213, 214,
217, 232, 234, 235, 236, 242, 250, 251,
276, 287, 288, 289, 291, 407, 408, 409**
Toni Schneiders **296**
Per concessione dei curatori del Sir John
Soane's Museum, Londra **303**
Staatliche Antikensammlungen und
Glyptothek, Monaco **49**
Staatliche Kunstsammlungen, Dresda **215**
Statens Museum for Kunst,
Copenhagen **75**
Stedelijk Museum, Amsterdam **381, 390**
Stedelijke Musea, Bruges **180**
Stiftsbibliothek, San Gallo **102**
Stiftung Schlösser und Gärten,
Potsdam-Sans-Souci **252**
Tate Gallery, Londra **323, 333, 336, 348,
372, 382, 384, 398, 401, 403**
Edward Teitelman, Camden,
New Jersey **314**
Union des Arts Décoratifs, Parigi **92**
Universitetets Oldsaksamling, Oslo **101**
Foto dei Musei Vaticani **48, 64, 196, 197,
198, 200**
Per concessione dei curatori del Victoria
and Albert Museum, Londra **81, 91,
117, 307, 309, 324, 342**
Wadsworth Atheneum, Hartford,
Connecticut **391** (Ella Gallup Summer
e Mary Catlin Summer Collection Fund)
Riprodotto per concessione dei curatori
della Wallace Collection, Londra **4, 278,
290, 298, 305, 306**

Wilhelm Lehmbruck Museum,
Duisburg **371**
Württembergische Landesbibliothek,
Stoccarda **119, 120**
ZEFA, Londra **50, 73, 294** (foto
Wolfsberger) **400**
Ernst Barlach, *"Pietà!"*, © 1919 **370**
Pierre Bonnard, *A tavola*, © 1899 **359**
Constantin Brancusi, *Il bacio*, © 1907 **380**
Alexander Calder, *Un universo*, © 1934 **383**
Henri Cartier-Bresson, *Aquila degli
Abruzzi*, © 1952 **404**
Marc Chagall, *Il musicante*, © 1939 **386**
Giorgio de Chirico, *Canto d'amore*,
© 1914 **388**
Salvador Dalí, *Apparizione di un volto e di
una fruttiera su una spiaggia*, © 1938 **391**
Lyonel Feininger, *Barche a vela*, © 1929 **379**
Lucian Freud, *Due piante*, © 1977-1990 **403**
Alberto Giacometti, *Testa*, © 1927 **390**
David Hockney, *Mia madre a Bradford, nello
Yorkshire, il 4 maggio 1982*, © 1982 **405**
Vasilij Kandinskij, *Cosacchi*, © 1910-1911 **372**
Zoltan Kemeny, *Fluttuazioni*, © 1959 **396**
Paul Klee, *La breve favola del nano*,
© 1925 **378**
Franz Kline, *Forme bianche*, © 1955 **394**
Oskar Kokoschka, *Bambini che giocano*,
© 1909 **371**
Käthe Kollwitz, *Bisogno*, © 1893-1901 **368**
René Magritte, *Tentando l'impossibile*,
© 1928 **389**
Marino Marini, *Uomo a cavallo*, © 1947 **398**
Henri Matisse, *La Desserte*, © 1908 **373**
Piet Mondrian, *Composizione in rosso, nero,
blu, giallo e grigio*, © 1920 **381**
Claude Monet, *La stazione Saint-Lazare*,
© 1877 **338**
Henry Moore, *Figura sdraiata*, © 1938 **384**
Giorgio Morandi, *Natura morta*,
© 1960 **399**
Edvard Munch, *L'urlo*, © 1895 **367**
Ben Nicholson, *1934*, © 1934 **382**
Emil Nolde, *Il profeta*, © 1912 **369**
Pablo Picasso, *Uccello*, © 1948 **377**; *Galletto*,
© 1938 **12**; *Testa*, © 1928 **376**; *Testa
di ragazzo*, © 1945 **375**; *Chioccia con
i pulcini*, © 1941-1942 **11**; *Natura morta
con violino*, © 1912 **374**
Jackson Pollock, *Uno (numero 31, 1950)*,
© 1950 **393**
Kurt Schwitters, *Inchiostro invisibile*,
© 1947 **392**
Pierre Soulages, *3 aprile 1954*, © 1954 **395**
Nicolas de Stäel, *Agrigento*, © 1953 **397**
Grant Wood, *Risveglio primaverile*,
© 1936 **387**